Les droits fondamentaux des personnes morales dans la Convention européenne des droits de l'homme

Tome 2

Hubert Kouamé Koki

Les droits fondamentaux des personnes morales dans la Convention européenne des droits de l'homme

Tome 2

Réalisme et activisme du juge européen

L'Harmattan

Du même auteur, aux éditions L'Harmattan

Les droits fondamentaux des personnes morales dans la Convention européenne des droits de l'homme. Tome 1, De l'impensable à l'indispensable, 2014.

5-7, rue de l'Ecole-Polytechnique, 75005 Paris

http://www.harmattan.fr
diffusion.harmattan@wanadoo.fr
harmattan1@wanadoo.fr

ISBN : 978-2-336-30130-3
EAN : 9782336301303

Sommaire

PARTIE SECONDE
LES DROITS FONDAMENTAUX COMPLEMENTAIRES DES PERSONNES MORALES DANS LA CONVENTION EUROPEENNE DES DROITS DE L'HOMME

Au-delà des droits fondamentaux dont elles disposent de façon naturelle dans la Convention européenne des droits de l'homme, les personnes morales peuvent compter sur l'interprétation volontairement ouverte du juge européen des droits et libertés proclamés dans ledit texte pour en bénéficier davantage. Ils seront désignés droits fondamentaux complémentaires, non pas qu'ils subissent un traitement d'une importance moindre que celle des droits garantis étudiés plus haut. Bien au contraire, les organes conventionnels oeuvrent à une protection effective de ces droits nouvellement reconnus aux personnes morales. Ils sont considérés comme secondaires, car ces droits n'entretiennent pas un lien intime avec la nature des personnes morales, l'objet de la première partie. Cette seconde partie offrira l'occasion d'une étude étroite de divers droits fondamentaux reconnus par le juge européen des droits de l'homme aux organisations non gouvernementales. Nombre de garanties, jusque-là insoupçonnées, seront progressivement servir de protection au profit de ces organisations. Le droit fondamental à un procès équitable en fournit une « *belle* » illustration, car il va se révéler être une garantie importante, finalement nécessaire pour les groupements. Le droit à réparation mettra en lumière, si besoin est, la détermination affirmée et affichée de la juridiction européenne à intégrer les personnes morales, en dépit de leur particularisme, dans le mécanisme de protection des droits de l'homme dont les États réunis au sein du Conseil de l'Europe ont voulu se doter.

En clair, la protection des droits fondamentaux de nature procédurale est assurée de façon optimale (titre premier), conjuguée à l'extension de droits fondamentaux, véritable supplément à la protection de l'action et à la vie des personnes morales (titre second).

TITRE PREMIER
LA PROTECTION JURIDICTIONNELLE DES PERSONNES MORALES

Il ne suffit pas uniquement de proclamer des droits fondamentaux dont pourraient disposer les personnes morales, sans en assurer la garantie. Ces droits confèrent à leurs titulaires la faculté d'en demander l'application, et s'ils sont bafoués, ouvrent la voie à une réclamation.

Le souci d'instituer une justice dépourvue d'arbitraire n'est pas nouveau. Depuis la nuit des temps, ce souci existe et persiste. Le code deutéronomique affirmait que les juges *jugeront le peuple en des jugements justes*[1]. Ortolan affirmait, par ailleurs, que le droit de se défendre dans un procès est *un droit qui n'a besoin d'être inscrit nulle part pour appartenir à tous*[2]. La reconnaissance de droits de nature procédurale aux personnes morales peut paraître une évidence, étant donné que ces personnes sont déjà des justiciables dans l'ordre juridique interne des États membres. Il serait absurde d'admettre la recevabilité de recours introduits par les groupements dans les différentes instances nationales, et les priver des garanties d'un traitement juste et équitable. « *Il n'est pas davantage contesté que le groupement (...) peut revendiquer la garantie qu'offre l'article 6, premier alinéa de la convention (...) le bénéfice de l'ensemble des droits liés à la notion de procès équitable devant une juridiction indépendante et impartiale* »[3]. La volonté de préserver les personnes physiques

---

[1] Bible : Deutéronome chapitre 16, verset 18.

[2] Ortolan, *Élément de droit pénal*, 1855. L'auteur ajoutait que ce droit « *n'est pas à l'accusé seulement, mais qu'il est aussi le droit de la société, car il y va pour celle-ci des plus grands intérêts : la condamnation de l'innocent est pour elle un plus grand malheur que le condamné lui-même* ».

[3] De Schutter Olivier, « *L'accès des personnes morales à la Cour européenne des droits de l'homme* », *in* Avancées *et confins actuels des droits de l'homme aux niveaux*

et morales contre l'arbitraire et la tyrannie a nul doute gouverné la lettre et l'esprit de la Convention européenne. L'enjeu est en effet immense[4]. Il y va de l'assise d'une société démocratique, finalité du texte de 1950. Toutefois, la place de ces droits procéduraux conviendrait en complément des garanties naturellement liées aux personnes morales. Ils complètent tout l'arsenal de protection des droits fondamentaux de ces personnes. Le juge européen des droits de l'homme entend bâtir une jurisprudence agressive et inclusive, permettant aux organisations non gouvernementales de faire valoir sereinement leurs droits et leurs intérêts à l'occasion de procédures internes. Toutes les garanties rattachées à la protection procédurale vont *in fine* échoir aux groupes, contribuant à la réalisation par ces derniers des objectifs librement fixés.

L'article 6, paragraphe premier de la convention est déterminant dans la sécurité des rapports juridiques des personnes morales[5]. C'est une disposition importante[6] qui prend en compte toutes les natures de contentieux en droit interne[7]. L'analyse de la place des groupements dans l'instance européenne mettra rapidement en lumière le volume dense des requêtes des personnes morales devant la Cour européenne des droits de l'homme portant sur un grief de nature procédurale. À lui seul, le contentieux relatif à l'application de l'article 6 de la convention représente plus de la moitié des requêtes en général[8] et quasiment les deux tiers des requêtes enclenchées par les personnes morales[9]. C'est une donne non négligeable, car elle traduit une certaine réalité de la protection juridictionnelle que les rédacteurs du texte européen de 1950 ont entendu accorder aux groupements sans l'écrire. C'est la juridiction européenne qui a construit une jurisprudence particulièrement protectrice de la personne

---

international, européen et national, Mélanges offerts à S. Marcus Helmons, Bruylant-Bruxelles, 2003, précité, p. 92.

[4] De Tocqueville Alexis, *De la démocratie en Amérique*, GF Flammarion, 1981, p. 167.

[5] Marguénaud Jean-Pierre, *La Cour européenne des droits des droits de l'homme*, éditions Dalloz, collection ''connaissance du Droit'', 2008, 4ème édition, p. 94 : l'article 6-1 de la convention est au cœur de l'activité juridictionnelle de la Cour européenne des droits de l'homme.

[6] Le premier paragraphe de l'article 6 de la convention est souvent assimilé à *une convention dans la Convention*. Voir dans ce sens Tavernier Paul, « *Faut-il réviser l'article 6 de la CEDH ?* », (à propos du champ d'application de l'article 6), *in* Mélanges Pettiti, Bruylant, 1998, pp. 707-720 ; Sermet Laurent, *Convention européenne des droits de l'homme et contentieux administartif français*, Paris, Economica, 1996.

[7] Ducouloux-Favard Claude, *Les autorités administratives indépendantes et l'article 6 de la convention européenne des droits de l'homme*, Petites Affiches, 15 octobre 1999, n° 206, p. 4 et suivants.

[8] Le Pr. Cohen-Jonathan observe que l'article 6 est invoqué plus de six fois sur dix. Cohen-Jonathan Gérard, *Aspects européens des droits fondamentaux, in Libertés et droits fondamentaux*, Monchrestien, 3ème édition, p. 100.

[9] Nous comptons, selon notre tableau en annexe 1, que sur 322 décisions rendues par la Cour européenne 206 concernent l'article 6 § 1 de la convention.

morale en tant que requérante. La Cour européenne des droits de l'homme entreprend également une opération d'extension des droits de nature procédurale aux personnes morales. La prise en compte de matières relevant du contentieux guide les pas du juge européen. La matière pénale à laquelle n'échappent plus les personnes morales est encadrée par des garanties de procédure. Le droit de recourir effectivement à un juge pour trancher tout litige est assuré aux groupements.

En somme, la seule évocation des droits n'est pas une fin en soi, encore faut-il instituer des moyens pratiques de les faire respecter[10]. Les organes de contrôle européens s'y attellent en approfondissant les droits de nature procédurale (chapitre premier) avant de les élargir (chapitre deuxième).

[10] Soyer Jean-Claude et De Salvia Michel, « *Article 6* », *in* L.-E. Pettiti, E. Decaux et P.-H. Imbert (Dir.), *La Convention européenne des droits de l'homme : commentaire article par article*, Economica, 1999, p. 240.

Chapitre I
L'EXTENSION DES DROITS PROCEDURAUX A LA PERSONNE MORALE

La présence de droits de procédure dans le corpus européen des droits de l'homme est fort patente[11]. Toutefois, une disposition capture sans conteste l'attention : le premier paragraphe de l'article 6 de la convention qui traite de la sauvegarde principale des droits de procédure[12]. Cette disposition, complétée par une jurisprudence en mouvement constant de la Cour européenne, constituent un véritable arsenal de défense des personnes morales contre l'arbitraire. La protection procédurale des personnes morales s'est surtout développée au fil des jurisprudences audacieuses des organes conventionnels. Elle a suscité un important contentieux déclenché par les groupements tant la portée de la sauvegarde des garanties procédurales s'était avérée considérable. Qualifier d'important le contentieux des droits de procédure révèle un double point de vue quantitatif[13] et qualitatif. De ce dernier point de vue, l'analyse de la richesse du contenu des garanties procédurales dégagées dans ce contentieux est-elle inéluctable. Conséquemment à l'effectivité de l'exercice des droits

---

[11] On observe plus d'une dizaine de dispositions (leurs paragraphes non compris) dans le texte initial de 1950 et ses Protocoles additionnels qui s'intéressent à la protection procédurale des sujets de droit : les articles 5, 6, 7 et 13 de la convention et les articles 1 et 4 du Protocole n° 4, 1 du Protocole n° 6, 1 à 4 du Protocole n° 7 et l'article premier du Protocole n° 13.

[12] L'article 6-1 de la convention : « *Toute personne a droit à ce que sa cause soit entendue équitablement, publiquement et dans un délai raisonnable, par un tribunal indépendant et impartial, établi par la loi, qui décidera, soit des contestations sur ses droits et obligations de caractère civil, soit du bien-fondé de toute accusation en matière pénale dirigée contre elle. Le jugement doit être rendu publiquement, mais l'accès de la salle d'audience peut être interdit à la presse et au public pendant la totalité ou une partie du procès dans l'intérêt de la moralité, de l'ordre public ou de la sécurité nationale dans une société démocratique, lorsque les intérêts des mineurs ou la protection de la vie privée des parties au procès l'exigent, ou dans la mesure jugée strictement nécessaire par le tribunal, lorsque dans des circonstances spéciales la publicité serait de nature à porter atteinte aux intérêts de la justice* ».

[13] Voir *supra*, Introduction du titre.

fondamentaux élémentaires, ces droits de procédure s'imposeront comme la suite logique et indispensable à la protection des personnes morales. L'importance d'une telle protection est évidente et l'attention singulière de la Cour européenne dégage ses premiers effets dès le champ d'application de cet article 6, alinéa premier de la convention.

L'applicabilité du premier paragraphe de l'article 6 de la convention aux personnes morales va au-delà des espérances de celles-ci, en ce que toutes les différentes garanties que cette disposition renferme sont renforcées grâces à une jurisprudence entreprenante du juge européen. Autrement dit, l'applicabilité, *sans cesse*[14] élargie de cet article, facilite le développement des droits de procédure des personnes morales. Celles-ci pourront ainsi jouir de la protection des droits de nature procédurale tels que définis par ce texte de la Convention et la jurisprudence européenne à l'instar des personnes physiques. La singularité de l'action prétorienne en la matière se perçoit doublement : la reconnaissance de la personne morale requérante comme étant à la fois bénéficiaire et créancière (des droits procéduraux) dans une procédure consolidée par la multiplication de règles dévouées à sa protection en amont et en aval de cette procédure.

Le droit fondamental des personnes morales à une justice irréprochable va connaître un approfondissement particulier par la force du texte et l'abnégation des organes conventionnels. Le premier paragraphe de l'article 6 de la convention va clairement permettre, au même titre que les personnes physiques, aux personnes morales d'être les bénéficiaires de ses garanties de procédure (section première). Et toujours dans sa logique de rendre plus efficiente la sauvegarde des droits fondamentaux en matière procédurale, le juge européen fait de celles-là de véritables créancières de celles-ci (section seconde).

Section I - LES PERSONNES MORALES BENEFICIAIRES DES GARANTIES PROCEDURALES

Le bénéfice de la protection juridictionnelle est important pour les personnes morales, car celles-ci vont profiter des retombées considérables de la protection d'un élément consubstantiel à l'esprit de la Convention européenne. Les droits de procédure constituent en effet l'assurance de la sécurité juridique des groupements ayant la personnalité juridique. La Cour européenne des droits de l'homme met en œuvre une jurisprudence capable d'enrayer tout défaut dans

[14] Kissangoula Justin, « *Remarques sur une jurisprudence controversée : l'application de l'article 6, paragraphe 1 de la Convention européenne des droits de l'homme au contentieux de la fonction publique* », RFDA, 2000, n° 6, 2000, p. 1268.

l'administration d'une bonne justice. Ce qui constitue l'enjeu de tout l'arsenal prétorien monté en la matière, et dont les contours font l'objet de la présente étude. Cet article 6-1 de la convention est, inlassablement, invoqué par les personnes morales, notamment les sociétés commerciales. C'est un élément significatif de l'ancrage de la Convention européenne dans le monde des affaires[15]. Les statistiques relatives aux requêtes formulées par les personnes morales dans ce sens en témoignent[16]. La recherche de l'équité dans les procédures nationales peut ainsi expliquer le grand intérêt que portent les personnes morales, et aussi physiques, à l'article 6-1 de la convention. D'autres finalités peuvent animer les personnes morales dans leur saisine de la Cour européenne pour un motif d'ordre procédural. La raison de leur engouement pour ce contentieux est à explorer. En somme, c'est le dispositif européen de protection des droits de procédure des personnes morales, leur étant avantageux (paragraphe premier) qui va expliquer l'appropriation de celles-ci du contentieux (paragraphe second).

Paragraphe I - UNE PROTECTION FAVORABLE AUX PERSONNES MORALES

Un certain nombre d'observations mène à la conclusion d'une protection des droits de procédure plus intéressante pour ce qui est des personnes morales. Le champ d'application de l'article 6-1 de la convention englobe les situations dans lesquelles les personnes morales peuvent rencontrer un conflit procédural. Le champ d'application de cet article prend la forme bipartite (A). L'applicabilité de l'article 6-1 est admise dans les procédures civiles et pénales auxquelles sont confrontés les groupements. Cette sphère d'influence est confortée par le jeu des organes de surveillance de la Convention. Ceux-ci exercent un contrôle strict s'agissant des mesures étatiques susceptibles de vider la substance d'une garantie procédurale reconnue à une personne morale (B).

A/ UN CHAMP BINAIRE

L'effervescence développée par les personnes morales autour des garanties procédurales vise une disposition (l'article 6-1) dont l'objet est sensible et touche en pratique toutes les formes de procédures devant une juridiction nationale[17]. Le juge européen va admettre la matière civile (1) et la matière

---

[15] Renucci Jean-François, *Le droit européen des droits de l'homme*, LGDJ, 2002, 3ème édition, p. 228.

[16] Nous dénombrons quasiment une requête sur trois des personnes morales soulevant un grief de nature procédurale.

[17] Ducouloux-Favard Claude, « *Les autorités administratives indépendantes et l'article 6 de la convention européenne des droits de l'homme* », Les Petites Affiches, 15 octobre 1999, n° 206, p. 4 et suivants. Nous pouvons noter la mise sous l'angle de

pénale (2) dans son contrôle. Compte tenu de la spécificité de la personne morale, la matière civile aura un contenu plus important que celle relevant du pénal.

1- La couverture de la personne morale dans le domaine civil

La matière civile est *a priori* en première ligne. En définitive, c'est plutôt l'incorporation des litiges administratifs dans le champ d'application de l'article 6-1 de la convention qui va se montrer déterminante. L'applicabilité de cette disposition est acquise au respect d'une série de conditions inscrites dans le texte et rigoureusement étayées par le juge européen. D'emblée, celui-ci soumet à la conformité dudit article toutes les procédures dans lesquelles les *contestations sur* (les) *droits et obligations de caractère civil* d'une personne morale sont examinées. C'est ce bout de phrase, d'apparence anodine, au demeurant d'envergure limitée, qui va pourtant fournir un terreau fertile à la jurisprudence européenne, facilitant ainsi un élargissement du champ d'application de la disposition en question.

Alors que l'on pouvait s'attendre à la prise en compte dans le système européen de protection des droits fondamentaux uniquement les droits de caractère privé[18], la Cour européenne leur accorde une envergure plus importante à la matière. La nuance entre droit privé et droit public s'éloigne. La question du caractère privé ou non du droit revendiqué est résolue principalement par le respect d'un double critère : la nature personnelle et patrimoniale de ce droit. Généralement, le juge européen estime que toute contestation pourvue d'un objet patrimonial et dénonçant une atteinte alléguée à des droits, eux aussi patrimoniaux, relève de la notion de droit privé. « *La Cour relève que l'action de la société requérante avait un objet "patrimonial" et se fondait sur une atteinte alléguée à des droits eux aussi patrimoniaux. Le droit en question revêtait donc "un caractère civil", nonobstant l'origine du différend et la compétence des juridictions administratives* »[19]. Il convient alors de noter que nombre de contestations concernant une matière de droit public sont reçues par les organes de contrôle européens, car peu importe la nature de la loi (civile, commerciale ou administrative) encore moins la juridiction compétente pour juger[20]. L'incorporation des différends administratifs dans le contrôle du respect

---

l'article 6 de la convention des procédures civile, pénale, administrative et para juridictionnelle.

[18] Le vocabulaire de la Cour européenne des droits de l'homme, semble-t-il, ne comporte aucune différence entre les caractères civil ou privé des droits en question.

[19] CEDH, *Editions Périscope c/ France*, 26 mars 1992, Série A, n° 234-B, § 40, AFDI, 1992, 642, obs. V. Coussirat-Coustère.

[20] CEDH, *National & Provincial Building Society et autres c/ Royaume-Uni*, 23 octobre 1997, Rec. 1997-VII, § 99 : « … *Bien que ce litige relevât du droit public, il y a lieu de considérer que la procédure en contrôle juridictionnel portait sur des droits ressortissant à la sphère du droit privé* ».

des droits de procédure des personnes morales par la juridiction européenne est admise[21], mais n'est pas automatique. C'est une intégration au demeurant facilitée par des critères, plutôt souples, d'intégration. Les trois conditions dégagées successivement par la jurisprudence de Strasbourg paraissent encourager l'arrimage des contentieux administratifs au contrôle européen basé sur l'article 6-1 de la convention. Le premier critère est relatif au caractère privé du droit litigieux. « *Estimant ainsi que les droits mis en cause par les décisions de retrait et qui font l'objet des contestations devant les tribunaux administratifs sont des droits privés, la Cour conclut à l'applicabilité de l'article 6 par. 1 (art. 6-1) sans qu'il lui faille en l'espèce se prononcer sur la question de savoir si la notion de "droits et obligations de caractère civil", au sens de cette disposition, va au-delà des droits de caractère privé* »[22]. La deuxième condition consiste à la mise en balance des aspects du droit privé et ceux du droit public du droit en question. La Cour européenne procède à une comparaison de l'influence de ces caractéristiques sur le droit dont la personne morale se dit lésée. Dans le cadre de l'octroi d'une licence, nécessaire à l'exercice du commerce de boissons alcoolisées, on retrouve les deux aspects (droit privé - droit public). La licence est consentie par l'État alors que l'activité commerciale relève du privé. Dans une affaire célèbre, le juge européen estime que l'État jouit en Suède d'un monopole pour le commerce de gros des boissons alcoolisées, mais il en confie surtout à des personnes et sociétés privées, par l'octroi de licences, la distribution dans les restaurants et les bars. En pareil cas, les intéressés accomplissent une activité commerciale privée, à des fins lucratives et sur la base de contrats entre eux et les clients. Les deux volets public et privé se réunissent dans le droit que la société requérante revendique. *Aux yeux de la Cour de Strasbourg, dès lors, les aspects de droit public mentionnés par le Gouvernement ne suffisent pas à exclure de la catégorie des "droits de caractère civil", au sens de l'article 6-1* de la convention*, les droits que la licence conférait* à ladite société[23]. Le juge européen fait d'abord une évaluation du poids respectif des aspects de droit public (le caractère de la législation par exemple) et de ceux de droit privé (la nature personnelle du droit contesté) que présente l'affaire, puis elle relève la prédominance, en l'espèce, des seconds. Si aucun d'eux n'apparaît décisif à lui seul, mais additionnés et

---

[21] Le contentieux en la matière suscité par les groupements est abondant. Voir parmi de nombreux arrêts, CEDH, *CED Viandes et autres c/ France*, 27 juillet 2006, requête n°77240/01 ; CEDH, *Courty et autres c/ France*, 3 octobre 2006, requête n° 15114/02 ; CEDH, *Zwiazek Nauczycielstwa Polskiego c/ Pologne*, 21 septembre 2004, requête n° 42049/98.

[22] CEDH, *König c/ Allemagne*, 28 juin 1978, Série A, n° 27, § 95.

[23] CEDH, *Tre Träktorer Aktiebolag c/ Suède*, 7 juillet 1989, Série A, n° 159, § 43. Pour une maîtrise de la portée de cet arrêt, voir aussi CDE, 1997, 689, chron. J. Andriantsimbazovina ; JDI, 1990, 732, 589, chron. V.Coussirat-Coustère ; GACEDH, 4ème édition, n° 22.

combinés, ces aspects peuvent conférer au droit litigieux un caractère civil au sens de l'article 6-1 de la convention. Auquel cas se trouve à s'appliquer cette disposition[24]. Le troisième critère se réfère à la nature patrimoniale et subjective du droit en cause[25]. Seul compte en effet le fait que les contestations dont il s'agit ont pour objet la détermination de droits de caractère privé[26]. Ce critère facilite l'applicabilité de l'article 6-1 de la convention en ce qu'il s'appuie sur les réclamations même des personnes morales, ce qui a pour effet de mieux protéger celles-ci. Le caractère personnel, et bien entendu patrimonial, amène les organes de surveillance de la Convention à recevoir la contestation d'une société anonyme portant sur la durée de l'examen de l'action qu'elle a menée contre l'État devant le tribunal administratif de Paris, puis devant le Conseil d'État[27]. Ainsi le champ de l'article 6-1 de la convention englobe les actions en restitution de sommes versées à l'administration fiscale au titre de l'impôt sur le revenu, des actions engendrant un contentieux administratif. C'est le cas de trois caisses mutuelles de dépôts qui estimaient que *les mesures prises par l'Etat défendeur les a privées de leur droit d'accès à un tribunal qui eût décidé de leur droit de caractère civil à la restitution de fonds à laquelle elles pouvaient légitimement prétendre*[28].

Aussi cette ouverture du juge européen se voit-elle encore plus importante par la résorption de l'influence étatique. L'article 6-1 de la convention reste effectivement applicable jusqu'aux portes de l'*imperium* de l'État. Il faudrait donc toucher au cœur de la souveraineté de l'État pour voir cette disposition écartée[29]. Et ce serait le cas d'un contentieux fiscal, *en dépit des effets patrimoniaux qu'il a nécessairement quant à la situation* de la personne morale *contribuable*[30].

Globalement, la Cour européenne vérifie l'applicabilité de l'article 6-1 de la convention que conteste un État face à la requête d'une personne morale. Pour obtenir l'onction de la Cour, cette requête devrait répondre à la question de

---

[24] Voir une illustration de ce procédé dans l'arrêt CEDH, *Feldbrugge c/ Pyas-Bas*, 26 mai 1986, Série A, n° 99, §§ 31-40 ; CDE, 1988, 452, obs. G. Cohen-Jonathan ; AFDI, 1987, 239, chron. V. Coussirat-Coustère ; JDI, 1987, 778, obs. P. Tavernier.

[25] Voir *supra*, p. 5.

[26] CEDH, *König c/ Allemagne*, 28 juin 1978, Série A, n° 27, précité, § 94.

[27] CEDH, *Editions Périscope c/ France*, 26 mars 1992, Série A, n° 234-B, § 40, AFDI, 1992, 642, obs. V. Coussirat-Coustère.

[28] CEDH, *National & Provincial Building Society et autres c/ Royaume-Uni*, 23 octobre 1997, Rec. 1997-VII, §§ 93-99.

[29] CEDH, *Salesi c/ Italie*, 26 février 1993, Série A, n° 257-E, § 19 : « … malgré les aspects de droit public signalés par le Gouvernement, la requérante ne se voyait pas concernée dans ses rapports avec l'administration an tant que telle, usant de prérogatives discrétionnaires ; atteinte dans ses moyens d'existence, elle invoquait un droit subjectif de caractère patrimonial. L'article 6-1 s'applique donc en l'espèce ».

[30] CEDH, *SC Ghepardul S.L.R. c/ Roumanie*, 14 avril 2009, requête n° 29268/03, § 45.

l'existence d'une contestation (*réelle et sérieuse*[31]) relative à un droit et du caractère civil du groupement. L'association agricole pour la promotion et la commercialisation laitière dénommée « *Procola* », dans sa quête d'une répétition de l'indu (remboursement de prélèvements supplémentaires), dénonce un défaut d'indépendance et d'impartialité du comité du contentieux du Conseil d'État, une juridiction administrative[32]. Le Gouvernement du Grand-duché du Luxembourg conteste l'applicabilité de l'article 6-1 avançant l'argument selon lequel *la procédure n'aurait abouti à aucun résultat d'ordre patrimonial dans le* chef de l'association de droit luxembourgeois (paragraphe 35). La juridiction européenne estime que l'action de la requérante *présentait un degré suffisant de sérieux puisque le comité du contentieux du Conseil d'État a procédé à un examen approfondi des arguments en présence* d'où *il s'agit nul doute d'une contestation relative à la détermination d'un droit* (paragraphe 37), et ajoute que « *Compte tenu du lien étroit existant entre la procédure engagée par l'intéressée et les répercussions que l'issue de ladite procédure aurait pu avoir sur un droit de caractère patrimonial et, d'une manière plus large, sur l'activité économique de Procola, le droit en question revêtait un caractère civil* » (paragraphe 39)[33].

L'article 6-1 de la convention présente ainsi une étendue considérable en dépit d'un nombre limité d'incompatibilités[34]. Ce qui favorise un développement particulier de ses garanties procédurales dont les personnes morales réclament régulièrement le respect aux *Hautes Parties contractantes.* C'est le cas de la procédure pénale impliquant ces personnes morales.

2- La couverture de la personne morale dans le domaine pénal

C'est l'autre pan de l'article 6-1 de la convention. Il s'agit du volet pénal de cette disposition déterminant la protection procédurale des personnes morales. L'article 6-1 énonce que le droit à une justice de qualité protège toute personne morale « *contre toute accusation en matière pénale dirigée contre elle* ».

---

[31] CEDH, *Tre Träktorer Aktiebolag c/ Suède*, 7 juillet 1989, précité, § 37

[32] CEDH, *Procola c/ Luxembourg*, 28 septembre 1995, Série A, n° 326.

[33] On retrouve la même démarche du juge conventionnel consistant à démontrer le sérieux d'une contestation et le caractère patrimonial du droit litigieux pour déterminer l'applicabilité de l'article 6-1 de la convention : CEDH, *Editions Périscope c/ France*, 26 mars 1992, précité, §§ 34-41.

[34] Le champ important d'applicabilité de l'article 6-1 de la convention peut se voir altéré par l'incompétence, *ratione materiae* en l'occurrence, de la Cour européenne. C'est le cas d'une demande tendant à la révision d'une condamnation ou d'un procès civil qui est exclue de la sphère d'activité de l'article 6-1. Le grief d'une association de la protection des animaux dans ce sens ne peut qu'être rejeté. Voir CEDH, *Verein Gegen Tierfabriken Schweiz c/ Suisse*, 4 octobre 2007, requête n° 32772/02, §§ 23-25 (arrêt renvoyé en Grande Chambre) ou CEDH, *San Leonard Band Club c/ Malte*, 29 juillet 2004, requête n° 77562/01, § 40.

L'applicabilité de cet article est d'emblée commandée par l'existence d'une accusation en matière pénale qui est une notion autonome. C'est la notification officielle, émanant de l'autorité compétente, du reproche d'avoir accompli une infraction pénale. La question de la protection des personnes morales dans une procédure pénale s'est imposée face aux sanctions administratives imposées à ces personnes. Un certain nombre de recours ont opposé les groupements aux États contractants au sujet de l'applicabilité de l'article 6-1 de la convention aux mesures administratives pouvant s'analyser sous l'angle pénal. Les organes de contrôle de la Convention avaient considéré que cet article était applicable à la sanction pécuniaire infligée à une société requérante par le ministre de l'Economie et des Finances, dans le cadre de la réglementation de la concurrence antérieure à l'adoption de l'ordonnance du 1er décembre 1986 dans une affaire d'appels d'offres controversée[35]. La matière pénale évoquée par l'article 6-1 est en fait acquise par la Cour à travers le respect de conditions. Ces critères, le juge conventionnel les a énumérés à l'occasion d'un recours d'une personne morale contre des sanctions, lui ayant été infligées par les autorités nationales en raison d'une méconnaissance des règles applicables au commerce international. Ces sanctions initialement administratives sont intégrées dans le domaine pénal de l'article 6-1 par les organes de surveillance de la Convention. Pour ce faire, le juge européen présente les critères et les modalités rendant l'article 6-1 de la convention applicable à une sanction de l'administration douanière à l'encontre de cette société de transport international considérée comme une sanction pénale. Il avance qu'il « *faut tenir compte de trois critères pour décider si une personne* (morale en l'occurrence) *est accusée d'une infraction pénale au sens de l'article 6 : d'abord la classification de l'infraction au regard du droit national, puis la nature de l'infraction et, enfin, la nature et le degré de gravité de la sanction que risquait de subir l'intéressé* »[36]. Si le juge européen précise ultérieurement que ces critères sont alternatifs et non cumulatifs, il ne s'interdit pas en revanche de procéder à une approche cumulative, à condition que l'analyse de chaque critère ne permet pas d'aboutir à une conclusion claire quant à l'existence d'une accusation en matière pénale à l'entre de la personne morale[37]. Plus concrètement, l'applicabilité de l'article 6-1 est retenue à l'issue d'un examen minutieux de la Cour. Une société à responsabilité limitée spécialisée dans le transport international de marchandises, des boissons alcoolisées notamment, a enfreint la législation hellénique relative aux taxes prévues selon le degré des boissons alcoolisées. Les autorités étatiques bloquèrent les comptes bancaires jusqu'au recouvrement des créances éventuelles à l'encontre de cette personne morale. La procédure

---

[35] CEDH, *Société Stenuit c/ France*, Rapport Commission, 30 mai 1991, Série A, n° 232-A, p. 15 et suivants.

[36] CEDH, *Garyfalou AEBE c/ Grèce*, 24 septembre 1997, au Recueil des arrêts et décisions 1997-V, p. 1830, § 32.

[37] CEDH, *Garyfalou AEBE c/ Grèce*, 24 septembre 1997, précité, § 33.

pénale engagée contre cette dernière et son représentant légal est contestée par ceux-ci qui estiment qu'elle ne remplit pas certaines garanties tirées de l'article 6-1 de la convention. La question de l'application de cette disposition dans un procès pénal impliquant une personne morale a été posée par l'État défendeur. La Cour européenne rappelle sa jurisprudence en la matière. La Cour de Strasbourg précise qu'en l'occurrence l'amende infligée à la société requérante était prévue par le code des douanes et n'était pas qualifiée, en droit interne, de sanction pénale. Toutefois, au regard de la nature grave de l'infraction de contrebande, du caractère dissuasif et répressif de la sanction infligée, ainsi que du montant élevé de l'amende, la Cour de Strasbourg considère que les enjeux pour la requérante étaient en l'espèce suffisamment importants pour conclure que le volet pénal de l'article 6 soit applicable en cette espèce[38].

En somme, lorsque la procédure administrative auxquelles les personnes morales font souvent l'objet empiète sur le pénal, elle doit être assujettie aux garanties de l'article 6-1 de la convention[39]. De ce fait, c'est une protection confortée, par une applicabilité plus importante de l'article 6-1 de la convention, que la Cour européenne entend faire profiter à toute personne morale se plaignant d'une lacune dans l'exercice de ses droits fondamentaux de procédure. Le champ d'application étendu de ce droit à un procès équitable est soutenu par un contrôle strict de la juridiction européenne.

B/ UN CONTROLE SEVERE

L'importance de la défense des droits de procédure se manifeste à plusieurs égards : le texte et le contrôle du juge européens. Le souci des rédacteurs de mettre en œuvre les moyens d'une bonne justice a pris forme par la pugnacité prétorienne. La sévérité de ce contrôle tient de ce que la juridiction européenne accorde une place centrale à cet article[40]. Les organes de surveillance de la Convention vont ainsi s'appuyer sur les différentes composantes de l'article 6-1 en vue d'exercer un réel contrôle de compatibilité des procédures internes aux exigences de la Convention européenne (1). L'aboutissement d'un tel contrôle sera le rayonnement véritable des droits et libertés énoncées par ladite Convention (2).

1- La réalité du contrôle

Le juge européen veut faire de la substance de l'article 6-1 de la convention, c'est-à-dire le droit à un procès équitable, un moyen de renforcement de la protection procédurale pour les personnes morales. Ce faisant, il étend son

---

[38] CEDH, *Giannetaki E. et S. Metaforiki LTD Giannetakis c/ Grèce*, 6 décembre 2007, requête n° 29829/05, § 29.

[39] Toutefois, les garanties en matière pénale couvrant les personnes morales et leurs activités feront l'objet d'une attention particulière et d'une analyse ultérieure (chapitre suivant).

[40] CEDH, *Sunday times c/ Royaume-Uni*, 26 avril 1979, Série A, n° 217, §55.

contrôle de façon à intégrer dans cette protection tous les éléments susceptibles de participer à l'administration d'une justice exemplaire. La notion de procès équitable prend de ce fait une autre envergure. On parle de « ... *la notion plus large du procès équitable* », comme le répète, à maintes occasions, la juridiction européenne[41]. Comprendre *lato sensu* la notion de procès équitable revient à intégrer tous les aspects de la procédure nationale, y compris ses différentes matières civile, pénale[42] et autres[43], dans le contrôle européen. Les éléments composant la notion large de procès équitable sont perceptibles avant, pendant et après la procédure en interne. Du droit d'accès à un tribunal à celui de l'exécution effective des décisions de justice, en passant par le principe de respect des droits de la défense, tout y est. *La sécurité des rapports juridiques*, aspect de la prééminence du droit[44], est mise au cœur du concept prétorien[45] de procès équitable[46]. Le contrôle de la juridiction européenne s'intéresse à toutes les étapes de la procédure. Les organes de contrôle de la Convention entrent en jeu dès la détermination du tribunal, car la notion de procès équitable exige un tribunal « *immaculé* ». Aussi la procédure interne va-t-elle être soumise au contrôle européen sous l'angle de la *trilogie* : équité - publicité - célérité. L'exigence d'un respect global de toutes ces normes est claire, car *on ne comprendrait pas que l'article 6-1 décrive en détail les garanties de procédure accordées aux parties, et qu'il ne protège pas d'abord ce qui permet d'en bénéficier en réalité : l'accès au juge. Équité, publicité et célérité du procès n'offrent point d'intérêt en l'absence de procès*[47]. Les personnes morales bénéficient également de la protection de l'article 6-1 de la convention élargie à l'exécution des décisions de justice. Cette étape, bien que postérieure à la

---

[41] Voir, parmi de nombreux arrêts, CEDH, *Ernst et autres (deux associations) c/ Belgique*, 15 juillet 2003, requête n° 33400/96, § 60 ; CEDH, *APBP c/ France*, 21 mars 2002, requête n° 38436/97, § 23.

[42] Voir, parmi tant d'autres, l'arrêt de la CEDH, *Kostovski c/ Pays-Bas*, 20 novembre 1989, requête n° 11454/85 qui estime que les *exigences du paragraphe 3 de l'article 6 représentent des aspects particuliers du droit à un procès équitable garanti par le paragraphe 1* de cet article.

[43] Voir entre autres, la matière ordinale CEDH, *Le Compte, Van Leuven et De Meyere c/ Belgique*, 20 juin 1981, Série A, n° 43 ; la matière administrative CEDH, *Tre Traktörer Aktiebolag c/ Suède*, 7 juillet 1989, Série A, n° 159.

[44] CEDH, *SC Editura Orizonturi SRL c/ Roumanie*, 13 mai 2008, § 59, précité : « ...*un des éléments fondamentaux de la prééminence du droit est le principe de sécurité des rapports juridiques, qui veut, entre autres, que la solution donnée de manière définitive à tout litige par les tribunaux ne soit plus remise en cause* ».

[45] La notion de procès équitable est dégagée et développée par le juge européen (arrêt *Golder* sus cité), la Convention de 1950 n'en fait aucunement mention.

[46] À en croire les nombreux arrêts sur cette question : CEDH, *SC Concordia International S.R.L. Constanta c/ Roumanie*, 22 septembre 2009, requête n° 38969/02 ; CEDH, *SC Aledani S.R.L. c/ Roumanie*, 26 mai 2009, requête n° 28874/04.

[47] CEDH, *Golder c/ Royaume-Uni*, 21 février 1975, précité, § 35.

procédure, n'échappe pas à la sagacité du juge européen. Elle *fait partie intégrante du « procès »* au sens dudit article[48]. C'est ainsi que deux sociétés anonymes ont vu prospérer leur requête, le juge européen les ayant considérées comme victimes d'une violation de l'article 6-1 de la convention eu égard à la non-exécution des décisions de justice rendues en leur faveur[49]. Une analyse plus étoffée de chacune des composantes de la notion large du procès équitable sera développée quant à leur impact dans la protection des personnes morales plus loin (seconde section).

Le juge européen contrôle tout le parcours de la requête, le moindre acte de l'instance nationale. Il veille à leur compatibilité à la convention. Ce qui permet une prise en charge globale de la protection juridictionnelle des personnes morales. De plus, l'exigence d'équité s'applique à l'ensemble de la procédure et ne se limite pas aux audiences contradictoires[50]. Le juge européen cherche à garder sauves les apparences de la justice. Les personnes morales ne se privent pas de saisir la juridiction de Strasbourg chaque fois qu'elles se sentent lésées dans leurs droits de procédure. C'est à juste titre que les personnes morales exigent le respect des droits de procédure, car l'article 6-1 assure au final la sauvegarde des droits et libertés de la Convention. Cette finalité est recherchée par le juge européen en procédant à un contrôle global de la procédure nationale.

2- La finalité du contrôle

La finalité de ce contrôle rigoureux de la juridiction européenne relatif aux garanties de procédure se lit dans le célèbre arrêt *Airey* sus indiqué. « *La Convention a pour but de protéger des droits non pas théoriques ou illusoires, mais concrets et effectifs* » l'a clairement affirmé la Cour européenne des droits de l'homme[51] ; bien entendu dans certaines décisions concernant une personne morale[52]. Cette affirmation paraît évidente, car tout dispositif de protection de droits revendiquerait son effectivité. Les droits fondamentaux ne sont pas des droits théoriques, encore moins une vue de l'esprit. Ce sont des droits concrets qui confèrent à leurs titulaires la possibilité d'en réclamer l'application. Il ne fait aucun doute concernant l'exigibilité de ces droits à la violation desquels une action judiciaire s'impose. L'arsenal européen de sauvegarde des droits fondamentaux a ceci de particulier qu'il engendre un contentieux dont les

---

[48] CEDH, *Hornsby c/ Grèce*, 19 mars 1997, Recueil des arrêts et des décisions 1997-I-495.

[49] CEDH, *Société de gestion du port de Compoloro et société fermière de Compoloro c/ France*, 26 septembre 2006, requête n° 57516/00.

[50] CEDH, *Raffineries grecques Stran et Stratis, Andréadis c/ Grèce*, 9 décembre 1994, précité, § 49.

[51] Voir avant l'arrêt *Airey*, CEDH, *affaires linguistiques belges c/ Belgique*, 23 juillet 1968, Série A, n° 6 ; GACEDH, n° 8.

[52] CEDH, *Nordica Leasing S.P.A. c/ Italie*, 14 octobre 2004 (précité).

solutions s'imposent aux parties, notamment à l'État. C'est le lieu de rappeler la nécessité d'assurer, face à la puissance publique, les garanties procédurales, gage d'une véritable protection juridictionnelle des personnes morales en l'occurrence. De surcroît, le juge européen ajoute, dans le même arrêt *Airey*, que « *la remarque vaut spécialement pour le droit d'accès aux tribunaux, eu égard au rôle éminent que le droit à un procès équitable occupe dans une société démocratique* ». L'affirmation de la Cour européenne est très importante en ce qu'elle exprime clairement l'esprit et l'ambition du *corpus* européen. Ce bout de phrase met également en exergue le caractère incontournable de l'article 6-1 de la convention dans la protection européenne des droits de l'homme. Une société démocratique ne peut exister sans la garantie effective des droits liés à la substance de cet article 6-1 de la convention. Le lien entre démocratie et le droit est étroit, de sorte que les garanties procédurales ne sont pas seulement des garanties organiques, car le sentiment de justice, et donc l'impression faite au justiciable est très présent[53]. On comprend alors que l'importance du droit au juge soit considérable[54]. Aussi l'élasticité de la substance de cet article, par le jeu de la Cour européenne, illustre bien le caractère constructif de son interprétation visant le respect effectif de l'équité dans l'instance nationale. Des sauvegardes implicites vont émerger à côté des garanties écrites. C'est donc fort de cette place de choix que la garantie du procès équitable fera l'objet d'un contrôle strict du juge européen. La rigueur de ce contrôle va dans le sens d'une protection plus approfondie des personnes morales, entités jouant un rôle essentiel notamment dans la promotion de la démocratie. La quête du respect du droit à un procès équitable doit en premier lieu animer les autorités étatiques dans leur administration de la justice. C'est aux juridictions nationales qu'il incombe de faire rayonner ces garanties procédurales[55]. La Cour de Strasbourg vient, en dernier ressort, s'assurer de leur pleine effectivité. Tout ce dispositif, à la fois interne qu'européen, conduit à l'objectif à atteindre : la sauvegarde réelle et concrète des droits garantis dans la Convention européenne.

Tout ce qui précède donne une idée de ce que le système de protection des droits fondamentaux est conçu de sorte à rassurer les personnes morales quant à *leurs rapports juridiques*, au demeurant juridictionnels avec les États contractants. L'esprit de la Convention, sa finalité et le jeu de ses organes de contrôle abondent dans ce sens. Une telle sauvegarde donne à l'évidence lieu à un contentieux très abondant. Cette abondance jurisprudentielle met en lumière l'intérêt des personnes morales à se saisir de l'article 6-1 de la convention.

---

[53] Delmas-Marty Mireille (dir.), « *Procès pénal et droit de l'homme, Vers une conscience européenne* », *in Les voies du droit*, PUF, 1992, p. 15.

[54] Sermet Laurent, *Convention européenne des droits de l'homme et contentieux administratif français*, Economica, 1996, p. 25.

[55] Le principe de subsidiarité prévaut dans le système de la Convention européenne des droits de l'homme.

Paragraphe II - L'APPROPRIATION DU CONTENTIEUX PAR LES PERSONNES MORALES

Plusieurs motivations militent dans l'intérêt, considérable, que peut revêtir la substance de l'article 6-1 de la convention pour les personnes morales. Cet intérêt se traduit notamment par l'accroissement du rôle des organisations non gouvernementales dans les procédures juridictionnelles, bien au-delà des seules situations où ce sont les droits propres de ces groupements auxquels il est porté atteinte[56]. Toutes les garanties extraites de cette disposition étant essentielles aux personnes morales dont la nature et les activités particulières appellent une protection procédurale renforcée et effective (A). Le droit à un procès équitable apparaît davantage aux personnes morales qu'aux personnes physiques comme la seule garantie de l'effectivité des droits[57]. C'est une lapalissade que d'affirmer la nécessité d'une sauvegarde des droits de procédure à ces personnes morales qui souvent sont chargées de la défense des personnes qu'elles représentent devant les juridictions internes. À côté de ces motifs inhérents aux groupes, d'autres raisons viendront expliquer l'effervescence de ces personnes autour des garanties procédurales (B).

A/ RAISONS INTRINSEQUES

En raison de leur nature et de leurs activités particulières, les personnes morales ont besoin d'une protection juridictionnelle pour vivre, voire survivre. Cette protection concerne ainsi leur existence, leur donner une raison d'être. Les groupes revendiquent une justice de qualité, c'est-à-dire celle qui doit *être rendue de façon à ce que les intérêts légitimes soient protégés d'une façon qui soit la plus satisfaisante possible*[58], en vue de faire prospérer leurs réclamations. La Cour européenne des droits de l'homme consent un traitement identique des personnes qu'elles soient physique ou morale. Donnant ainsi un sens nouveau à l'attrait des groupements pour le contentieux des droits de procédure, ceux-ci leur étant dorénavant accessibles. La particularité des personnes morales ne constituant pas un handicap à leur prise en charge, la nécessité de les protéger va s'imposer en raison de leur nature ou de leurs formes (1) et de leurs activités (2).

---

[56] Boré Louis, *La défense des intérêts collectifs par les associations devant les juridictions administratives et judiciaires*, LGDJ, Paris, 1997.

[57] Fricéro Nathalie, « *Nouvelles applications de la Convention européenne des droits de l'homme aux procédures adaptées aux affaires* », *in* Dossier *La Convention européenne des droits de l'homme et le droit des affaires*, Droit & Patrimoine, septembre 1999, p. 73 et suivants.

[58] Renucci Jean-François, *Le droit européen des droits de l'homme*, LGDJ, 3ème édition, p. 208.

1- *L'impact de la forme des personnes morales*

L'engouement des personnes morales à solliciter le juge européen pour un grief de nature procédurale peut s'expliquer par les diverses formes qu'elles revêtent. On en recense un certain nombre, déjà à partir de la reconnaissance au non de la personnalité juridique du groupement par l'ordre juridique interne. La typologie des personnes morales fondées à saisir la Cour européenne s'est construite à travers la jouissance de cette personnalité juridique, entendue au sens du droit européen des droits de l'homme. Lorsque cette personnalité est rejetée par les autorités étatiques, ce qui a pour effet indubitable de priver la personne morale de recours juridictionnel interne. Le groupement se retrouve désarmé et vulnérable à la moindre ingérence étatique. Il peut saisir la Cour européenne pour réclamer (le rétablissement de) sa qualité de sujet de droit. Le juge de Strasbourg dont la jurisprudence est autonome de celle des États sur cette question, peut reconnaître la qualité de requérant à un groupement, et par conséquent accorder le bénéfice de la Convention européenne au groupement concerné, à commencer par le droit d'accès à un juge, pendant du droit à un procès équitable. C'est le cas d'une institution religieuse dont la qualité de personne juridique a été contestée par les autorités étatiques du fait notamment de son lien fort historique avec l'État[59]. Ainsi une personne morale dont la qualité de sujet de droit est mise en cause en raison de sa forme (institution proche de l'État) peut-elle recourir à la juridiction européenne[60] et avoir gain de cause. L'importance de la procédure d'enregistrement des associations, acte reconnaissant la personnalité morale à un groupement, vise la matière civile en ce qu'elle met en jeu l'aptitude de l'association requérante à devenir titulaire de droits et obligations de caractère civil. La Cour européenne estime, en l'espèce, *que, d'après l'article 4- 1 de la loi* hongroise *de 1989 sur les associations, une association n'a d'existence juridique qu'une fois enregistrée auprès d'un tribunal. Il s'ensuit qu'une association non enregistrée ne constitue qu'un groupe d'individus dont le statut, dans ses relations de droit civil avec des tiers, est fort différent de celui d'une personne morale. Pour les requérants, l'enjeu de la procédure d'enregistrement était donc la capacité même de l'association à*

[59] CEDH, *les Saints Monastères c/ Grèce*, 9 décembre 1994, Série A, n° 301 ; JCP, 1995, I, 3823, obs. F. Sudre. Les autorités étatiques, en l'espèce, contestaient la compétence *ratione personae* de la Cour en déniant aux monastères la qualité d'organisations non gouvernementales au sens de l'article 34 de la convention.

[60] Voir parmi tant d'autres, l'arrêt de la CEDH, *Église catholique de la Canée c/ Grèce*, 16 décembre 1997, Recueil des arrêts et des décisions 1997-VIII. Observons que cette question de la reconnaissance de la personnalité juridique semble se poser de façon récurrente aux institutions religieuses. Voir aussi CEDH, *Ligue du monde islamique et Organisation islamique mondiale pour le secours islamique c/ France*, 15 janvier 2009, Requête n° 36497/05 et 37172/05.

devenir titulaire de droits et obligations de caractère civil en vertu du droit hongrois[61].

Aussi la forte propension des personnes morales à invoquer l'article 6-1 de la convention est-elle liée à la catégorie juridique à laquelle ces personnes appartiennent. Les organisations et groupes, qui prennent la forme privée, sont beaucoup plus exposés à des ingérences étatiques et donc promptes à saisir le juge européen. À la différence des personnes morales de droit public qui ont un régime plus complexe[62]. Les requêtes des personnes morales de droit privé s'appuyant sur un motif de procédure pour faire valoir leur droit à un procès équitable sont innombrables. La Cour européenne des droits de l'homme a été amenée à trancher des litiges concernant notamment des entreprises[63], des associations[64] ou autres[65] personnes juridiques ayant la particularité du fait de leur forme (privée) de subir des ingérences des États dans leurs garanties procédurales.

Une autre illustration de la variété des formes des organisations non gouvernementales susceptibles de cerner l'effervescence dégagée autour de l'article 6-1 de la convention : la quête de lucre ou non des personnes morales. La forme du groupement joue aussi un rôle important dans la nécessité de sauvegarde des droits de procédure. Quand un groupement poursuivant un but lucratif peut subir des désagréments, telle l'insolvabilité, du fait notamment de la longueur d'une décision de justice interne[66], il n'hésite pas à saisir la

---

[61] CEDH, *APEH Üldozötteinck Szövetsege et autres c/ Hongrie*, 5 octobre 2000, requête n° 32367/96, § 36.

[62] Voir *supra*, Introduction générale.

[63] Citons, parmi une pléthore d'arrêts, ceux qui sont peu connus et touchant à différentes questions : à propos du droit d'accès à un juge ; CEDH, *Bulinwar Ood et Hrusanov c/ Bulgarie*, 12 avril 2007, requête n° 66455/01, à propos de l'égalité des armes CEDH, *Relais du Min SARL c/ France*, 20 décembre 2005, requête n° 77655/01. La Cour européenne a donné suite à la demande de ces personnes morales

[64] Voir notamment CEDH, *collectif national d'information et d'opposition à l'usine MELOX, collectif stop MELOX et MOX c/ France*, 12 juin 2007, requête n° 75218/01 : cette association de droit (privé) français réclame le respect de l'égalité des armes ; CEDH, *Ouranio Toxo et autres c/ Grèce*, 20 octobre 2005, requête n° 74989/01 : ce parti politique critiquait la durée jugée excessive de la procédure interne. La Cour européenne a donné suite à la demande de ces personnes morales.

[65] Des relations contractuelles particulières peuvent influer sur la forme de la personne morale. C'est le cas d'un contrat d'association avec l'État dans le cadre de la gestion d'un établissement privé. Voir CEDH, *OGIS-Institut Stanislas, OGEC St Pie X et Blanche de Castille et autres c/ France*, 27 mai 2004, requête n° 42219/98 et 54563/00, § 11.

[66] CEDH, *SA Sitram c/ Belgique*, 15 novembre 2002, requête n° 49495/99, § 22 : cette société anonyme prétend que « *en raison des désagréments et de préoccupations résultant de l'allongement de la procédure... elle continue de subir l'insolvabilité de la société employant son ancien expert comptable* ».

juridiction européenne. C'est également le cas dans ce contexte de *durée excessive* de la procédure interne quand la lenteur de celle-ci a conduit à *la dépréciation du matériel* devenu irrécupérable selon la personne morale[67]. Tous ces arguments de la requérante tendent à exploser les raisons des nombreuses saisines de la juridiction européenne pour une question procédurale, mais ne préjugent en rien de la solution de celle-ci concernant la réparation. Le grief du non-respect du *délai raisonnable* est de loin le plus usité par les personnes morales sans forcément donner lieu à réparation. En outre, lorsqu'un groupement, dont la finalité n'est pas lucrative, combat le Gouvernement sur une question liée à son objet, mais se voit privé d'une garantie de procédure[68], il recourt à la Cour de Strasbourg pour revendiquer l'exercice de ce droit aliéné[69].

Les différentes configurations des personnes morales n'ont en somme aucun impact sur le niveau protection juridictionnelle dont elles bénéficient. Cette protection reste à un niveau optimal, qu'importe la forme. Ce qui renforce l'attrait des groupements pour l'article 6-1 de la convention en raison de la particularité des leurs activités.

2- L'impact des activités des personnes morales

Généralement, une personne morale se compose d'un groupe de personnes physiques (ou même de personnes morales) réunies pour accomplir quelque chose en commun. L'objet de ce regroupement fait partie de la définition même de la personne morale. Autrement dit, l'activité fait la personne morale. Un groupement ne se détermine, juridiquement ou autre, que relativement à son activité. C'est notamment celle-ci qui situe le régime juridique auquel la personne morale donnée va être soumise. Les activités des personnes morales sont multiples. Elles peuvent conduire à des relations conflictuelles avec l'État sur une question procédurale. L'absence d'une protection procédurale des personnes morales aurait pour conséquence principale la perte, dans tous les sens du terme, de son activité[70].

À preuve, il existe des groupements dont l'objet principal est susceptible de générer un conflit avec les autorités étatiques. C'est l'exemple des syndicats ou autres associations créés pour la défense de droits en souffrance du fait étatique. Les ingérences des autorités de l'État, qu'elles soient nationales ou locales,

---

67 CEDH, *Entreprise Robert Delbrassine SA c/ Belgique*, 1er juillet 2004, requête n° 49204/99, § 30.

68 CEDH, *Procola (association de droit luxembourgeois) c/ Luxembourg*, 28 septembre 1995, précité.

69 CEDH, *Wynen et centre hospitalier interrégional Edith-Cavell (*association à but non lucratif*) c/ Belgique*, 5 novembre 2002, requête n° 32576/96.

70 Parmi une multitude d'arrêts, voir pêle-mêle les arrêts CEDH, *les saints monastères c/ Grèce*, 9 décembre 1994 (précité) ; CEDH, *syndicat national des professionnels des procédures collectives c/ France*, 21 juin 2006, requête n° 70387/01 ; CEDH, *Sarl Aborcas c/ France*, 30 mai 2006, requête n° 59423/00.

peuvent entacher les garanties procédurales dont les personnes morales sont les bénéficiaires. Face à un objet social heurtant l'État, les autorités étatiques peuvent engendrer des blocages dès la naissance même du groupement. C'est le cas d'une association se constituant pour la défense du contribuable hongrois ; les impôts restent une question sensible pour les États. L'acte de naissance administratif de l'association connut des difficultés notamment en raison du nom que souhaitait porter cette association. La procédure d'enregistrement de l'association fut au final déclarée inéquitable par la Cour européenne[71]. Au niveau local cette fois-ci, une affaire a opposé une association, « *Avenir d'Alet* », et le conseil municipal d'Alet-les-Bains. L'association a pour objet la défense des intérêts de la commune ; les autorités locales accordent à une société la concession immobilière et l'exploitation des deux sources d'eau minérale de la commune. L'association y voit une illégalité dans ce contrat d'exploitation et saisit les juridictions internes. Une longue bataille judiciaire au détriment de ladite association l'amène à recourir au juge européen. La personne morale requérante dénonce l'absence d'équité de la procédure devant le Conseil d'État du fait notamment de la présence et/ou la participation du commissaire du Gouvernement au délibéré du Conseil d'État. La Cour européenne, tout en rappelant sa jurisprudence en la matière[72], préserve la garantie du droit à un procès équitable de l'association[73]. De cet unique grief, la violation de l'article 6-1 de la convention est prononcée.

En outre, la plupart des requêtes enclenchées par les personnes morales sont le fait des entreprises. Autrement dit, nombre de requêtes individuelles devant la Cour européenne sont de l'initiative de ces opérateurs économiques (voir *infra*, chapitre sur le droit à la réparation). Si l'activité économique des personnes morales n'a pas forcément vocation à contrarier les *Hautes parties contractantes*, bien au contraire, leur rôle est cependant considérable dans le développement de ces dernières. Néanmoins des accrocs peuvent naître dans leurs relations contractuelles. Les rapports qu'entretiennent les personnes morales avec l'administration, centrale[74] ou locale[75], ne sont pas toujours au

---

[71] CEDH, *APEH Üldozötteinck Szövetsege et autres c/ Hongrie*, 5 octobre 2000, requête n° 32367/96.

[72] CEDH, *Kress c/ France*, 7 juin 2001, requête n° 39594/98, Grande Chambre, Recueil des arrêts et des décisions 2001-VI.

[73] CEDH, *Association Avenir d'Alet c/ France*, 14 février 2008, requête n° 13324/04.

[74] Notamment CEDH, *Wynen et centre hospitalier interrégional Edith-Cavell c/ Belgique*, 5 novembre 2002, requête n° 32576/96 : le différend vient de la requête des ministres de la Santé publique pour la région bilingue de Bruxelles-capitale pour installation d'un appareillage médical lourd sans agrément préalable du ministère chargé de la Santé publique ; CEDH, *SAPL c/ France*, 18 décembre 2001, requête n° 37565/97 (administration préfectorale).

[75] Par exemple CEDH, *Piata Bazar Dorobanti SRL c/ Roumanie*, 4 octobre 2007, requête n° 37513/03 : le contentieux est né de la volonté du premier conseil du premier

beau fixe. Les groupements économiques auront besoin d'une justice irréprochable pour pouvoir sauvegarder leurs droits ou défendre leurs intérêts. Les garanties de procédure apparaissent comme salvatrices pour ces éventuels adversaires des autorités étatiques. Une illustration est faite dans une décision de la Cour en 2009 : Après avoir signé un contrat de transport de produits pétroliers d'Irak en Grèce pour le compte du dernier État, un litige vit le jour. Reprochant à la société anonyme un manquement à ses engagements contractuels, l'État hellénique engage la responsabilité contractuelle de cette société, alors que celle-ci allègue avoir subi des dommages matériels en raison des modifications unilatérales de l'État du contrat en cause. Tout part de ce différend et s'achève dans un soupçon de violation d'un droit de procédure par les autorités étatiques. Devant la juridiction européenne, la société requérante s'estime victime d'une violation du principe d'égalité des armes, une garantie du droit à un procès équitable. Constatant un net désavantage de la société dans l'instance nationale, la juridiction européenne déclare la violation d'une garantie procédurale[76]. Aussi, avec la poursuite de profits qui les caractérise, ces personnes morales allèguent-elles que les pertes qu'elles auraient subies sont du fait d'une procédure interne trop longue[77]. Des intérêts légitimes que reconnaissent à des occasions les autorités étatiques[78]. Les personnes morales ne sont donc pas en marge du mouvement de strict respect des droits de procédure conduit par le juge européen.

Les activités des personnes morales peuvent bel et bien prospérer par le biais de la sauvegarde des droits de procédure. Les personnes morales sortent rassurées de cette protection juridictionnelle assurée par la Cour européenne. Celle-ci a pris la mesure de l'indispensable jeu, en la matière, des personnes morales dans la construction de la démocratie[79]. Le flux de requêtes formulées sur un motif d'ordre procédural par ces personnes n'est pas prêt de s'arrêter. Encore que d'autres raisons, extérieures à leur nature, sont susceptibles d'expliquer l'intérêt considérable que les groupements portent à l'article 6-1 de la convention.

---

arrondissement de Bucarest et son service de l'administration d'expulser cette société commerciale à responsabilité limitée du marché des fruits et légumes ; CEDH, *Société Comabat c/ France*, 26 mars 2002, requête n° 51818/99 (conseil régional).

[76] CEDH, *Varnima Corporation International SA c/ Grèce*, 28 mai 2009, requête n° 48906/06.

[77] CEDH, *Atut SP.ZO.O. c/ Pologne*, 26 octobre 2006, requête n° 71151/01, § 39.

[78] CEDH, *Textile Traders LTD c/ Portugal*, 27 février 2003, requête n° 52657/99, § 26.

[79] CEDH, *collectif national d'information et d'opposition à l'usine Melox, collectif stop Melox et Mox c/ France*, 12 juin 2007, précité, § 15 : « *... la Cour l'a souligné dans sa décision sur la recevabilité de l'affaire, la défense devant les juridictions internes des causes telles que la protection de l'environnement fait partie du rôle important que jouent les organisations non gouvernementales dans une société démocratique* ».

B/ RAISONS EXTRINSEQUES

Outre les raisons inhérentes aux personnes morales pouvant éclairer l'appropriation du contentieux des droits de procédure, des motivations autres sont à relever. L'enjeu de la protection procédurale est tel que les groupements suscitent une jurisprudence plus étoffée (1). Aussi les outils avec lesquels les organes de contrôle de la Convention entendent bâtir une protection effective des droits procéduraux des personnes morales attisent l'intérêt de celles-ci à recourir régulièrement à ceux-là (2).

1- L'enjeu de la protection procédurale des personnes morales

L'enjeu de la protection procédurale des personnes morales peut être d'ordre théorique. Les personnes morales ont, de par leur existence et leurs missions, un rôle incontestable à jouer dans la société démocratique, chère au texte européen de 1950. Ces entités pourvues de la personnalité juridique participent de la vie des États contractants dans des domaines divers et variés. Lors d'une procédure engagée contre ou par elles, ces entités doivent pouvoir faire confiance aux juridictions de l'État dans le ressort duquel elles exercent leurs activités. De ce fait, les personnes morales ont besoin d'un système juridictionnel national respectueux des règles de la société démocratique parmi lesquelles le principe de prééminence[80]. Ce principe va servir de fondement à protection juridictionnelle des personnes morales[81]. Protéger rigoureusement les droits de procédure des personnes morales revient à garantir la vitalité de la démocratie dans les États contractants. C'est faire triompher une justice de qualité pour des personnes dont la mission reste sensible. Les personnes morales dont l'utilité est indéniable dans une société démocratique ne peuvent se voir écartées du bénéfice des droits de l'homme et des libertés fondamentales d'une part parmi lesquels le droit à un procès équitable. D'autre part, les garanties procédurales extraites de l'article 6-1 de la convention doivent être assurées et adaptées à ces personnes morales[82]. Ce faisant, une société démocratique commande l'instauration d'une justice de qualité soutenue par la prééminence du droit,

---

[80] Ce principe, intimement lié à la notion de l'État de droit, implique que les gouvernants ne soient pas placés au-dessus des lois, mais exercent une fonction encadrée et régie par le droit. Voir J. Andriantsimbazovina, H. Gaudin, J.-P. Marguénaud, S. Rials et F. Sudre (Dir), *Dictionnaire des droits de l'homme*, PUF, 2008.

[81] Un double fondement textuel (4ème et 5ème paragraphes du préambule de la Convention européenne des droits de l'homme notamment) et jurisprudentiel (CEDH, *Golder c/ Royaume-Uni*, 21 février 1975, Série A, n° 18, § 34 ; AFDI, 1975, 330, note R. Pelloux ; GACEDH, n° 26, PUF, p. 275 ; CEDH, *Klass c/ Allemagne*, 6 septembre 1978, Série A, n° 82, § 55.

[82] Le principe de prééminence du droit va alors impliquer un contrôle efficace de toute ingérence dans les droits des personnes avec les garanties offertes par le pouvoir judiciaire. Voir CEDH, *Klass c/ Allemagne*, 6 septembre 1978, Série A, n° 82, § 55.

gage d'un réel exercice par les personnes morales des droits fondamentaux qui sont les leur. *Le principe* de prééminence *trouve son expression dans l'article 6-1* de la convention[83]. Le juge européen s'assure ainsi que *l'ingérence* étatique dans le droit d'une société anonyme notamment à bénéficier d'un procès irréprochable *n'est pas inséparable d'un risque d'arbitraire et incompatible avec les principes généraux du droit et la notion de prééminence du droit inhérents à la Convention*[84]. L'intérêt de sauvegarder des droits procéduraux dont disposent les groupements est indissociable du principe de prééminence du droit. Sous le couvert d'un tel principe, le juge européen édifie une jurisprudence en matière de procès équitable appropriée aux personnes morales[85], mettant ainsi en évidence les raisons d'un intérêt important pour les personnes morales à saisir la juridiction européenne.

L'enjeu de la protection procédurale des personnes peut être d'ordre économique. L'appropriation du contentieux procédural des personnes morales peut en effet s'analyser par l'allure que va prendre la réparation. Prenant prétexte de l'article 6-1 de la convention, et selon leurs prétentions, certains groupements semblent plutôt attirés par les perspectives indemnitaires qui sont de loin insignifiantes[86]. Certaines personnes morales, les entreprises en l'occurrence, dopent ce contentieux des droits de procédure. C'est l'exemple d'une société en commandite simple de droit italien qui a ainsi usé, guère moins de sept fois, de son droit à un procès tenu dans un « *délai raisonnable* » pour *récolter* une indemnisation considérable[87]. La relation faite par certains groupements de la violation alléguée et des prétentions au titre de la satisfaction équitable est on ne peut plus ambiguë. C'est le cas d'une société en liquidation qui demande plus de deux milliards de lires italiennes pour un (simple) constat de durée excessive d'une procédure nationale[88]. Ce qui paraît visiblement

---

[83] CEDH, *Raffineries grecques Stran et Stratis, Andréadis c/ Grèce*, 9 décembre 1994, Série A, n° 301-B, § 46.

[84] CEDH, *Raffineries grecques Stran et Stratis, Andréadis c/ Grèce*, 9 décembre 1994, précité, § 42.

[85] La contestation de l'exequatur accordé par les juridictions internes à une sentence arbitrale au terme d'une procédure inéquitable (méconnaissant l'article 6-1 de la convention) et défavorable à une personne morale de droit privé a été jugée légitime dans un arrêt CEDH, *Ern Makina Sanayi Ve Ticaret A.S. c/ Turquie*, 3 mai 2007, requête n° 708301/01.

[86] « *Les sommes allouées au titre de la satisfaction équitable ne sont pas purement symbolique* ». Flauss Jean-François, « *La Convention européenne des droits de l'homme : une nouvelle interlocutrice du juriste d'affaires* », Revue juridique du droit des affaires, 6/1995, n° 33.

[87] CEDH, *Il Messagero SAS c/ Italie*, une première requête le 7 novembre 2000, requête n° 45876/99, 4 requêtes le 16 novembre 2000, requête n° 46516/99, n° 46517/99, n°46518/99, n° 46519/99 et deux dernières requêtes le 25 octobre 2001, requête n° 44501/98, n° 44508/98.

[88] CEDH, *AR. GE. A. SNC c/ Italie*, 7 novembre 2000, requête n° 45881/99.

excessif. S'il s'agissait en l'espèce de recouvrement de sommes perdues, d'un manque à gagner découlant de la violation de cette exigence du droit au procès équitable, la prétention de la société requérante serait parue légitime. Aussi la Cour européenne se refuse-t-elle à toute spéculation, et rejette les demandes allant dans ce sens[89]. Par ailleurs, force est aussi de constater l'importante réparation décidée par le juge. C'est le cas d'une autre société italienne qui réclamait plus d'un milliard de lires italiennes de dommages matériel et moral combinés, et qui finalement a obtenu 10 millions de lires. En dépit du fossé qu'il peut y avoir entre les prétentions et la somme allouée au titre du dommage subi, cette allocation n'est pas du tout symbolique[90]. De telles réparations peuvent amener à comprendre le recours massif des personnes morales à la juridiction européenne pour des questions de procédure.

La mise sur pied d'une société démocratique dans laquelle le principe de prééminence est la règle, conjuguée aux perspectives indemnitaires intéressantes, fait croître l'intérêt des groupements pour le contentieux ayant un grief d'ordre procédural. Les mécanismes utilisés dans ce contentieux ravivent davantage cet intérêt.

2- Les outils de la protection procédurale des personnes morales

La Cour européenne des droits de l'homme use de mécanismes censés permettre le renforcement de la protection procédurale des personnes morales. Ce qui va produire *in fine* un important contentieux des droits de procédure déclenché par ces personnes morales.

Le premier outil est celui des obligations positives. Les *Hautes Parties contractantes* sont soumises à une obligation positive dans le respect des droits procéduraux des personnes morales. Même si le juge européen se refuse de donner une théorie générale à cette obligation[91], il l'utilise pour rendre concret l'exercice d'un droit garanti ou dans la garantie de ce droit[92] en l'occurrence. Cette obligation appelle une action de l'État. La responsabilité de celui-ci est engagée même si le moyen est adéquat, mais s'est finalement montré inefficace quant au résultat. L'État ne peut arguer du minimum dans le respect du droit des personnes morales à un procès équitable. Il ne lui suffit pas de démontrer sa passivité dans la survenance d'une situation ayant méconnu un droit procédural dont dispose une personne morale l'article 6. C'est cette passivité même qui lui est reprochée[93]. Une obligation de moyens incombe aux États pour réaliser

---

[89] CEDH, *AEPI SA c/ Grèce*, 11 avril 2002, requête n° 48679/99, §§ 30 à 32.

[90] Voir CEDH, Tor Di Valle Construzioni S.P.A. c/ Italie, 9 novembre 2000, requête n° 45862/99.

[91] CEDH, *Plattform 'Artze für das leben' c/ Autriche*, 21 juin 1988, Série A, n° 139, § 31 ; JDI, 1989, 824, obs. P. Tavernier.

[92] CEDH, *Artico c/ Italie*, 13 mai 1980, requête n° 6694/74.

[93] Soyer Jean-Claude et De Salvia Michel, « *Article 6* », *in* L.-E. Pettiti, E. Decaux et P.-H. Imbert (dir), *la convention européenne des droits de l'homme*, *Op. cit.*, p. 246.

l'obligation de résultat à leur charge. C'est dire que les États doivent prendre toutes les mesures qu'ils jugent nécessaires pour garantir une justice de qualité aux personnes physiques et morales[94]. Ces moyens doivent ainsi répondre aux exigences de l'article 6-1 de la convention notamment d'impartialité afin que les groupements gardent confiance en leur justice[95]. Les difficultés d'un État du fait de son histoire, bien que sues, et les efforts reconnus par la Cour, ne détournent pas celle-ci de l'objectif d'une justice de qualité pour une personne morale[96]. L'impératif de résultat conduit logiquement à l'efficience de la sauvegarde de la substance de l'article 6-1 de la convention et facilite de ce fait le rayonnement de ses composantes.

Une autre méthode met en évidence l'ouverture du juge européen au profit des groupements dans leurs revendications d'une justice de qualité. Elle consiste à employer la notion d'apparence dans le contrôle du juge européen. C'est le cas de son contrôle portant sur une garantie de l'article 6-1 de la convention dont la personne morale peut réclamer le bénéfice (l'indépendance et l'impartialité de la juridiction nationale). Le juge européen des droits de l'homme examine certaines modalités censées démontrer *s'il y a ou non apparence d'indépendance*. L'usage d'une telle notion apporte plus de sévérité dans le contrôle de l'ingérence soulevée[97] L'apparence d'une justice sans reproche aura autant de valeur pour le juge européen. A l'occasion de son contrôle de compatibilité d'une mesure étatique à une garantie implicitement tirée de l'article 6-1 de la convention (l'égalité des armes), *la Cour attribue une*

---

[94] CEDH, *Colozza c/ Italie*, 12 février 1985, Série A, n° 89, § 30 : « *les États contractants jouissent d'une grande liberté dans le choix des moyens propres à permettre à leur système judiciaire de répondre aux exigences de l'article 6... la tâche de la Cour ne consiste pas à leur les leur indiquer, mais à rechercher si le résultat voulu par la Convention se trouve atteint...* ».

[95] C'est le cas de la composition du tribunal chargé de trancher un différend. Les États doivent *offrir des garanties suffisantes pour exclure tout doute légitime* quant à l'impartialité à ce niveau (§ 61). La Cour européenne se penche, en l'espèce, sur l'impartialité (objective) des assesseurs-échevins, membres du tribunal en question, pour rassurer une société à responsabilité limitée de droit suédois. Voir CEDH, *Ab Kurt Kellermann c/ Suède*, 26 octobre 2004, requête n° 41579/98.

[96] CEDH, *Union Alimentaria Sanders S.A. c/ Espagne*, 7 juillet 1989, Séria A, n° 157, § 38 : « *la Cour n'ignore pas que l'Espagne a dû supporter de graves difficultés pendant le rétablissement de la démocratie. Elle apprécie à leur juste valeur les efforts déployés pour améliorer l'accès des citoyens à la justice et transformer l'appareil judiciaire du pays. Elle rappelle pourtant qu'en ratifiant la Convention, l'Espagne s'est obligée à organiser celui-ci de manière à lui permettre de répondre aux exigences de l'article 6-1 notamment le 'délai raisonnable'...* » Autre exigence dudit article.

[97] CEDH, *Pabla Ky c/ Finlande*, 22 juin 2004, requête n° 47122/98, Recueil des arrêts et des décisions 2004-V, § 26.

importance aux apparences[98]. L'utilisation de la technique de l'apparence dans l'exercice de son contrôle produit également, et logiquement, un effet attrayant. Les personnes morales voient dans cette démarche prétorienne une opportunité de faire prospérer leurs recours portant sur un motif de nature procédurale. Cette attitude du juge européen se pose finalement en un catalyseur de requêtes des groupements.

En somme, l'importance des personnes morales dans de telles sociétés appelle une protection juridictionnelle plus riche de celles-ci. Elles sont les bénéficiaires des droits de procédure de cette disposition dont le champ d'application est si étendu. L'assise de la société démocratique, de laquelle découle le principe de prééminence, ne pouvait se faire sans le bénéfice de cette protection procédurale accordée aux personnes morales. Et le droit à un procès équitable correspond à un besoin essentiel pour les sociétés démocratiques et leurs composantes : tout justiciable doit pouvoir obtenir un jugement qui soit rendu par un tribunal indépendant et impartial au terme d'une procédure équitable[99]. L'action prétorienne en la matière, ouvertement favorable aux personnes morales, va stimuler le contentieux procédural de ces personnes. Il appartient par conséquent à l'État de mettre en œuvre les exigences tirées de la substance de l'article 6-1 de la convention. C'est une créance dont l'État contractant ne se dérober. De ce fait, plus que des bénéficiaires, les personnes morales deviennent de véritables créancières des garanties procédurales. Les États sont tenus à un résultat : l'effectivité de chacun des aspects du droit au procès équitable. On compte une variété de sauvegardes rentrant dans *la notion large du droit au procès équitable* de cet article 6-1. *L'irrésistible extension du contentieux du procès équitable a été mise en évidence, son domaine étant de plus en plus étendu et ses garanties de plus en plus contraignantes*[100]. D'où, l'approfondissement de tels droits étant incontestablement favorable aux personnes morales.

Section II - LES PERSONNES MORALES CREANCIERES DES GARANTIES PROCEDURALES

Les personnes morales sont légitimes à réclamer des autorités étatiques le respect de leurs droits de procédure. La société démocratique fait de cette

---

[98] CEDH, *APEH Üldozötteinck Szövetsege et autres c/ Hongrie*, 5 octobre 2000, précité, § 39.

[99] Guinchard Serge (dir.), *Droit et pratique de la procédure civile*, Dalloz Action, 1998, n° 2108 *in fine.*

[100] Koering-Joulin Renée, « *Introduction générale* », *in Les nouveaux développements du procès équitable au sens de la Convention européenne des droits de l'homme*, Bruylant, 1996, p. 9.

sauvegarde un impératif. La charge de la preuve de l'effectivité d'une bonne administration de la justice revient donc à l'État. Le recours des personnes morales vers la Cour européenne vise à dénoncer et à corriger les défaillances internes. L'article 6-1 de la convention produit au demeurant un contentieux très abondant. De cette richesse ont pu voir le jour certains principes directeurs. La juridiction européenne approfondit un certain nombre de garanties générales du droit à un procès équitable qu'elle va appliquer avec minutie dans sa jurisprudence[101]. Ces principes touchent toutes les étapes de la procédure nationale entamée par les groupements. Les garanties procédurales extraites de cet article 6 sont étroitement étayées par la Cour européenne des droits de l'homme. Celle-ci exerce un contrôle en amont comme en aval de la procédure interne, notamment le choix du juge et sa (ou ses) compétence (s). L'instance elle-même va être passée au crible. La durée de la procédure, sa publicité ou la conduite des débats sont autant d'éléments qui sont soumis au contrôle opéré par le juge européen. Son contrôle va encore plus loin. Alors que le texte n'en fait nullement mention, le droit à l'exécution des décisions de justice va être consacré par le juge européen. L'ombre de l'article 6-1 de la convention va subséquemment planer sur *l'après-procès*. La Cour européenne élabore une jurisprudence stricte et efficace des garanties textuelles (paragraphe I) ou non (paragraphe II) du droit à un procès équitable.

Paragraphe I - LES GARANTIES EXPLICITES

La jurisprudence européenne dégage une multiplicité de garanties autour du droit à un procès équitable. Elle prend en considération la globalité du procès s'étant déroulé dans l'ordre interne ; autrement dit les garanties de l'article 6-1 de la convention s'appliquent à l'ensemble de la procédure y compris, au pénal par exemple, aux phases de l'information préliminaire et de l'instruction judiciaire[102]. Le juge européen s'assure de la compatibilité des étapes préalables et contradictoires aux exigences de cet article 6-1. Globalement et de façon récurrente, les personnes morales revendiquent l'accès à un bon juge (A), notamment un juge qui soit indépendant et impartial. Elles réclament aussi une bonne justice (B), c'est-à-dire une administration de la justice débarrassée de tout arbitraire.

---

[101] Le contrôle de la Cour européenne se montre parfois très méthodique. Voir par exemple CEDH, *British-American tobacco Company LTD c/ Pays-Bas*, 20 novembre 1995, Série A, n° 331.

[102] CEDH, *Stratégies et communication et Dumoulin c/ Belgique*, 15 juillet 2002, requête n° 37370/97, § 39.

A/ LE DROIT DES PERSONNES MORALES À UN « *BON JUGE* »

Le droit au juge est considéré comme un pilier de l'État de droit, voire le noyau *dur* des droits de l'homme[103]. Plus qu'un juge, un bon juge est davantage exigé. Le « *bon juge* », conformément aux prétentions des personnes morales, serait un juge d'une part accessible et d'autre part indépendant et impartial. Les requêtes des personnes morales visant les caractères du juge ou les caractéristiques du tribunal tournent autour de ces deux aspects qui font partie l'un[104] et l'autre[105] de la notion large du droit à un procès équitable. L'article 6-1 de la convention garantit aux personnes morales le droit à ce qu'un tribunal connaisse des contestations sur leurs droits et obligations en matière civile. La Cour de Strasbourg précise qu'il s'agit du *« droit à un tribunal », dont le droit d'accès, à savoir celui de saisir le tribunal en matière civile, constitue un aspect*[106]. Par ailleurs, bien que les notions d'indépendance et d'impartialité soient étroitement liées, la Cour cherche à savoir si, dans les circonstances de la cause, la constitution ou l'attitude de la juridiction nationale répondaient à la substance desdites notions[107]. En somme, c'est un tribunal accessible, dégagé de toute entrave (1) et dépourvu d'arbitraire (2) que réclament les personnes morales en vue de l'instruction et la résolution de leurs litiges.

1- Un accès au juge dégagé

Le premier paragraphe de l'article 6 de la convention exige un accès nettement facilité à une juridiction. Le droit d'accès à un juge est un aspect du droit à un tribunal, lui-même relevant de la notion du droit au procès équitable. Ce « *droit créance* » ne peut en aucun cas se résumer au seul droit à une juridiction[108]. Il faut considérer que le droit d'accès ouvre la porte aux autres exigences de cet article 6-1 de la convention. C'est l'*alpha* de la protection juridictionnelle dont l'État est débiteur vis-à-vis des personnes morales. Il

---

[103] Cohen-Jonathan Gérard, « *Le droit au juge* », *in Gouverner, administrer, juger*, Liber amicorium Jean Waline, Dalloz, 2002, p. 476.

[104] Voir la multitude d'arrêts rendus à propos d'un grief visant le droit d'accès, notamment CEDH, *Salt Hiper SA c/ Espagne*, 7 juin 2007, requête n° 25779/03.

[105] Voir la pléthore de décisions rendues s'agissant d'un motif touchant à l'indépendance et à l'impartialité du tribunal, notamment CEDH, *Zarakolu et Belge Uluslararasi Yayincilik c/ Turquie*, 13 juillet 2004, requêtes n° 26971/95 et 37933/97.

[106] Voir notamment CEDH, *Tinnelly & sons LTD et autres et McElduff et autres c/ Royaume-Uni*, 10 juillet 1998, requête n° 62/1997/846/1052-1053, § 72.

[107] Voir en d'autres termes l'arrêt CEDH, *Sacilor Lomines c/ France*, 9 novembre 2006, requête n° 65411/01, § 62.

[108] Renoux Thierry-Serge et Senatore Audrey, « *Droit créance* », *in* J. Andriantsimbazovina, H. Gaudin, J.-P. Marguénaud, S. Rials et F. Sudre (Dir.), *Dictionnaire des droits de l'homme*, PUF, 2008, p. 306.

renferme tous les autres droits[109]. Toutes les garanties procédurales ne peuvent prospérer sans la sauvegarde du droit d'accès à un tribunal[110]. C'est dire l'importance de cette garantie. Il échoit à l'État la charge de faciliter l'exercice de ce droit en pratique. Le droit d'accès, pour être effectif, doit ne subir aucun obstacle, susceptible, pratiquement, d'empêcher la personne morale de l'exercer. La Cour européenne censure les règles procédurales obstruant le droit des personnes morales à l'action en justice dans les circonstances liées aux griefs propres à ces personnes[111].

D'emblée, l'application de ce droit fondamental aux personnes morales se heurte à des réticences de la part des États contractants. La question du droit d'accès à un juge propre aux groupements se pose au niveau de l'une des caractéristiques particulières : la question de leur existence juridique qui obéit à un certain régime. Ce qui tranche avec la situation de l'individu dont l'existence juridique va de soi. Tout groupement n'est donc pas forcément une personne juridique. Pour exister juridiquement, le groupement a besoin de l'onction de la personnalité juridique. Or la reconnaissance de la personne morale comme sujet de droit conduit au droit à faire valoir ses revendications devant un tribunal. Les groupements sont forts conscients de cette implication[112]. On comprend par ailleurs la tendance des autorités nationales à arguer du défaut de personnalité juridique des *organisations non gouvernementales* qui saisissent la juridiction européenne[113]. C'est un moyen utilisé par les autorités étatiques, leur permettant de soustraire un éventuel litige à une solution juridictionnelle. Elles pourront ainsi facilement faire échouer les réclamations des groupes requérants dans un différend les opposant. C'est ainsi qu'en refusant de reconnaître aux *monastères* la personnalité juridique, les autorités grecques avaient en ligne de mire

---

[109] Coulon Jean-Marie et Frisson-Roche Marie-Anne, « *Le droit d'accès à la justice* », *in* R. Cabrillac, M.-A. Frisson-Roche, T. Revet (dir.), *Liberté et Droits fondamentaux*, Dalloz, 2000, n° 551, p. 385.

[110] Nombre de décisions concernant un aspect du droit au procès équitable autre que le droit d'accès à un tribunal renvoient à ce dernier droit. Par exemple, la Cour estime que ce droit d'accès serait illusoire si les décisions judiciaires définitives et obligatoires restent inopérantes au détriment d'une partie ; en référence au droit à l'exécution des décisions de justice étudié plus bas (CEDH, *SC Ruxanda Trading SRL c/ Roumanie,* 12 juillet 2007, requête n° 28333/02, § 52).

[111] C'est le lieu de prévenir que la question de l'aide juridictionnelle, à proprement parler, faisant l'objet d'un important contentieux en matière de droit d'accès à un tribunal, est posée par les personnes physiques, alors que les personnes morales ne l'ont, malheureusement et jusqu'à preuve du contraire, aucunement évoquée.

[112] CEDH, *APEH Üldozötteinck Szövetsege et autres c/ Hongrie*, 5 octobre 2000, précité, § 30 : l'association requérante affirme que *même si la procédure d'enregistrement est qualifiée de gracieuse en droit interne, son issue est déterminante pour* (sa) *capacité à devenir titulaire de droits et obligations*.

[113] Voir notamment CEDH, *Compagnie de navigation de la République islamique d'Iran c/ Turquie*, 13 décembre 2007, requête n° 40998/98.

l'importante propriété foncière litigieuse[114]. La Cour européenne conclut toutefois que ces institutions religieuses étaient des organisations non gouvernementales au sens (de l'article 34) de la convention. Et par ricochet, elles peuvent valablement la saisir et faire trancher le litige par voie juridictionnelle[115]. Ce refus de reconnaître la personnalité juridique à une entité a clairement eu une incidence sur le respect du droit d'accès à un tribunal, car il a empêché celle-ci de faire trancher un litige la concernant par un juge. La Cour de Strasbourg juge qu'un tel refus porte atteinte au droit de la personne morale d'accéder à un tribunal[116]. Outre l'argument du défaut de compétence *ratione personae* de la juridiction européenne, les États soulèvent l'incompétence, cette fois-ci, *ratione materiae* de la Cour pour obtenir l'irrecevabilité des requêtes des personnes morales étrangères auxquelles ces États n'ont pas accordé leur reconnaissance. Dans une espèce où une association étrangère avait été privée de son droit à ester en justice, l'État défendeur réclamait *l'irrecevabilité des requêtes* devant la Cour *pour incompatibilité ratione materiae avec les dispositions de la Convention*[117]. Le juge européen fait un éclairage fort pertinent. Il met en lumière le droit à un tribunal, devant prévaloir nonobstant la question de la reconnaissance de la personnalité juridique d'un groupement étranger. La Cour affirme que *si la Convention ne garantit pas un droit à une telle reconnaissance, elle garantit le droit d'accès à un tribunal afin qu'il connaisse d'une contestation relative à des droits et obligations de caractère*

---

[114] CEDH, *les Saints Monastères c/ Grèce*, 9 décembre 1994, précité.

[115] Dans cette affaire ci-dessus citée, la Cour européenne rejette l'exception préliminaire du Gouvernement grec en reconnaissant sa compétence *ratione personae* et conclut à la violation de l'article 6-1 de la convention en ce que l'article 1 de la loi 1700/1987 en question empêche les institutions requérantes de saisir un tribunal afin que celui-ci tranche toute contestation relative à la gestion des biens qui restent leur propriété.

[116]Voir notamment les arrêts CEDH, *les Saints Monastères c/ Grèce*, 9 décembre 1994 et CEDH, *Église catholique de la Canée c/ Grèce*, 16 décembre 1997, tous deux plusieurs fois cités.

[117] Paragraphe 31 de l'affaire sus citée : « *le Gouvernement semble soutenir, sans la qualifier de telle, que les requêtes sont irrecevables pour incompatibilité ratione materiae avec les dispositions de la Convention. Plus précisément, il estime que la Cour ne saurait, compte tenu de la convention du Conseil de l'Europe sur la reconnaissance de la personnalité juridique des organisations internationales non gouvernementales, consacrer dans la Convention un droit, au profit des associations étrangères, à la reconnaissance de leur capacité d'agir en justice dans les Etats parties. Si les Etats membres du Conseil de l'Europe ont jugé nécessaire de conclure une convention spéciale sur la reconnaissance par ces mêmes états de la personnalité juridique des associations créées dans d'autres États membres, c'est bien que la Convention ne prévoyait pas une telle reconnaissance de plein droit* ».

CEDH, *Ligue du monde islamique et Organisation islamique mondiale pour le secours islamique c/ France*, 15 janvier 2009, Requête n° 36497/05 et 37172/05.

civil[118]. En clair, le prétexte de la reconnaissance ne saurait triompher de l'exercice du droit à un juge. Aussi la nature de la procédure ne saurait-elle excuser une entrave à l'accès à une juridiction. C'est le cas de l'administration fiscale qui procède à des visites dites domiciliaires lorsqu'elle soupçonne une société notamment de s'être soustraite et de se soustraire au paiement de l'impôt sur les sociétés et de la taxe sur la valeur ajoutée (T.V.A)[119]. Le juge européen a admis que cette procédure française prévue et organisée par l'article L. 16 B du livre des procédures fiscales, en tous cas en l'absence de poursuites subséquentes, ne répondait pas aux exigences du « *droit à un tribunal* » du premier alinéa de l'article 6 de la convention[120].

De plus, des obstacles à la jouissance de ce droit à un tribunal par les personnes morales vont revêtir d'autres aspects. Le contrôle du juge européen reste strict, qu'importe la forme. C'est dire qu'une entrave, qu'elle soit *de facto* ou *de jure* peut enfreindre l'article 6-1 de la convention. Dans son contrôle, le juge européen intègre les éléments matériels vécus par la personne morale requérante comme une obstruction à son droit au juge. La défaillance des services du greffe peut en conséquence conduire à une entrave au droit d'accès. Ce que la juridiction européenne admettait à l'occasion d'une affaire concernant la communication d'une décision accordant l'exequatur d'une sentence arbitrale à une société de droit turc qui entendait la contester. La notification a été effectuée à son ancien siège social alors qu'elle avait dûment informé le greffe du registre de commerce de son transfert bien avant la procédure d'exequatur. *Dans ces circonstances, la Cour estime que la défaillance du greffe du registre de commerce dans la transmission au tribunal de commerce de l'adresse du nouveau siège social ainsi que le refus de la Cour de cassation de prendre en compte cette circonstance ont privé la requérante de la possibilité de participer à la procédure d'exequatur devant les juridictions internes*. La violation de la Convention ne fait aucun doute[121]. Les organes de contrôle de la Convention exigent ainsi que l'accès au juge soit matériellement assuré. C'est dans cette optique que ceux-ci estiment que l'obligation de s'acquitter d'un droit de timbre pour ouvrir un procès peut constituer une entrave au droit d'accès d'une société commerciale[122]. Au surplus, une taxe judiciaire peut *in fine* constituer un

---

[118] Paragraphe 35.
[119] CEDH, *Société IFB c/ France*, 20 novembre 2008, requête n° 2058/04.
[120] CEDH, *Ravon et des personnes morales de droit français c/ France*, 21 février 2008, requête n° 18497/03.

[121] CEDH, *Ern Makina Sanayi Ve Ticaret AS c/ Turquie*, 3 mai 2007, requête n° 70830/01.
[122] CEDH, *SC Marolux SRL et Jacobs c/ Roumanie*, 21 février 2008, requête n° 29419/02 : une société roumaine se plaint du montant du droit de timbre d'une valeur de 803711570 ROL qu'elle n'a pu payer, conduisant à l'annulation de son action. La Cour

obstacle au droit d'accès des groupements au tribunal[123]. Il n'y a pas uniquement les personnes physiques qu'on peut considérer comme potentiellement incapables de s'acquitter de taxe ou autre timbre pour bénéficier de la protection juridictionnelle européenne. L'impécuniosité peut également toucher les personnes morales. Ces dernières, se trouvant dans cette situation, sont autant couvertes que les personnes physiques.

Toutefois, ce droit fondamental procédural des personnes morales, fort défendu par la juridiction européenne, n'est pas absolu. Des limitations implicites sont admises, notamment quant aux conditions de recevabilité d'un recours[124]. Aussi les organes conventionnels rappellent régulièrement qu'ils n'avaient point *pour tâche de se substituer aux juridictions internes. C'est au premier chef aux autorités nationales, et notamment aux cours et tribunaux, qu'il incombe d'interpréter la législation interne*[125]. Elle ajoute que son rôle se limite à vérifier la compatibilité avec la Convention des effets de pareille interprétation. Ceci est particulièrement vrai s'agissant de l'interprétation par les tribunaux des règles de nature procédurale telles que les délais régissant le dépôt des documents ou l'introduction de recours[126]. La Cour européenne veille notamment à ce que ces interprétations ne conduisent à un déni de justice. Pour Strasbourg, *juger consiste à trancher au fond le litige porté devant une juridiction. L'article 6 § 1 ne permet pas l'emploi de subterfuges visant à éviter l'examen du fond du litige. Dans ce cas, l'attitude du juge équivaudrait à un déni de justice, ce qui porterait atteinte au droit d'accès à un tribunal*[127]. En outre, le refus d'une juridiction de se prononcer de manière indépendante sur certains points de fait cruciaux pour le règlement du litige dont elle est saisie, peut être constitutif d'une violation du droit d'accès à un tribunal dont une entreprise est créancière vis-à-vis de l'État contractant[128].

---

européenne y a trouvé une violation du droit de cette personne morale d'accéder à un tribunal que garantit la Convention.

[123] CEDH, *Agromodel DOO c/ Bulgarie*, 24 septembre 2009, requête n° 68334/01.

[124] CEDH, *Klithropiia Ipirou Evva Hellas A.E. c/ Grèce*, 13 janvier 2011, requête n° 27620/08, § 20.

[125] Voir, parmi de nombreux arrêts, CEDH, *Edificaciones March Gallego S.A. c/ Espagne*, 19 février 1998, Recueil des arrêts et des décisions 1998-I, p. 290, § 33.

[126] Voir, parmi de nombreux arrêts, CEDH, *Sotiris et Nikos Koutra Attee c/ Grèce*, 16 novembre 2000, requête n° 39442/98, § 17.

[127] CEDH, *N.T. Giannousis et Kliasfas Brothers S.A. c/ Grèce*, 14 décembre 2006, requête n° 2898/03, § 26.

[128] CEDH, *Terra Woningen B.V. c/ Pays-Bas*, 17 décembre 1996, Recueil des arrêts et des décisions 1996-VI, pp. 2122-2123, §§ 53-55.

Les interprétations formulées par les instances nationales sont jugées avec sévérité par la Cour européenne qui estime que ces juridictions internes sont assez rodées sur les questions de procédure[129].

Par ailleurs si des limitations sont admises, elles ne doivent pas restreindre l'accès ouvert à la personne morale d'une manière ou à un point tel que le droit s'en trouve atteint dans sa substance même[130]. Ces limitations ne se concilient avec le premier paragraphe de l'article 6 de la convention que si elles poursuivent un but légitime et qu'il existe un rapport raisonnable de proportionnalité entre les moyens employés et le but visé[131]. Une société anonyme qui se plaint de ce que le Tribunal suprême a déclaré irrecevable son pourvoi en cassation pour tardiveté, alors qu'elle l'a présenté devant le tribunal de garde de Madrid dans le délai de trente jours prévu par la loi[132]. Le Tribunal reprochait en l'espèce *à la requérante d'avoir agi avec négligence, d'avoir commis une erreur en présentant, d'une part, le recours, la veille du jour limite du délai impératif devant le tribunal de garde, compte tenu du fait que le dies a quo était controversé, et, d'autre part, en dehors des heures d'ouverture du Registre Général du Tribunal suprême* (paragraphe 41). Cette *interprétation particulièrement rigoureuse* de la juridiction nationale conduisant à l'irrecevabilité de la requête de la société anonyme ne saurait justifier une relation raisonnable de proportionnalité entre les moyens employés et le but poursuivi (paragraphe 42). Ces interprétations drastiques sont souvent sanctionnées par le juge européen[133]. Dans la même optique, en rejetant le pourvoi comme tardif (...) au motif qu'il était introduit dans un délai qui courait à partir du prononcé du jugement, et non de la mise au net de celui-ci, la Cour européenne estime que la Cour de cassation a privé la requérante du droit d'accès à un tribunal. Elle conclut donc qu'il y a eu violation de l'article 6-1 de la convention[134].

La jurisprudence européenne encadre rigoureusement le droit à un tribunal[135]. La juridiction conventionnelle œuvre avec détermination à *un accès*

---

[129] Voir une illustration dans l'arrêt CEDH, *AEPI SA c/ Grèce*, 11 avril 2002, requête 48679/99, § 27.

[130] CEDH, *Klithropiia Ipirou Evva Hellas A.E. c/ Grèce*, 13 janvier 2011, requête n° 27620/08, § 20, précité.

[131] CEDH, *Sarl Aborcas c/ France*, 30 mai 2006, requête n° 59423/00, § 32.

[132] CEDH, *Stone Short Shipping Company S.A. c/ Espagne*, 28 octobre 2003, requite n° 55524/00.

[133] Voir parmi de nombreux arrêts CEDH, *Vodarenska Akciova Spolecnost c/ République Tchèque*, 24 février 2004, requête n° 73577/01, § 36.

[134] CEDH, *AEPI SA c/ Grèce*, 11 avril 2002, précité, § 28.

[135] Voir notamment Milano Laure, *Le droit à un tribunal au sens de la Convention européenne des droits de l'homme*, Montpellier I, 2004 (dir. Sudre Frédéric) ; Dalloz, Nouvelle bibliothèque des thèses, 2006, vol 57.

effectif à un organe judiciaire[136] ou autre au profit des personnes morales. L'accès acquis, l'organe de jugement de l'ordre juridique national se doit d'être sans reproche.

2- Un juge indépendant et impartial exigé

L'article 6-1 de la convention mentionne explicitement que le juge saisi soit indépendant et impartial. Ces deux notions semblent se rapporter à une même idée, la Cour européenne ayant été amenée à les examiner ensemble (ou séparément) afin de se prononcer *sur la question* (posée par une entreprise) *de savoir si, dans les circonstances de la cause, la juridiction litigieuse possédait « l'apparence » d'indépendance requise ou l'impartialité « objective » voulue*[137]. Cependant force est de souligner les nuances [138]. Une analyse de cette garantie réclamée par les personnes morales qui se veut pertinente et explicite se doit de les séparer.

Un tribunal dont l'indépendance est exigée par les personnes morales doit avant tout répondre aux canons de sa propre définition. Peu importe le nom qu'on lui donne[139] et son type[140], le tribunal se définit au plan matériel par sa fonction juridictionnelle. C'est son aptitude à trancher tout litige relevant de sa compétence, sur le fondement des règles de droit et conformément à une procédure organisée qui va le caractériser. La Cour européenne a ainsi jugé qu'une commission bancaire qui décide d'un blâme à l'encontre d'une entreprise d'investissement, une sanction ayant des conséquences notamment financières, doit être vue comme un tribunal au sens de l'article 6-1 de la convention[141]. Au surplus, ce tribunal doit être *établi par la loi* comme l'exige

---

[136] CEDH, *Crédit industriel c/ République Tchèque*, 21 octobre 2003, requête n° 29010/95, § 73.

[137] La Cour européenne le reconnaît dans son arrêt *Sacilor Lomines c/ France*, 9 novembre 2006, § 62, précité.

[138] Un tribunal indépendant vis-à-vis des parties au procès est, nous semble-t-il, un tribunal impartial. Pour nuancer, nous évoquerons l'indépendance face aux autres pouvoirs étatiques, précisément le pouvoir exécutif. Aussi un État contractant peut-il être sanctionné pour avoir établi un tribunal qui ne soit ni indépendant ni impartial, les deux notions évoquées concomitamment (CEDH, *Pabla Ky c/ Finlande*, 22 juin 2004, précité) ou séparément (CEDH, *Procola c/ Luxembourg*, 28 septembre 1995, Série A, n° 326 : la Cour évacue la question de savoir si le tribunal s'est montré indépendant).

[139] CEDH, *British-American tobacco Company LTD c/ Pays-Bas*, 20 novembre 1995, Série A, n° 331, § 77. La division des recours de l'office des brevets a été considérée comme un « tribunal » au sens de la Convention.

[140] CEDH, *Lithgow et autres c/ Royaume-Uni*, 8 juillet 1986, Série A, n° 102. Il s'agissait en l'espèce d'un tribunal arbitral, loin du système classique d'organe judiciaire.

[141] CEDH, *Dubus S.A. c/ France*, 11 juin 2009, requête n° 5242/04, § 38 : « ... *la commission bancaire a statué en tant que ''tribunal'' et ''sur le bien-fondé d'une accusation en matière pénale'' au sens de l'article 6-1 de la convention. Et partant,*

le texte de 1950 ; cette condition n'est pas une hypothèse d'école[142]. Pareillement, la capacité de rendre une décision obligatoire de l'organe juridictionnel participe de la définition du tribunal au sens de la Convention[143]. Le tribunal ainsi déterminé doit faire preuve d'indépendance vis-à-vis des autorités nationales qui sont pourtant à l'origine de sa création : une exigence nécessaire à la bonne administration de la justice, chère à l'établissement d'une société démocratique. La Cour de Strasbourg donne les conditions d'indépendance d'un tribunal. Elle estime que *pour établir si un tribunal peut passer pour « indépendant » aux fins de l'article 6 § 1, il faut prendre en compte, notamment, le mode de désignation et la durée du mandat de ses membres, l'existence d'une protection contre les pressions extérieures et le point de savoir s'il y a ou non apparence d'indépendance*[144]. Le juge européen regarde chacun des critères pour en tirer la conséquence d'une violation ou non du droit des personnes morales à un tribunal indépendant. Il va plus loin en indiquant que l'indépendance du tribunal s'apprécie même par rapport à l'apparence de celui-ci[145]. C'est un canon important dans la mesure où il élargit le contrôle du juge européen. Ce dernier n'est pas cantonné dans la seule lecture de la mise en place organique du tribunal. Il apprécie les éléments apparents de son environnement.

L'appréciation de l'indépendance du tribunal par la Cour européenne connaît néanmoins des tempéraments. La Cour précise que s'agissant de l'indépendance définie comme l'absence de lien entre le pouvoir exécutif et les autorités judiciaires, ni l'article 6 de la Convention, ni la Convention n'oblige les États à se conformer à telle ou telle notion constitutionnelle théorique concernant les limites admissibles à l'interaction entre l'un et l'autre. Elle rappelle cependant le rôle croissant de la notion de séparation du pouvoir exécutif et de l'autorité judiciaire dans sa jurisprudence[146].

L'impartialité du tribunal est une exigence de l'article 6-1 de la convention. Elle entend assurer la confiance que les groupements manifestent à l'égard des tribunaux censés trancher leurs différends. La Cour européenne donne une définition à l'impartialité, la fractionnant en deux orientations : une démarche subjective et une autre objective[147]. Elle exerce son contrôle selon ces deux

---

l'exception d'incompatibilité ratione materiae soulevée par le Gouvernement doit être rejetée ».

[142] CEDH, *Lithgow et autres c/ Royaume-Uni*, 8 juillet 1986, précité, § 201.

[143] CEDH, *Terra Woningen B.V. c/ Pays-Bas*, 17 décembre 1996, JCP G, 1997, I, 4000, obs. F. Sudre.

[144] CEDH, *Pabla Ky c/ Finlande*, 22 juin 2004, précité, § 26.

[145] La Cour européenne fait référence à l'adage anglo-saxon selon lequel *Justice must not only be done : it must also be seen to done.*

[146] CEDH, *Sacilor Lomines c/ France*, 9 novembre 2006, précité, § 59.

[147] CEDH, *Piersak c/ Belgique*, 1er octobre 1982, Série A, n° 53, § 30 : « *si l'impartialité se définit d'ordinaire par l'absence de préjugé ou de parti pris, elle peut,*

orientations[148]. La démarche subjective s'entend par l'appréciation de la conviction de tel juge en telle occasion. La Cour de Strasbourg essaie de déterminer ce que penserait n'importe quel juge placé dans les circonstances similaires. Elle recherche si des éléments ont pu affecter la neutralité personnelle du juge[149]. Quant à la seconde démarche, elle conduit à se demander, lorsqu'une juridiction collégiale est mise en cause, si, indépendamment de l'attitude personnelle de tel ou tel de ses membres, certains faits vérifiables autorisent à mettre en cause l'impartialité de celle-ci. La Cour s'appuie ici sur des éléments objectifs, des faits concrets. En la matière, même les apparences peuvent revêtir de l'importance. C'est ainsi qu'*un doute simple, aussi peu justifié soit-il,* (a) *suffit à altérer l'impartialité du tribunal*[150]. La juridiction européenne exerce un contrôle fin, car il y va de la confiance que les tribunaux d'une société démocratique se doivent d'inspirer aux justiciables, les personnes morales en l'occurrence. L'attitude de la Cour consiste à vérifier avec attention les griefs soulevés par une société privée maltaise, qui alléguait que la Chambre de la Cour d'appel statuant sur la recevabilité de son recours en révision, ne constituait pas un tribunal impartial au sens du texte de 1950. Examinant le grief sous l'angle de la première démarche, la Cour prévient que *l'impartialité du tribunal se présume jusqu'à preuve du contraire*. Elle réalise, dans les circonstances de l'espèce, que les juges composant la chambre de la Cour d'appel saisie du recours en révision n'aient statué sous l'influence de préjugés personnels. Ce point est à écarter. Quant aux éléments tangibles, les craintes exprimées quant à l'impartialité de la Cour d'appel provenaient de ce que la chambre de celle-ci chargée de l'examen de la recevabilité du recours en révision était composée des trois mêmes juges qui avaient connu du fond de l'affaire et rendu l'arrêt (du 30 décembre 1993) contesté par la société intéressée. Ces doutes ressentis ont suffi à emporter la conviction de la Cour européenne, déclarant ainsi la violation du droit du groupement requérant à un tribunal impartial[151].

---

notamment sous l'angle de l'article 6-1 de la convention, s'apprécier de diverses manières. On peut distinguer sous ce rapport entre une démarche subjective, essayant de déterminer ce que tel juge pensait dans son for intérieur en telle circonstance, et une démarche objective amenant à rechercher s'il offrait des garanties suffisantes pour exclure à cet égard tout doute légitime ».

[148] Voir par exemple CEDH, *Lithgow et autres c/ Royaume-Uni*, 8 juillet 1986, précité, § 202.

[149] Goyet Charles, « *Remarques sur l'impartialité du tribunal* », Dalloz, 2001, Chron., p. 328 et suivants : l'impartialité subjective signifie l'absence de parti pris ou de préjugé et s'entend de tout ce qui peut affecter la neutralité personnelle du juge.

[150] CEDH, *Procola c/ Luxembourg*, 28 septembre 1995, Série A, n° 326, § 45.

[151] CEDH, *San Leonard Band Club c/ Malte*, 29 juillet 2004, requête n° 77562/01, §§ 58-66.

L'impartialité, conjuguée à l'indépendance, des tribunaux nationaux est une préoccupation substantielle du juge européen, d'où l'élaboration stricte de sa jurisprudence en la matière[152].

La quête d'un « *bon juge* », accessible et irréprochable, justifie l'intransigeance de la Cour européenne des droits de l'homme. Le respect de ces conditions participe de la confiance que les institutions nationales doivent inspirer aux personnes morales. C'est une créance des *Hautes Parties* contractantes à laquelle elles ne peuvent déroger, parce que nécessaire à une protection efficace de l'intérêt particulier des groupements requérants. Encore que des garanties, supplémentaires mais non secondaires dans un sens péjoratif, relatives à l'administration d'une « *bonne justice* » soient assurées par ces États débiteurs aux personnes morales aux fins de réaliser une société démocratique.

B/ LE DROIT DES PERSONNES MORALES À UNE « *BONNE JUSTICE* »

L'article 6-1 de la convention fait mention de la publicité et la célérité dans les procédures internes. Ce sont des conditions liées à une bonne justice, dépourvue de tout arbitraire. L'audience doit être en effet publique pour ôter tout scepticisme quant au respect des exigences de l'article 6-1 de la convention. La condition de la « *durée raisonnable* » veut qu'une procédure ait abouti dans un délai qui ne soit pas excessif. Des manœuvres (dilatoires) ou des défaillances, telles les lenteurs de la justice, expliquent la nécessité d'une telle sauvegarde et son engouement face à ces pratiques récurrentes. Ce sont des pratiques préjudiciables aux personnes morales du fait de leur particularité : c'est le cas d'une société commerciale dont la vie peut s'arrêter du fait de l'attente d'une décision de justice. Ces deux notions, la publicité de l'audience (1) et la célérité de la procédure (2), sont évoquées par la présente étude selon l'intensité de leur invocation par les personnes morales créancières de ces garanties procédurales.

1- La célérité de la justice imposée

« *Les armes pour combattre la lenteur du procès, un fléau persistant dans la justice contemporaine, sont nombreuses* »[153]. L'arme de l'article 6-1 de la convention qui exige en substance que *toute personne* (morale) *a droit à ce que sa cause soit entendue…dans un délai raisonnable* est fatale à la lourdeur, voire la « *paresse* » des institutions juridictionnelles nationales. Le caractère excessif de la durée des procédures nationales est défendu par cette sauvegarde. En outre, cette garantie procédurale

[152] La jurisprudence européenne est inflexible. Voir par exemple CEDH, *Zarakolu et autre (maison d'édition) c/ Turquie*, 13 juillet 2004, requête n° 26971/95 et 37933/97, §§ 40-43.

[153] Andriantsimbazovina Joël, « *Délai raisonnable du procès, recours effectif ou déni de justice ?* », RFDA, 2003, 85.

présente des caractéristiques inattendues : elle est de loin la plus invoquée par les personnes morales devant le juge européen des droits de l'homme. Le contentieux dépasse quantitativement celui du droit d'accès à un tribunal, une garantie pourtant liée intimement à la particularité des personnes morales. L'impératif de la célérité de la justice n'est pas déméritant, il est particulièrement important puisqu'il y va de la crédibilité de la justice et de son efficacité[154]. L'autre surprise de nos recherches révèle que, parmi les personnes morales, les entreprises sont les premières à dénoncer le manquement à cette garantie. Certains groupements à intérêt lucratif ont ainsi saisi la Cour européenne à de nombreuses reprises avec l'unique grief des lenteurs des juridictions internes[155]. Ce qui dégage un abondant contentieux qui met, par ailleurs, en lumière l'effervescence[156] notamment autour de l'article 6-1 de la convention, et précisément la garantie d'une justice rendue dans un délai raisonnable. L'abondance contentieuse déduit l'importance de cette exigence. *En exigeant le respect du "délai raisonnable", la Convention souligne l'importance qui s'attache à ce que la justice ne soit pas rendue avec des retards propres à en compromettre l'efficacité et la crédibilité*[157]. Les rédacteurs de la Convention ont entendu s'attaquer à la lenteur, voire à la lourdeur de la machine judiciaire qui contraste avec une justice de qualité[158]. Les organes de surveillance de la Convention leur emboîtent le pas, tant le rappel de l'intransigeance de cette exigence de célérité est récurrent dans leurs décisions. De sorte qu'un principe de droit espagnol attribuant la responsabilité de la marche de la procédure aux parties, dont une société privée en l'espèce, ne saurait délier l'État défendeur de ses engagements européens. D'où le rappel de la Cour que *pareil principe ne dispense pas les tribunaux d'assurer le respect des exigences de l'article 6* (de la convention) *en matière de délai*

[154] Sudre Frédéric, *Droit international et européen des droits de l'homme*, PUF, 10ème édition, 2011, p. 207.

[155] Illustration avec ces entreprises de droit italien *Tor Di Valle Costruzioni S.p.A.* et *Il Messaggero S.A.S.* qui ont saisi la première 8 fois et la deuxième 7 fois la Cour européenne.

[156] Le taux de succès d'une requête individuelle des personnes morales pour 'délai raisonnable' est très élevé.

[157] CEDH, *H. c/ France*, 24 octobre 1989, Série A, n° 162-A, § 74.

[158] Il est inadmissible qu'une procédure pour une seule juridiction dure quatre années et deux mois environ. CEDH, *Association Paratheristikos Oikodomikos Synetairismos Stegaseos Ypallilon Trapezis Tis Ellados c/ Grèce*, 3 mai 2011, requête n° 2998/08, §§ 31-32.

raisonnable[159]. Il apparaît formellement la nécessité de respecter cette exigence de célérité de la justice, déjà admise[160] mais quelque peu imprécise[161]. Cette exigence s'apprécie selon les critères que la Cour de Strasbourg a elle-même énoncés. Selon la juridiction européenne, *le caractère raisonnable de la durée d'une procédure s'apprécie suivant les circonstances de la cause et eu égard aux critères consacrés par sa jurisprudence, en particulier la complexité de l'affaire, le comportement des requérants et celui des autorités compétentes ainsi que l'enjeu du litige pour les intéressés*[162]. La charge de la preuve, celle de la promptitude la justice revient à l'État ; les personnes morales étant les créancières de l'obligation du délai raisonnable[163]. Les arguments des États défendeurs censés renverser ceux des groupements vont être passés au crible à travers cette triple conditionnalité[164].

Premièrement la complexité de l'affaire, ce critère n'est pas à lui seul déterminant pour faire échec à la requête du groupement[165] comme l'a plusieurs fois martelé la Cour européenne[166]. Cette dernière regarde, en fait, si l'affaire ne présentait pas des difficultés particulières. Les parties peuvent diverger sur la

---

[159] CEDH, *Union Alimentaire Sanders S.A. c/ Espagne*, 7 juillet 1989, requête n° 11681/85, § 35.

[160] On retrouve la raison d'être de cette exigence de célérité dans les adages anglais « *justice delayed, justice denied* » et français « *justice rétive, justice fautive* ».

[161] La computation du délai révèle quelques questionnements. Des précisions sont apportées par Jean-François Renucci sur la détermination du délai raisonnable (la question du *dies a quo* et *dies ad quem*) dans son ouvrage *Droit européen des droits de l'homme*, précité, p. 272 et 273.

[162] CEDH, *SC Concept LTD et Manole c/ Roumanie*, 22 novembre 2007, requête n° 42907/02, § 49.

[163] CEDH, *Entreprise Robert Delbrassine SA et autres c/ Belgique*, 1er juillet 2004, requête n° 49204/99, § 27 : « *il incombe aux États contractants d'organiser leur système judiciaire de telle sorte que leurs juridictions puissent garantir à chacun le droit d'obtenir une décision définitive sur les contestations relatives à ses droits et obligations de caractère civil dans un délai raisonnable* ».

[164] Nous excluons le critère de *l'enjeu du litige*, étant donné qu'il concerne certains points de litiges n'intéressant pas forcément les personnes morales. La Cour n'en fait mention que dans des cas exceptionnels, d'urgence.

[165] CEDH, *Garyfalou AEBE c/ Grèce*, 24 septembre 1997, requête n° 93/1996/712/909, § 38 : « *d'après la Commission, même si l'affaire présente une certaine complexité – puisqu'elle a déjà donné lieu à une audience devant une juridiction administrative inférieure, à un renvoi devant le Conseil d'État, à un premier rejet puis à une réintroduction à la suite de modifications législatives – ce facteur ne saurait à lui seul justifier la très longue durée de la procédure* ».

[166] Voir par exemple CEDH, *Comingersoll c/ Portugal*, 6 avril 2000, Recueil des arrêts et décisions 2000-IV, § 20.

complexité de l'affaire[167], mais un faisceau d'éléments de fait et de droit sont pris en compte dans l'appréciation de ce critère par la Cour de Strasbourg. Il s'agit notamment du nombre de personnes impliquées, les difficultés de preuve, l'incertitude de la règle de droit allongeant la durée de la procédure, l'aspect international de l'affaire rendant les investigations plus compliquées, plus difficiles et plus longues. Le juge européen retient dans une affaire que *la procédure devant le tribunal de grande instance et la cour d'appel de Thessalonique a duré au total environ deux ans et dix mois, dont un an et quatre mois avant la déclaration de la Grèce au titre de l'article 25* (aujourd'hui 34) *de la convention ; elle ne prête pas à critique. Quant à l'instance devant la Cour de cassation, elle s'est étalée sur un peu plus de trois ans; pareille durée tient à l'intervention successive de trois formations de jugement différentes et s'explique par la contradiction des arrêts adoptés par les deux premières et que l'assemblée plénière de la Cour de cassation a dû lever. Compte tenu des circonstances de la cause et de sa complexité*, le juge européen estime que la société anonyme de droit grec, *Agrotikes Synetairistikes Ekdoseis AE* et les autres requérants ne sont pas fondés à soutenir qu'il y a eu violation de l'article 6-1 de la convention au titre du délai raisonnable[168]. La liste des éléments n'étant pas exhaustive, d'autres données peuvent rendre complexe l'affaire et partant justifier la lenteur procédurale. Encore faut-il que le comportement des autorités nationales n'ait pas joué un rôle de ralentissement de la procédure, ou même un rôle dilatoire.

Le jeu des autorités nationales est observé à la loupe. Il leur incombe l'obligation positive d'organiser leurs juridictions de façon à remplir chacune des exigences du délai raisonnable de l'article 6-1[169]. Ces juridictions internes sont visées par l'expression *autorités compétentes.* La procédure judiciaire est contrôlée par le juge (national) qui doit assurer la conduite rapide du procès. Les organes de surveillance de la Convention observent les périodes de stagnation de la procédure. Si elles sont importantes et non justifiées, alors la sanction tombe. C'est le cas lorsque l'auditorat du Conseil d'Etat met près de quinze ans avant de déposer le rapport complémentaire en exécution de la mesure d'instruction (ordonnée en 1978) et qu'il fallut près de cinq ans supplémentaires avant que l'examen de l'affaire ne soit repris. De ce fait, la Cour européenne constate que le Conseil d'Etat n'a rendu son arrêt que plus de 22 ans et demi après avoir été saisi. Un tel délai suffit à établir le constat de dépassement du délai raisonnable, le Gouvernement ne fournissant aucun

---

167 Voir notamment CEDH, *SCI Boumois c/ France*, 17 juin 2003, requête n° 55007/00, §§ 19-22.

168 CEDH, *Katikaridis et autres c/ Grèce*, 15 novembre 1996, Recueil des arrêts et décisions 1996-V, §§ 41-43.

169 CEDH, *Caffè Roversi S.p.a. c/ Italie*, 27 février 1992, requête n° 12825/87, § 18.

d'élément de nature à expliquer la majeure partie de ce délai[170]. En outre, les dysfonctionnements des systèmes du système, notamment la répétition des cassations, ont conduit à une durée excessive de la procédure, ce qui porte préjudice à une société anonyme engagée dans des procédures civile, commerciale et pénale aux fins de faire valoir ses droits. Les cassations successives sont dues aux erreurs commises par les juridictions inférieures lors de l'examen de cette affaire. Cette configuration ne convient pas à la garantie du délai raisonnable, d'où la violation de l'article 6-1 de la convention[171]. La juridiction européenne, faut-il le noter, exerce un contrôle sévère à l'encontre des autorités compétentes. Elle a construit une jurisprudence solide en matière de délai raisonnable pour sanctionner l'inactivité des autorités étatiques[172]. La formule suivante est reprise dans maints recours des personnes morales « *La Cour a traité à maintes reprises d'affaires soulevant des questions semblables à celle du cas d'espèce et a constaté la violation de l'article 6-1 de la Convention* »[173]. Aussi certaines *Hautes Parties contractantes*, l'Italie par exemple, ont subi le courroux de la Cour européenne sur ces questions de célérité de la procédure face aux requêtes des personnes morales. En effet, la Cour a dénoncé, *après* l'*avoir constaté*e *dans de nombreux arrêts, l'existence* dans cet État *d'une pratique contraire à la Convention résultant d'une accumulation de manquements à l'exigence du délai raisonnable. Dans la mesure où la Cour constate un tel manquement, cette accumulation constitue une circonstance aggravante de la violation de l'article 6-1*[174]. Cette « *sortie* » de la juridiction européenne n'est-elle pas un appel implicite à la réforme du système judiciaire italien[175] ? Il est à souligner que l'attitude de certains États contractants dans les procédures impliquant les groupements est telle que la sanction de la Cour européenne paraît d'une évidence déconcertante[176]. Dans cette circonstance, la Cour européenne fait fi de l'examen du caractère

---

[170] CEDH, *Stoeterij Zangersheide N.V. et autres c/ Belgique*, 22 décembre 2004, requête n° 47295/99, §§ 33-40.

[171] CEDH, *Forum Maritime SA c/ Roumanie*, 4 octobre 2007, requête n° 63610/00 et 38692/05, §§ 165-166.

[172] CEDH, *Atut SP.ZO.O. c/ Pologne*, 26 octobre 2006, requête n° 71151/01, § 39.

[173] Voir parmi tant d'autres arrêts CEDH, *AJA International Trade B.V. c/ Grèce*, 25 janvier 2007, requête n° 22879/02, § 14 ; CEDH, *Electro Distribution Luxembourgeoise SA c/ Luxembourg*, 31 juillet 2007, requête n° 11282/05, § 60.

[174] CEDH, *Il Messagero SAS c/ Italie*, 25 octobre 2001, requête n° 44508/98, § 10.

[175] Un appel clair et explicite ne rentre pas dans les compétences de la Cour européenne des droits de l'homme.

[176] CEDH, *Digitel D.O.O. c/ Slovénie*, 15 juin 2006, requête n° 70660/01 : la Cour européenne conclut à une violation de l'article 6-1 de la convention en seulement trois paragraphes, la procédure litigieuse (toujours pendante) traîne depuis huit ans et cinq mois pour trois degrés de juridiction.

raisonnable de la procédure litigieuse à l'aide des critères[177]. Des États qui n'hésitent à arguer du comportement du groupement requérant pour esquiver une sanction.

À ce niveau, les organes de contrôle de la convention sont plus indulgents avec les groupements requérants[178]. Face aux obligations des autorités étatiques, *force est de constater que ce n'est pas à eux* (groupements requérants) *qu'il appartenait de faire avancer la procédure, pouvoir dont seule disposait la juridiction* chargée de l'affaire[179]. Cette position est favorable aux personnes morales, créancières de la garantie dans la mesure où, en l'espèce sus indiquée, les autres prétendus manquements que les autorités imputent au groupement requérant, *même à les supposer avérés*, ne sont pas susceptibles d'expliquer l'écoulement d'un délai. Cela confirme la sévérité affichée de la Cour de Strasbourg vis-à-vis des États en la matière. Les groupements requérants doivent faire preuve d'une diligence normale dans la conduite des procédures[180]. Leur comportement peut s'avérer la cause de lenteur procédurale. C'est le cas de changements répétés d'avocats, les retards à communiquer des pièces ou l'exercice systématique des voies de recours. La jurisprudence européenne est également favorable aux personnes morales dans la mesure où même si *la Cour admet que* les autorités helléniques et la société en nom collectif *sont responsables de certains retards dans la conduite de l'instance,* elle *estime* en revanche *que ces retards ne suffisent pas pour dégager les autorités judiciaires de leur responsabilité pour la durée globale qu'a connue la procédure* incriminée[181].

En plus de l'exigence de célérité de la procédure, très fortement invoquée par les personnes morales, une autre, la publicité de l'audience, est en revanche faiblement réclamée.

2- La publicité de l'audience revendiquée

Les groupements sont les créanciers de cet impératif, nommément cité par le texte européen, de publicité dans les instances nationales et entendent le faire

---

[177] CEDH, *Matos E Silva LDA et autres c/ Portugal*, 16 septembre 2006, Recueil des arrêts et décisions 1996-V, §§ 68-69.

[178] Même si la Cour européenne reconnaît que le comportement de la société requérante a conduit à une durée excessive de la procédure - *la production de nombreux mémoires a incontestablement allongé la procédure* - elle ne retient en revanche aucune faute de celle-ci. Voir CEDH, *Clinique Mozart SARL c/ France*, 8 juin 2004, requête n° 46098/99 § 35.

[179] CEDH, *Stoeterij Zangersheide N.V. et autres c/ Belgique*, 22 décembre 2004, précité, § 39.

[180] CEDH, *Kanakis et autres (cinq associations) c/ Grèce*, 23 octobre 2003, requête n° 5942/00, § 33.

[181] CEDH, *Filippos Mavropoulos – Pan. Zisis O.E. c/ Grèce*, 4 mai 2006, requête n° 27906/04, § 18.

respecter, de même que l'exigence de la célérité de la procédure. L'exigence de publicité des audiences s'apprécie selon l'ensemble du procès en prenant en compte la particularité des différentes étapes de la procédure interne. C'est-à-dire l'entièreté de la procédure nationale est ici prise en considération[182].

La garantie liée à la publicité des audiences, faut-il l'avouer, ne constitue pas un contentieux fourni s'agissant des requêtes des personnes morales. Elle reste néanmoins importante pour ces groupes, car pour le juge européen la règle de *la publicité des débats constitue un principe fondamental consacré par l'article 6 § 1. Elle protège les justiciables* (en l'occurrence deux associations et des personnes physiques) *contre une justice secrète échappant au contrôle du public et constitue aussi l'un des moyens de préserver la confiance dans les cours et tribunaux. Par la transparence qu'elle donne à l'administration de la justice, elle aide à réaliser le but de l'article 6-1 : le procès équitable, dont la garantie compte parmi les principes de toute société démocratique*[183]. Les personnes morales peuvent ainsi revendiquer, avec succès ou non, que l'audience soit publique[184].

Le juge européen tempère sa position en soulignant que *l'exigence selon laquelle le jugement doit être rendu publiquement a été interprétée avec une certaine souplesse*. Par conséquent il considère qu'il convient, dans chaque cas, d'apprécier à la lumière des particularités de la procédure dont il s'agit, et en fonction du but et de l'objet de l'article 6-1 de la convention, la forme de publicité du « *jugement* » prévue par le droit interne de l'État contractant mis en cause[185]. En clair, si toute personne justifiant d'un intérêt peut consulter le texte intégral des jugements concernant les personnes morales, celles-ci ne seraient pas fondées à soutenir la violation de leur droit à la publicité des audiences nationales.

En somme, la Cour européenne monte un véritable dispositif de sauvegarde des droits de procédure des groupements. Elle vérifie que le juge national est accessible aux organisations et irréprochable dans la conduite de l'instance. Les dysfonctionnements des juridictions nationales, quant au traitement équitable des parties dans l'instance et de la procédure dans un délai raisonnable, sont inadmissibles dans un contexte de société démocratique et subissent conséquemment et naturellement la réprobation des organes de surveillance de la Convention. Le souci de ces derniers est la protection juridictionnelle

---

[182] La Cour européenne prend en considération l'ensemble de la procédure, toutes les instances pour exercer son contrôle. Voir notamment CEDH, *Tüketici Bilincini Gelistirme Dernegi c/ Turquie*, 27 février 2007, requête n° 38891/03, § 20.

[183] CEDH, *Ernst et autres c/ Belgique*, 15 juillet 2003, requête n° 33400/96, § 65.

[184] CEDH, *Parti de la démocratie (affaire Dicle) c/ Turquie*, 10 décembre 2002, requête n° 25141/94, §§ 68-71 ; CEDH, *Yazar et autres dont Parti du travail du peuple c/ Turquie*, 9 avril 2002, requêtes n° 22723/93, 22724/93, 22725/93, §§ 63-67.

[185] CEDH, *Ernst et autres c/ Belgique*, 15 juillet 2003, requête n° 33400/96, § 69.

effective et efficace des personnes morales, au demeurant dans une optique encore plus large.

Paragraphe II - LES GARANTIES IMPLICITES

L'approfondissement des droits de procédure au profit des personnes morales ajoute, par le biais de ce paragraphe, une preuve de plus à sa réalité. La Cour européenne entend protéger encore davantage les justiciables, en l'occurrence les personnes morales. La jurisprudence européenne accorde aux *organisations non gouvernementales* des garanties tenant à l'équité de la procédure nationale (A) et aux décisions qui en ressortissent (B). Du droit des personnes morales à un procès équitable, le juge européen dégage implicitement un certain nombre de garanties, notamment le droit à l'égalité des armes, le droit à la motivation des décisions de justice doublé d'un droit à l'exécution de ces décisions. Les litiges en la matière entraînent une jurisprudence de plus en plus étoffée et favorable aux groupements. C'est une protection juridictionnelle plus large que les organes de contrôle de la Convention entendent accorder aux personnes morales créancières des garanties de procédure.

A/ LES GARANTIES IMPLICITES DES PERSONNES MORALES TENANT À L'EQUITE DE LA PROCEDURE

La quête d'une justice de qualité est la boussole du juge européen des droits fondamentaux des groupements. Peut être caractérisée comme telle une justice qui s'éloigne de tout arbitraire. Il faut entendre toutes ces manœuvres consistant à priver la personne morale de défendre efficacement ses intérêts. Il est ainsi fait allusion à la garantie de l'égalité des armes indispensable à asseoir une défense correcte et efficace (1). Les groupements ont eu recours à plusieurs occasions à cette garantie dont les États contractants sont tenus de mettre en œuvre. Les modalités de présentation des preuves dans l'instance nationale n'échappent guère à la vigilance de la Cour européenne (2).

1- L'égalité des armes

L'exigence d'équité nous renvoie ici au principe d'égalité des armes qui trouve une place de choix dans l'ensemble des garanties procédurales dont disposent les personnes morales. Ce principe est l'un des éléments inclus dans *la notion du droit à un procès équitable*[186] dont l'importance pour les personnes morales n'est plus à démontrer. Le principe de l'égalité des armes, à l'instar d'autres garanties[187], a été implicitement déduit par le juge européen de la

[186] Nombre d'arrêts reprennent cette formule consacrée par la décision CEDH, *Neumeister c/ Autriche*, 27 juin 1968, Série A, n° 8, § 22.

[187] Il existe un certain nombre de garanties procédurales implicites invoquées par les personnes morales. C'est le cas de l'obligation de motiver les décisions de justice, voir

substance de l'article 6-1 de la convention, ce qui trahit son abnégation à asseoir une justice véritablement équitable dans *l'ordre public européen.* Aussi le contentieux en la matière partage-t-il la même intransigeance de la juridiction européenne que dans ceux qui ont été étudiés plus haut. *La Cour attribue* en effet *une importance aux apparences*[188] dans son contrôle, le rendant conséquemment plus efficace. Cet « *activisme* » du juge conventionnel répond à sa propre définition de l'égalité des armes qui montre l'évidence de sa sauvegarde. L'égalité des armes est un principe en vertu duquel *chaque partie doit se voir offrir une possibilité raisonnable de présenter sa cause dans des conditions qui ne la placent pas dans une situation de net désavantage par rapport à son adversaire*[189]. Le principe de l'égalité des armes, qui est la manifestation procédurale du principe général d'égalité, vise à garantir l'équilibre dans le procès[190]. Lorsque dans l'instance une partie se voit privilégier dans la défense de sa cause, la rupture d'égalité est consommée. Pour aboutir à une telle conclusion, le juge européen a recours notamment à la théorie des apparences. C'est le cas de la participation du ministère public au délibéré du Conseil d'État ou de la Cour de cassation[191]. Certaines procédures font en effet intervenir le ministère public selon des règles spéciales. Le comportement du magistrat du ministère public, en l'occurrence l'avocat général[192] ou le commissaire du Gouvernement[193] peut créer un déséquilibre ne s'accordant pas aux exigences du principe de l'égalité des chances. L'enjeu de cette question est de trancher entre l'avantage pour la formation de jugement de l'assistance technique du commissaire du Gouvernement et l'intérêt du justiciable, car ce dernier doit avoir l'assurance que le premier n'exercera pas d'influence sur l'issue du délibéré. La balance est favorable au justiciable, puisque la participation du magistrat du ministère public au délibéré du Conseil d'État est sanctionnée par le juge européen[194]. Cette jurisprudence a été, à maintes reprises, appliquée aux (recours en la matière des) personnes morales

---

notamment la décision CEDH, *Velted -98 AD c/ Bulgarie*, 11 décembre 2008, requête n° 15239/02, § 45.

[188] CEDH, *APEH Üldozötteinck Szövetsege et autres c/ Hongrie*, 5 octobre 2000, § 39, précité.

[189] CEDH, *Raffineries grecques Stran et Stratis, Andréadis c/ Grèce*, 9 décembre 1994, Série A, n° 301-B, § 46.

[190] Gouttenoire Adeline, « *L'égalité des armes* », *in Les grands arrêts de la Cour européenne des droits de l'homme*, précité, p. 315.

[191] Concernant cette juridiction, voir CEDH, *Wynen et centre hospitalier interrégional Edith-Cavell c/ Belgique*, 5 novembre 2002, requête n° 32576/96 : le groupement soulève l'absence de transmission préalable de conclusions prises par l'avocat général devant la Cour de cassation et de l'impossibilité d'y répliquer.

[192] Par exemple CEDH, *Lilly France c/ France*, 14 octobre 2003, requête n° 53892/00.

[193] Par exemple CEDH, *Courty et autres c/ France*, 3 octobre 2006, requête n° 15114/02

[194] CEDH, *Kress c/ France*, 7 juin 2001, Grande Chambre, précité.

qui dénonçaient cette iniquité procédurale[195]. C'est une jurisprudence stricte, car pour la Cour européenne la *seule présence* du ministère public au délibéré suffit à déclarer une violation de l'article 6-1 de la convention[196]. Ni *la présence*, encore moins *la participation* du commissaire du Gouvernement en l'occurrence ne sont tolérées. La Cour de Strasbourg ne s'écarte pas, nonobstant des modifications apportées en droit interne[197], de sa solide jurisprudence[198] qui *use de ces termes* (présence et participation) *comme de synonymes*[199]. La jurisprudence européenne en la matière est ainsi renforcée et la protection des personnes morales assurée. L'égalité des armes, issue de la notion de procès équitable, *implique aussi en principe le droit pour les parties à un procès de prendre connaissance de toutes pièces ou observation soumise au juge, fût-ce par un magistrat indépendant, en vue d'influencer sa décision, et de la discuter*[200]. Lorsque les conclusions du commissaire du Gouvernement ne sont pas communiquées à une partie, l'équité de la procédure est rompue. Néanmoins, ce *droit pour les parties* connaît une limite notamment dans une procédure administrative. Dans cette procédure, le juge européen note que, indépendamment du fait que, dans la majorité des cas, les conclusions du commissaire du Gouvernement ne font pas l'objet d'un document écrit, il ressort clairement du déroulement de la procédure devant le Conseil d'Etat que le commissaire du gouvernement présente ses conclusions pour la première fois oralement à l'audience publique de jugement de l'affaire et que tant les parties à l'instance que les juges et le public en découvrent le sens et le contenu à cette occasion. Une position contraire aurait eu l'effet d'un *net avantage* au profit du

---

[195] Voir parmi de nombreux arrêts CEDH, *Maisons Traditionnelles (société unipersonnelle à responsabilité limitée) c/ France*, 4 octobre 2005, requête n° 68397/01.

[196] CEDH, *SARL du Parc d'activité de Blotzheim c/ France*, 11 juillet 2006, requête n° 72377/01.

[197] Il est vrai que la portée de l'arrêt *Kress* a eu raison des tentatives maladroites visant à le contourner en France. Contrairement à la Cour de cassation qui n'accepte plus que l'avocat général participe au délibéré de sa formation de jugement (réforme opérée le 1er octobre 2001), le conseil d'État, quant à lui, tempère en admettant que le commissaire du Gouvernement peut assister sans participer au délibéré. Un décret de 2005 (19 décembre) reprend cette position. Le juge européen maintient sa jurisprudence en sanctionnant la *seule présence même muette* du magistrat du ministère public. Finalement, le décret n° 2006-964 du 1er août 2006 permet à une partie du procès d'exclure le commissaire du Gouvernement du délibéré.

[198] Voir par exemple CEDH, *syndicat national des professionnels des procédures collectives c/ France*, 20 juin 2006, requête n° 70387/03.

[199] CEDH, *Farange SA c/ France*, 13 juillet 2006, requête n° 77575/01, § 32 : « l*a Cour relève qu'elle a jugé récemment que " la lecture des faits de la cause, des arguments présentés par les parties, montre (...) clairement que l'arrêt Kress use de ces termes comme des synonymes, et qu'il condamnent la seule présence du commissaire du Gouvernement au délibéré, que celle-ci soit 'active' ou 'passive' "* ».

[200] CEDH, *Association Avenir d'Alet c/ France*, 14 février 2008, requête n° 13324/04.

groupement requérant. Une société anonyme ne saurait ainsi exiger de l'État contractant la correction de cette pratique prétendue être un manquement à l'égalité des armes, ce qui n'a ici aucun fondement. Les organes de surveillance de la Convention rappellent qu'une personne morale ne saurait *tirer du droit à l'égalité des armes reconnu par l'article 6-1 de la convention le droit de se voir communiquer, préalablement à l'audience, des conclusions qui ne l'ont pas été à l'autre partie à l'instance, ni au rapporteur, ni aux juges de la formation de jugement. Aucun manquement à l'égalité des armes ne se trouve donc établi*[201]. L'équité dans la procédure demeure par conséquent garantie.

En outre, l'égalité des armes peut être rompue par une mesure prise par les autorités dans le domaine des validations législatives ne respectant pas les conditions, l'impérieuse justification d'intérêt général notamment[202]. Des organisations confrontées à ce type de mesures ont recouru à la Cour européenne aux fins de rétablir cette égalité avec succès[203] ou non[204].

C'est également la recherche de cette équité qui gouverne la position prise par la juridiction conventionnelle à propos du débat contradictoire dans l'instance nationale. Selon la Cour de Strasbourg, « *la notion de procès équitable comprend le droit à un procès contradictoire qui implique le droit pour les parties de faire connaître les éléments qui sont nécessaires au succès de leurs prétentions, mais aussi de prendre connaissance de toutes pièces ou observation présentée au juge en vue d'influencer sa décision, et de la discuter* »[205]. La communication à chaque partie des arguments de chacune est associée à la phase de la contradiction lors du procès dans le contrôle des organes de contrôle de la Convention. Le caractère équitable des débats est ici visé. La défense, incontestablement nécessaire, de ce principe du contradictoire est opérée par le juge de l'Union. Dans son office relatif notamment aux entreprises soumises à des procédures de contrôle des règles de la concurrence[206], celui-ci considère que, en vertu du principe constitutionnel de respect des droits fondamentaux[207], ces personnes morales doivent être en

---

[201] CEDH, *Farange SA c/ France*, 13 juillet 2006, précité, § 24.

[202] CEDH, *SCM Scanner de l'ouest lyonnais et autres c/ France*, 21 juin 2007, requête n° 12106/03, § 33.

[203] Voir notamment CEDH, *Chiesi SA c/ France*, 16 janvier 2007, requête n° 954/05.

[204] Voir par exemple CEDH, *Gorraiz Lizarraga et autre (association) c/ Espagne*, 27 avril 2004, Recueil des arrêts et décisions 2004-III.

[205] CEDH, *3A. CZ S.R.O. c/ République Tchèque*, 10 février 2011, requête n° 21835/06, § 38.

[206] Maubernard Christophe, « *Transparence, Procès équitable et Union de droit* », Revue du marché commun et de l'Union européenne (RMCUE), Les Éditions Techniques et Économiques, n° 551, septembre 2011, p. 503.

[207] CJUE, *Y. A. Kadi et une fondation internationale*, 3 septembre 2008, aff. jtes C-402 et 415/05 P, point 285 : les requérants invoquèrent leur droit fondamental à la protection juridictionnelle (et au respect du droit de propriété).

mesure de répondre à l'ensemble des griefs énoncés par la Commission à leur encontre[208]. Partant, il mettra à l'écart tous documents confidentiels détenus par la Commission sur lesquels elle fonde certains moyens, au motif que les entreprises ne pourront avoir accès à ces derniers pour y répondre[209]. La juridiction européenne consacre évidemment ce principe du contradictoire[210]. L'impossibilité de répondre aux arguments du commissaire du Gouvernement, pour revenir à l'exemple de l'ordre juridique administratif, peut entacher le (respect du) principe du contradictoire. Pourtant, le contentieux s'en suivant n'est pas favorable aux *organisations non gouvernementales*, non à cause de leur particularité mais plutôt en raison de la position, au demeurant ambivalente, du juge européen. Ce dernier estime qu'une note en délibéré participe du respect du principe du contradictoire, alors qu'il *émet des doutes quant à cette pratique*[211]. La juridiction européenne enfonce le clou en rejetant le grief d'une société civile immobilière selon lequel, en prononçant l'annulation demandée oralement par le commissaire du Gouvernement et en réglant l'affaire au fond, le Conseil d'État a privé les parties (la société et la commune) d'un débat contradictoire devant cette juridiction et où il a dénaturé les données du litige[212]. Pour *Strasbourg*, « *les moyens retenus par le Conseil d'Etat pour annuler l'arrêt et rejeter le recours au fond étaient dans le débat bien avant que le commissaire du gouvernement les soulève oralement dans ses conclusions. Dans ces conditions, et en dehors même du fait que la société requérante pouvait répondre par une note en délibéré auxdites conclusions, la Cour estime qu'elle a eu toute latitude pour répondre contradictoirement à l'ensemble des arguments soulevés et n'aperçoit par ailleurs aucune apparence d'arbitraire* » (arrêt *SCI les Rullauds*, précité, § 29). C'est une jurisprudence solide que les arguments des personnes morales ne peuvent renverser[213].

---

[208] CJUE, *M. c/ Agence européenne des médicaments*, 17 décembre 2009, aff. C-197/09, RX-II, points 38 et suivants. Voir aussi TPICE, *Hoescht GmbH c/ Commission*, 18 juin 2008, aff. T-410/03, points 170 et suivants.

[209] TPICE, *Tetra Laval c/ Commission*, 25 octobre 2002, aff. T-5/02, point 78.

[210] Voir parmi une pléthore d'arrêts qui consacre ce principe un arrêt référence CEDH, *Niderhöst-Huber c/ Suisse*, 18 février 1997, Recueil des arrêts et décisions 1997-I, p. 107.

[211] CEDH, *Association Avenir d'Alet c/ France*, 14 février 2008, précité, § 31 : « *la Cour relève que la requérante a déposé une note en délibéré le 16 décembre 2003 visée par l'arrêt du Conseil d'État du 24 septembre. En conséquence, la Cour est en mesure de s'assurer que la requérante a répliqué, par une note en délibéré, aux conclusions du commissaire du Gouvernement, ce qui lui a permis en l'espèce de contribuer effectivement au respect du principe du contradictoire, nonobstant les doutes qu'elle émet quant à une telle pratique* ».

[212] CEDH, *SCI les Rullauds et autres c/ France*, 9 janvier 2007, requêtes n° 43972/02.

[213] Insistons sur la nuance entre les principes d'égalité des armes et du contradictoire. Si les deux sont applicables au défaut de communication des pièces du dossier, le fondement de la Cour change selon que c'est une partie qui est privilégiée ou aucune

En somme les personnes morales ont deux instruments pour réclamer des États contractants une équité dans l'administration de la justice. Encore que la possibilité pour les groupements d'apporter les preuves de leurs prétentions n'ait pas été obstruée.

2- *La loyauté de la preuve*

L'idée de loyauté de la preuve est très présente dans le respect du droit des personnes morales à un procès équitable. Elle est appuyée par la quête de l'équilibre des armes lors d'une procédure nationale. La détermination de la Cour européenne des droits de l'homme à imposer des modalités nécessaires à la protection procédurale des personnes morales trouve une de ses illustrations dans la présentation des moyens probatoires à l'audience nationale. Ce volontarisme du juge européen répond à sa propre définition de l'égalité des armes qui montre l'évidence de sa sauvegarde[214]. À travers cette définition de la Cour de Strasbourg, on comprend aisément qu'une personne morale ne peut valablement se voir priver de la possibilité de verser au dossier ou d'apporter à l'audience des éléments confortant sa conviction. De plus, le juge européen l'applique à une société à responsabilité limitée de droit néerlandais qui reproche aux juridictions internes d'avoir refusé à son ancien directeur général l'autorisation de témoigner, tandis qu'elles l'ont accordée au gérant de la succursale de la banque, la seule autre personne présente lors de la conclusion de l'accord verbal[215]. La société requérante estime que le principe de l'égalité des armes a été méconnu par ces juridictions. Selon la Cour de Strasbourg, la défense de la cause comprend la présentation de preuves[216]. Les parties à un procès doivent participer à égalité à la recherche de la preuve ; tel n'est pas le cas quand le juge national refuse que l'un des témoins d'une partie dépose. La méconnaissance de l'égalité des armes est avérée. Tout en laissant *aux juridictions internes, toujours en principe, le soin de juger de l'utilité d'une offre de preuve par des témoins*, la Cour européenne entend maintenir un contrôle au regard de l'équité de la procédure, singulièrement de l'égalité des

---

des parties n'a eu d'information pour mieux se défendre. Conséquemment, l'équilibre pourra être rétabli en cas de violation du principe d'égalité des armes par la suppression de l'avantage concédé à une seule partie, alors que l'atteinte au principe du contradictoire exige de donner à la partie l'accès à l'information ou la possibilité dont elle a été privée de présenter ses arguments. Voir Gouttenoire Adeline, CEDH, *Niderhöst-Huber c/ Suisse*, 18 février 1997, Recueil des arrêts et décisions 1997-I, p. 107, *in* GACEDH, 5ème édition, 2009, p. 325 (voir également l'observation de Marguénaud Jean-Pierre, RTD civ. 1997, 1006).

[214] Revoir CEDH, *Raffineries grecques Stran et Stratis, Andréadis c/ Grèce*, 9 décembre 1994, Série A, n° 301-B, § 46.

[215] CEDH, *Dombo Beheer B.V. c/ Pays-Bas*, 27 octobre 1993, Série A, n° 274, p. 19.

[216] CEDH, *Dombo Beheer B.V. c/ Pays-Bas*, 27 octobre 1993, précité, § 33.

armes défendue par l'article 6-1 de la convention[217]. La Cour rappelle que les éléments de preuves doivent en principe être produits devant la personne morale en audience publique en vue d'un débat contradictoire. C'est la faculté pour une société d'édition notamment, non seulement de faire connaître les éléments qui sont nécessaires au succès de ses prétentions, mais aussi de prendre connaissance et de discuter toute pièce ou observation présentée au juge interne en vue d'influencer sa décision[218]. L'observation du juge européen consiste à établir si la procédure envisagée dans son ensemble, y compris le mode de présentation des moyens de preuve, revêtit un caractère équitable[219].

L'équité de la procédure étant garantie aux personnes morales, la décision ressortissant de cette procédure nationale sera, à sont tour, entourée de garanties.

B/ LES GARANTIES IMPLICITES DES PERSONNES MORALES TENANT À LA DECISION DE JUSTICE

Deux garanties liées à la décision de justice elle-même sont invocables par les personnes morales. Elles concernent le dessein et le destin du jugement ou de l'arrêt des juridictions nationales impliquant les groupements. A l'instar de la partie ci-dessus, les requêtes des personnes morales vont révéler une invocation importante d'une garantie plus que de l'autre. La première garantie s'intéresse à l'exécution des décisions de justice (1), tandis que la seconde est relative à la motivation des décisions (2).

1- L'exécution des décisions de justice

Dégagé depuis une décade par le juge européen des droits de l'homme[220], ce droit à l'exécution des décisions de justice s'est employé à combler une lacune textuelle, le texte de 1950 ne faisait, en effet, aucunement mention de la suite à donner à une procédure nationale.

La démarche de la Cour européenne consiste à rattacher le droit à l'exécution des décisions de justice au droit des personnes morales à un procès équitable. Et elle est simple : une véritable protection des droits de procédure des personnes morales ne peut être assurée si les sauvegardes entourant le droit à un procès équitable (l'accessibilité du tribunal, le bon déroulement du procès) sont réalisées alors que le jugement donné n'a aucune réalité sur le terrain. Il va ainsi apparaître une corrélation indiscutable entre le droit à un tribunal et le

---

[217] CEDH, *Bacanu et SC « R » SA c/ Roumanie*, 3 mars 2009, requête n° 4411/04, §§ 75 et suivants.

[218] CEDH, *APBP c/ France*, 21 mars 2002, requête n° 38436/97, § 31.

[219] CEDH, *Delta c/ France*, 19 décembre 1990, Série A, n° 191-A, p. 15, § 35. Cette position est reprise implicitement dans l'arrêt CEDH, *APBP c/ France* du 21 mars 2002 (précité) au paragraphe 32.

[220] C'est l'arrêt CEDH, *Hornsby c/ Grèce*, 19 mars 1997, Recueil des arrêts et décisions 1997-I-495 qui est à l'origine de cette innovation de la jurisprudence européenne.

droit à l'exécution des jugements et arrêts rendus[221]. Le juge européen précise *que le droit au tribunal garanti à l'article 6 protège également la mise en œuvre des décisions judiciaires définitives et obligatoires qui, dans un État qui respecte la prééminence du droit, ne peuvent rester inopérantes au détriment* d'une société immobilière[222]. Autrement dit, que vaudrait un droit à un tribunal si les décisions de celui-ci restaient sans suite ? Une justice de qualité ôtée d'effectivité de ses décisions n'est que l'ombre d'elle-même. Le lien est d'une évidence entre cette (nouvelle) protection des groupements et le droit au procès équitable dont la mise en exécution est censée parfaire la justice. Ce dernier ne s'affirme complètement qu'en raison de l'existence du premier en somme. C'est dire que les décisions de justice impliquant les personnes morales sont intégrées dans la notion même de *procès* telle qu'énoncée dans l'article 6-1 de la convention. La Cour européenne affirme à cet effet *que le droit à un tribunal serait illusoire si l'ordre juridique interne d'un État contractant permettait qu'une décision judiciaire définitive et obligatoire reste inopérante au détriment d'une partie. En effet, on ne comprendrait pas que l'article 6 § 1 décrive en détail les garanties de procédure – équité, publicité et célérité – accordées aux parties et qu'il ne protège pas la mise en œuvre des décisions judiciaires ; si cet article devait passer pour concerner exclusivement l'accès au juge et le déroulement de l'instance, cela risquerait de créer des situations incompatibles avec le principe de la prééminence du droit que les États contractants se sont engagés à respecter en ratifiant la Convention. L'exécution d'un jugement ou arrêt, de quelque juridiction que ce soit, doit donc être considérée comme faisant partie intégrante du « procès » au sens de l'article 6*[223]. Le juge européen ne saurait ainsi limiter le droit à un procès équitable aux seules garanties intéressant le juge et la justice. La place d'un droit à l'exécution des décisions de justice est indispensable au rayonnement du droit au procès équitable. On aboutirait à une absurdité si ce droit n'était pas proclamé. Tout en mettant un trait d'union entre la garantie (nouvelle) et la substance (textuelle), la Cour européenne dégage un autre fondement à l'exigence de donner suite aux jugements et arrêts rendus. L'utilité de ce droit des personnes morales à l'exécution des décisions de justice se justifie par la prééminence du droit, gage d'une solide protection procédurale de ces personnes[224]. *En tout état de cause*

---

[221] La Cour européenne conclut à la violation du droit d'accès de la société requérante à un tribunal tel que garanti par l'article 6-1 de la convention sur le fondement d'une inexécution d'un arrêt d'une juridiction nationale : CEDH, *SC Ruxanda Trading SRL c/ Roumanie*, 12 juillet 2007, requête n° 28333/02, § 60.

[222] CEDH, *Immobiliare Saffi c/ Italie*, 28 juillet 1999, Grande Chambre, Recueil des arrêts et des décisions 1999-V, § 66.

[223] CEDH, *Société de gestion du port de Compoloro et société fermière de Compoloro c/ France*, 26 septembre 2006, requête n° 57516/00, § 61.

[224] En vertu de ce principe de prééminence du droit, les autorités étatiques doivent se conformer à la norme de droit et respecter les décisions judiciaires devenues définitives.

(...) la prééminence du droit, l'un des principes fondamentaux d'une société démocratique, est inhérente à l'ensemble des dispositions de la Convention et implique le devoir de l'État de se plier à un jugement ou un arrêt rendus à son encontre rappelle la Cour européenne[225]. Un système juridique projetant une société démocratique ne peut se soustraire à l'obligation de l'administration de se soumettre à la décision d'une juridiction quelque soit son degré, son type. Aussi le débiteur de cette obligation d'exécuter les jugements et arrêts est-il considéré dans toutes les composantes de l'État. Les organisations et les groupes dont l'objet a un but lucratif sont souvent les partenaires des collectivités territoriales par le biais de contrats de prestation ou autres. Il arrive qu'ils soient les victimes de réticences ou autres manœuvres de contournements des autorités publiques locales dans l'application des décisions de justice étant favorables à ces personnes morales. La juridiction européenne persiste que *la mairie est partie intégrante de l'administration qui constitue un élément de l'État de droit, son intérêt s'identifiant avec celui d'une bonne administration de la justice. Il s'ensuit que si l'administration refuse ou omet de s'exécuter, ou encore tarde à le faire, les garanties de l'article 6 dont a bénéficié le justiciable* (une société à responsabilité limitée) *pendant la phase judiciaire de la procédure perdent toute raison d'être*[226]. La réalisation de cette obligation sert à l'efficacité du système judiciaire et à la confiance que peuvent développer les justiciables comme les personnes morales pour leurs juridictions. C'est une preuve de plus, si besoin est, de ce que les personnes morales sont les créancières des garanties procédurales ; les États contractants en sont en revanche les débiteurs. Le droit à l'exécution des décisions de justice, dont jouissent les groupes, constitue une obligation singulière pour les autorités étatiques, entendues au sens large. Il leur revient d'assurer le respect, l'application des jugements et arrêts, devenus définitifs, rendus par les juridictions internes. L'inertie de l'État ou de toute autorité publique est sanctionnée. Un exemple est fourni par l'arrêt par lequel deux sociétés anonymes qui réclament depuis quatorze années l'exécution de jugements constatant leur créance vis-à-vis d'une collectivité locale. Rappelant qu'une autorité de l'État ne saurait prétexter du manque de ressources pour ne pas honorer une dette fondée sur une décision de justice, la Cour observe que les arguments tirés par le Gouvernement de l'autonomie des collectivités locales sont inopérants par rapport à la responsabilité internationale de l'État au regard de la Convention (...). Devant ce délai considérable d'inertie de la part de l'État défendeur qui, n'exécutant pas les jugements en question, doit être considéré comme le responsable de la violation alléguée. Il convient que ces jugements soient exécutés, car la Cour ne peut que conclure à la violation de l'article 6-1

---

[225] CEDH, *SARL Amat-G Mébaghichvili c/ Géorgie*, 27 septembre 2007, requête n° 2507/03, Recueil des arrêts et des décisions 2005-VIII. § 61.

[226] CEDH, *SC Ruxanda Trading SRL c/ Roumanie*, 12 juillet 2007, précité, § 54.

de la convention, cette inexécution ayant privé cette disposition de tout effet utile[227]. En outre, les arguments tels que la mauvaise interprétation du droit interne et le manque de clarté des décisions en question ne sauraient prospérer, car *accepter cet argument équivaudrait à admettre que, dans le cas d'espèce, l'administration pourrait se soustraire à l'exécution d'un arrêt de justice en arguant simplement de l'interprétation incorrecte de la loi interne par les juridictions nationales, remettant ainsi en cause le fond de l'affaire* alors que *les actes ou omissions de l'administration à la suite d'une décision de justice ne peuvent avoir comme conséquence ni d'empêcher ni, encore moins, de remettre en question le fond de cette décision.* Une telle position des autorités nationales, traduite dans les faits par une inexécution de l'arrêt qu'elle conteste, conduit à la privation du droit du groupement requérant à l'exécution des décisions de justice[228].

Cette garantie procédurale n'est cependant pas absolue. Le droit des personnes morales d'accéder à un tribunal ne peut obliger un État à faire exécuter chaque jugement de caractère civil quel qu'il soit et quelles que soient les circonstances. Lorsque les autorités sont tenues d'agir en exécution d'une décision judiciaire et omettent de le faire, cette inertie engage la responsabilité de l'Etat sur le terrain de l'article 6-1 de la convention. Lorsqu'une société commerciale réclame sa créance à une personne privée, il appartient à la créancière de suivre les voies indiquées par les juges internes à cette fin. Dans cette espèce, ces voies peuvent s'analyser en une astreinte ou en la possibilité de demander en justice la transformation de l'obligation de signer le contrat en une obligation de paiement d'une réparation, face au refus de la débitrice de s'exécuter. Ces conseils ne peuvent être considérés comme une reconnaissance d'une impossibilité objective d'exécution du jugement. Le refus de la société requérante d'envisager l'emploi des moyens d'exécution par équivalence n'est cependant pas imputable aux organes de l'État[229]. Ces derniers ne sauraient être comptables de l'attitude du groupement auteur de la saisine. En outre, une impossibilité objective peut justifier l'inexécution de jugements ou d'arrêts. La juridiction européenne reconnaît qu'*un sursis à l'exécution d'une décision de justice pendant le temps strictement nécessaire à trouver une solution satisfaisante aux problèmes d'ordre public peut se justifier dans des circonstances exceptionnelles*[230]. Ce délai doit être vu comme étant une solution pragmatique pouvant servir les autorités nationales dans l'accomplissement de leurs obligations nées d'une décision de justice. Néanmoins *un délai anormalement long pour exécuter une décision de justice contraignante peut*

---

[227] CEDH, *Société de gestion du port de Compoloro et société fermière de Compoloro c/ France*, 26 septembre 2006, précité, § 62.
[228] CEDH, *SC Ruxanda Trading SRL c/ Roumanie*, 12 juillet 2007, précité.
[229] CEDH, *SC Magna Holding SRL c/ Roumanie*, 13 juillet 2006, requête n° 10055/03.
[230] CEDH (grande chambre), *Immobiliare Saffi c/ Italie*, 28 juillet 1999, précité, § 69.

(...) entraîner une violation de la Convention. Le caractère raisonnable du délai doit être déterminé en fonction de la complexité de la procédure d'exécution, du comportement du requérant et des autorités compétentes ainsi que du montant et de la nature de l'indemnité accordée par le tribunal. En l'espèce, l'administration hellénique s'est abstenue *pendant une longue période de prendre les mesures nécessaires pour se conformer à la décision judiciaire définitive rendue*, alors que, comme le soulignait le Conseil d'État, *les cliniques privées se trouvaient dans l'obligation, en vertu du décret n° 235/2000, de rénover à bref délai leur équipement technologique et leurs locaux et d'améliorer leur cadre de fonctionnement, ce qui avait des répercussions néfastes sur leurs coûts de fonctionnement.* L'attitude des autorités nationales a en réalité privé les dispositions de l'article 6-1 de la convention de leur effet utile. L'association requérante, une union de droit grec qui a pour but de protéger ses membres, des cliniques privées fonctionnant dans le cadre du système de la sécurité sociale, est, par conséquent, en droit de dénoncer cette attitude[231].

Au surplus, une certaine imbrication se perçoit entre le droit des personnes morales à l'exécution des décisions de justice et d'autres droits fondamentaux, notamment le droit de propriété. Le manquement de l'État à son obligation d'exécuter la décision de justice conduit à la violation du droit de propriété de la personne morale[232]. Le comportement de l'administration dans ses relations étroites, au demeurant abondantes, avec les groupements s'expose ainsi au contrôle de la Cour européenne qui, *de surcroît, souligne l'importance particulière que revêt l'exécution des arrêts de justice dans le contexte du contentieux administratif*[233]. Une telle reconnaissance augure, plus que de l'existence d'une protection des personnes morales dans un tel contentieux, de son renforcement. Dont l'une des émanations concerne le devoir des juridictions internes de motiver leurs décisions impliquant les personnes morales.

2- La motivation des décisions de justice

L'obligation de motivation des décisions de justice est une exigence implicite du droit reconnu aux personnes morales à un procès équitable. Il est incontestable que tout jugement ou tout acte lié à une procédure[234] fasse l'objet

[231] CEDH, *Union des cliniques privées de Grèce et autres c/ Grèce*, 15 octobre 2009, requête n° 6036/07.
[232] CEDH, *SARL Amat-G Mébaghichvili c/ Géorgie*, 27 septembre 2007, précité, §§ 31 à 63.
[233] CEDH, *SC Ruxanda Trading SRL c/ Roumanie*, 12 juillet 2007, précité, § 53.
[234] CEDH, *Banco De Finanzas E Inversiones S.A. c/ Espagne*, 27 avril 1999, requête n° 36776/97, décision de la Commission,: la société requérante se plaint que la manière dont a eu lieu la perquisition a porté atteinte au droit au respect de son domicile, en raison du fait qu'elle s'est déroulée en présence de nombreux représentants de la presse. Elle considère dès lors que l'atteinte à ses droits fondamentaux n'était pas proportionnée

d'une motivation qui fonde le droit. Les raisons de fait ou de droit dans la décision de justice doit amener la personne morale à comprendre ladite décision. L'article 6-1 de la convention oblige ainsi les tribunaux à motiver leurs décisions[235]. Autrement dit, les décisions judiciaires doivent indiquer de manière suffisante les motifs sur lesquels elles se fondent. *C'est essentiellement sur la base des motifs figurant dans les décisions des autorités nationales que la Cour européenne doit déterminer s'il y a eu ou non violation de la Convention*[236]. L'étendue de cette obligation peut varier selon la nature de la décision et doit s'analyser à la lumière des circonstances de chaque espèce. De sorte qu'une société civile immobilière peut valablement se plaindre d'un défaut de motivation de l'arrêt d'appel relativement à l'évaluation du montant des dommages et intérêts qu'elle avait demandés[237]. Le droit des personnes morales à la motivation des décisions de juridictions nationales les concernant présente une certaine réalité dans le système européen de défense des droits de l'homme. Le juge européen reconnaît que cette *exigence de motivation requiert une importance particulière dans le cadre du contentieux administratif*, car dans ce domaine les personnes morales sont amenées à contester des actes administratifs susceptibles d'entraîner des effets irréversibles sur leurs activités personnelles ou professionnelles[238]. C'est pourquoi le juge européen se montre intraitable face *à l'emploi de subterfuges visant à éviter l'examen du fond du litige* de la personne morale[239]. Il sanctionne aussi bien l'usage d'artifice juridique que le silence d'une juridiction nationale appelée à trancher au fond le litige, en l'espèce, d'une société anonyme. Dans cette affaire, les organes de surveillance de la Convention ont considéré qu'il s'agissait d'un moyen soulevé par la société requérante que la Cour administrative suprême était dans l'obligation d'examiner, ne fût-ce que pour en apprécier la pertinence. Or la haute juridiction a gardé le silence sur ce point. En fait, ni l'arrêt lu dans son ensemble, ni le passage invoqué par le Gouvernement ne fournissent d'indications de nature à éclairer la personne morale concernée sur les causes du rejet du moyen en question. Par conséquent, il est impossible de savoir si la Cour administrative suprême l'a simplement négligé ou bien si elle a estimé

---

au but légitime poursuivi et invoque l'article 8. Invoquant l'article 6 § 1 de la Convention en liaison avec l'article 8, la société requérante se plaint également que la décision de perquisition n'était pas suffisamment motivée, faute d'éléments indispensables pour déterminer les faits punissables et sa participation.

[235] CEDH, *Sogia Hellas c/ Grèce*, 27 septembre 2007, requête n° 1989/05, § 21.

[236] CEDH, *Nieruchomosci SP. ZO. O c/ Pologne*, 2 février 2010, requête n° 32740/06, § 31.

[237] CEDH, *SCI Plélo-Cadiou c/ France*, 22 novembre 2007, requête n° 12876/04.

[238] CEDH, *NT Giannousis et Kliafas Brothers SA c/ Grèce*, 14 décembre 2006, requête n° 2898/03, § 26.

[239] CEDH, *NT Giannousis et Kliafas Brothers SA c/ Grèce*, 14 décembre 2006, précité, § 28.

qu'il manquait de pertinence ou était mal fondé. Cette situation ne cadre pas avec l'idée de procès équitable qui domine l'article 6-1 conclut la Cour européenne[240].

La Cour européenne rappelle que si l'article 6-1 de la Convention oblige les tribunaux à motiver leurs décisions, il ne peut cependant se comprendre comme exigeant une réponse détaillée à chaque argument. Une société anonyme alléguait d'un défaut de motivation d'une décision de la Cour de cassation pour faire respecter son droit à un procès équitable. La juridiction nationale d'appel peut, en principe, se borner à faire siens les motifs de la décision de la juridiction inférieure soutient la Cour de Strasbourg. Avant d'ajouter que la Cour de cassation, appelée à se prononcer sur la motivation de l'arrêt n° 8917/2001 de la cour d'appel a fait siens les motifs de la cour d'appel en jugeant que ceux-ci étaient suffisamment étayés. La haute juridiction nationale a considéré de manière explicite qu'elle n'avait aucune raison de s'écarter des conclusions de la cour d'appel. La Cour européenne constate alors que la Cour de cassation a répondu de manière suffisamment détaillée aux moyens soulevés par la personne morale requérante. La décision incriminée par la société anonyme ne souffrait donc pas de manque de motivation[241].

Les personnes morales peuvent légitimement réclamer le respect des garanties implicitement extraites de l'article 6-1 de la convention. Ces personnes ont, à l'occasion de maints recours, fait appel à la sagacité des organes de surveillance de la Convention pour rétablir leurs droits de procédure.

CONCLUSION

Le droit des personnes morales à une justice de qualité a été garanti principalement au premier paragraphe de l'article 6 de la convention. La jouissance de ce droit n'est pas une complaisance faite à ces organisations, bien au contraire leurs intérêts y sont intimement liés. Les groupements à travers leur nature et leurs activités ne peuvent aucunement prospérer sans le respect des garanties procédurales énoncées audit paragraphe. L'approfondissement des garanties est assuré grâce à l'intransigeance de la Cour européenne. Celle-ci détermine une jurisprudence en la matière de sorte à favoriser une bonne administration de la justice au profit des personnes morales. La compatibilité des (actes de) procédures internes à la *notion large de procès équitable* caractérise le contrôle du juge européen. La protection juridictionnelle telle que définie par la juridiction européenne vise à donner des gages de confiance aux personnes morales dans les institutions judiciaires de l'État sous la juridiction duquel elles naissent et évoluent. Aussi, par le biais de sa jurisprudence, les

---

[240] CEDH, *Velted -98 AD c/ Bulgarie*, 11 décembre 2008, requête n° 15239/02, §§ 45-49.

[241] CEDH, *Sogia Hellas c/ Grèce*, 27 septembre 2007, requête n° 1989/05, §§ 21-23.

groupements vont-ils disposer d'une créance à l'encontre des États contractants. C'est dire que ceux-ci auront l'obligation de satisfaire ceux-là. Une exigence perceptible par la charge de la preuve (d'une justice de qualité) qui va incomber aux États contractants. Ce qui permet une effectivité des droits procéduraux que revendiquent les groupements à finalité lucrative ou non. Les personnes morales tirent en définitive un réel profit de toutes les garanties issues du droit à un procès équitable tel que dégagé dans l'article 6-1 de la convention et étayée par le juge européen. Elles profitent également des droits procéduraux dans la Convention européenne des droits de l'homme savamment élargis par le juge conventionnel.

Chapitre II
LA MULTIPLICITE DES DROITS PROCEDURAUX DE LA PERSONNE MORALE

La Cour européenne des droits de l'homme a fait le choix de mouvoir la protection juridictionnelle des personnes morales. C'est clairement dans l'intérêt de ces dernières que les organes de contrôle de la Convention ont entrepris le processus d'élargissement et de renforcement des droits de procédure à des matières peu ou prou attendues. Les organisations agissant également de diverses façons dans des domaines variés au même titre que les personnes physiques, il appert que les évolutions de la protection procédurale des secondes emportent celle des premières. Deux lignes principales vont guider l'appréciation du prolongement des droits procéduraux aux personnes morales : la protection juridictionnelle des personnes morales élargie à une procédure pénale et le droit à l'octroi à ces personnes d'un recours effectif dans toutes les formes de procédure.

La responsabilité pénale des personnes morales constitue la plus remarquable des innovations groupes et organisations. Le droit à un recours effectif entend rassurer groupements dans leurs actes civils ou contractuels qu'elles posent dans l'accomplissement de leurs activités. La responsabilité pénale des personnes morales reste un concept très particulier. Elle était impensable il y a peu. « *La vraie peine, a-t-on écrit, frappe aux jambes : les personnes morales n'en ont pas* »[242]. Ces groupes ne sont point pourvus d'attributs naturels nécessaires à la perception de la sanction. Pour certains auteurs, le droit pénal ne pouvait viser que les organisations dotées d'intelligence et de volonté[243]. La reconnaissance admise de la responsabilité pénale des personnes morales n'est pas exempte de critiques. D'abord la responsabilité pénale de tels sujets de droit pose problème en elle-même. Cette problématique ne tient plus face aux dernières évolutions *de jure* et *de facto*.

---

[242] Attribué à Carbonnier. Voir Eric Mathias, *La responsabilité pénale*, Gualino, EJA, Paris, 2005, p. 195.

[243] Voir Roux Jean-André, *Rapport au Congrès de l'assemblée internationale de droit pénal*, Bucarest, 1928, RID pénal, 1929, p. 239 ; Mestre Achille, *Les personnes morales et le problème de leur responsabilité pénale*, Thèse, Paris, 1899.

Les personnes morales ne sauraient échapper à une telle responsabilité compte tenu de leurs missions et leur impact sur la société de plus en plus importante. La fiction juridique devient réalité. Apparaissent des groupes d'intérêt qui cherchent à conquérir une puissance d'action souvent supérieure à celle des « *individus de chair* » ; à partir du moment où la personnalité juridique est dans son principe, conciliable avec des groupements, pour être purement déclarative d'une réalité sociologique dans ce sens, il n'est aucune raison d'en limiter les effets en dehors du droit pénal[244]. Certaines voix reconnaissaient à l'époque des débats sur cette problématique, en substance, *l'immunité actuelle des personnes morales est d'autant plus choquante qu'elles sont souvent, par l'ampleur des moyens dont elles disposent, à l'origine d'atteintes graves à la santé publique, à l'environnement...*[245]. Pareille conjoncture a conduit logiquement à la mise en œuvre de la responsabilité pénale des personnes morales. Aussi lui reproche-t-on notamment de faire la part belle aux personnes physiques. La responsabilité pénale des groupements peut constituer une dérive pour certains en ce qu'elle manifeste vivement de la tendance actuelle à considérer la personnalité morale, non plus comme une réalité de la technique juridique, mais comme une réalité physique, organique[246]. Cette responsabilité acquise n'est pas sans conséquence sur le traitement des personnes morales dans les ordres juridiques interne et européen. La reconnaissance de la responsabilité pénale des groupes a permis l'accroissement de la protection procédurale de ces personnes. Puisque celles-ci peuvent se voir opposer une procédure pénale, le système européen de défense des droits de l'homme ne pouvait pas exclure les garanties procédurales en matière pénale à ces « *nouveaux* » justiciables. Les personnes morales pourront ainsi invoquer les dispositions de la Convention européenne en matière pénale lorsque, et à cette unique conditionnalité, les affaires les impliquant se situeront dans un domaine pénal[247], notamment la qualification de sanction pénale la mesure étatique litigieuse[248].

---

[244] Mayaud Yves, *Droit pénal Général*, PUF, 2007, n°355 et 356.

[245] Badinter Robert, *Présentation du projet du nouveau Code pénal*, Dalloz 1988, p. 16 ; Mouly Jean, *La responsabilité pénale des personnes morales et le droit du travail*, LPA 1993, n° 120, 33.

[246] Wester-Ouisse Véronique, « *La responsabilité pénale des personnes morales et dérives anthropomorphiques* », Revue pénitentiaire et de droit pénal, 2009, n° 1, p63.

[247] CEDH, *SP (parti socialiste), Perinçek et Kirit c/ Turquie*, 6 décembre 1994, requête n° 21237/93, décision de la Commission plénière : le juge conventionnel a retenu que les mesures prises à l'encontre des requérants sus-indiqués ne relevaient pas de la matière pénale, ceux-ci n'ayant fait l'objet d'une accusation en matière pénale au sens de l'article 6 paragraphe premier de la convention.

[248] CEDH, *Refah Partisi (Parti de la prospérité) et autres c/ Turquie*, 3 octobre 2000, requête n° 41340/98, 41342/98, 41343/98 et 41344/98, décision de la Commission. Les organes de contrôle de la Convention jugent que la dissolution du parti politique requérant et les effets de cette dissolution sur les droits politiques des autres requérants ne correspondent pas à des sanctions pénales.

De plus, l'élargissement des droits procéduraux aux personnes morales va concerner un domaine plus vaste. Le droit à un recours effectif dont il s'agit touche à l'ensemble de la matière juridictionnelle. Ce droit présente également une valeur particulière pour les personnes morales. Ce droit fondamental peut justifier l'intégration des groupes dans le système européen de sauvegarde des droits de l'homme en ce qu'il commande à l'État de pourvoir à toute personne se sentant lésée dans ses droits garantis une solution juridictionnelle. Ce qui se traduit par l'octroi d'un recours effectif à toute victime, présumée, d'une violation de la Convention européenne. La nature des personnes morales, les activités ou missions de celles-ci, n'échappent pas aux interventions des autorités étatiques qui peuvent s'analyser en des ingérences intolérables au sens de la Convention. A l'appui de ce droit au recours effectif, une voie est offerte aux personnes morales conduisant à la judiciarisation des difficultés qu'elles rencontrent avec les autorités nationales. Une telle ouverture rend compte de la justiciabilité des personnes morales.

La démarche consisterait à envisager l'élargissement des garanties procédurales à l'aune de deux formes de procédures. La Cour européenne des droits de l'homme a édifié une jurisprudence favorisant une prise en compte optimale des intérêts des personnes morales. La procédure pénale a fait l'objet d'aménagements substantiels dans l'optique d'une protection des droits de l'homme des personnes morales plus importante (section première) ; autant le droit à un recours effectif a largement profité à ces personnes morales (section seconde).

Section I - LE DROIT DES PERSONNES MORALES A LA PROTECTION PROCEDURALE EN MATIERE PENALE

Pendant longtemps, la personne morale a été considérée, en matière pénale, comme étant irresponsable. Elle a été éloignée du banc des accusés pour de multiples raisons. Cette donnée a été abandonnée. Un processus de responsabilisation des personnes morales a été soutenu tant au plan national qu'international (paragraphe I). Avec cette nouvelle donne, le système européen a établi des sauvegardes dans les procédures pénales auxquelles les groupements pourraient prendre part (paragraphe II).

Paragraphe I - LA RESPONSABILISATION PENALE DES PERSONNES MORALES

C'est une évolution venant bouleverser les ordres juridiques nationaux et internationaux. Elle eut lieu dans la dernière décennie du deuxième millénaire.

C'est un processus général (A) auquel n'échappe la Convention européenne des droits de l'homme et de sauvegarde des libertés fondamentales (B). Cette dernière émet un certain nombre de garanties permettant au groupement prévenu ou accusé d'avoir notamment un procès irréprochable.

A/ UNE EVOLUTION GENERALE

La responsabilisation des personnes morales dans un contexte pénal s'inscrit dans un processus engagé à tous les niveaux. Dans un premier temps les droits nationaux ont soulevé la problématique de la responsabilité pénale des groupements dont les actes pourraient être considérés comme répréhensibles (1). Le droit international s'est saisi de la question dans un second temps (2).

1- Un processus national

En ce qui concerne le droit interne des différents États adhérant à la Convention, le processus de responsabilisation pénale des personnes morales s'étend dans la dernière décennie du deuxième millénaire. Il est vrai que des auteurs anciens avaient déjà évoqué la question[249]. Ceux-ci prônaient la reconnaissance de la responsabilité pénale des groupes[250]. Mais l'évolution n'eut lieu que récemment.

Dans le droit français, il a fallu attendre l'entrée en vigueur du nouveau Code pénal, 1er mars 1994, pour voir l'admission de cette responsabilité pénale des groupements[251]. L'accouchement ne se fit pas sans douleurs et les affrontements furent nombreux tant au sein du Parlement qu'à l'extérieur[252]. La réticence de la doctrine se fondait sur les conditions de mise en oeuvre d'une telle responsabilité pénale[253], le particularisme des groupes et organisations en perturbait l'établissement. Les groupes et organisations n'encouraient donc qu'une responsabilité civile et, dans certains cas, disciplinaire ou administrative jusqu'à cette date. Ils étaient pénalement irresponsables. L'article 121-2 du

---

[249] Hauriou Maurice, *Précis de droit administratif*, Dalloz, 5ème édition, p. 91, note 1 ; Saleilles, *De la personnalité juridique*, Rousseau, 2ème édition, 1922, p. 647.

[250] Le droit romain estimait que si la majorité des membres du groupement commettait une faute, celle-ci pouvait être imputée au groupe lui-même. Mestre Achille, *Les personnes morales et le problème de leur responsabilité pénale*, thèse, Paris, 1889, p. 34.

[251] Le code pénal de 1994 consacrait le principe de spécialité selon lequel, la responsabilité pénale des personnes morales n'est applicable que dans les cas où elle est expressément prévue pour l'infraction considérée. La loi du 9 mars 2004 vient abolir ce principe.

[252] Marie Catherine, « *La responsabilité pénale des personnes morales* », *in La personnalité morale*, Journées nationales de l'Association Henri Capitant, tome XII, La Rochelle, Dalloz, 2010, p. 75.

[253] Maréchal Jean-Yves, "plaidoyer pour une responsabilité pénale des personnes", JCP G, 2009, n° 38, 249.

Code pénal, issu de la loi du 9 mars 2004 précise la responsabilité pénale des personnes morales[254]. Toutes les personnes morales de droit privé, qu'elles soient à but lucratif ou à but non lucratif telles que les associations ou les syndicats sont concernées[255]. Quant aux personnes morales de droit public, il n'y a que la responsabilité des collectivités territoriales et de leurs groupements qui peut être pénalement engagée[256], et uniquement s'agissant des infractions commises dans l'exercice d'activités susceptibles de délégation de service public (cantines scolaires, transports en commun). Les groupements peuvent être auteurs principaux ou complices d'infractions[257]. Les règles relatives à la représentation et de l'exercice des poursuites sont parfois délicates[258]. L'infraction doit être commise pour le compte de la personne morale. Les actes accomplis pour le compte du dirigeant ou d'une autre personne ne peuvent engager la responsabilité de la personne morale[259]. Le législateur français a écarté, depuis le 31 décembre 2005, les délits de presse et assimilés parmi les infractions auxquelles s'appliquerait la responsabilité pénale des groupes et associations. La responsabilité pénale est consacrée en droit français.

Aussi de nombreux pays comme les États-Unis, le Canada, Le Royaume-Uni et les Pays-Bas admettent depuis longtemps la possibilité de sanctionner pénalement les personnes morales[260].

Le législateur belge se montre plus strict dans la mesure où il se refuse d'énumérer les personnes par l'intermédiaire desquelles la responsabilité pénale des personnes morales peut être engagée[261]. Aussi le droit belge paraît ambigu. L'article 5 alinéa 2 du code pénal belge dispose en effet : « *Lorsque la*

---

[254] L'article 121-2 du nouveau code pénal dispose que : « *les personnes morales, à l'exception de l'Etat, sont responsables pénalement, selon les distinctions des articles 121-4 à 121-7, des infractions commises, pour leur compte, par leurs organes ou leurs représentants* ».

[255] Les groupements dépourvus de la personnalité morale échappent à une éventuelle sanction pénale. Il peut s'agir des sociétés créées de fait ou des sociétés en participation des articles 1871 et 1873 du code civil.

[256] La responsabilité pénale ne touche pas les actes ou omissions de l'État qui garde le monopole de la sanction (il ne saurait se punir lui-même).

[257] Rassat Michèle-Laure, *Droit pénal spécial : Infractions des et contre les particuliers*, Précis, Dalloz, 5ème édition, 2006 pp. 43 et suivants.

[258] Benillouche Mickaël, « *La poursuite de la personne morale* », *in* Daury-Fauveau Morgane et Benillouche Mickaël (dir.), *Dépénalisation de la vie des affaires et responsabilité pénale des personnes morales*, PUF, coll. Ceprisca, pp. 17-35.

[259] Voir rapport Marchand, doc. Assemblée nationale, n° 896.

[260] Desportes Frédéric et Le Guhenec Francis, *Le nouveau code pénal*, Droit pénal général, Economica, Paris, 2000, T 1, p. 449.

[261] L'article 5, alinéa premier dispose : « Toute personne morale est pénalement responsable des infractions qui sont intrinsèquement liées à la réalisation de son objet ou à la défense de ses intérêts, ou de celles dont les faits concrets démontrent qu'elles ont été commises pour son compte ».

responsabilité de la personne morale est engagée exclusivement en raison de l'intervention d'une personne physique identifiée, seule la personne qui a commis la faute la plus grave peut être condamnée. Si la personne physique identifiée a commis la faute sciemment et volontairement, elle peut être condamnée en même temps que la personne morale responsable »[262].

Il existe, faut-il le souligner, des États contractants qui ignorent la responsabilité pénale des personnes morales. Le Code pénal allemand exclut cette notion de responsabilité. Par le biais de « *l'action pour autrui* »[263], le représentant légal de la commune (la maire) engage sa propre responsabilité si la commune commet une infraction.

De plus, à travers la catégorie dite des « *infractions administratives* », les personnes morales peuvent être sanctionnées à la suite d'une faute commise par leur représentant légal par une amende édictée par une loi spécifique[264]. Ce qui n'exclut pas nécessairement un contrôle par la Cour européenne des droits de l'homme d'exercer de telles sanctions (pour infractions administratives) dans un contexte de défense des droits de procédure des personnes morales en matière pénale.

Au-delà du droit interne des États, la responsabilité pénale des personnes morales est également consacrée dans la sphère internationale. Elle s'est particulièrement développée en droit européen[265].

2- Un processus international

A ce niveau, plusieurs conventions sont intervenues pour consacrer la responsabilité pénale des personnes morales longtemps décriée. La reconnaissance d'une telle responsabilité s'est développée pendant les deux dernières décades.

Dans le cadre du Conseil de l'Europe, plusieurs conventions ont mis en œuvre une responsabilité des groupements en matière pénale. C'est le cas de la Convention relative à la cybercriminalité[266] et celle qui concerne la lutte contre

---

[262] Article 5 alinéa 2 du code pénal belge.

[263] Article 14 du code pénal allemand. Cet article 14 du code pénal prévoit en effet que, lorsque quelqu'un agit comme représentant légal d'un personne morale, une loi qui justifie une sanction pénale est applicable au représentant si les éléments constitutifs de l'infraction, bien qu'absents de sa propre personne, sont réalisés chez la personne représentée.

[264] Il s'agit d'infractions spéciales (*Ordnungswidrigkeiten*) qui constituent une catégorie différente des crimes et délits. Voir site du Sénat (senat.fr).

[265] Voir plus profondément Adam Stanislas, « *Le droit européen et la responsabilité pénale des personnes morales* », Journal des Tribunaux. Droit Européen, 2006, liv. 7, pp. 200 – 204.

[266] L'article 12 de la Convention du Conseil de l'Europe sur la Cybercriminalité de Budapest du 23 novembre 2001 : « Chaque Partie adopte les mesures législatives et autres qui se révèlent nécessaires pour que les personnes morales puissent être tenues

la traite des êtres humains 2005[267] qui préconisent la responsabilité pénale des personnes morales. Il peut y être adjoint la nouvelle Convention du 16 mai 2005 qui traite du blanchiment, du dépistage, de la saisie et la confiscation des produits du crime et du financement du terrorisme, qui prévoit un régime de responsabilité des personnes morales.

L'Union européenne n'est pas en marge de ce processus de responsabilisation des personnes morales dans le domaine pénal. Elle a édité, par exemple, une directive relative à la prévention de l'utilisation du système financier aux fins du blanchiment de capitaux et du financement du terrorisme du 26 octobre 2005. Cette directive impose aux États membres de prévoir des sanctions à l'encontre des personnes morales, car « *des personnes morales sont souvent impliquées dans des opérations complexes de blanchiment ou de financement du terrorisme* ». En outre, un certain nombre de décisions-cadre incriminent les personnes morales dans des domaines comme celui de la lutte contre le terrorisme, la lutte contre la fraude et la contrefaçon des moyens de paiement, la lutte contre le faux monnayage, la lutte contre l'exploitation sexuelle des enfants et la pédopornographie. Pour illustration, la décision-cadre du 22 juillet 2003 relative à la lutte contre la corruption dans le secteur privé prévoit que les personnes morales peuvent être tenues responsables pour les actes de corruption, si ceux-ci sont commis à leur bénéfice par toute personne physique, agissant soit individuellement, soit en tant que membre d'un organe de l'entreprise. Une autre décision-cadre, celle du 19 juillet 2002 relative à la lutte contre la traite des êtres humains, indique que le groupement est responsable si l'infraction est commise pour son compte par une autre personne qui agit individuellement ou comme membre d'un organe de ce groupement, ou qui exerce un pouvoir de décision. Aussi les sanctions contre ces personnes morales sont « *effectives, proportionnées et dissuasives* ». Plusieurs décisions-cadre couvrant des domaines spécifiques de l'Union européenne enjoignent les États membres de sanctionner les personnes morales.

Par ailleurs, l'OCDE (Organisation de Coopération et de Développement Economiques) a adopté dans sa lutte contre la corruption dans les transactions commerciales internationales une convention prévoyant la responsabilité des personnes morales. Chaque Partie doit prendre les mesures nécessaires, conformément à ses principes juridiques, pour établir la responsabilité des personnes morales en cas de corruption d'un agent public étranger[268]. Et dans un

---

pour responsables des infractions établies en application de la présente Convention, lorsqu'elles sont commises pour leur compte par toute personne physique… ».

[267] L'article 22 de la Convention du Conseil de l'Europe sur la lutte contre la traite des êtres humains rédigé dans les mêmes termes que l'article 12 cité ci-dessus.

[268] Voir l'article 2 de la Convention relative à la lutte contre la corruption d'agents publics étrangers dans les transactions commerciales internationales du 21 novembre 1997.

espace plus global, l'Organisation des Nations Unies préconise dans une convention que tous les groupements répondent de leurs actes en matière de crime organisé. Chaque État Partie devra adopter les mesures nécessaires, conformément à ses principes juridiques, pour établir la responsabilité des personnes morales qui participent à des infractions graves impliquant un groupe criminel organisé et qui commettent les infractions établies conformément aux articles 5, 6, 8 et 23 de la présente Convention[269]. Les groupements qui se seront rendu auteurs ou complices de tels agissemsent devront y répondre.

Les ordres juridiques nationaux et internationaux ont bien compris qu'il ne faut pas laisser impunies les infractions que commettraient des personnes morales. La reconnaissance de la responsabilité pénale des groupements entraîne le contentieux. C'est à ce moment que le droit européen des droits de l'homme intervient, pour protéger la personne morale prévenue ou accusée.

B/ UNE REPONSE CONVENTIONNELLE

La réaction des organes de contrôle du texte européen intervient en raison de l'établissement progressif de la responsabilité pénale des groupes. Il paraît incontestable que, si cette responsabilité pénale de la personne morale est retenue, les garanties de la Convention en matière pénale lui soient en retour reconnues. C'est la réponse du système européen des droits de l'homme contre un éventuel arbitraire dans une procédure pénale que subirait une personne morale. Le texte initial de la Convention a été complété par le Protocole additionnel n° 7 aux fins d'assurer une plus importante protection notamment des personnes morales dans le domaine pénal. Il convient de dresser une typologie des garanties de procédure pénale pouvant être légitimement revendiquées par les personnes morales (1). Les organes de contrôle de la Convention établissent les différentes conditions permettant aux organisations de confronter les droits procéduraux en matière pénale aux mesures étatiques qu'elles contestent (2).

1- L'apport textuel

Plusieurs dispositions de la Convention européenne évoquent les droits procéduraux pénaux. Le texte initial de 1950 comprend deux dispositions qui énoncent les garanties de procédure pénale pouvant être invoquées par les groupes.

Dans un premier temps, les différents paragraphes de l'article 6 font référence à l'instance pénale. Le premier d'entre eux prône le droit des *organisations non gouvernementales* à un procès équitable[270]. La personne

[269] Article 10 de la Convention des Nations-Unies du 15 novembre 2000 contre la criminalité organisé.

[270] Pour rappel, l'article 6-1 de la convention dispose : « Toute personne a droit à ce que sa cause soit entendue équitablement, publiquement et dans un délai raisonnable, par un

morale, intégrée indiscutablement dans la sauvegarde de cette garantie, peut y recourir devant un tribunal qui décidera *du bien-fondé de toute accusation en matière pénale dirigée contre elle*. Ce premier alinéa est au cœur des garanties procédurales. Le droit à un procès équitable vaut pour les procédures autant civiles que pénales impliquant une personne morale. C'est la pierre angulaire de tout le système européen de protection juridictionnelle. Les deux paragraphes suivants s'attardent sur des matières essentielles en droit pénal. Ils consolident la protection de la personne morale dans un procès pénal. L'article 6-2 traite de la question de la présomption d'innocence[271]. Les groupements ne peuvent être privés de cette garantie qui contraint les membres du tribunal de se débarrasser de toute idée préconçue de culpabilité de ces groupements. Quant à l'article 6-3 de la convention, c'est une pléthore de sauvegardes que la Convention européenne entend garantir à toute personne, physique ou morale faisant l'objet d'une accusation[272]. Les rédacteurs et les signataires de la Convention ont voulu éviter la moindre faille susceptible d'ouvrir la voie à l'arbitraire contre les personnes morales dans une procédure pénale. Les droits de défense que consacre le texte européen permettront aux groupes et associations de faire valoir leurs intérêts au cours d'un procès pénal.

Dans un second temps, l'article 7 de la convention consacre un principe du doit pénal, incontournable du droit pénal *dans les nations civilisées*[273]. Le

---

tribunal indépendant et impartial, établi par la loi, qui décidera, soit des contestations sur ses droits et obligations de caractère civil, soit du bien-fondé de toute accusation en matière pénale dirigée contre elle. Le jugement doit être rendu publiquement, mais l'accès de la salle d'audience peut être interdit à la presse et au public pendant la totalité ou une partie du procès dans l'intérêt de la moralité, de l'ordre public ou de la sécurité nationale dans une société démocratique, lorsque les intérêts des mineurs ou la protection de la vie privée des parties au procès l'exigent, ou dans la mesure jugée strictement nécessaire par le tribunal, lorsque dans des circonstances spéciales la publicité serait de nature à porter atteinte aux intérêts de la justice ».

[271] Article 6-2 de la convention dispose : « Toute personne accusée d'une infraction est présumée innocente jusqu'à ce que sa culpabilité ait été légalement établie ».

[272] Article 6-3 de la convention dispose : « Tout accusé a notamment à : a) être informé, dans le plus court délai, dans une langue qu'il comprend et d'une manière détaillée, de la nature et de la cause de l'accusation portée contre lui ; b) disposer du temps et des facilités nécessaires à la préparation de sa défense ; c) se défendre lui-même ou avoir l'assistance d'un défenseur de son choix et, s'il n'a pas les moyens de rémunérer un défenseur, pouvoir être assisté gratuitement par un avocat d'office, lorsque les intérêts de la justice l'exigent ; d) interroger ou faire interroger les témoins à charge et obtenir la convocation et l'interrogation des témoins à décharge dans les mêmes conditions que les témoins à charge ; e) se faire assister gratuitement d'un interprète, s'il ne comprend pas ou ne parle pas la langue à l'audience ».

[273] L'article 7 de la convention dispose : « Nul ne peut être condamné pour une action ou une omission qui, au moment où elle a été commise, ne constituait pas une infraction d'après le droit national ou international. De même il n'est infligé aucune peine plus

principe de la légalité des délits et des peines dont il s'agit est l'une des garanties essentielles de la liberté individuelle[274]. Il est un droit intangible[275] et consacré par plusieurs textes[276]. Ce principe de légalité a pour corollaire la non-rétroactivité des peines qui est, en revanche, assortie d'une exception : le principe de rétroactivité *in mitius*[277]. A l'appui de ce principe, les juridictions nationales de répression doivent faire une interprétation stricte de la loi pénale. Il y va de la sécurité juridique de la personne morale incriminée.

La reconnaissance par les droits internes de la responsabilité pénale des personnes morales conduit les rédacteurs à élaborer un cadre plus solide de défense de ces personnes devant les instances nationales. C'est le septième Protocole additionnel à la Convention européenne qui amplifie la sécurité juridique, valablement réclamée par les *organisations non gouvernementales* dans une procédure pénale. Trois nouvelles garanties y sont énoncées. Les personnes morales ont droit à un double degré de juridiction en matière pénale[278] et à l'indemnisation en cas d'erreur judiciaire[279]. Le Protocole n° 7 de

---

forte que celle qui était applicable au moment où l'infraction a été commise. Le présent article ne portera pas atteinte au jugement et à la punition d'une personne coupable d'une action ou d'une omission qui, au moment où elle a été commise, était criminelle d'après les principes généraux de droit reconnus par les nations civilisées ».

[274] Bouloc Bernard, *Droit pénal général*, Précis, Dalloz, 20ème édition, 2007, p. 102.

[275] Sudre Frédéric, *Droit européen et international des droits de l'homme*, PUF, 9ème édition, 2008, p. 351.

[276] Voir notamment l'article 15 du Pacte international des droits civils et politiques.

[277] Ce dernier principe signifie que les lois pénales plus douces doivent s'appliquer immédiatement, y compris aux infractions commises sous l'empire de la loi ancienne. C'est un principe constitutionnel, voir la décision du Conseil constitutionnel, *Sécurité et liberté*, 19 et 20 janvier 1981, JCP, 1981, II, 19701, note Franck. Le principe de rétroactivité *in mitius* n'est pas (encore) intégré dans la Convention européenne des droits de l'homme, son introduction est un projet envisagé par le comité directeur des droits de l'homme. La Cour européenne reconnaît ce principe sans pour autant tirer de l'article 7 de la convention le principe d'application immédiate de la loi la plus douce.

[278] L'article 2 du Protocole additionnel n° 7 stipule : « Toute personne déclarée coupable d'une infraction pénale par un tribunal a le droit de faire examiner par une juridiction supérieure la déclaration de culpabilité ou la condamnation. L'exercice de ce droit, y compris les motifs pour lesquels il peut être exercé, sont régis par la loi. Ce droit peut faire l'objet d'exceptions pour des infractions mineures telles qu'elles sont définies par la loi ou lorsque l'intéressé a été jugé en première instance par la plus haute juridiction ou a été déclaré coupable et condamné à la suite d'un recours contre acquittement ».

[279] L'article 3 du Protocole additionnel n° 7 stipule : « Lorsqu'une condamnation pénale définitive est ultérieurement annulée, ou lorsque la grâce est accordée, parce qu'un fait nouveau ou nouvellement révélé prouve qu'il s'est produit une erreur judiciaire, la personne qui a subi une peine en raison de cette condamnation est indemnisée, conformément à la loi ou à l'usage en vigueur dans l'Etat concerné, à moins qu'il ne soit

Strasbourg du 22 novembre 1984 s'est résolu à prendre de nouvelles mesures propres à assurer la garantie collective de certains droits et libertés de la Convention. Les personnes morales, actrices de promotion de la société démocratique ne pourraient rester en marge de l'élargissement des droits de procédure. Un tel processus a conduit les États signataires à sacrer la règle de *non bis in idem* garantie à l'article 4 dudit Protocole[280]. En vertu de ce principe, les groupements n'ont point à être jugés ou punis deux fois.

Il ne saurait être passé sous silence l'article 5 de la convention, qui traite de matières en relation plus ou moins avec la procédure pénale. Dans son deuxième paragraphe, cet article 5 traite de la rencontre entre l'accusé et son accusateur. Il paraît logique qu'un groupement, empêtré dans une procédure pénale, sache rapidement et comprenne l'accusation portée contre lui. Le bénéfice pourrait être prolongé aux personnes morales qui pourraient se situer dans une circonstance telle que la procédure pénale dans laquelle elles sont impliquées joue contre son existence du fait de l'imprécision des charges retenues contre elles et la tardiveté de leur notification à celles-ci. Somme toute, cette disposition concerne, semble-t-il, uniquement les individus ayant fait l'objet d'une arrestation. Dans sa configuration entière, l'article 5 de la convention vient écarter les personnes morales en raison de leur particularisme[281]. De surcroît, les organes conventionnels ont formellement récusé le bénéfice de cet article aux groupements à l'occasion d'une affaire portant sur l'arrestation et la détention d'un leader d'une institution religieuse et philosophique que celle-ci juge attentatoire à sa liberté d'association et de religion. Le juge européen estime que cette (partie de la) requête ne vaut que pour la personne physique ; exit donc la personne morale pourtant requérante au même titre que le leader[282]. Ainsi, en dépit de l'énumération textuelle des droits de procédure pénale, encore faut-il que les organes de contrôle européens les

---

prouvé que la non-révélation en temps utile du fait inconnu lui est imputable en tout ou partie ».

[280] L'article 4 du Protocole additionnel n° 7 stipule : « Nul ne peut être poursuivi ou puni pénalement par les juridictions du même Etat en raison d'une infraction pour laquelle il a déjà été acquitté ou condamné par un jugement définitif conformément à la loi et à la procédure pénale de cet Etat. Les dispositions du paragraphe précédent n'empêchent pas la réouverture du procès, conformément à la loi et à la procédure pénale de l'Etat concerné, si des faits nouveaux ou nouvellement révélés ou un vice fondamental dans la procédure précédente sont de nature à affecter le jugement intervenu. Aucune dérogation n'est autorisée au présent article au titre de l'article 15 de la Convention »

[281] L'article 6-3 e) de la Convention pourrait suppléer l'alinéa 2 de l'article 5 en ce qui concerne les groupements.

[282] CEDH, *Omkarananda et Divine Light Zentrum c/ Suisse*, 19 mars 1981, requête n° 8118/77, Décision Commission (plénière), D et R, n° 25, p. 124.

lient aux organisations non gouvernementales. Il incombe au juge des droits de l'homme de préciser le domaine d'application desdits droits aux groupements.

2- L'appui jurisprudentiel

Les organes de surveillance de la Convention participent activement à l'élargissement du bénéfice des droits de procédure pénale aux personnes morales. Le souci de garantir un procès équitable en matière pénale va guider l'œuvre interprétative de la juridiction européenne. *Les exigences du paragraphe 3 de l'article 6 représentent* en effet *des aspects particuliers du droit à un procès équitable garanti par le paragraphe 1* du même article[283]. Le raisonnement de la Cour de Strasbourg est pareil que s'agissant du deuxième paragraphe de l'article 6 de la convention[284]. C'est la détermination de la matière pénale qui va *in fine* constituer l'enjeu de la garantie du procès équitable. A ce niveau le juge européen entreprend une interprétation élastique de la matière pénale qui va au-delà du droit pénal[285]. Un certain nombre de disciplines juridiques, telles que le droit administratif ou le droit de la concurrence, laissent transparaître un flou à travers les sanctions qu'elles infligent aux groupements. L'applicabilité des garanties procédurales en matière pénale aux personnes morales tient à deux paramètres : la détermination de l'accusation et la définition de la peine.

La procédure pénale est nécessairement ouverte par une accusation lancée contre la personne morale. La notion d'accusation en matière pénale est ainsi au cœur de l'applicabilité des dispositions de l'article 6 sus indiquées et commande une analyse stricte des organes de contrôle de la Convention. Pour rappel, la notion d'accusation est autonome[286]. La juridiction européenne a établi les trois canons au respect desquels joue le volet pénal de l'article 6 de la convention. Selon elle, il « *faut tenir compte de trois critères pour décider si une personne* (une société à responsabilité limitée en l'espèce) *est accusée d'une infraction pénale au sens de l'article 6 : d'abord la classification de l'infraction au regard du droit national, puis la nature de l'infraction et, enfin, la nature et le degré de gravité de la sanction que risquait de subir l'intéressé* »[287]. Aussi la peine infligée à une personne morale participe-t-elle à la recevabilité de sa requête

---

[283] CEDH, *Kostovski c/ Pays-Bas*, 20 novembre 1989, requête n° 11454/85, §§ 39 et suivants.

[284] CEDH, *Västberga Taxi Aktiebolag et Vulic c/ Suède*, 23 juillet 2002, requête n° 36985/97, § 108.

[285] Mayaud Yves, *Accusation en matière pénale*, *in* Andriantsimbazovina Joël, Gaudin Hélène, Marguénaud Jean-Pierre, Rials Stéphane et Sudre Frédéric (Dir.), *Dictionnaire des droits de l'homme*, PUF, 2008, p. 10.

[286] Voir *supra* le chapitre premier de cette seconde partie.

[287] CEDH, *Giannetaki E. et S. Metaforiki LTD Giannetakis c/ Grèce*, 6 décembre 2007, requête n° 29829/05, § 18 ; CEDH, *Garyfalou AEBE c/ Grèce*, 24 septembre 1997, au Recueil des arrêts et décisions 1997-V, p. 1830, § 32.

portant sur un grief à connotation pénale, comme l'indique la fin de la phrase citée. La réaction sociale aux crimes et aux délits est prise en considération notamment dans l'applicabilité du volet pénal de l'article 6 de la convention aux *organisations non gouvernementales*. L'exemple est donné par des sanctions émises par le droit douanier à l'encontre d'une société de transport international de marchandises. L'amende infligée aux requérants était prévue par le code hellénique des douanes, mais le droit interne ne la qualifiait pas de sanction pénale. Restant fidèle à sa jurisprudence, la juridiction européenne s'appuie sur la nature grave de l'infraction de contrebande, le caractère dissuasif et répressif de la sanction infligée et le montant élevé de l'amende pour juger de l'applicabilité de l'article 6 de la convention dans son volet pénal[288]. Les enjeux étaient en l'espèce suffisamment importants pour la société requérante. Pour ce qui est de l'applicabilité de l'article 7 de la convention, aussi bien aux personnes physiques que morales, la Cour de Strasbourg rend autonome la qualification de peine qui y est contenue. Le rayonnement de l'article 7 de la convention tient de la définition autonome de la notion de peine par les organes conventionnels. De ce fait, pour rendre efficace la protection offerte par cette disposition, la juridiction européenne *doit demeurer libre d'aller au-delà des apparences et apprécier elle-même si une mesure particulière s'analyse au fond en une "peine" au sens de cette clause* (article 7)[289]. Dans une espèce où aucune condamnation pénale préalable n'avait été prononcée à l'encontre de la société requérante ou de ses administrateurs par les juridictions italiennes, et que, en plus, en droit italien, l'amende en cause n'était pas prononcée en vertu de dispositions pénales mais d'après une loi administrative (le montant est fixé par l'administration et sa légalité est examinée par les juridictions administratives), tout virerait vers la non-applicabilité de l'article 7 de la convention. L'autonomie de la notion de peine sur laquelle s'appuie le juge conventionnel permet de faire jouer les garanties offertes par ladite disposition, et par ricochet renforce la requête individuelle de la personne morale impliquée[290]. En outre, la seconde phrase de l'article 7 de la convention indique que la base de toute appréciation de l'existence d'une peine consiste à déterminer si la mesure en question est imposée à la suite d'une condamnation pour une infraction. Le juge européen y ajoute la qualification de la mesure en droit interne, sa nature et son but, les procédures associées à son adoption et à son exécution, ainsi qu'à sa gravité[291]. La nature des sanctions, ou du reste la qualification à leur donner dans l'instance européenne, est un élément important dans le fondement de la requête de la personne morale.

---

[288] CEDH, *Giannetaki E. et S. Metaforiki LTD Giannetakis c/ Grèce*, 6 décembre 2007, requête n° 29829/05.
[289] CEDH, *Welch c/ Royaume-Uni*, 9 février 1995, Série A, n° 307-A, p. 13, § 27.
[290] CEDH, *Valico S. r. l. c/ Italie*, 21 mars 2006, requête n° 70074/01, décision de la Commission, Recueil des arrêts et des décisions 2006-III.
[291] CEDH, *Jamil c/ France*, 8 juin 1995, Série A, n° 317-B, § 31.

Les *organisations non gouvernementales* sont reconnues pénalement responsables de leurs actions ou omissions en droit national. Les procédures pénales dont elles font l'objet sont entourées de garanties que la Convention européenne consacre et ses organes mettent en œuvre. La protection en matière pénale des personnes morales est une donne effective tant la volonté des organes conventionnels d'asseoir une justice de qualité est vive.

Paragraphe II - LA PROTECTION EN MATIERE PENALE DES PERSONNES MORALES

Rien n'échappe ou ne doit échapper à la Cour européenne des droits de l'homme. Celle-ci bâtit une jurisprudence prenant en compte toutes les différentes étapes que peut constituer une procédure pénale engagée contre une personne morale. La délicate responsabilité pénale des personnes morales justifie l'action globalisante de la juridiction européenne. Ainsi, à partir de l'incrimination du groupement, les organes conventionnels donnent de l'envergure aux dispositions de la Convention (A). Au cours du procès, la personne morale accusée ou prévenue peut réclamer des droits de procédure lui ayant été élargis dans le domaine pénal (B).

A/ LA PROTECTION DU GROUPEMENT AU REGARD DE LA REGLE PENALE

La protection est instaurée par l'article 7 de la convention. Elle permet de préserver la personne morale de tout arbitraire avant, pendant et après la procédure pénale enclenchée contre elle. La Cour européenne scrute la qualité de la législation pénale et le sens qui lui, judiciairement, donné. La tâche qui incombe à la Cour est donc de s'assurer que, au moment où un accusé a commis l'acte qui a donné lieu aux poursuites et à la condamnation, il existait une disposition légale rendant l'acte punissable,= et que la peine imposée n'a pas excédé les limites fixées par cette disposition[292]. Son contrôle dégage deux lignes directrices qui vont servir aux groupements : la légalité des délits et des peines (1) et l'interprétation de la loi pénale (2).

1- Le contrôle européen de la légalité de la peine encourue par la personne morale

L'article 7 de la convention consacre notamment le principe de la légalité des délits et des peines[293]. Le principe « *nullum crimen, nulla poena sine lege* »

---

[292] CEDH, *Sud Fondi S.r.l. c/ Italie*, 20 janvier 2009, requête n° 75909/01, § 110 ; CEDH, *Murphy c/ Royaume-Uni*, 4 octobre 1972, requête n° 4681/70, Recueil des arrêts et des décisions, n° 43.

[293] Voir parmi de nombreux arrêts CEDH, *Chauvy et autres c/ France*, 23 septembre 2003, décision de la Commission, requête n° 64915/01.

interdit en particulier d'étendre le champ d'application des infractions existantes à des faits qui, antérieurement, ne constituaient pas des infractions. En clair, il commande de ne pas appliquer la loi pénale de manière extensive au détriment de la personne morale accusée, notamment par analogie[294]. Ce principe est au fondement même du droit pénal moderne[295].

Il est question d'un principe dont la portée est importante dans une société qui se veut démocratique. La Cour européenne souligne que la garantie consacrée à l'article 7 de la convention, élément essentiel de la prééminence du droit, occupe une place primordiale dans le système de protection de la Convention, comme l'atteste le fait que l'article 15 du même texte n'y autorise aucune dérogation en temps de guerre ou autre danger public[296]. En dotant cette disposition d'une force aussi considérable, la juridiction européenne veut orienter sa jurisprudence vers l'effectivité du droit garanti. C'est en ce sens que les personnes morales ne peuvent être éliminées du bénéfice du principe de la légalité des délits et des peines. Certes la responsabilisation pénale des personnes morales dans certains États adhérents est récente, aucun argument ne saurait, en revanche, faire obstacle à l'application à celles-ci de ce principe en raison de cette portée si étendue. Ainsi qu'il découle de son objet et de son but, on doit interpréter et appliquer l'article 7 de la convention de manière à assurer une protection effective, de trois sociétés à responsabilité limitée notamment, contre les poursuites, les condamnations et les sanctions arbitraires. Ces trois sociétés réunies dans une même requête dénonçaient l'illégalité de la confiscation qui a frappé leurs biens au motif que cette sanction aurait été infligée dans un cas non prévu par la loi. Elles allèguent la violation de l'article 7 de la Convention. Le juge conventionnel adopte une position rigoureuse en vue de rendre efficace la protection prônée à ladite disposition. Elle reprend les arguments de la Haute juridiction de l'État italien défendeur, selon lesquels les sociétés prévenues ont commis une erreur inévitable et excusable dans l'interprétation des normes violées ; la loi régionale applicable en combinaison avec la loi nationale était « obscure et mal rédigée » ; son interférence avec la loi nationale en la matière avait produit une jurisprudence contradictoire. Aussi la présomption de connaissance de la loi, retenue par le code pénal italien ne pouvait plus jouer et, en conformité avec les jurisprudences de la Cour constitutionnelle et des Sections Unies de la même Cour de Cassation, l'élément moral de l'infraction devait être exclu puisque, avant même qu'on puisse examiner l'existence du dol ou d'une faute par négligence ou imprudence, il

---

294 Voir CEDH, *Valico S. r. l. c/ Italie*, 21 mars 2006, requête n° 70074/01, décision de la Commission, Recueil des arrêts et des décisions 2006-III ; CEDH, *Chauvy et autres c/ France*, 23 septembre 2003, requête n° 64915/01, décision de la Commission, précité.

295 Sudre Frédéric, *Droit européen et international des droits de l'homme*, PUF, 9ème édition, 2008, p. 446.

296 CEDH, *Sud Fondi S.r.l. c/ Italie*, 20 janvier 2009, requête n° 75909/01, § 105.

fallait exclure la « conscience et volonté » de violer la loi pénale. Par ailleurs, et dans le but de mieux assurer la protection des personnes morales, la Cour européenne intègre les faits dans son raisonnement. C'est ainsi que le fait que les responsables de la municipalité aient autorisé le lotissement et assuré les sociétés requérantes de la régularité de la loi litigieuse, conjugué à l'inertie des autorités chargées de la tutelle de l'environnement, tous ces faits ont contribué à la commission de l'erreur par lesdites sociétés. Ces dernières n'ont guère par conséquent à tomber sous le coup de la loi pénale incriminée. En prenant en considération à la fois des éléments légaux et factuels, la juridiction européenne restreint les conditions pouvant amener à la condamnation d'une personne morale sur la base d'une loi discutable. Ainsi l'erreur commise par les personnes morales sur la légalité du lotissement en cause est inévitable, car les conditions d'accessibilité et prévisibilité de la loi en question, dans les circonstances spécifiques de cette affaire, ne sont pas remplies[297]. Le défaut de qualité de la loi rend ainsi l'erreur du groupement excusable. En somme, la loi pénale doit définir clairement les infractions et les peines qui les répriment. Cette condition se trouve remplie lorsque la personne morale peut savoir, à partir du libellé de la disposition pertinente et au besoin à l'aide de l'interprétation qui en est donnée par les tribunaux (voir *infra*), quels actes et omissions engagent sa responsabilité pénale[298]. L'exigence de prévisibilité renvoie à une notion dont la portée dépend dans une large mesure du contenu du texte dont il s'agit, du domaine qu'il couvre ainsi que du nombre et de la qualité de ses destinataires. La prévisibilité d'une loi pénale ne s'oppose pas à ce que la personne concernée soit amenée à recourir à des conseils éclairés pour évaluer, à un degré raisonnable dans les circonstances de la cause, les conséquences pouvant résulter d'un acte déterminé. Il en va spécialement ainsi des groupes et associations qui sont des professionnels habitués à devoir faire preuve d'une grande prudence dans l'exercice de leur métier[299]. Aussi peut-on attendre d'elles qu'elles mettent un soin particulier à évaluer les risques qu'il comporte. Encore faut-il que la loi soit de qualité, ce qui fit cruellement défaut dans l'affaire présentée ci-dessus. Pourtant, les organes conventionnels ont rejeté la requête d'une société, professionnelle de la communication, car celle-ci, à l'aide, autant que de besoin, de conseils appropriés ne pouvait ignorer au demeurant que des

---

[297] CEDH, *Sud Fondi S.r.l. c/ Italie*, 20 janvier 2009, requête n° 75909/01 : vu sous l'angle de l'article 7 de la convention, un cadre législatif qui ne permet pas à un accusé de connaître le sens et la portée de la loi pénale est défaillant non seulement par rapport aux conditions générales de « qualité » de la « loi » mais également par rapport aux exigences spécifiques de la légalité pénale.

[298] CEDH, *Radio France c/ France*, 30 mars 2004, requête n°53984/00, Recueil des arrêts et des décisions 2004-II, § 20 ; CEDH, *Sud Fondi S.r.l. c/ Italie*, 20 janvier 2009, requête n° 75909/01, § 107.

[299] CEDH, *Valico S. r. l. c/ Italie*, 21 mars 2006, requête n° 70074/01, décision de la Commission, précité.

personnes se livrant à la prostitution utilisaient le service télématique sur minitel qu'elle exploitait. Partant, la loi pénale qui réprimait de tels agissements restait opposable à cette personne morale de droit privé français nonobstant l'intervention ultérieure d'une nouvelle disposition qui précisait les moyens de commission de l'infraction. La société incriminée aurait dû savoir, à l'époque des faits, qu'elle courait le danger de se voir poursuivre pour proxénétisme sur le fondement de la loi pénale initiale[300]. La qualité de professionnel peut jouer au détriment de la personne morale.

En outre, l'application de l'article 7 dans certaines circonstances, comme celles de l'affaire sus citée, peut donner lieu à l'application d'autres garanties offertes par la Convention aux p-groupements. *Rien dans la jurisprudence de la Cour européenne ne donne à penser que la présente affaire doit être examinée uniquement du point de vue de l'article 7 de la Convention.*[301] Même si les droits en question ont un objet différent[302], une meilleure protection des droits fondamentaux des personnes morales commande d'examiner chacune des garanties. La Cour de Strasbourg consent à examiner une ingérence dans le droit au respect des biens sous l'angle de cette disposition même s'il s'agit d'une peine[303]. En tout état de cause, rien n'empêche la Cour d'examiner un grief sous le fondement de l'article 1 du Protocole n° 1 lorsqu'il vise une législation concernant les droits patrimoniaux[304].

Le principe de la légalité des délits et des peines doit, par ailleurs, être compris de façon rigide. Les personnes morales, confrontées à la rigueur d'une loi pénale, peuvent réclamer que celle-ci ait une interprétation rigoureuse de la part des autorités judiciaire de l'État contractant.

2- Le contrôle européen de l'interprétation de la loi pénale applicable à la personne morale

Les organes de surveillance de la Convention enjoignent aux juridictions des États parties, sur la base de l'article 7 de la convention, de ne pas appliquer la loi pénale de manière extensive au détriment des groupements poursuivis (par

---

[300] CEDH, *Eurofinacom c/ France*, 9 septembre 2004, requête n° 58753/00, décision de la Commission, Recueil des arrêts et des décisions 2004-VI. La société requérante a facilité techniquement la prise de contact entre des prostitués et leurs clients en fournissant le support télématique, elle est donc sous le coup la loi pénale.

[301] CEDH, *Giannetaki E. et S. Metaforiki LTD Giannetakis c/ Grèce*, 6 décembre 2007, requête n° 29829/05, §§ 15-19.

[302] CEDH, *Valico S. r. l. c/ Italie*, 21 mars 2006, requête n° 70074/01, décision de la Commission, précité.

[303] CEDH, *Phillips c/ Royaume-Uni*, 5 juillet 2001, requête n° 41087/98, Recueil des arrêts et des décisions 2001-VII, § 50 ; CEDH, *Valico S. r. l. c/ Italie*, 21 mars 2006, Décision de recevabilité (Cour 4ème section), précitée.

[304] CEDH, *J.A. (Oxford) Ltd et J. A. Pye (Oxford) Land Ltd c/ Royaume-Uni*, requête n° 44302/02, § 60.

exemple par analogie). Au-delà de la précision exigée à la loi pénale, le sens que le juge national consent à cette loi présente un enjeu crucial dans le dénouement du litige. C'est pourquoi la notion de « *droit* » utilisée à l'article 7 correspond à celle de « *loi* » figurant dans d'autres dispositions de la Convention ; elle englobe le droit d'origine tant législative que jurisprudentielle et implique des conditions qualitatives, entre autres celles de l'accessibilité et de la prévisibilité (analysées *supra*)[305]. La jurisprudence pénale nationale a un impact si important dans et en dehors de l'instance : les droits de procédure des personnes morales en la matière doivent être effectifs et préservés. La précision d'une loi pénale, sa concision, n'empêche nullement un travail d'interprétation de la part des juges internes. Aussi clair que le libellé d'une disposition légale puisse être, dans quelque système juridique que ce soit, y compris le droit pénal, il existe immanquablement un élément d'interprétation judiciaire[306]. Il faudra toujours élucider les points douteux et s'adapter aux changements de situation. De plus, il est solidement établi dans la tradition juridique des Etats parties à la Convention que la jurisprudence, en tant que source du droit, contribue nécessairement à l'évolution progressive du droit pénal[307]. L'apport des juridictions nationales est si important qu'il ne saurait échapper à la sagacité et au contrôle de la juridiction européenne. Et pour satisfaire la sécurité juridique que revendiquent légitimement les personnes morales, l'on ne saurait interpréter l'article 7 de la Convention comme proscrivant la clarification graduelle des règles de la responsabilité pénale par l'interprétation judiciaire d'une affaire à l'autre, à la condition que le résultat soit cohérent avec la substance de l'infraction et raisonnablement prévisible[308]. La jurisprudence doit être bien établie. Une jurisprudence fluctuante ne permet point à la personne morale accusée ou prévenue de mieux appréhender le danger qu'elle court de se voir poursuivre pour ses actes et omissions précis. Aussi l'application erronée de la sanction pénale ne laisse guère indifférents les organes conventionnels. La Cour européenne a jugé de la violation de l'article 7 de la convention lorsque le propriétaire d'une maison d'édition se voit appliquer une peine pour atteinte à l'intégrité territoriale par une interprétation extensive, par analogie, de la règle

---

[305] CEDH, *Sud Fondi S.r.l. c/ Italie*, 20 janvier 2009, requête n° 75909/01, précité, § 108.

[306] CEDH, *Valico S. r. l. c/ Italie*, 21 mars 2006, requête n° 70074/01, décision de la Commission, précité.

[307] CEDH, *Sud Fondi S.r.l. c/ Italie*, 20 janvier 2009, requête n° 75909/01, précité, § 108.

[308] CEDH, *Eurofinacom c/ France*, 9 septembre 2004, requête n° 58753/00, décision de la Commission, Recueil des arrêts et des décisions 2004-VI ; CEDH, *Streletz, Kessler et Krenz c/ Allemagne*, 22 mars 2001, Recueil des arrêts et des décisions 2001-II, § 50.

énoncée pour les rédacteurs en chef[309]. La démarche du juge interne peut faire basculer le sort du litige.

Le juge européen, bien que reconnaissant aux juges nationaux l'interprétation du droit interne, ne se prive nullement de procéder à un contrôle de compatibilité avec la Convention. Le contentieux en la matière, faut-il le reconnaître, n'est pas nettement favorable aux personnes morales. Celles-ci se sont plaintes de l'interprétation que les juges nationaux faisaient de la loi pénale qui leur était opposée sans succès. C'est le cas de la requête de la société nationale de radiodiffusion et ses membres qui dénonçaient une application extensive de la loi pénale au fondement de laquelle le directeur de publication a été condamné. La présomption de responsabilité pénale du directeur de la publication est le pendant du devoir de celui-ci de contrôler le contenu des « *messages* » diffusés par le biais du média pour lequel il travaille. De ce fait, la Cour de Strasbourg estime que si cette responsabilité n'entre en jeu que dans le cas où le « *message* » incriminé a fait l'objet d'une « *fixation préalable* » à sa diffusion, c'est parce qu'il est considéré que le directeur a, du fait de cette « *fixation préalable* », été mis en mesure d'en prendre connaissance et de le contrôler avant sa diffusion. L'interprétation de cette règle par les juges internes conduit à considérer que le message en cause n'a pas fait l'objet de fixation préalable puisqu'il n'a pas été enregistré et est passé directement à l'antenne, d'où l'exonération du directeur de publication. Toutefois, et en raison du fonctionnement de la station de radio concernée, les diffusions répétitives du message emportaient la responsabilité du directeur de publication, la première diffusion étant considérée comme une « *fixation préalable* ». Pour la Cour européenne, une telle interprétation de la notion de « *fixation préalable* » était cohérente avec la substance de l'infraction en cause et « *raisonnablement prévisible* ». La violation de l'article 7 de la convention n'est pas avérée[310]. Cette jurisprudence européenne ne rassure aucunement les *organisations non gouvernementales*, en l'occurrence les personnes morales professionnelles de la presse, confrontées à une telle situation.

Elle n'est pas non plus favorable aux groupements la position de la juridiction européenne tendant à leur priver du bénéfice d'une jurisprudence nationale avantageuse, mais antérieure aux décisions les concernant. En fait, la Cour constate, dans une affaire de dénonciation anonyme à la Commission des opérations de bourse, que la société requérante ne soulève pas un problème de rétroactivité de la loi pénale mais demande l'application d'une jurisprudence postérieure aux décisions la concernant à propos de la régularité de la procédure. L'alinéa premier de l'article 7 de la Convention portant sur

[309] CEDH, *Baskaya et Okçuoglu c/ Turquie*, 8 juillet 1999, requête n° 23536/94 et 24408/94, Recueil des arrêts et des décisions 1999-IV, § 42.
[310] CEDH, *Radio France c/ France*, 30 mars 2004, requête n°53984/00, Recueil des arrêts et des décisions 2004-II, §§ 17-20.

l'application rétroactive du droit pénal matériel, le grief de cette société de gestion agréée ne rentre pas dans le champ d'application de cet article[311]. Elle ne peut bénéficier de la protection de la Convention européenne.

Le texte européen de 1950, complété par le Protocole n° 7, fournit des garanties liées directement au procès pénal impliquant les personnes morales. Les organes de contrôle de la Convention font une application stricte de ces droits de procédure élargis aux personnes morales.

B/ LA PROTECTION DU GROUPEMENT PENDANT DE L'INSTANCE PENALE

La personne morale, à l'encontre de laquelle une procédure pénale est engagée, peut s'appuyer sur les garanties de la Convention pour obtenir un procès équitable. La mise en cause d'un groupement dans un procès pénal rentre dans le champ d'application de l'article 6 de la convention. Il doit subsister le principe de présomption d'innocence dans les débats (1), et la personne morale doit pouvoir assurer efficacement sa défense (2).

1- La personne morale est présumée innocente

« *Principe de base du droit pénal moderne, la présomption d'innocence telle qu'elle résulte du paragraphe 2 de l'article 6 de la convention fait partie des droits fondamentaux dont la Cour de justice de l'Union européenne assure le respect* »[312]. Aussi figure-t-elle, en droit européen, parmi les éléments du procès pénal équitable exigés par le premier paragraphe de cette disposition[313]. La présomption d'innocence est bafouée si sans établissement légal de la culpabilité d'un prévenu, une décision judiciaire le concernant reflète le sentiment qu'il est coupable[314]. La garantie proclamée au deuxième alinéa de l'article 6 de la convention a vu son bénéfice élargi aux groupes. La requête individuelle d'une société d'édition et des auteurs de l'ouvrage litigieux visant notamment cette disposition a reçu l'onction de recevabilité des organes conventionnels. Les requérants soutenaient que les juridictions nationales avaient méconnu le principe de la présomption d'innocence dans la mesure où aucune preuve n'avait selon eux été rapportée de ce que les documents utilisés par l'écriture de l'ouvrage avaient une origine frauduleuse. La Cour de Strasbourg a estimé que ce grief tiré de l'article 6-2 de la convention devait être

---

[311] CEDH, *Multigestion c/ France*, 24 avril 2002, requête n° 59381/00, décision de la Commission, Recueil des arrêts et des décisions 2002-V.

[312] Milano Laure, « *Le droit à la présomption d'innocence dans l'interprétation de la législation communautaire* », RTDH, n° 83, juillet 2010, chronique, p. 643.

[313] CEDH, *Västberga Taxi Aktiebolag et Vulic c/ Suède*, 23 juillet 2002, requête n° 36985/97, § 108, précité.

[314] CEDH, *Minelli c/ Suisse*, 25 mars 1983, requête n° 8660/79, Série A, n° 62, § 37.

déclaré recevable[315]. La sauvegarde de la présomption d'innocence est élargie à l'escarcelle des droits fondamentaux des personnes morales. En revanche, très peu de requêtes de groupements ont été engagées avec l'allégation d'une violation de la présomption d'innocence. Ce constat s'intègre au profil du contentieux pénal en général des personnes morales dont le volume est maigre.

Le juge européen entrevoit deux possibilités à travers lesquelles le droit à la présomption d'innocence des personnes morales peut subir une violation : la présentation d'une personne comme coupable d'une infraction avant qu'elle ne soit jugée comme telle ou le fait de faire peser sur la personne poursuivie la charge de la preuve de son innocence[316].

Dans la première configuration, les poursuites pénales lancées contre les personnes morales (et ses gérants ou agents) sont fondées sur les présomptions de fait ou de droit. Un tel fondement n'est pas en soi incompatible avec la garantie de l'article 6-2 de la convention. La Convention européenne ne prohibe pas les présomptions de fait ou de droit en matière pénale. Elle oblige néanmoins les Etats « *à ne pas dépasser à cet égard un certain seuil* » : ils doivent « *les enserrer dans des limites raisonnables prenant en compte la gravité de l'enjeu et préservant les droits de la défense* »[317]. Le juge européen s'assure que ces conditions sont remplies par la législation pénale nationale[318]. La présomption de responsabilité du directeur de publication pour toute intervention à l'antenne d'une radio, posée par la loi du 29 juillet 1982 (article 93-3), n'est pas considérée comme une violation de la Convention dès lors que l'intéressé peut s'exonérer de sa responsabilité en démontrant la bonne foi de l'auteur des propos incriminés, l'absence de « *fixation préalable* » du message litigieux[319] (voir *supra*). La position de la Cour européenne aurait pu satisfaire les groupements, notamment de presse, si elle avait sanctionné une telle présomption. Ces groupes sont en effet exposés à la commission de l'infraction visée au regard de la nature de leurs activités.

Le droit des personnes morales à la présomption d'innocence se développe là où l'article 6-2 de la convention qui le garantit connaît des évolutions. En censurant les lois internes faisant peser sur la personne poursuivie la charge de la preuve de son innocence, la Cour européenne ouvre une nouvelle voie à la

---

[315] CEDH, *Dupuis et autres (librairie Arthème Fayard) c/ France*, 7 juin 2007, requête n° 1914/02, §§ 50-51.

[316] Gouttenoire Adeline, CEDH, *Allenet de Ribemont c/ France*, 10 février 1995, *in* F. Sudre, J.-P. Marguénaud, J. Andriantsimbazovina, A. Gouttenoire et M. Levinet, *Les grands arrêts de la jurisprudence européenne des droits de l'homme*, PUF, 5ème édition, 2009, p. 375.

[317] CEDH, *Radio France c/ France*, 30 mars 2004, requête n°53984/00, Recueil des arrêts et des décisions 2004-II, § 24.

[318] Voir CEDH, *Salabiaku c/ France*, 7 octobre 1988, requête n° 10519/83, Série A, n° 141-A, §§ 28-29.

[319] CEDH, *Radio France c/ France*, 30 mars 2004, requête n°53984/00, précité.

protection des personnes morales en matière pénale. Elle fait jouer la présomption d'innocence lors de conflits de nature fiscale. Une protection plus importante de la personne morale était escomptée, en raison des groupements à caractère économique souvent en proie à des différends avec l'administration fiscale. La juridiction européenne prit pourtant une autre direction. Les organes de surveillance de la Convention trouvent la requête d'une personne morale manifestement mal fondée, car celle-ci a invoqué l'article 6-2 de la Convention en ce qu'elle a été, en tant que société, accusée d'une infraction pénale et, la charge de la preuve (non utilisation de certaines sommes à des fins privées) a été imposé à son président et principal actionnaire. En l'espèce si le Tribunal fédéral helvétique a constaté qu'il incombait aux services fiscaux de prouver que la société requérante et son président n'avaient pas déclaré leurs revenus au fisc, il ne revenait pas en revanche à ces services de prouver qu'il n'y avait pas eu pour le président requérant de circonstances conduisant à un dégrèvement fiscal[320]. Le Tribunal a relevé qu'une telle preuve était difficile à rapporter et qu'en outre, elle opérait une discrimination entre fraudeurs fiscaux et contribuables honnêtes Le tribunal en a conclu que le premier requérant n'avait pas montré avoir transféré certaines sommes au comptable ; ce n'était pas méconnaître la présomption d'innocence que de supposer qu'il avait effectivement conservé par-devers lui les sommes en cause. En somme, le juge suisse a constaté qu'il incombait aux services fiscaux d'établir la culpabilité des requérants. Cependant, il a également estimé qu'il appartenait au requérant qui désirait réclamer un abattement fiscal, de montrer qu'il n'avait pas utilisé certaines sommes à des fins personnelles. Les organes de contrôle de la Convention n'y voient aucune violation dans la démarche du Tribunal fédéral de la présomption d'innocence[321].

Même si ce verrou (de la recevabilité) est levé, la protection de la personne morale en matière de présomption d'innocence dans une procédure pénale, avec un grief de nature fiscale, reste aléatoire. Le recours d'une société à responsabilité limitée de droit suédois en est une illustration. Un litige opposait cette société à l'administration fiscale de l'État sous la juridiction duquel elle exerce ses activités à propos de l'exécution d'une sanction fiscale. La Cour de Strasbourg ne considère pas l'exécution forcée d'une sanction fiscale prononcée par l'administration avant qu'elle ne soit devenue définitive comme portant atteinte à la présomption d'innocence, dès que la société requérante peut obtenir

---

[320] Le juge suisse reconnaît qu'une telle preuve était difficile à rapporter et qu'en outre, elle opérait une discrimination entre fraudeurs fiscaux et contribuables honnêtes. Il en a conclu que le président et principal actionnaire de la société n'avait pas montré avoir transféré certaines sommes au comptable ; ce n'était pas méconnaître la présomption d'innocence que de supposer qu'il avait effectivement conservé par-devers lui les sommes en cause.

[321] CEDH, *KS et KS AG. c/ Suisse*, 12 janvier 1994, requête n° 19117/91, décision de la Commission, D et R, n° 76-B, p. 70.

par voie judiciaire le remboursement de tout montant versé[322]. L'article 6-2 ne peut pas, par conséquent, être interprété comme interdisant en principe l'exécution forcée de sanctions fiscales dans ces circonstances. Cet avantage accordé à l'État tient évidemment compte de ce que la fiscalité est un domaine privilégié et protégé, les impôts étant la principale source de revenus des États contractants. Le recours de cette société ne saurait être, dans ce contexte, couronné de succès.

La personne morale est présumée innocente, cette présomption est garantie par le texte et la jurisprudence conventionnels. La protection du groupement en la matière est timide, mais reste corrélée au principe du procès équitable[323]. Ce principe commande également le respect des droits de défense dont disposent les personnes morales.

2- *La personne morale a droit à une défense conséquente*

A l'occasion d'une procédure pénale, toute personne a droit à une défense *correcte et effective*[324]. Il s'agit de la sauvegarde des droits de la défense dans un procès pénal. Les garanties du troisième paragraphe constituent des aspects de la notion générale de procès équitable en matière pénale, énoncée au paragraphe premier de l'article 6 de la convention[325]. Le texte européen énonce un certain nombre de ces droits susceptibles d'être revendiqués par une personne morale accusée[326]. Le droit à l'assistance d'un défenseur fournit une bonne illustration : l'exercice de ce droit convient aux personnes morales en raison de leur incapacité éventuelle de rétribuer un avocat. Cette éventualité n'est pas un cas d'école, une société en faillite ou les services trop onéreux pour une association pouvant justifier l'octroi d'une assistance gratuite dans une procédure pénale. Il existe également le droit d'interroger les témoins qui a fait l'objet d'une affaire impliquant une société anonyme[327]. Cette dernière estime le refus des juridictions internes de notamment leur permettre d'interroger

---

[322] CEDH, *Västberga Taxi Aktiebolag et Vulic c/ Suède*, 23 juillet 2002, requête n° 36985/97, §§ 108-122.

[323] Le lien avec la notion de procès équitable est fait par les juridictions nationales. C'est ainsi que le Conseil d'État admet l'applicabilité de l'article 6-2 de la convention à la phase administrative du prononcé de la pénalité fiscale retenue contre une société anonyme. CE, *SA Martell et Co*, JCP G, 2007, II, 10206, note B. Belda.

[324] CEDH, *Artico c/ Italie*, 13 mai 1983, Série A, n° 37, § 33.

[325] CEDH, *Monnel et Morris c/ Royaume-Uni*, 2 mars 1987, requête n° 9562/81 et 9818/82, Série A, n° 115, § 53.

[326] Tous les droits énoncés ne sont pas susceptibles d'être invoqués par les personnes morales en raison de leur particularisme. C'est notamment le cas du droit de se taire ou de ne pas s'incriminer qui ne saurait être admis aux personnes morales, il vise en effet à soustraire le prévenu à la coercition abusive des autorités (par exemple la torture). Voir Sudre Frédéric, *Droit européen et international des droits de l'homme*, PUF, 9ème édition, 2008, p. 426.

[327] CEDH, *Bacanu et SC « R » SA c/ Roumanie*, 3 mars 2009, requête n° 4411/04.

directement le plaignant, d'accéder aux offres de preuves[328] comme une démarche attentatoire à l'article 6 de la convention dans ses premier et dernier paragraphes. La Cour de Strasbourg indique que l'article 6-3 d) de la Convention laisse aux juridictions internes, toujours en principe, le soin de juger de l'utilité d'une offre de preuve par des témoins. Cette disposition n'exige pas la convocation et l'interrogation de tout témoin à décharge : ainsi que l'indiquent les mots « *dans les mêmes conditions* », il a pour but essentiel une complète égalité des armes en la matière. La notion d'égalité des armes n'épuise pourtant pas le contenu du paragraphe 3 d) de l'article 6, pas plus que celui du paragraphe 1 dont cet alinéa représente une application parmi beaucoup d'autres. En effet, il ne suffit pas de démontrer que « *l'accusé* » n'a pas pu bénéficier de l'interrogation d'un certain témoin à décharge, encore faut-il que l'intéressé rende vraisemblable que la convocation et l'audition dudit témoin étaient nécessaire à la recherche de la vérité, et que le refus de l'interroger a causé un préjudice aux droits de la défense[329]. Dans l'affaire de la société anonyme, le système de défense de celle-ci reposait principalement sur l'audition des témoins de façon contradictoire et en audience publique. Ce système s'est ensuite trouvé compromis. En conséquence, la juridiction européenne ne trouvait pas à spéculer sur le caractère fondamental ou non des auditions et des autres mesures d'instruction requises par la société requérante et les personnes physiques associées à cette requête, dans la mesure où elle considère qu'en tout état de cause, elles auraient pu contribuer, dans les circonstances de l'espèce, à l'équilibre et à l'égalité qui doivent régner tout au long du procès entre l'accusation et la défense. L'économie générale du procès commandait ainsi d'accorder aux requérants la faculté d'interroger ou de faire interroger un ou plusieurs témoins de leur choix[330]. Vu l'importance que revêt le respect des droits de la défense dans le procès pénal, les limitations du droit d'interroger des témoins des personnes morales priveraient ces dernières de jouir d'un procès équitable. La protection de ce droit d'interroger les témoins

[328] Pour ce grief principalement, la Cour européenne rappelle d'abord que la recevabilité des preuves relève au premier chef des règles de droit interne, et qu'il revient en principe aux juridictions nationales d'apprécier les éléments recueillis par elles. La mission confiée à la Cour par la Convention consiste à rechercher si la procédure considérée dans son ensemble, y compris le mode de présentation des moyens de preuve, a revêtu un caractère équitable. Voir CEDH, *Van Mechelen et autres c/ Pays-Bas*, 23 avril 1997, Recueil des arrêts et des décisions 1997-III, § 50.

[329] Voir aussi CEDH, *Vaturi c/ France*, 13 avril 2006, requête n° 75699/01, § 51.

[330] CEDH, *Bacanu et SC « R » SA c/ Roumanie*, 3 mars 2009, requête n° 4411/04, §§ 74-82 : vu l'importance que revêt le respect des droits de la défense dans le procès pénal, la Cour européenne estime, au regard des circonstances particulières de l'espèce, que ces droits ont subi de telles limitations que les requérants n'ont pas joui d'un procès équitable. Partant, il y a eu violation de l'article 6 §§ 1 et 3 d) de la convention. Voir aussi CEDH, *Kostovski c/ Pays-Bas*, 20 novembre 1989, Série A, n° 166, § 42.

s'avère être une nécessité si le juge européen veut voir une justice irréprochable régner dans les États contractants.

La mise en œuvre de la sauvegarde des droits de la défense et le souci de préserver la présomption d'innocence ont constitué la réponse du système européen des droits de l'homme à la responsabilisation pénale des personnes morales. Celles-ci sont considérées comme des justiciables devant les instances pénales des États adhérents. Cette nouvelle donne n'a pas échappé aux organes conventionnels qui ont élargi le bénéfice de certains droits de procédure pénale, auparavant affectés aux seules personnes physiques, aux organisations non gouvernementales. Celles-ci voient accroître et croître leurs prétentions devant les juridictions nationales. De surcroît, la possibilité des personnes morales de recourir au juge interne, quel qu'il soit, en vue de trancher un litige, doit être effective ; c'est un droit fondamental dont elles disposent dans la Convention européenne des droits de l'homme.

Section II - LE DROIT DES PERSONNES MORALES A L'OCTROI D'UN RECOURS EFFECTIF

La Convention européenne exige que les États contractants prévoient un recours permettant à toute personne se sentant lésée dans l'exercice et la jouissance de ses droits fondamentaux de pouvoir saisir une juridiction nationale. L'article 13 de la convention garantit ce droit à un recours effectif devant les autorités nationales en cas de violation de droits protégés par le texte européen[331]. Il vise à instituer un mécanisme de contrôle national, indépendant du contrôle européen, destiné à remédier à la source aux violations de la Convention européenne[332]. L'incapacité à obtenir un recours devant une instance nationale pour sanctionner une violation de l'un des droits garantis est en soi une infraction à la Convention susceptible de poursuites séparées. Cela n'a pas toujours été le cas. Les personnes morales vont accéder à cette garantie afin de rétablir une injustice de l'ordre procédural (paragraphe I). Elles y gagnent un certain intérêt en ce que l'article 13 de la convention apporte une protection supplémentaire à leurs droits garantis (Paragraphe II).

---

[331] Pour rappel, l'article 13 de la convention dispose que : « toute personne dont les droits et libertés reconnus dans la présente Convention ont été violés, a droit à l'octroi d'un recours effectif devant une instance nationale, alors même que la violation aurait été commise par des personnes agissant dans l'exercice de leurs fonctions officielles ».

[332] Drzemczewski Andrew et Giakoumopoulos Christos, « *Article 13* », *in* Pettiti Louis-Edmond, Decaux Emmanuel et Imbert Pierre-Henri (Dir.), *La Convention européenne des droits de l'homme* : commentaire article par article, Economica, 1999, p. 455.

Paragraphe I - L'ACCES A L'ARTICLE 13 DES PERSONNES MORALES

L'article 13 de la convention a connu divers mouvements à propos de sa normativité. Les personnes morales ont vécu les différentes étapes de l'affirmation d'un droit au recours effectif. Les organes de surveillance de la Convention ont entendu faire bénéficier de la garantie offerte par cette disposition aux personnes morales qui, de par leur particularisme, sont exposées aux ingérences des autorités nationales. Ce droit particulier à un recours effectif (A) est invocable par les groupements (B).

A/ UN DROIT APPLICABLE AUX PERSONNES MORALES

Le droit fondamental a un recours effectif est particulier pour plusieurs raisons. C'est un droit qui a subi une transformation quant à sa portée (1). Celle-ci a eu un effet important sur les requêtes individuelles formulées par les personnes morales s'appuyant sur l'article 13 de la convention (2).

1- L'autonomisation du droit garanti

D'entrée de jeu, le droit à un recours effectif a été garanti par plusieurs instruments internationaux de défense des droits de l'homme[333]. Aussi ce droit a-t-il été probablement inspiré de la procédure sud-américaine[334] dite d'*amparo* qui permet à la justice d'assurer la protection de toute personne contre les actes des autorités violant à son préjudice certains droits reconnus par la constitution[335]. Toute personne en Europe doit pouvoir *effectivement* un juge s'il se sent lésé dans sa liberté notamment. Ce droit à « *l'octroi d'un recours effectif devant une instance nationale* » n'a été pris en compte que tardivement par la Cour de Strasbourg

Dans un premier temps, le droit à un recours effectif a été couplé à une autre liberté fondamentale ou un droit de l'homme que la convention protège. Il est apparu comme un droit complémentaire dépourvu d'existence propre et exclusive. La dépendance de l'article 13 de la convention à l'égard des autres articles de la convention peut s'expliquer par le souci du juge des droits de

---

[333] Les articles 8 de la Déclaration universelle des droits de l'homme, 2 § 3 du Pacte international des droits civils et politiques et 25 de la Convention (inter) américaine des droits de l'homme consacrent en des termes quasiment identiques le droit à un recours effectif.

[334] C'est le cas de la Constitution du Brésil consacre le recours d'*amparo*, rendant possible l'invocation par un citoyen de l'atteinte portée contre un droit garanti par la constitution. Les effets de cette procédure restent relatifs, ils ne sont donc point *erga omnes*.

[335] En Europe, l'Espagne et le Portugal ont institué une procédure *d'amparo*. Voir par exemple CEDH, *Etxeberria Barrena Arza et autre c/ Espagne*, 30 juin 2009, requête n° 35579/03, 35613/03, 35626/03 et 35634/03, § 80.

l'homme de limiter la portée du droit au recours effectif dans certaines circonstances. C'est l'exemple d'un recours effectif contre des atteintes mineures ou ne relevant pas des compétences de la Cour européenne, ce qui n'a en revanche aucune valeur. Le juge européen a conclu au rejet d'une requête formulée par un groupement, parce que le grief de la violation de l'article 13 de la convention alléguée n'était pas suivi de la violation d'autres dispositions du texte européen[336]. Cette position jurisprudentielle a été également imposée aux personnes morales prétendant être confrontées à un défaut d'existence réelle de recours dans l'ordre interne. Un syndicat suédois a ainsi été débouté de ce grief en conséquence de l'inexistence d'une violation d'un droit garanti par un autre article de la Convention[337]. N'était donc reconnue par les organes de surveillance de la Convention que la double violation (de l'article 13 d'abord, puis de celle d'un autre droit garanti) du texte européen.

Dans un second temps, le juge européen a posé progressivement les jalons d'une autonomisation de cet article 13. Un arrêt a entamé ce processus par l'octroi d'une définition autonome à ce droit à un recours effectif[338] ; et un autre viendra parachever sa normalisation[339]. À la lecture de la première décision, une personne, physique ou morale, peu importe, doit pouvoir disposer d'un recours dans l'ordre interne en vue de voir statuer sur son grief et, le cas échéant, obtenir réparation. La méthode de la juridiction de Strasbourg, consistant à soumettre l'examen du grief de l'infraction au droit au recours effectif au constat de la violation d'un droit garanti par la convention paraissait absurde et paradoxale. la Cour européenne entreprenait la mise en œuvre de l'autonomisation de l'article 13 de la convention par l'abandon de la condition de l'exigence d'un constat de violation antérieur au profit de la condition de l'*allégation* d'une violation des droits protégés pas la convention[340]. Le droit à un recours effectif n'est donc plus tributaire d'un quelconque constat préalable

---

336 CEDH, *De Wilde, Ooms et Versyp c/ Belgique*, 18 juin 1971, Série A, n° 12, p. 46, § 95.

337 CEDH, *Syndicat suédois des conducteurs de locomotive*, 6 décembre 1976, Série A, n° 20, § 50 ; GACEDH, PUF, n° 5, p. 424.

338 CEDH, *Klass et autres c/ RFA*, 6 septembre 1978, série A, n° 24, § 34 et 38 ; Berger, n°1004-1011 ; AFDI 1979, p. 338-348, obs. Pelloux ; cah. dr. eur. 1979, p. 474-484, obs. Cohen-Jonathan ; JDI 1980, p.463-468, obs. Rolland.

339 Cet arrêt fera l'objet d'une attention particulière plus loin : CEDH, *Kudla c/ Pologne*, 26 octobre 2000, Grande Chambre, Recueil des arrêts et des décisions 2000-XI, GACEDH, 5ème édition, 2009, n° 38, obs. J. Andriantsimbazovina. Voir aussi CEDH, *Stratégies et Communications et Dumoulin c/ Belgique*, 12 juillet 2002, requête n° 37370/97, § 54.

340 CEDH, *Klass et autres c/ RFA*, 6 septembre 1978, série A, n° 24, § 64 ; J. Andriantsimbazovina, « *Le droit à un recours effectif* », in F. Sudre, J.-P. Marguénaud, J. Andriantsimbazovina, A. Gouttenoire et M. Levinet, *Les grands arrêts de la jurisprudence de européenne des droits de l'homme*, PUF, 5ème édition, 2009, p. 424.

de violation d'une disposition de la convention. Pour que l'allégation de violation soit déterminante, il suffit que le grief soit *plausible*[341]. Le caractère crédible ou probable du grief soulevé par la personne morale est déterminé *in concreto* par le juge européen. La jurisprudence européenne reste constante en ce que, si l'article 13 de la convention garantit l'existence en droit interne d'un recours permettant de s'y prévaloir – et donc de dénoncer le non-respect – des droits et libertés de la Convention tels qu'ils peuvent s'y trouver consacrés, pareil recours n'est exigé qu'en ce qui concerne les griefs « *défendables* » au regard de la Convention[342]. La Cour de Strasbourg maintient cette exigence aux organisations.

Par ailleurs, la modulation de la jurisprudence liée à l'article 13 de la convention tient par la nature même et les objectifs du système européen de défense des droits fondamentaux. Le droit à l'octroi d'un recours effectif est la manifestation nette et indiscutable de la prééminence du droit qui est le socle sur lequel est axé le Droit européen des droits de l'homme. La garantie énoncée à cet article 13 va déployer ses effets notamment sur le domaine du droit à un procès équitable, sphère essentielle à la primauté du droit. Aussi cette garantie met-elle clairement en lumière la forme de notre dispositif européen. Cette disposition reflète en effet le principe de subsidiarité sur lequel se fonde le système européen de protection des droits de l'homme[343]. Les juridictions nationales sont subséquemment en première ligne dans la sauvegarde des droits de l'homme et libertés fondamentales. Devant une telle importance de l'article 13 de la convention, conjuguée à sa redynamisation prétorienne, aucune exclusion de sujets de droit n'aurait été tolérée. Tout développement du droit à un recours effectif va ainsi profiter aux personnes morales.

2- Une progression profitable aux groupements

L'émergence d'un droit à un recours effectif, à travers son autonomisation notamment, étend son rayon d'influence sur les personnes morales et leurs activités. Aucun argument ne viendra faire obstacle à ce que les groupements tirent avantage des différentes évolutions que le droit à un recours effectif a connues.

La protection de l'article 13 de la convention monte en puissance. Des obligations à la charge des États contractants naissent de la nouvelle lecture de cette disposition. Assurant la publication d'un journal, une société à responsabilité limitée, suivie par une quinzaine de personnes physiques, soutient que l'impossibilité d'exercer un recours contre la décision du préfet de la région

---

[341] CEDH, *Silver et al. c/ Royaume-Uni*, 25 mars 1983, Série A, n° 61, § 113.

[342] CEDH, *Glas Nadejda EOOD et Elenkov c/ Bulgarie*, 11 octobre 2007, requête n° 14134/02, § 65.

[343] CEDH, *Stratégies et Communications et Dumoulin c/ Belgique*, 12 juillet 2002, requête n° 37370/97, § 54, précité.

soumise à l'état d'urgence a contrevenu au droit à un recours effectif tel que le texte de 1950 le garantit[344]. Cette requête a été l'occasion pour la Cour de Strasbourg de préciser le sens de la disposition évoquée. Rappelant que la portée de l'obligation, que l'article 13 de la convention fait peser sur les États contractants, varie en fonction de la nature du grief du requérant, le juge européen martèle que le recours exigé par cet article 13 doit être « *effectif* » en pratique comme en droit. L'exigence de l'effectivité réelle du recours dans l'ordre juridique interne est renforcée par le double conditionnement de sa mise en œuvre (en pratique et en droit). En raisonnant ainsi, les organes de surveillance de la Convention créent un régime sec quant à la conformité à l'article 13 de la convention des procédures nationales, quelles qu'en soient les circonstances. Une décision de violation est retenue contre l'État turc, en raison de l'absence en droit interne d'un recours devant une instance nationale pour contester la mesure prise à l'encontre du quotidien en cause par le préfet de la région soumise, faut-il le souligner, à l'état d'urgence. Les États adhérents doivent ainsi pourvoir, dans la lettre, au profit de toute personne morale à un véritable recours juridictionnel et garantir, dans la pratique, son application. Dans ce dernier cas, il peut s'agir du défaut de l'examen au fond notamment de la requête d'un groupement qui conduira à la violation de la Convention européenne[345]. C'est une obligation positive qui incombe aux autorités étatiques au profit des groupements grâce à un article 13 redynamisé. Le contrôle de la Cour européenne de l'effectivité du recours en droit interne est strict. L'existence de plusieurs voies de recours probables dans l'ordre juridique national ne vaut pas à elle seule le respect de la garantie énoncée à l'article 13 de la convention ; c'est plutôt l'influence que ces voies exercent sur le règlement du différend qui intéresse le juge européen. Ce dernier a, en effet, donné droit à la requête d'une association contestée par un Gouvernement qui invoque des recours possibles mais ne cite aucun cas d'application semblable à celui dont il s'agit dans l'espèce[346]. Le juge des droits de l'homme se montre particulièrement minutieux dans une affaire impliquant une société anonyme. La Cour « *n'est toutefois pas convaincue que le recours invoqué par le Gouvernement était effectif et disponible tant en théorie qu'en pratique et répondait donc aux exigences de l'article 13 de la convention... pour les raisons suivantes. D'une part, il ressort des observations des parties que l'article 136 du code d'instruction criminelle soulève certaines questions de droit interne belge qui pour l'instant, d'après les informations fournies, n'ont pas encore été résolues. D'autre part, le Gouvernement lui-même n'a mentionné aucun*

---

[344] CEDH, *Mehmet Emin Yildiz et autres c/ Turquie*, 11 avril 2006, requête n° 60608/00, §§ 22-25.

[345] CEDH, *Glas Nadejda EOOD et Elenkov c/ Bulgarie*, 11 octobre 2007, requête n° 14134/02, §§ 69-70.

[346] CEDH, *Vereinnigung Demokratischer Soldaten Österreichs et Gudi c/ Autriche*, 19 décembre 1994, requête n° 15153/89, Série A, n° 302, § 53.

exemple de la pratique interne attestant que la chambre des mises en accusation aurait fait droit à une requête fondée sur l'article 136, alinéa 2, d'une personne non inculpée »[347]. Le recours proposé en droit interne doit être déterminant dans la prise en compte des inquiétudes de la personne morale.

Si le recours exigé par l'article 13 de la convention doit revêtir un caractère effectif en pratique comme en droit, des réserves peuvent néanmoins être émises. La juridiction européenne se défend de lier l'effectivité à la solution du litige. « *L'effectivité* » d'un recours ne saurait dépendre de l'issue favorable pour le groupement requérant. En ce sens les personnes physiques et morales connaissent le même sort[348]. La certitude d'un résultat favorable ne pourrait être la boussole de l'application de l'article 13 de la convention. De même, « *l'instance* » dont parle cette disposition n'a pas besoin d'être une institution judiciaire, mais alors ses pouvoirs et les garanties qu'elle présente entrent en ligne de compte pour apprécier l'effectivité du recours s'exerçant devant elle. En outre, l'ensemble des recours offerts par le droit interne peut remplir les exigences de l'article 13, même si aucun d'eux n'y répond en entier à lui seul[349]. Les organes de contrôle de la Convention ont souhaité atténuer les effets de la notion d'effectivité.

L'article 13 de la convention est en somme applicable aux personnes morales. La garantie qu'il met en œuvre est ainsi invocable par les groupements (se prétendant) confrontés à une absence de voie de recours dans le droit interne pour trancher leur conflit.

B/ UN DROIT FONDAMENTAL INVOCABLE PAR LES PERSONNES MORALES

Le droit fondamental à un recours effectif jouit d'une place importante dans l'appareil de la Convention européenne des droits de l'homme. La prise en charge des personnes morales, actrices inlassables de la promotion de la démocratie, se révèle également considérable au fonctionnement du dispositif de défense des droits fondamentaux. L'invocation par les groupements de l'article 13 de la convention prône ainsi le droit garanti en question ne souffre d'aucun obstacle difficile (1). En conséquence, l'accès au contentieux né de la violation du droit à un recours effectif est une réalité pour les personnes morales (2).

---

[347] CEDH, *Stratégies et Communications et Dumoulin c/ Belgique*, 12 juillet 2002, requête n° 37370/97, § 55.
[348] CEDH, *Vereinnigung Demokratischer Soldaten Österreichs et Gudi c/ Autriche*, 19 décembre 1994, précité, § 55.
[349] CEDH, *Stratégies et Communications et Dumoulin c/ Belgique*, 12 juillet 2002, requête n° 37370/97, § 50.

1- *L'invocabilité de l'article 13 de la convention par les personnes morales*

La recevabilité de la requête individuelle de la personne morale, alléguant un défaut dans le droit interne de recours effectif, est assortie de conditions.

Fort du processus d'autonomisation de la garantie offerte à l'article 13 de la convention, le juge conventionnel entend élaborer une jurisprudence plus ouverte quant à l'applicabilité de ladite disposition. De cette jurisprudence, relative à l'interprétation de l'article 13, se dégage notamment le principe selon lequel un individu, qui de manière plausible se prétend victime d'une violation des droits reconnus dans la Convention, doit disposer d'un recours devant une « *instance* » nationale afin de voir statuer sur son grief et, s'il y a lieu, d'obtenir réparation[350]. Le vocable *individu* est insignifiant, plutôt englobant. La Cour européenne reprend, constamment, cette démarche dans ses arrêts impliquant une *organisation non gouvernementale*[351]. Elle insiste sur la conséquence qui résulte de l'article 13 de la convention, celle d'exiger un recours interne habilitant l'instance nationale compétente à connaître du contenu du grief fondé sur la Convention et à offrir le redressement approprié, même si les États contractants jouissent d'une certaine marge d'appréciation quant à la manière de se conformer aux obligations que leur fait cette disposition. Le recours exigé par l'article 13 doit être « *effectif* », en pratique comme en droit. Toutefois, un tel recours n'est requis que pour les griefs pouvant passer pour « *défendables* » au regard de la Convention[352]. De l'adjectif *plausible* à celui de *défendable*, c'est une inflexion contribuant à la prise en compte plus générale des intérêts des groupements. L'emploi, indifférent, de ces qualificatifs montre également une même réalité, celle de donner un sens concret à la disposition indiquée. Dans cette optique, les recours des personnes morales gagnent davantage de chances de passer l'épreuve de la recevabilité avec succès. Si la Cour de Strasbourg refuse une définition à la défendabilité, la Commission suggérait qu'est défendable le grief qui ne manque pas totalement de fondement, à savoir, celui qui pose à première vue un problème au regard de la Convention européenne[353]. Cette position est nettement favorable aux personnes morales dont la fonction peut être obstruée par des interventions diverses et variées des États

---

[350] CEDH, *Klass et autres c/ Allemagne*, 6 septembre 1978, série A, n°24, § 64.

[351] Voir notamment CEDH, *Verein Alternatives Lokalradio Bern et Verein Radio Dreyeckland Basel c/ Suisse*, 16 octobre 1986, Décision Commission plénière, requête n° 10746/84, D et R, n° 49, p. 126.

[352] CEDH, *Église métropolitaine de Bessarabie et autres c/ Moldova*, 13 décembre 2001, requête n° 45701/99, Recueil des arrêts et des décisions 2001-XII, § 136.

[353] Rapport de la Commission dans l'affaire CEDH, *Plattform « Ärzte für das Leben » c/ Autriche*, 21 juin 1988, Série A, n° 139 ; voir aussi A. Drzemczewski et C. Giakoumopoulos, *Article 13*, précité, p. 464.

contractants[354]. En somme, pour que l'article 13 de la convention trouve à s'appliquer, il faut que le groupement qui l'invoque puisse prétendre de manière plausible qu'il a été la victime d'une violation de l'un des droits et libertés garantis par la Convention. De l'avis de la Commission, le caractère plausible d'un tel argument doit être déterminé en fonction des circonstances de l'espèce et sur la base des considérations suivantes : il faut que la violation alléguée par la personne morale requérante concerne l'un des droits et libertés garantis par la Convention ; la violation alléguée ne doit pas être relative à des faits dont l'établissement ne repose sur aucun commencement de preuve ; la violation alléguée doit à première vue soulever un problème relatif à l'application et l'interprétation de la Convention[355]. La juridiction européenne se montre indulgente quant au respect de ces conditions par la requête d'une personne morale. La saisine de la Cour européenne d'une association viennoise donne une illustration de la démarche favorable de cette juridiction en la matière. Cette association publiait, à l'attention des soldats de l'armée autrichienne, un mensuel (*der Igel*, « le hérisson » en allemand), contenant des informations et des reportages souvent critiques sur la vie militaire. Le refus du ministre de la Défense d'inclure ce mensuel parmi les magazines distribués par l'armée s'est révélé disproportionné au but légitime visé, la violation de l'article 10 de la convention devenant inéluctable. Le groupement requérant s'est plaint ensuite de ce que nul recours effectif ne s'ouvre à elle en Autriche pour son grief au titre de cet article 10, ce qui équivaudrait à la méconnaissance de l'article 13 de la convention. Dans son (très bref) examen de la recevabilité, le juge européen est sans hésitation : en raison de l'intervention fautive du ministre, *la condition de "défendabilité" du moyen en question se trouve remplie*[356]. Le « *grief défendable* » imposé aux *organisations non gouvernementales* en vue de faire prospérer leur requête en violation de l'article 13 n'est pas enfermé dans une rigueur exacerbée de la juridiction européenne. Ce qui encourage les groupements à espérer voir leurs intérêts davantage protégés en droit interne.

L'applicabilité de l'article 13 de la convention, telle que la Cour de Strasbourg a entendue définir, facilite incontestablement l'accès à son contentieux par les personnes morales.

---

[354] Les divergences de ces deux organes conventionnels à propos du critère de la défendabilité sont exposées à la contribution de Drzemczewski Andrew et Giakoumopoulos Christos, *Article 13*, précité, pp. 464-465.

[355] CEDH, *Verein Alternatives Lokalradio Bern et Verein Radio Dreyeckland Basel c/ Suisse*, 16 octobre 1986, Décision Commission plénière, précité ; Rapport de la Commission dans l'affaire CEDH, *X et Boyle c/ Royaume-Uni*, 7 mai 1986, requête n° 9659/82 et suivants, § 74.

[356] CEDH, *Vereinnigung Demokratischer Soldaten Österreichs et Gudi c/ Autriche*, 19 décembre 1994, requête n° 15153/89, Série A, n° 302, §§ 40 et 53.

2- *L'accessibilité à l'article 13 de la convention des personnes morales*

Les *organisations non gouvernementales*, en raison de l'impossibilité de voir trancher une violation prétendue de ses droits, ont recouru massivement à la Cour européenne pour sanctionner l'État sous la juridiction duquel elles vaquent à leurs missions. Nombre de requêtes que ces organisations ont initiées portent sur le grief de l'absence de recours en droit interne pour faire cesser la violation qu'elles prétendent subir.

La Cour européenne des droits de l'homme reconsidère les principes d'application de l'article 13 de la convention. Elle abandonne le principe de la violation d'un droit garanti préalable à l'examen du grief portant sur l'existence d'un recours et son effectivité. La Cour de Strasbourg préfère à ce principe le caractère défendable du grief souligné dans l'instance. Ce revirement de la jurisprudence européenne augure de bons horizons pour les personnes morales. Le droit interne des États parties donne un cadre aux formes et aux activités des groupements. Ce faisant, des différends peuvent naître et compromettre la tâche pour laquelle une organisation vit le jour. En prenant comme critère la « *défendabilité* » de la violation alléguée, les organes de surveillance européens permettent aux groupements de défendre autrement mais amplement leurs intérêts. Ce qui facilite en outre l'accès des personnes morales à la juridiction européenne. Même si certaines décisions intéressant les personnes morales ont pu faire croire le contraire[357]. Elles ont, en effet, fait preuve d'une certaine rigueur qui pourrait être comprise comme trahissant une volonté de ne pas ouvrir trop largement le bénéfice de l'invocabilité de l'article 13 de la convention[358]. L'article 13 de la convention reste, doit au demeurant rester ouvert à toute personne qui croit, pour quelque raison que ce soit, que l'un de ses droits fondamentaux a été violé. La question de savoir si le grief est ou n'est pas défendable doit alors être examinée par « *l'instance* » dont il s'agit[359]. En tout état de cause, cette jurisprudence (inclusive) est rendue nécessaire par l'importance que revêt cette disposition selon les organes conventionnels. Dans une décision de recevabilité, ces organes ont estimé que cette disposition joue un rôle déterminant dans le système de la Convention au niveau national parce qu'il implique l'institution au plan interne de mesures destinées à prévenir un abus de pouvoir et une violation des droits reconnus à la Convention. Cet article

---

[357] Voir par exemple CEDH, *Plattform « Ärzte für das Leben » c/ Autriche*, 21 juin 1988, Série A, n° 139.

[358] Flauss Jean-François, *Le droit à un recours effectif – l'article 13 de la Convention européenne des droits de l'homme dans la jurisprudence de la Commission et de la Cour*, Vues canadiennes et européennes des droits et libertés, Actes des journées strasbourgeoises, 1988, éditions Yvon Blais, Québec, 1989, p. 269.

[359] Opinion dissidente du juge Demeyer adjointe à l'arrêt CEDH, *Boyle et Rice c/ Royaume-Uni*, 27 avril 1988, Cour plénière, requête n° 9659/82 et 9658/82, Série A, n° 131.

représente la contrepartie de l'exigence d'épuisement préalable des voies de recours internes prévue à l'article 26 (aujourd'hui 34) de la convention et reflète le caractère subsidiaire du système de la Convention par rapport aux systèmes nationaux sauvegardant les droits de l'Homme[360]. L'existence de ce droit à l'octroi d'un recours effectif et sa garantie s'avèrent essentiels au bon fonctionnement de la sauvegarde des libertés fondamentales. La mise en place de juridictions, en interne, capables de répondre à toute question de violation des droits des personnes morales participe de la consolidation du système européen de protection des droits de l'homme. De même que l'assouplissement des conditions d'accessibilité à ces juridictions rentrent dans le cadre de la promotion de la garantie de l'article 13 de la convention. L'objectif de sauvegarder les droits et libertés fondamentaux des personnes morales ne peut être atteint qu'avec la contribution des institutions (juridictionnelles) nationales.

La transformation des règles d'applicabilité de la garantie extraite de l'article 13 de la convention, la portée même de cette stipulation conduisent à remarquer l'effort d'inclusion des personnes morales dans le contentieux y afférent. Ce droit à un recours effectif se présente véritablement comme fondamental pour les personnes morales. Ces derniers y ont intérêt à ce que la protection de ce droit soit effective et favorable.

Paragraphe II - L'INTERET DE L'ARTICLE 13 POUR LES PERSONNES MORALES

La présente étude dégage 2 classes censées représenter les prétentions qui animent les groupes lorsqu'ils saisissent la Cour européenne en vue de sanctionner l'État contractant pour défaut d'octroi d'un recours effectif. Cette catégorisation tient également du rapport de protection que les organes conventionnels entendent consacrer à la sauvegarde du droit garanti en question. Les personnes morales peuvent, en conséquence, solliciter la garantie offerte à l'article 13 de la convention dans le but de renforcer leurs droits de nature procédurale (A) ou de soutenir les droits fondamentaux en général dont elles disposent dans la Convention européenne des droits de l'homme (B). Autant d'intérêts que ces organisations non gouvernementales pourraient entretenir et qui, en outre, densifient le contentieux de l'article 13 de la convention.

A/ UN DROIT EN RENFORT AUX DROITS PROCEDURAUX DES GROUPEMENTS

Le droit à un recours effectif est avant tout un droit fondamental de nature procédurale. Il garantit un droit général de recours à quiconque fait valoir ses

[360] CEDH, *Verein Alternatives Lokalradio Bern et Verein Radio Dreyeckland Basel c/ Suisse*, 16 octobre 1986, Décision Commission plénière, requête n° 10746/84, D et R, n° 49, p. 126.

droits substantiels garantis par la Convention européenne[361]. C'est dans le domaine de la préservation des droits de procédure que le contentieux de l'article 13 de la convention suscité par les personnes morales va éclore. Bien que les rapports entre cette disposition et le premier paragraphe de l'article 6 de la convention, tous deux promouvant des garanties procédurales, semble-t-il, envisagés *dans une perspective de synergie*[362], la jurisprudence de la Cour de Strasbourg se situait de préférence dans une lecture d'exclusion de l'article 13 de la convention[363]. Lorsqu'une question d'accès à un tribunal était posée par une personne morale, les garanties de l'article 13 de la convention se trouvaient absorbées par celles de l'article 6 réputées plus strictes par le juge européen[364]. Un nouvel air commença cependant à souffler sur la liaison entre les deux dispositions[365]. La dénonciation de l'excès dans la durée d'une procédure nationale est de loin la raison principale de l'activation de l'article 13 par les groupements devant le juge conventionnel qui l'admet naturellement (1). Ce constat ne pourrait pourtant guère occulter la pratique des organisations non gouvernementales consistant à appuyer leurs prétentions en matière d'exécution de décision de justice par l'invocation du droit à un recours effectif (2).

1- L'appui du droit du groupement au recours effectif au droit à la célérité de la procédure

La question posée était celle de savoir comment une personne morale pouvait dénoncer les lenteurs juridictionnelles en droit interne. Pour rappel, les juges nationaux sont en première ligne dans la sauvegarde des droits garantis par la Convention, d'où le principe de subsidiarité. A l'instar de l'article 35 de la convention, l'article 13 reflète le principe de subsidiarité sur lequel repose le système européen de protection des droits de l'homme[366]. La sanction du manquement à la garantie de célérité de la procédure pouvait se faire à l'aune du non-respect du droit à un recours effectif. L'important revirement de

---

[361] Drzemczewski Andrew et Giakoumopoulos Christos, « *Article 13* », *in* L.-E. Pettiti, E. Decaux et P.-H. Imbert (Dir.), *La Convention européenne des droits de l'homme : commentaire article par article*, Economica, 1999, p. 459.

[362] Flauss Jean-François, « *Le droit à un recours effectif au secours du délai raisonnable : un revirement de jurisprudence historique* », RTDH (49), 2002, p. 182.

[363] Andriantsimbazovina Joël, *Délai raisonnable du procès, recours effectif ou déni de justice ?*, RFDA, 2003, 85 ; De Bruyn Donatienne, « *Le droit à un recours effectif* », *in* P. Lambert, *Les droits de l'homme au seuil du troisième millénaire*, Mélanges, Bruxelles-Bruylant, 2000, p. 185 et suivants.

[364] CEDH, *Tinnelly et Sons Ltd et autres et McElduff et autres c/ Royaume-Uni*, 10 juillet 1998, Recueil des arrêts et des décisions 1998-IV, § 77.

[365] CEDH, *Kudla c/ Pologne*, 26 octobre 2000, Grande Chambre, Recueil des arrêts et des décisions 2000-XI, GACEDH, 5ème édition, 2009, n° 38, obs. J. Andriantsimbazovina.

[366] CEDH, *Stratégies et Communications et Dumoulin c/ Belgique*, 12 juillet 2002, requête n° 37370/97, § 54.

jurisprudence opéré à l'occasion de l'affaire *Kudła* (précitée) a amené les organes de la Convention à examiner le grief fondé par un groupement requérant sur l'article 13 de la convention considéré isolément, nonobstant le fait que ces organes aient au préalable conclu à la violation de l'article 6-1 pour manquement à l'obligation d'assurer à l'intéressé un procès dans un délai raisonnable. La Cour européenne estime que cet article 13 garantit un recours effectif devant une instance nationale permettant d'alléguer une méconnaissance de l'obligation, imposée par l'article 6-1 de la convention, d'entendre les causes dans un délai raisonnable[367]. Elle organise une protection stricte en faveur des personnes morales en la matière. Le juge européen détermine si les moyens dont, en l'espèce une société anonyme belge et son administrateur-délégué disposaient en droit belge pour se plaindre de la durée de l'instruction menée dans leur cause, étaient « *effectifs* », en ce sens qu'ils auraient pu empêcher la survenance ou la continuation de la violation alléguée ou auraient pu fournir un redressement approprié pour toute violation s'étant déjà produite. Le groupement requérant en l'espèce est une agence en communication et politique institutionnelle, spécialisée dans l'organisation de campagnes électorales, la promotion de clients et la communication de clients envers le grand public. Une instruction avait notamment pour objet l'analyse critique des circonstances dans lesquelles des marchés publics avaient été initiés, négociés ou exécutés par les responsables de la première requérante et des responsables publics. La lenteur de l'instruction avait achevé de convaincre la société et son responsable d'un recours auprès de la juridiction européenne. Bien qu'une loi permit la saisine de la Chambre des mises en accusation, la Cour de Strasbourg n'était pas convaincue que ce recours était effectif et disponible tant en théorie qu'en pratique et répondait donc aux exigences de l'article 13 de la convention. Selon le juge conventionnel, la disposition pertinente du code d'instruction criminelle soulève certaines questions de droit interne belge qui restaient en discussion. Aussi les autorités nationales n'avaient-elles mentionné aucun exemple de la pratique interne attestant que la chambre des mises en accusation aurait fait droit à une requête fondée sur cette disposition controversée d'une personne non inculpée. Dans ces conditions, la Cour européenne conclut que la voie de recours mentionnée ne répondait pas aux exigences de l'article 13 de la convention car elle n'existait pas à un degré suffisant de certitude. C'est une solution indulgente du juge conventionnel, car celui-ci reconnaît que l'exercice du recours en cause puisse conduire, au terme de l'évolution de la jurisprudence, à un résultat conforme aux prescriptions dudit article. Pour l'heure, il estime que la violation de l'article 13 de la Convention est consommée en raison de l'absence d'un recours satisfaisant aux exigences de cette disposition ; les autorités judiciaires n'ayant pris aucune disposition pour remédier à la lenteur de

[367] CEDH, *Inexco c/ Grèce*, 27 avril 2006, requête n° 11720/03, § 24 ; CEDH, *Sogia Hellas c/ Grèce*, 27 septembre 2007, requête n° 1989/05, § 28.

l'instruction encore moins octroyé un recours effectif pour corriger ou réparer les conséquences de la durée déraisonnable de l'instruction pénale à la personne morale en litige[368]. Le droit à un recours effectif vient ainsi appuyer la dénonciation par une organisation non gouvernementale d'un manquement à la célérité de la procédure. Les organes de surveillance n'hésitent pas à décider d'une double violation des deux dispositions, rendant par ailleurs son autonomie à l'article 13 de la convention. Ils restent intraitables surtout lorsque l'État défendeur reconnaît qu'il n'existe pas une voie de droit spécifique au travers de laquelle la personne morale requérante aurait pu se plaindre de la durée de la procédure, mais soutient que cette requérante aurait pu demander le remplacement d'un expert et engager une action en dommages-intérêts contre ce dernier. De l'avis de la Cour européenne, les recours proposés par le Gouvernement ne remplissent pas les conditions de l'article 13, car ils ne visent qu'à sanctionner le comportement de l'expert et n'offrent pas un redressement direct de la situation incriminée[369]. La tentative de diversion a été repoussée par le juge européen, au profit de la personne morale.

En outre, la position de la jurisprudence européenne favorise les requêtes des groupements en ce qu'elle est flexible quant à la date à partir de laquelle *l'effectivité* du recours interne entre en jeu. Cette effectivité du recours au sens de l'article 13 doit être appréciée à la date d'introduction de la requête, à l'instar de l'existence de voies de recours internes à épuiser au sens de l'article 35-1 de la convention[370], ces deux dispositions présentant d'étroites affinités[371]. La Cour européenne fait preuve d'une ouverture significative quant à l'appréciation souple des deux stipulations au profit des personnes morales. En conséquence, pour conclure à la violation de l'article 13 de la convention, il lui suffit de constater qu'en tout état de cause, à la date d'introduction de la requête, l'effectivité « *en pratique* » et « *en droit* » du recours invoqué par le Gouvernement n'était pas avérée[372].

---

[368] CEDH, *Stratégies et Communications et Dumoulin c/ Belgique*, 12 juillet 2002, requête n° 37370/97, §§ 48-56.

[369] CEDH, *Sogia Hellas c/ Grèce*, 27 septembre 2007, requête n° 1989/05, §§ 25-30 ; voir aussi CEDH *Aja International Trade B.V. c/ Grèce*, 25 janvier 2007, requête n° 22819/02, §§ 16-20 ; CEDH, *Konti-Arvanit c/ Grèce*, 10 avril 2003, requête n° 53401/99, §§ 29-30.

[370] L'article 35-1 de la convention concerne les conditions de recevabilité de la requête individuelle, notamment l'épuisement des voies de recours internes et le délai de 6 mois. Voir *infra* pour un développement plus large.

[371] CEDH, *Lutz c/ France*, 26 mars 2002, requête n° 48215/99, § 20.

[372] CEDH, *SCI Boumois c/ France*, 17 juin 2003, requête n° 55007/00, §§ 23-26 ; voir aussi CEDH, *Lutz c/ France*, 26 mars 2002, requête n° 48215/99, § 20, précité.
CEDH, *Stratégies et Communications et Dumoulin c/ Belgique*, 12 juillet 2002, § 54, précité.

En somme la violation de l'article 13 de la convention est sanctionnée en raison de l'absence en droit interne de recours qui ait pu permettre à une personne morale d'obtenir la sanction de son droit à voir sa cause entendue dans un délai raisonnable, au sens de l'article 6-1 de la convention[373]. Elle le fait savoir, à maintes reprises, dès lors que l'État contrevenant n'y remédie point[374]. Cet état favorable de la jurisprudence européenne à l'égard des personnes morales ne cache pas l'inquiétude suscitée par une décision de 2010 impliquant une Église catholique de rite oriental[375]. Un retour à l'ancienne jurisprudence est clairement envisagé, affaiblissant en perspective l'attrait de l'article 13 de la convention aux personnes morales.

Au-delà de cette garantie du délai raisonnable, une autre garantie du procès équitable est rendue plus effective à la faveur de la montée en puissance du droit au recours effectif des personnes morales.

2- L'effet du droit du groupement au recours effectif sur le droit à l'exécution des jugements

S'il est dorénavant admis que l'article 13 de la convention est invoqué par les personnes morales pour renforcer le droit de celles-ci à ce que leur cause soit entendue dans un délai raisonnable, il n'en demeure pas moins que l'apport de cette disposition peut façonner une autre garantie de procédure reconnue à ces personnes. Il s'agit du droit à l'exécution des décisions de justice extrait du premier alinéa de l'article de la convention. Une telle garantie a été admise dans le vaste ensemble du droit à un procès équitable[376], lui-même reconnu aux personnes morales[377]. La complémentarité entre ces deux garanties émanant de dispositions différentes n'a pas été évidente de suite. En clair, un constat de violation de l'article 6 fondé sur le manquement au droit à l'exécution des jugements prive de pertinence l'examen du grief soulevé au titre de l'article 13 de la convention[378]. Lorsque l'administration accusait un retard considérable pour exécuter les décisions de juridictions judiciaires, le juge européen se

---

[373] CEDH, *Eucone D.O.O c/ Slovénie*, 9 mars 2006, requête n° 49019/99, § 62.

[374] CEDH, *Inexco c/ Grèce*, 27 avril 2006, requête n° 11720/03, § 25.

[375] CEDH, *paroisse gréco-catholique Sâmbta Bihor c/ Roumanie*, 12 janvier 2010, requête n° 48107/99, § 85 : La Cour européenne rappelle que lorsqu'une question d'accès à un tribunal se pose, les garanties de l'article 13 se trouvent absorbées par celles de l'article 6 qui sont plus strictes.

[376] CEDH, *Immobiliare Saffi c/ Italie*, 28 juillet 1999, Grande Chambre, Recueil des arrêts et des décisions 1999-V, § 66.

[377] Voir notamment CEDH, *SC Ruxanda Trading SRL c/ Roumanie*, 12 juillet 2007, requête n° 28333/02, § 60.

[378] Andriantsimbazovina Joël, « *Délai raisonnable du procès, recours effectif ou déni de justice ?* », RFDA, 2003, 85.

refusait d'examiner une éventuelle absence de recours effectif[379]. Un revirement est cependant intervenu[380] et les personnes morales en ont tiré profit. Avec cette nouvelle donne, rien n'empêche les organisations non gouvernementales de se saisir de l'article 13 de la convention à l'effet de dénoncer une pratique de l'État contractant méconnaissant le droit à l'exécution des décisions de justice. En cas de non-respect de cette garantie que le droit national ne peut résorber, faute de recours en ce sens, la personne morale impliquée trouvera un intérêt à soulever un grief de cette carence juridictionnelle interne sur le fondement de l'article 13 de la convention. C'est l'expérience vécue par une société à responsabilité limitée qui affirmait ne pas avoir disposé d'un recours effectif pour faire état de ses griefs fondés sur la Convention, notamment celui de la non-exécution d'une décision de justice. Les autorités nationales soutenaient la société requérante avait à sa disposition, en matière pénale, des recours effectifs permettant de dénoncer la non-exécution du jugement rendu en sa faveur. Elles assuraient que cette personne morale n'avait pas engagé de procédure pénale contre l'agent du service d'exécution pour son inaction supposée (article 381 du code pénal géorgien), et de surcroît aucune irrégularité dans la manière dont celui-ci a mené la procédure d'exécution ne pouvait être relevée. A ce niveau, la Cour européenne indique que l'agent du service d'exécution, fonctionnaire responsable de l'exécution des décisions de justice, a pris certaines mesures pour assurer la mise en application du jugement en question. Cependant, le débiteur en l'espèce est un organe de l'État, et l'exécution d'une décision de justice contre celui-ci est subordonnée à l'affectation de crédits à partir du budget de l'État. En conséquence, la mise en œuvre du jugement du 6 décembre 1999 dépendait de l'adoption de mesures budgétaires adéquates et non de la conduite de l'agent du service d'exécution. Il ne saurait donc être reproché à la société requérante de ne pas avoir engagé de procédure pénale contre lui. La Cour de Strasbourg se fonde sur ses propres conclusions concernant ce point ayant servi à la recevabilité de la requête. Elle conclut alors que la société à responsabilité limitée, à l'origine de la requête, n'a pas disposé au niveau interne d'un recours effectif, comme l'exigeait l'article 13, pour faire redresser le dommage occasionné par le délai écoulé dans la procédure en question. En conséquence, il y a eu violation de cette disposition[381]. Le jeu de l'article 13 de la convention raffermit le droit à l'exécution des décisions de justice que possèdent les personnes morales.

[379] CEDH, *Katsaros c/ Grèce*, 6 juin 2002, requête n° 57473/99. Voir le paragraphe 37.

[380] Voir notamment CEDH, *Kanellopoulos c/ Grèce*, 21 février 2008, requête n° 11325/06, §§ 31-33 ; CEDH, *Peschlivanidis et autres c/ Grèce*, 18 février 2010, requête n° 48380/07.

[381] CEDH, *SARL Amat-G Mébaghichvili c/ Géorgie*, 27 septembre 2007, requête n° 2507/03, Recueil des arrêts et des décisions 2005-VIII.

La garantie de l'octroi aux personnes morales d'un recours effectif quand elles prétendent être lésées dans leurs intérêts ont une emprise favorable sur leurs droits de procédure, notamment et nettement le droit à voir sa cause entendue dans un délai raisonnable. Si toutes les garanties tirées du droit au procès équitable ne sont toujours pas concernées dans cette symbiose (des articles 6-1 et 13 de la convention)[382], le droit à un recours effectif ne finit point non plus d'influer sur les droits fondamentaux des personnes morales. Cette garantie déploie son influence sur les différents droits fondamentaux substantiels, cette fois-ci, des personnes morales, les façonnant de façon positive.

B/ UN DROIT EN SOUTIEN AUX DROITS FONDAMENTAUX DES GROUPEMENTS

Bien que de nature procédurale, le droit à l'octroi d'un recours effectif produit ses effets sur nombre de droits fondamentaux substantiels que peuvent légitimement et valablement revendiquer les personnes morales. Ainsi tous les droits fondamentaux reconnus aux personnes morales sont concernés dans le rayonnement de la sauvegarde de l'article 13 de la convention. Les organisations non gouvernementales utilisent les ressources de cette disposition aux fins d'assurer, de consolider leur particularisme (1) et de conforter leurs activités (2).

1- La préservation de la nature des personnes morales

L'invocation par les groupements de l'article 13 de la convention peut viser des finalités inattendues. L'utilisation de son droit à se voir octroyer un recours effectif est *in fine* à dessein. Le souci de mettre sa raison d'être à l'abri de toute intervention étatique qui lui serait désastreuse pourrait expliquer l'intérêt de l'organisation non gouvernementale à se prévaloir de cette arme de la Convention européenne. Aussi l'inquiétude née ou appréhendée de la non-reconnaissance de son existence, de sa conception par les autorités publiques, pousse la personne morale à recourir à la garantie instituée à l'article 13 de la convention. Cette disposition entend exiger un recours interne habilitant l'instance nationale compétente à connaître du contenu du grief fondé sur la Convention et à offrir le redressement approprié. Dans une affaire opposant les autorités moldaves et une organisation confessionnelle en gestation, le recours à l'article 13 a plutôt servi d'appui à la reconnaissance de la deuxième par les premières, et partant à la naissance de cette personne morale particulière. La juridiction européenne avait observé que le grief des requérants (le groupement

---

[382] Flauss Jean-François, « *Le droit à un recours effectif au secours du délai raisonnable : un revirement de jurisprudence historique* », RTDH (49), 2002, p. 185 : on constate une absorption par l'article 6 de l'article 13 de la convention, c'est *à l'évidence le cas lorsque le requérant se plaint de l'absence d'accès à un tribunal pour faire trancher la contestation initialement en cause.*

et certains de ses membres), selon lequel le refus de reconnaître l'Eglise requérante avait emporté violation de leur droit à la liberté de religion garanti par l'article 9 de la convention, revêtait sans conteste un caractère défendable. La condition de recevabilité étant remplie, les requérants étaient en conséquence en droit de bénéficier d'un recours interne effectif au sens de l'article 13 de la convention. La Cour de Strasbourg examinera par conséquent si l'Église requérante et les autres requérants ont disposé d'un tel recours. La démarche du juge conventionnel, nettement en faveur des personnes morales, écarte naturellement tout retour ou recours à (la théorie de) l'absorption des exigences de l'article 13 s'effacent devant celles de l'article 6 de la convention, ce que prônait l'État moldave. Dans son dispositif, le juge européen constate que la Cour suprême de justice a jugé que le refus du Gouvernement de répondre à la demande de reconnaissance présentée par l'Eglise requérante n'était pas illégal et qu'il n'était pas non plus contraire à l'article 9 de la convention, puisque les requérants pouvaient manifester leur religion au sein de l'Église métropolitaine de Moldova. Toutefois, ce faisant, la Cour suprême de justice n'a pas répondu aux griefs principaux soulevés par les requérants, à savoir leur souhait de se réunir et de manifester leur religion collectivement au sein d'une Église distincte de l'Église métropolitaine de Moldova, et de bénéficier du droit à un tribunal pour défendre leurs droits et protéger leurs biens, étant donné que seuls les cultes reconnus par l'Etat bénéficient d'une protection légale. Dès lors, n'étant pas reconnue par l'Etat, l'Eglise métropolitaine de Bessarabie n'avait pas de droits à faire valoir devant la Cour suprême de justice. Partant, le recours devant la Cour suprême de justice fondé sur l'article 235 du code de procédure civile n'était pas effectif.

En outre, la Cour européenne relève que la loi du 24 mars 1992 sur les cultes, si elle met comme conditions au fonctionnement d'un culte la reconnaissance par le Gouvernement et l'obligation de respecter les lois de la République, ne comporte pas de disposition spécifique réglementant la procédure de reconnaissance et prévoyant les recours disponibles en cas de litige. Aussi le Gouvernement ne fait-il état d'aucun autre recours que les requérants auraient pu exercer. A partir de toutes ces constatations, la juridiction européenne estime que les requérants n'ont pas été en mesure d'obtenir le redressement devant une instance nationale de leur grief relatif à leur droit à la liberté de religion. Partant, il y a eu violation de l'article 13 de la convention[383]. L'usage du droit à l'octroi d'un recours effectif a permis à la personne morale de voir son existence, la reconnaissance de celle-ci en l'occurrence protégée de l'arbitraire des autorités nationales.

[383] CEDH, *Église métropolitaine de Bessarabie et autres c/ Moldova*, 13 décembre 2001, requête n° 45701/99, Recueil des arrêts et des décisions 2001-XII.

La garantie de l'article 13 de la convention peut en outre servir à conforter les activités des personnes morales, rassurer ces dernières dans l'accomplissement des tâches qui sont les leurs.

2- *La protection des activités des personnes morales*

L'étude de la sauvegarde érigée à l'article 13 de la convention fait finalement montre de toutes les vertus insoupçonnées de cette garantie : celle-ci permet aux groupes et organisations de bénéficier d'une protection plus importantes des missions qu'elles se sont assignées.

Les activités des personnes morales sont fort variées. La finalité d'un groupement peut appeler à l'exercice de droits fondamentaux dans une société démocratique, à savoir la liberté d'expression et le droit à des élections libres. À cette fin, il est amené à participer aux élections et à défendre ses idées. L'accomplissement de cette mission peut générer des conflits avec les autorités nationales dont la résolution peut passer par la voie judiciaire. La garantie évoquée à l'article 13 de la convention prend ainsi tout son intérêt. C'est à l'occasion de cette activité « *électorale* » que plusieurs groupements électoraux (et des particuliers) ont saisi la Cour européenne au motif que l'État espagnol n'avait pas satisfait aux exigences de l'article 13 de la convention[384]. Ces groupements se plaignaient en fait de la procédure contentieuse-électorale devant la chambre spéciale du Tribunal suprême régie par la loi organique relative au régime électoral général. À travers cette procédure, ils disposaient d'un délai de deux jours pour former leurs recours aussi bien pour contester le refus d'enregistrement de leurs candidatures devant le Tribunal suprême que pour former *amparo* devant cette même juridiction. Le droit à l'octroi d'un recours effectif se pose ici en bouclier de l'accomplissement de la mission que les personnes morales se sont conféré. Encore faut-il que la procédure nationale ait été un frein à l'exercice du droit garanti aux groupements requérants[385]. Cette exigence semble d'évidence.

Le recours à l'article 13 de la convention intéresse les personnes morales qui ont également investi le monde religieux de diverses manières ; par le culte[386] ou la promotion des convictions qui sont les leurs. Dans ce dernier cas, les activités des groupements sont soumises au respect d'exigences des États contractants telles que la délivrance d'une autorisation d'émettre. Cette

---

[384] CEDH, *Etxeberria Barrena Arza et autre c/ Espagne*, 30 juin 2009, requête n° 35579/03, 35613/03, 35626/03 et 35634/03, §§ 75-82.

[385] Dans l'arrêt sus-indiqué, *il n'a pas été démontré par les requérants que ces délais aient empêché les représentants des groupements litigieux de former leurs recours devant le Tribunal suprême ou le Tribunal constitutionnel et de présenter des observations et défendre leurs intérêts de manière appropriée*, d'où le constat de non-violation de la juridiction de Strasbourg.

[386] Revoir CEDH, *Église métropolitaine de Bessarabie et autres c/ Moldova*, 13 décembre 2001, requête n° 45701/99, Recueil des arrêts et des décisions 2001-XII.

autorisation est donnée par les autorités nationales dans un cadre très souvent discrétionnaire. Le refus de ces autorités d'accorder à une licence de radiodiffusion à une personne morale amoindrit fortement sa faculté de communiquer à autrui ses idées et convictions religieuses, et par conséquent porter atteinte à leur liberté de manifester leur religion. Une société gérant une station religieuse confrontée à pareil refus doit pouvoir le contester devant les juridictions de l'État sous la juridiction duquel elle exerce ses activités. Mais lorsque le juge interne refuse d'intervenir pour des raisons de fond dans l'exercice du pouvoir discrétionnaire de l'autorité de régulation des télécommunications, la Cour européenne y trouve une altération de l'article 13 de la convention[387]. Dans ce domaine de l'information et de la communication, où les groupements sont des acteurs majeurs, la juridiction de Strasbourg n'hésite guère à sanctionner les États adhérents qui ne permettent pas un recours effectif à ces groupements[388]. Dans une société démocratique, ces domaines sont indéniablement sensibles.

Les personnes morales, aussi bien leurs activités, doivent jouir d'une protection juridictionnelle effective et efficiente, par le biais de la garantie de l'article 13 de la convention, face à telles ou telles mesures des autorités étatiques.

CONCLUSION

L'extension des droits de procédure aux personnes morales est une réalité et procède d'une évidence. Celle d'assurer une protection à des sujets de droit dont la présence et les missions sont incontournables dans une société démocratique. La multiplication des droits de nature procédurale répond à un souci de garantir aux personnes morales le libre exercice de leurs activités sans avoir à craindre des injustices juridictionnelles. Les garanties en matière de responsabilité pénale des groupes et organisations dans le droit des États parties sont assurées. De même que le recours à une instance nationale devait être garantie aux personnes morales dont les intérêts sont mis à mal par des mesures étatiques. Les organes de surveillance de la Convention ont intègrent dans leur jurisprudence ces matières dans la nécessaire protection juridictionnelle des personnes morales.

---

[387] CEDH, *Glas Nadejda EOOD et Elenkov c/ Bulgarie*, 11 octobre 2007, requête n° 14134/02, §§ 60-70, précité.

[388] Voir entre autres CEDH, *Mehmet Emin Yildiz et autres c/ Turquie*, 11 avril 2006, requête n° 60608/00 (publication de quotidien) ; CEDH, *Vereinnigung Demokratischer Soldaten Österreichs et Gudi c/ Autriche*, 19 décembre 1994, requête n° 15153/89, Série A, n° 302 (magazine militaire).

CONCLUSION DU TITRE PREMIER

L'analyse des droits de procédure, que nous avons insérés délibérément dans la deuxième catégorie des droits fondamentaux des personnes morales dans la Convention européenne des droits de l'homme, révèle, si besoin est, l'abnégation de la juridiction européenne à rendre les droits garantis concrets et effectifs à toute personne placée sous la juridiction d'un État contractant. Tout l'édifice de sauvegarde des garanties procédurales témoigne de cette volonté prétorienne affirmée. Assurer aux groupements un accès au juge et un procès équitable constitue un crédo pour les organes conventionnels, que ceux-ci entendent défendre *mordicus*. La nécessité de consacrer une protection juridictionnelle à ces dernières ne souffre donc d'aucune réticence. L'apport des organisations non gouvernementales dans la vie sociale et politique des sociétés démocratiques est indiscutablement important, voire incontournable. On aboutirait alors à une *symphonie inachevée* si la partition que jouent ces organisations dans la vie des États contractants n'était prise en compte que partiellement. Heureusement que la tendance jurisprudentielle se situe plutôt à la consécration de droits fondamentaux supplémentaires aux personnes morales.

TITRE SECOND
UNE PROTECTION ADDITIONNELLE DES PERSONNES MORALES

La Cour européenne des droits de l'homme reste constante dans sa quête d'une société démocratique baignant dans le respect des droits et libertés garantis. La juridiction européenne n'entend point laisser au bord de la route les personnes morales dont l'utilité dans la vie des États adhérents est avérée. Le pragmatisme des organes de contrôle de la Convention les a conduits à explorer toutes les voies susceptibles d'intégrer par la meilleure des manières les *organisations non gouvernementales* dans le mécanisme européen des droits de l'homme. La méthode de la spontanéité ou l'évidence du prolongement est une extension opérée de façon logique, naturelle. Lorsqu'il opte pour cette technique de traduction d'un droit a priori destiné uniquement aux personnes physiques an faveur des personnes morales, le juge européen ne fait que constater une certaine ressemblance entre des situations déterminées. La Cour opère une extension spontanément en raison de la situation dans laquelle la personne morale s'est trouvée et de l'analogie que pouvait présenter cette situation avec celle de la personne physique placée dans ces circonstances semblables[389]. La comparaison entre ces situations est telle que l'extension de l'invocabilité des droits garantis par la convention se fait de façon évidente[390].

---

[389] De Schutter Olivier, « *L'accès des personnes morales à la Cour européenne des droits de l'homme* », *in Avancées et confins actuels des droits de l'homme : aux niveaux international, européen et national*, Mélanges offerts à Silvio Marcus Helmons, Bruylant-Bruxelles, 2003, pp. 93-94.

[390] C'est l'exemple du bénéfice des articles 6 et 7 de la convention aux personnes morales qui a été le résultat des évolutions des droits nationaux. Au fur et à mesure que les hypothèses où la responsabilité pénale des personnes morales se développent, croît le nombre de cas où ces personnes pourront revendiquer l'assurance de ces articles sus cités. Le juge européen n'hésitera pas à faire profiter les personnes morales des garanties liées à la procédure pénale (voir *supra*, titre précédent).

Quant à la méthode alternative, elle met en évidence le souci du juge européen de prolongement les possibilités d'invocation de la Convention européenne par les personnes morales. Cette méthode comporte deux volets : ramener toute atteinte aux intérêts de la personne morale à une éventuelle atteinte à son patrimoine ou à substituer carrément la personne physique à la personne morale[391]. Ces techniques d'extension de droits fondamentaux aux personnes morales connaissent des insuffisances[392]. Néanmoins, leur application témoigne de la résolution de la jurisprudence européenne à attribuer des droits complémentaires aux organisations associatives, religieuses ou autres.

En outre, la présente partie sera axée sur la réparation qui est une question essentielle du traitement réparation est un droit fondamental qui ne dit pas son nom. Il peut être rattaché au droit au recours effectif de l'article 13 de la convention dont la finalité est la sanction du manquement des pouvoirs publics de leurs engagements conventionnels. Sur ce fondement, les organisations et les groupes victimes d'atteintes graves aux droits de l'homme doivent pouvoir obtenir réparation de la souffrance et du préjudice subis. La réparation est la dernière étape du processus de protection des droits de l'homme. Les groupements, titulaires de droits fondamentaux de la personne morale dans l'instance européenne. Le droit à dans la Convention, peuvent prétendre à une indemnisation adéquate dans les cas de violation de ces droits et libertés. Le droit à réparation dont les organisations non gouvernementales disposent leur est favorablement construit par la Cour de Strasbourg.

L'extension, au profit des personnes morales, de divers droits fondamentaux (chapitre premier) et le traitement singulier de la requête individuelle de ces personnes par la juridiction européenne (chapitre second) vont constituer l'ossature de ce dernier titre de notre étude.

---

[391] Dans ce dernier cas, le requérant initial, le groupement qui a commencé la procédure en interne, passe le relais à la personne physique qui agira devant les instances européennes. En clair, le chef d'entreprise ou le dirigeant d'une association va continuer la procédure en présentant l'atteinte portée aux droits de la personne morale par la mesure étatique litigieuse comme aboutissant, en réalité, à une violation du droit de l'individu qui en souffre le plus des conséquences. Une illustration est donnée à l'arrêt CEDH, *Tinnelly et sons Ltd et autres et McElduff et autres c/ Royaume-Uni*, 10 juillet 1998, requête n° 20390/92, Recueil des arrêts et décisions 1998-IV : Le premier groupe de requérants était constitué d'une entreprise, écartée d'un marché public en dépit de la qualité de l'offre qu'elle avait émise sous prétexte de motif de sécurité nationale qu'elle soupçonnait de masquer en réalité des motifs discriminatoires, ainsi que son directeur et son secrétaire général.

[392] On peut relever que, dans les cas où la mesure incriminée vise uniquement la personne morale, il peut s'avérer problématique de lui substituer une personne physique au regard de la condition de l'épuisement des voies de recours internes. Aussi l'article premier du Protocole additionnel n°1 ne saurait-il être la panacée à toutes les mesures étatiques qui causent des préjudices aux personnes.

Chapitre I
LE PROLONGEMENT DES DROITS FONDAMENTAUX DE LA PERSONNE MORALE

Les personnes morales disposent de droits et libertés fondamentaux que l'on pourrait qualifier de supplémentaires, en ce que ceux-ci apparaissent complémentaires des garanties logiquement acquises par ces personnes. La Convention européenne des droits de l'homme énonce un certain nombre de garanties que les organes juridictionnels, commis à sa mise en œuvre, ont étendues au bénéfice des personnes morales. La Cour européenne des droits de l'homme poursuit donc son entreprise de prise en compte des personnes morales et de leurs activités dans le dispositif européen des droits de l'homme. La Cour est en effet convaincue du rôle important que les *organisations non gouvernementales* jouent dans la vie des États adhérents. Les missions que ces dernières mènent doivent ainsi être protégées de tout abus des pouvoirs publics, au nombre desquels la discrimination. L'État peut instituer un régime ou admettre une pratique conduisant à la lésion d'une personne morale de ses droits et avantages. Évoluant dans cette logique de prolongement au profit des personnes morales des droits fondamentaux proclamés dans la Convention européenne, la juridiction européenne.

Les dispositions de l'article 8 de la convention[393] sont initialement destinées à la préservation de la vie privée et familiale des personnes physiques. Elles visent à consolider et garantir, de façon large, l'intimité des individus et leurs relations interpersonnelles, voire leur relation avec l'environnement. Ces dispositions font également référence à la protection de l'individu contre les

[393] Article 8 de la convention : « *Toute personne a droit au respect de sa vie privée et familiale, de son domicile et de sa correspondance. Il ne peut y avoir ingérence d'une autorité publique dans l'exercice de ce droit que pour autant que cette ingérence est prévue par la loi et qu'elle constitue une mesure qui, dans une société démocratique, est nécessaire à la sécurité nationale, à la sûreté publique, au bien-être économique du pays, à la défense de l'ordre et à la prévention des infractions pénales, à la protection de la santé ou de la morale, ou à la protection des droits et libertés d'autrui* ».

nuisances et la pollution[394]. Le droit à la vie privée aurait pu être cantonné à cette optique, n'eût été la vigilance du juge européen, guidé par le souci d'établir un système de défense de droits de l'homme performant. La Cour de Strasbourg envisage plutôt un élargissement des différents compartiments de la garantie inscrite à cet article 8 au bénéfice des personnes morales. Le domicile, la domiciliation, la correspondance sont autant de matières qui intéressent directement les *organisations non gouvernementales* dans leur raison sociale et leurs activités.

En outre, l'exercice des droits et libertés fondamentaux des personnes morales se joue en dehors de cercles fermés. La scène publique met en lumière l'ardeur des groupements dès lors que ceux-ci s'emploient à réaliser les objectifs qu'ils se sont fixés. Le dispositif européen de sauvegarde des droits de l'homme et des libertés fondamentales n'est pas en marge sur ce terrain. Il le démontre par la prise en compte notamment de la mission électorale qui caractérise certaines personnes morales. Celles-ci se dévouent à la promotion d'idées politiques et surtout à la participation aux joutes électorales. Le contenu de l'article 3 du premier Protocole additionnel à la Convention[395] tient à la protection de telles activités que pourraient mener des groupements. La présence de ces derniers sur la scène publique offre l'occasion de mettre en lumière la lutte strictement menée par la juridiction européenne contre la discrimination dont ces groupements pourraient être victimes par des mesures étatiques ou une quelconque pratique dans un État contractant[396]. Le juge conventionnel bâtit une jurisprudence audacieuse fondée sur l'article 14 de la convention[397]. Aussi la démarche d'extension des droits et libertés garantis peut-

---

[394] CEDH, 21 février 1990, *Powell et Rayner c/ Royaume-Uni*, Série A, n°172. Le droit garanti de l'article 8 de la convention milite en faveur de l'instauration d'une obligation positive à la charge de l'État. Ce dernier devait prendre des mesures raisonnables et adéquates pour assurer la jouissance paisible des domiciles, notamment ceux qui sont situés près des aéroports internationaux.

[395] Article 3 du Protocole n° 1 : « *Les Hautes Parties s'engagent à organiser, à des intervalles raisonnables, des élections libres au scrutin secret, dans les conditions qui assurent la libre expression du peuple sur le choix du corps législatif* ».

[396] Retenons, parmi nombre d'éléments étayés plus loin, la version anglaise « without discrimination » a été préférée à celle en français « sans distinction aucune » qui pourrait engendrer des impasse dans son interprétation. La nuance entre les termes s'est imposée comme une question de fond. Dans l'arrêt CEDH, *Affaire relative à certains aspects de la législation sur l'utilisation des langues dans l'enseignement en Belgique*, 23 juillet 1968, Série A, n° 6, p. 69 le juge européen précise que « *malgré le libellé très général de la version française, l'article 14 de la convention n'interdit pas toute distinction de traitement dans l'exercice des droits et libertés reconnus. Cette version doit se lire à la lumière du texte, plus restrictif, de la version anglaise (without discrimination)* ».

[397] Article 14 de la convention : « *La jouissance des droits et libertés reconnus dans la présente Convention doit être assurée, sans distinction aucune, fondée notamment sur le*

elle ouvrir quelques pistes de réflexion sur l'étendue de la Convention européenne que la juridiction conventionnelle pourrait envisager. L'énoncé de l'article 17 de la convention[398] pourrait être interprété au bénéfice d'une protection plus efficiente des groupements contre d'éventuels abus des autorités publiques. Le droit au respect du nom (de la dénomination) de la personne morale conjugué au respect de la réputation de celle-ci pourrait trouver un fondement de protection par le biais de l'article 8 de la convention sus indiqué.

Somme toute, le texte et le juge européens dégagent toute une logique d'intégration globale des personnes morales dans la promotion d'une société démocratique. L'entièreté de la prise en considération des personnes morales dans cette optique de la sauvegarde des droits de l'homme est perceptible à travers la protection aussi bien de la vie privée (section première) que dans la vie publique des *organisations non gouvernementales* (section seconde).

Section I - LE DROIT AU RESPECT DE LA VIE PRIVEE DES PERSONNES MORALES

L'article 8 de la convention sert de bouclier, contre toute violation, à la vie privée des personnes morales, au demeurant les compartiments de la vie privée convenant aux personnes morales. Le domicile (paragraphe I) et les objets ou documents qui s'y trouvent et susceptibles d'être saisis (paragraphe II) sont autant de domaines de la vie privée des groupements que la juridiction européenne entend protéger sur le fondement de l'article 8 sus cité.

Paragraphe I - L'APPLICABILITE DE L'ARTICLE 8 DE LA CONVENTION A « *L'INTIMITE* » DES PERSONNES MORALES

Les organes de contrôle de la Convention ont élaboré une jurisprudence audacieuse entretenant l'ambition de mettre les groupes et organisations à l'abri de toute mesure étatique attentatoire à leurs sièges ou locaux professionnels. Pour ce faire, la notion de « *domicile* » a été comprise de façon large (A). Cette

---

sexe, la race, la couleur, la langue, la religion, les opinions politiques ou toutes autres opinions, l'origine nationale ou sociale, l'appartenance à une minorité nationale, la fortune, la naissance ou toute autre situation ».

[398] Article 17 de la convention : « *aucune disposition de la présente Convention ne peut être interprétée comme implique pour un État, un groupement ou un individu, un droit quelconque de se livrer à une activité ou d'accomplir un acte visant à la destruction des droits et libertés reconnus dans la présente Convention ou à des limitations plus amples de ces droits et libertés que celles prévues à ladite Convention* ».

étape franchie, les conditions de conformité à la Convention d'une atteinte au domicile du groupement ont été durcies par le juge européen (B).

A/ UNE INTERPRETATION ELASTIQUE DE LA JURISPRUDENCE EUROPEENNE

La Cour de Strasbourg ne cache point son intention d'une interprétation *dynamique* de la Convention européenne des droits de l'homme à propos de la notion de domicile. Cette méthode lui permet évidemment de prolonger le champ d'application de la garantie érigée à l'article 8 de la convention à un certain nombre de matières (1), profitant ainsi aux personnes morales (2).

1- La notion de domicile de la personne morale

L'importance du droit garanti à l'article 8 de la convention amène la Cour européenne à procéder à une approche extensible de la notion de domicile. La juridiction conventionnelle a voulu prolonger la protection du domicile a priori considéré comme personnel à un autre cadre plutôt professionnel. L'association des termes « *vie privée* » et « *domicile* » comme incluant certains locaux ou activités professionnels ou commerciaux se justifie par l'objet et par le but essentiel de la disposition conventionnelle sus indiquée. Il s'agissait de prémunir la personne contre toute ingérence arbitraire des autorités étatiques[399]. Pour autant les *Hautes Parties contractantes* n'en sortaient aucunement vidées de tout pouvoir d'agir, car elles gardaient, dans la limite autorisée par le second paragraphe de l'article 8 de la convention, leur droit d'ingérence qui pourrait fort bien aller plus loin pour des locaux ou activités professionnels ou commerciaux que dans d'autres circonstances. Le rapprochement fait par le juge européen des notions de vie privée et de domicile s'avérait nécessaire pour une prise en compte optimale au profit à la fois des personnes physiques et morales du droit garanti. Sa démarche pour y parvenir est, on ne peut plus, explicite à l'occasion d'un arrêt impliquant les locaux d'un avocat[400]. Les organes européens de contrôle attachent en effet un poids spécial à la confidentialité des rapports entre avocat et client. Cette donnée servirait en pratique à déterminer l'étendue de la garantie accordée par cet article 8. Si on adoptait le critère selon lequel les activités professionnelles et commerciales peuvent presque toutes impliquer, à un plus ou moins haut degré, des éléments confidentiels, alors maints différends surgiraient quant à la ligne de démarcation à tracer. L'approche de la notion de vie privée apparaît ainsi difficile à établir, le juge européen estime qu'il n'est pas nécessaire de lui donner une définition exhaustive. Toutefois il paraîtrait trop restrictif de la limiter à un *cercle intime* où chacun peut mener sa vie personnelle à sa guise et d'en écarter entièrement le monde extérieur à ce cercle. Le respect de la vie privée doit aussi englober,

---

[399] CEDH, *Marckx c/ Belgique*, du 13 juin 1979, Série A, n° 31, p. 15, par. 31.
[400] CEDH, *Niemietz c/ Allemagne*, 16 décembre 1992, Série A, n° 251-B.

dans une certaine mesure, le droit pour l'individu de nouer et développer des relations avec ses semblables. En conséquence, rien ne s'oppose à inclure dans ce concept de vie privée de l'article 8 les activités professionnelles ou commerciales à l'occasion desquelles les personnes nouent des relations avec leurs semblables. Par ailleurs, distinguer dans le domaine professionnel les relations strictement professionnelles de celles qui sont personnelles pourrait s'avérer quelque peu hasardeux. En l'espèce, les tâches d'un membre d'une profession libérale peuvent constituer un élément de sa vie à un si haut degré que l'on ne saurait dire en quelle qualité il agit à un moment donné. Aussi le juge conventionnel met-il en garde contre une inégalité de traitement si on refusait le bénéfice de l'article 8 de la convention au motif que la mesure dénoncée concernait uniquement des activités professionnelles : la protection continuerait à jouer en faveur d'un individu dont les activités professionnelles et non professionnelles s'imbriqueraient à un point tel qu'il n'existerait aucun moyen de les dissocier. Il ne procède donc à aucune différenciation et admet une ingérence dans la vie privée même quand des écoutes téléphoniques portaient aussi sur les communications commerciales[401] ou qu'une perquisition qui visait uniquement des activités commerciales soit considérée comme une atteinte au droit garanti à l'article 8 de la convention au titre de la « *vie privée* »[402]. La juridiction européenne donne une interprétation plus ouverte de la terminologie de l'article 8 de la convention. La version anglaise de ladite stipulation mentionne le mot « *home* » qui s'étend aux locaux professionnels dans certains États contractants, dont l'Allemagne. Une telle interprétation cadre d'ailleurs pleinement avec la version française: le terme de « *domicile* » a une connotation plus large que « home » et peut englober, par exemple, le bureau d'un membre d'une profession libérale[403]. Il peut, là aussi, se révéler malaisé d'établir des distinctions précises: on peut mener de chez soi des activités liées à une profession ou un commerce, et de son bureau ou d'un local commercial des activités d'ordre personnel. Si les vocables « *home* » et « *domicile* » avaient un sens étroit, le danger d'inégalité de traitement serait pareil à la notion de « vie privée »[404]. Procédant de cette sorte, la Cour européenne ouvre une porte plus grande à la protection du domicile de la personne morale sous le sceau de l'article 8 de la convention. La perquisition opérée dans les locaux d'une société commerciale est une ingérence portant atteinte au droit de celle-ci au respect de son « *domicile* »[405]. Le groupement,

---

[401] CEDH, *Huvig c/ France*, 24 avril 1990, Série A, n° 176-B, p. 41, § 8 et p. 52, § 25.
[402] CEDH, *Chappell c/ Royaume-Uni*, 30 mars 1989, Série A, n° 152-A, pp. 12-13, par. 26, et pp. 21-22, par. 51.
[403] CEDH, *Ernst et autres c/Belgique*, 15 juin 2003, requête n° 33400/96, § 109.
[404] CEDH, *Niemietz c/ Allemagne*, 16 décembre 1992, Série A, n° 251-B.
[405] CEDH, *Colas Est et autres c/ France*, 16 avril 2002, requête n° 37971/97, Recueil des arrêts et des décisions 2002-III, §§ 40-42.

caractérisé par son objet s'accomplissant dans le cadre uniquement professionnel, a un besoin impérieux de protection de ses locaux.

Outre l'irruption au domicile du groupement à des fins d'investigation, l'administration peut y entreprendre des fouilles et des saisies à l'occasion. Les visites dans le domicile des groupements ne vont généralement jamais sans la saisie de leurs documents. La Convention européenne envisage également la protection de ces documents qui rentrent dans la catégorie de la vie privée des personnes morales. La correspondance de la personne morale faisant l'objet de saisie est comprise dans la sphère d'influence de l'instrument européen de défense des droits de l'homme.

2- La notion de correspondance de la personne morale

La protection de la correspondance est intégrée dans l'énoncé de l'article 8 de la convention. La notion de correspondance fait l'objet d'une approche assez large de la Cour européenne. Elle renferme en son sein une série de matières, amplifiant ainsi le champ d'application de la disposition citée ci-dessus.

La correspondance suppose toute sorte de communication[406] quel qu'en soit le support[407]. Il peut s'agir de la simple correspondance[408], de communications téléphoniques[409] et de matières plus ou moins inattendues telles que les données à caractère électronique. A ce niveau, la Cour européenne n'a été confrontée à la question de l'applicabilité de l'article 8 de la convention à la saisie éventuelle de telles données en possession d'une personne morale que dans une affaire de commerce illégal de médicaments impliquant cette dernière. Les données électroniques apparaissent particulièrement importantes aux yeux de la société requérante qui, de plus, ne dénonce pas la perquisition opérée dans leurs locaux professionnels ni de la saisie de documents, mais s'en prend uniquement à la fouille et à la saisie de données électroniques. La législation pénale de l'État

---

406 Il existe bien une nuance entre les notions de correspondance et de communication bien qu'elles présentent des accointances incontestables. La communication est destinée à tout le monde (la Convention européenne la rattache à son article 10 à propos de la liberté d'expression), alors que la correspondance est réservée à une personne à l'exclusion de toutes les autres. Voir Marguénaud Jean-Pierre, CEDH, *Malone c/ Royaume-Uni*, 2 août 1984, Cour plénière, *in* F. Sudre, J.-P. Marguénaud, J. Andriantzimbazovina, A. Gouttenoire et M. Levinet, *Les grands arrêts de la Cour européenne des droits de l'homme*, GACEDH, PUF, Thémis Droit, 5ème édition, 2009, p. 430.

407 La saisie des disquettes informatiques d'un avocat relève du droit garanti à l'article 8 de la convention selon le juge européen. Voir CEDH, *Petri Sallinen et autres c/ Finlande*, 27 septembre 2005, requête n° 50882/99, § 71.

408 Par exemple la correspondance se trouvant dans le cabinet d'un avocat, voir CEDH, *Niemietz c/ Allemagne*, 16 décembre 1992, Série A, n° 251-B, précité.

409 Voir par exemple CEDH, *Malone c/ Royaume-Uni*, 2 août 1984, Cour plénière, Série A, n° 82 ; AFDI, 1985, p. 393, obs. V. Coussirat-Coustère ; GACEDH, PUF, 5ème édition, 2009, n° 39, p. 428.

défendeur ne faisait aucune référence directe à la fouille et la saisie de données électroniques, elle ne renfermait que des dispositions détaillées sur la saisie d'objets et, en outre, des règles précises concernant la saisie de documents. Par analogie, le juge national autrichien admettait que ces dispositions pénales s'appliquaient aussi à la fouille et à la saisie de données électroniques, ce que les requérants ne contestent point, et qui rentrent globalement dans le cadre de la protection de la vie privée. La juridiction conventionnelle emboîte le pas du juge interne. Elle a retenu que la fouille et la saisie de données électroniques de la holding, personne morale de droit privé, s'analysaient en une ingérence intolérable dans le droit de celle-ci (et d'un autre requérant) au respect de leur « *correspondance* » au sens de l'article 8 de la convention[410]. La Cour de Strasbourg indique clairement que les communications ou autres documents relatifs à la vie et aux activités des organisations non gouvernementales doivent être protégés au même titre que la correspondance des particuliers. Demeurant constante avec sa jurisprudence qui étend la notion de « *domicile* » aux locaux commerciaux d'une société[411], elle n'aperçoit par conséquent aucun motif de distinguer, en l'espèce indiquée, entre le premier requérant, personne physique, et la seconde requérante, personne morale, en ce qui concerne la « *correspondance* »[412]. Il paraîtrait absurde d'exclure de la protection de la vie privée la correspondance du groupement du seul fait de sa nature alors qu'y était admis son siège. Les échanges entre une personne morale avec toute autre personne sont donc inclus dans la sphère d'influence de l'article 8 de la convention.

Le juge conventionnel entreprend une approche dynamique de l'article 8 de la convention, favorisant ainsi une prise en compte optimale du domicile des groupements et de ses documents dans sa jurisprudence.

B/ L'APPROCHE DYNAMIQUE DE LA JURISPRUDENCE EUROPEENNE

Ce caractère marque en effet la jurisprudence européenne en matière de droit au respect à la vie privée, au domicile et à la correspondance, et est remarqué par nombre d'auteurs. Il se dégage dans cette jurisprudence une volonté ferme et résolue de permettre une protection véritable à la personne morale et à ses activités confrontées à des abus des autorités publiques en matière de visite, de fouilles, de saisies dans les locaux de cette catégorie de sujets de droit. Les raisons et la méthode de la juridiction européenne pour aboutir à la l'intégration

---

[410] CEDH, *Wieser et Bicos Beteiligungen GmbH c/ Autriche*, 16 décembre 2007, requête n° 74336/01, §§ 42-45.

[411] Pour rappel, revoir CEDH, *Colas Est et autres c/ France*, 16 avril 2002, requête n° 37971/97, Recueil des arrêts et des décisions 2002-III, §§ 40-42.

[412] CEDH, *Wieser et Bicos Beteiligungen GmbH c/ Autriche*, 16 décembre 2007, requête n° 74336/01, § 45, précité.

des locaux et documents des personnes morales dans la jurisprudence de l'article 8 de la convention (1) vont inspirer d'autres juridictions internationales (2).

1- *Une interprétation extensive*

La perquisition effectuée dans les locaux professionnels d'une personne morale s'analyse en une ingérence dans le droit de cette dernière au respect de son domicile. L'aboutissement à cette acception est clairement révélé par un arrêt concernant des pratiques illicites de certaines entreprises de travaux publics[413]. La Cour de Strasbourg précise, d'emblée, les enjeux de cette affaire qui s'éloigne d'autres espèces[414]. Ces dernières concernaient des personnes physiques. Le premier intérêt était de mettre en exergue la particularité de l'auteur de la requête. Il s'agissait en effet de trois sociétés qui estimaient que les interventions des enquêteurs de l'administration ont constitué des violations de leurs domiciles, en dehors de tout contrôle ou de toute restriction. Les requérantes sont donc des personnes morales qui invoquent la violation de leur « *domicile* » conformément à l'article 8 de la convention. L'originalité de cette affaire, de par la qualité des auteurs du recours individuel, s'inscrit dans la droite ligne jurisprudence européenne qui se veut constante sur l'étendue de la sphère d'application dudit article 8. Réitérant sa conception *lato sensu* du mot « *domicile* » qui a une connotation plus large que le terme « *home* » figurant dans le texte anglais de cet article 8, la Cour européenne admet l'applicabilité de cette disposition aux locaux appartenant à une personne morale. Comme précédemment admis, une perquisition effectuée au domicile d'une personne physique se trouvant simultanément être le siège des bureaux d'une société contrôlée par elle, constitue une ingérence dans le droit au respect du domicile, au sens de l'article 8 de la convention[415]. Partant, toute *organisation non gouvernementale*, dont les locaux font l'objet d'une intervention des pouvoirs publics en la matière, pourra valablement invoquer son droit au respect de son domicile. Cette jurisprudence est rendue possible notamment par la volonté des organes de contrôle de faire vivre le texte européen de 1950, l'adapter aux réalités du moment. *La Convention est un instrument vivant à interpréter à la lumière des conditions de vie actuelles*[416]. A cet effet, le juge conventionnel fait un rappel, non moins important, que, s'agissant des droits et libertés reconnus aux personnes morales par la Convention européenne, le droit à réparation du

---

[413] CEDH, *Colas Est et autres c/ France*, 16 avril 2002, requête n° 37971/97, Recueil des arrêts et des décisions 2002-III.

[414] La Cour européenne faisait référence aux affaires *Funke, Crémieux et Miailhe c/ France* (n° 1), 25 février 1993, Série A, n° 2566-A, B et C.

[415] CEDH, *Chappell c/ Royaume-Uni*, 30 mars 1989, Série A, n° 152-A, précité, pp. 12-13, § 26 et p. 26, § 63.

[416] CEDH, *Cossey c. Royaume-Uni*, 27 septembre 1990, Série A, n° 184, p. 14, § 35 *in fine*.

préjudice moral subi par un groupement a été reconnu à ce dernier au titre de l'article 41 de la convention[417]. C'est dans cette optique d'une *interprétation dynamique* du texte européen que le « *domicile* » de la personne morale n'aurait pu continuer à être exclu du bénéfice du droit garanti à l'article 8 de la convention. Il faut reconnaître, souligne la Cour européenne, que dans certaines circonstances, les droits garantis sous l'angle de cet article 8 peuvent être interprétés comme incluant pour toute personne morale, notamment une société, le droit au respect de son siège social, son agence ou ses locaux professionnels[418]. L'affaire des pratiques illicites permit à la juridiction européenne de donner l'exemple de circonstances au cours desquelles la personne morale peut invoquer son droit au respect de son domicile. La juridiction conventionnelle a relevé, en l'espèce, que lors de la vaste enquête administrative, des agents de la direction générale de la concurrence, de la consommation et de la répression des fraudes (DGCCRF) se sont rendus aux sièges et agences des sociétés requérantes afin d'y procéder à la saisie de plusieurs milliers de documents. L'ingérence paraît ainsi indiscutable ; l'État défendeur ne s'écarte pas nettement de cette position. Il ne conteste pas qu'il y eut ingérence dans le droit des sociétés requérantes au respect de leur domicile bien qu'il considère cependant qu'elles ne sauraient revendiquer un droit à la protection des locaux « *avec la même intensité qu'un individu pour son domicile professionnel* » et donc que l'ingérence pouvait « *fort bien aller plus loin* »[419]. Le juge conventionnel considère comme une ingérence les visites d'agents de l'administration dans le cadre d'une enquête visant un groupement dans des locaux appartenant à ce dernier, ouvrant la porte à l'application de l'article 8 de la convention.

L'approche du juge européen de la question de l'applicabilité de cet article 8 aux personnes morales va déteindre sur celle d'autres juridictions notamment le juge communautaire. Il est judicieux de marquer un arrêt ici afin de comprendre comment l'applicabilité de l'article 8 de la convention a été élargie aux personnes morales sur le terrain communautaire.

2- Une interprétation expansive

La jurisprudence européenne en matière de l'inviolabilité du domicile des personnes morales s'est non seulement approfondie mais a aussi inspiré d'autres organes juridictionnels notamment la Cour de justice (aujourd'hui) de l'Union européenne. Si celle-ci a été réticente au départ[420], elle a fini par s'accorder avec

---

[417] Voir CEDH, *Comingersoll c/ Portugal*, 6 avril 2000, requête n° 35382/97, Grande Chambre, Recueil des arrêts et des décisions 2000-IV.
[418] CEDH, *Ernst et autres c/Belgique*, 15 juin 2003, requête n° 33400/96, § 109, précité.
[419] CEDH, *Colas Est et autres c/ France*, 16 avril 2002, requête n° 37971/97, précité.
[420] Certains y avaient vu une *guerre des juges*. *Cf* Meisse Éric, « *CJCE et CourEDH : entente cordiale ou paix armée* ? », Europe, décembre 2002, comm. 404.

la jurisprudence européenne sur l'étendue de la sphère d'application de l'article 8 de la convention.

La problématique de l'invocabilité du droit garanti à cet article 8 par les personnes morales a donné lieu à un échange entre les juges européen et communautaire[421]. La Cour de justice des communautés européenne avait développé une jurisprudence hésitante quant à la possibilité des groupements à exiger l'inviolabilité de leur domicile. Prétextant du silence du juge européen sur l'applicabilité de la disposition citée aux locaux appartenant aux personnes morales, la Cour du Luxembourg s'est montrée prudente sur cette interrogation délicate. D'ailleurs la Commission des Communautés européennes n'admettait pas l'applicabilité de cet article 8 aux personnes morales. La juridiction du Luxembourg ne répondait pas fermement à cette question de l'extension du droit au respect du domicile dans une affaire de concurrence impliquant une société à responsabilité limitée. Elle préférait souligner le respect de certaines garanties incombant à la Commission des Communautés européennes disposant d'un pouvoir de vérification au titre du Règlement n°17/62 dans ses enquêtes en matière de concurrence. Quant à l'inquiétude de la personne morale sur son droit au respect de son domicile, le juge de l'Union est resté plutôt évasif. Il reconnaissait que l'article 8 de la convention, « *pour autant qu'il s'applique aux personnes morales* », n'excluait pas que certaines ingérences soient commises dans les droits qu'il garantit. Le juge de l'Union européenne ne trouvait par conséquent aucune entorse au droit invoqué par la société requérante par le Règlement sus cité[422]. Cette jurisprudence communautaire est amoindrie mais demeure dans son optique de rejet de l'invocation d'un droit au respect du domicile par les personnes morales. Le juge de Luxembourg s'obstine d'exclure les locaux commerciaux de la couverture de l'article 8 de la convention[423]. Cette disposition ne garantit qu'un *domaine d'épanouissement de la liberté personnelle de l'homme*, et pas autre chose martèle l'organe juridictionnel de l'Union européenne. La « détente » de cette position de rejet survint et est perçue à travers la conformité de l'intervention des pouvoirs publics à des exigences, quelque peu comparables au second paragraphe de cet article 8. *Les interventions de la puissance publique dans la sphère d'activité privée de toute personne, doivent* en effet *avoir un fondement légal et être justifiées par les raisons prévues par la loi* ; c'est dire que *la protection face à des interventions qui seraient arbitraires ou disproportionnelles* constitue un principe général de

---

[421] De Schutter Olivier, « *L'accès des personnes morales à la Cour européenne des droits de l'homme* », *in Avancées et confins actuels des droits de l'homme aux niveaux international, européen et national*, Mélanges offerts à S. Marcus Helmons, Bruylant-Bruxelles, 2003, p. 99.

[422] CJUE, *National Panasonic (UK) Ltd c/ Commission des C.E.*, 26 juin 1980, 136/79, Rec. P. 2033 (points 19 et 20).

[423] CJUE, *Hoechst AG*, V., 21 septembre 1989, Recueil p. 2859.

droit communautaire[424]. Les mesures de contrainte envisagées ne devront donc pas être arbitraires ou excessives par rapport à l'objet de la vérification[425]. Aujourd'hui la pleine jouissance du droit, tiré de l'article 8 de la convention, est assurée aux personnes morales. La jurisprudence de l'Union en matière de droits fondamentaux a évolué puisque la Cour de justice juge désormais que les droits fondamentaux font partie intégrante des principes généraux du droit dont elle assure le respect. Le juge de l'Union s'inspire à cet effet *des traditions constitutionnelles communes aux États membres ainsi que des indications fournies par les instruments internationaux concernant la protection des droits de l'homme auxquels les États membres ont coopéré ou adhéré et que la Convention européenne de sauvegarde des droits de l'homme revêt, à cet égard, une « signification particulière »*[426]. La Cour de Strasbourg, juge habilité à l'interprétation de la Convention européenne, a mis fin à la polémique. Sa position est enfin clarifiée[427] et répandue à la Cour du Luxembourg. La juridiction de l'Union traduit la jurisprudence européenne dans les affaires qui lui sont soumises en la matière[428]. La possibilité pour les sociétés commerciales et autres groupements d'invoquer pleinement l'article 8 de la convention est admise[429] ; les visites domiciliaires ou autres irruptions des pouvoirs publics dans les locaux (professionnels[430]) des personnes morales s'analysent en une ingérence dans le droit au respect du domicile invoqué par ces personnes[431]. Pareille ingérence est soumise à la rigueur du texte européen.

---

[424] CJUE, *Dow Benelux NV c/ Commission des C.E.*, 17 octobre 1989, 85/87, Rec. 3137, points 29-30.

[425] CJUE, *Dow Chemical*, 17 octobre 1989, Recueil, 3137, p. 3165.

[426] CJUE, *Kremzow*, 29 mai 1997, Recueil I, p. 2629.

[427] Au départ il s'agissait pour la Cour européenne de se prononcer sur la protection qu'offre l'article 8 de la convention à une personne physique, en l'occurrence, à un avocat au cabinet duquel une perquisition avait été ordonnée (CEDH, *Niemietz c/ Allemagne*, 18 décembre 1992, Série A, n°251-B). Des arrêts (notamment CEDH, *société Colas Est et autres c/ France*, 16 avril 2002, requête n°37971/97) viennent dissiper tout doute quant à la faculté des personnes morales à invoquer l'article 8 de la convention.

[428] Le paragraphe deuxième de l'article 6 du traité sur l'Union européenne, tel qu'il résulte du traité d'Amsterdam entré en vigueur le 1er mai 1999, dispose que l'Union respecte les droits fondamentaux, tels qu'ils sont garantis par la Convention européenne des droits de l'homme et tels qu'ils résultent des traditions constitutionnelles communes aux Etats membres.

[429] Pour le droit de l'Union, CJUE, *Roquette Frères*, 22 octobre 2002, aff. C-94/00, Rec. P.1-9011 ; Europe, déc. 2002, comm. 422.

[430] CEDH, 30 mars 1989, *Chappell c/ Royaume-Uni*, Série A, n°152.

[431] Revoir CEDH, *société Colas Est et autres c/ France*, 16 avril 2002, requête n°37971/97.

Paragraphe II - L'APPLICATION DE L'ARTICLE 8 DE LA CONVENTION A « *L'INTIMITE* » DES PERSONNES MORALES

Le verrou du premier paragraphe de l'article 8 de la convention étant sauté, le second paragraphe fera l'objet de l'examen du juge européen. Autrement dit, la reconnaissance du droit à l'inviolabilité du domicile de la personne morale ayant été acquise, les ingérences dans le droit au respect de ce domicile passeront ainsi sous la loupe des organes conventionnels. Le texte européen et ses organes de contrôle accordent un certain nombre de garanties aux personnes morales (A) tout en préservant une certaine marge de manœuvre aux États contractants (B).

A/ UNE CERTAINE GARANTIE ACCORDEE AUX PERSONNES MORALES

La Cour européenne examine si la mesure étatique se justifiait au regard du second alinéa de l'article 8 de la convention. En clair, elle s'assure que l'ingérence en cause est « *prévue par la loi* », tournée vers un ou plusieurs des buts légitimes qu'il énumère, et « *nécessaire dans une société démocratique* » pour le ou les réaliser. Le second paragraphe de cet article 8 porte quasiment les mêmes habits que les dispositions limitatives de libertés des personnes morales précédemment étudiées. Les conditions de licéité de l'ingérence sont pratiquement identiques. La démarche de la jurisprudence européenne suit ce rythme. L'examen de ces conditions est tout aussi rigoureux que lorsque, notamment, la liberté d'association, essentielle à la personne morale, est en cause. L'irruption des autorités publiques dans le domicile de la personne morale doit être légale (1) et démocratiquement légitime (2).

1- La légalité de l'ingérence

D'emblée, le contrôle du fondement légal de la mesure portant atteinte au droit au respect du domicile de la personne morale n'est guère aléatoire, encore moins accessoire. Il serait inadmissible que les autorités nationales procèdent à des perquisitions dans les locaux d'un groupement en dehors de toute base légale. Les organes de surveillance de la Convention n'hésiteront pas, en de pareilles circonstances, à sanctionner l'État contractant et contrevenant à l'article 8. Aussi, lorsque les *organisations non gouvernementales* contestent l'existence de la base légale de l'intervention des autorités nationales, le juge européen recourt à sa définition, constante et propre, de la notion de « *loi* ». L'ingérence contestée doit avoir une base en droit interne[432]. La loi dont s'agit

---

[432] CEDH, *Wieser et Bicos Beteiligungen GmbH c/ Autriche*, 16 décembre 2007, requête n° 74336/01, § 53.

est comprise dans un sens matériel et non formel[433]. Dans un domaine du droit écrit, la « *loi* » est le texte en vigueur tel que les juridictions compétentes l'ont interprété[434]. La loi vise à la fois des textes de rang infra législatif[435], le « *droit non écrit* » et même la jurisprudence[436]. La loi doit avoir les qualités de prévisibilité et accessibilité, appréciées par le juge européen *in concreto*, notamment vis-à-vis du nombre et de la qualité des destinataires du texte en cause[437]. Autrement dit, elle doit être suffisamment accessible et énoncée avec assez de précision pour permettre aux groupements de régler leur conduite. Le juge y ajoute la compatibilité avec la prééminence du droit[438]. En somme le juge retient cette triple conditionnalité, ne trouvant aucune raison de considérer les dispositions pertinentes du code de procédure pénale, ayant servi de fondement légal à une perquisition, comme n'étant pas accessibles, prévisibles et compatibles avec la prééminence du droit[439]. L'obligation (positive) de l'État consiste donc à faciliter aux groupements l'accès à la loi. Ce qui n'ôte point la responsabilité de ceux-ci quant à aller vers l'information. Cette position du juge européen a été retenue contre une société qui avait fait l'objet de trois vérifications de comptabilité par l'administration fiscale. La société requérante en voulait à la France, l'État défendeur, car l'avis de vérification de sa comptabilité n'avait pas mentionné quelles étaient les dispositions légales permettant une telle vérification. Pour les organes conventionnels « *il apparaît que la société requérante se plaint uniquement de n'avoir pas été informée des dispositions légales autorisant la vérification de comptabilité dont elle a fait l'objet. Il n'est pas contesté devant la Commission que des textes législatifs autorisent la vérification comptable incriminée. La Commission relève en plus qu'il ressort dudit avis de vérification que la société requérante pouvait se faire assister par un conseil de son choix et pouvait demander à l'administration fiscale toute précision sur la conduite de cette vérification. Il en découle que les dispositions légales en question étaient accessibles à la société requérante et*

---

[433] CEDH, *Kruslin c/ France*, 24 avril 1990, Série A, n° 176-A, p. 20, § 29 ; CEDH, Wieser *et Bicos Beteiligungen GmbH c/ Autriche*, 16 décembre 2007, § 53, précité.
[434] CEDH, *Colas Est et autres c/ France*, 16 avril 2002, requête n° 37971/97, précité, § 43.
[435] CEDH, *De Wilde, Ooms et Versyp c/ Belgique*, 18 juin 1971 Série A, n° 12, p. 45, § 93.
[436] CEDH, *Verlag GmbH et Klaus Beermann c/ Allemagne*, du 20 novembre 1989, Série A, n° 165, pp. 18-19, § 30.
[437] CEDH, *Groppera Radio AG et autres c/ Suisse*, 28 mars 1990, Série A, n° 173, § 68.
[438] CEDH, *Sunday Times c/ Royaume-Uni*, 26 avril 1979, Série A, n° 30, § 49 ; CEDH, *Kruslin c/ France*, 24 avril 1990, Série A, n° 176-A, p. 20, précité, §§ 27 et suivants.
[439] CEDH, *Banco De finanzas E Inversiones SA c/ Espagne*, 27 avril 1999, requête n° 36876/97, décision de la Commission.

que l'ingérence dont se plaint la requérante était prévue "par la loi" »[440]. Ainsi, quand les conditions d'accessibilité et autres sont réunies, le groupement ne peut valablement pas s'arc-bouter sur son défaut d'information pour obtenir la censure de la mesure des autorités internes.

2- La légitimité de l'ingérence

L'existence d'un but légitime ayant inspiré la mesure violatrice du domicile de la personne morale est presque retenue dans toutes les décisions. Il convient de noter que cette condition, en elle-même, n'est pas vraiment confligène ; son respect n'est pour ainsi dire jamais combattu par les sociétés ou les associations requérantes. L'abondance et les généralités des buts conventionnellement légitimes font que l'hypothèse du défaut d'un tel but ne se réalise pratiquement jamais[441]. Le rapprochement entre les buts qui ont guidé l'acte étatique et ceux du texte européen se fait de façon aisée. Il n'en demeure pas moins que le contrôle des organes européens de surveillance à ce niveau garde sa part de tangibilité en d'autres circonstances. C'est ainsi que le juge conventionnel fait le choix d'un but parmi ceux qui sont soulevés par l'État défendeur, au risque de rendre la tâche de ce dernier plus ardue s'agissant de faire la preuve que la mesure reposait sur de justes motifs[442]. Dans le cadre de la protection du droit au respect du domicile des personnes morales, la juridiction européenne a renforcé l'argumentaire des autorités étatiques notamment dans un litige opposant ces dernières à deux associations (et des personnes physiques) du monde de la presse. A la défense de l'ordre et la protection des droits et libertés d'autrui invoquées par l'État défendeur, le juge conventionnel y ajoute la prévention des infractions pénales aux de buts ayant justifié l'ingérence étatique[443]. Quoique reliés dans le second paragraphe de l'article 8 de la convention, ces deux concepts, néanmoins cités distinctement, entretiennent certaines différences. La Cour de Strasbourg n'a pas eu à ajouter ou retrancher une partie de sa jurisprudence concernant le but légitime que doit poursuivre la mesure incriminée.

Les ingérences des autorités nationales doivent également satisfaire à la condition de nécessité dans une société démocratique. Le contrôle est davantage

---

[440] CEDH, *Société L. et M. T. c/ France*, 8 janvier 1993, requête n° 18572/91, décision de la Commission.

[441] Coussirat-Coustère Vincent, « *Article 8 paragraphe 2* », *in* L.-E. Pettiti, E. Décaux et P.-H. Imbert, *La Convention européenne des droits de l'homme – commentaire article par article*, Economica, 2ème édition, 1999, p. 336.

[442] Voir par exemple CEDH, *Open Door et Dublin Well Woman c/ Irlande*, 29 octobre 1992, Série A, n° 246, §§ 63 et 73-77. Dans cette affaire, la Cour européenne avait retenu la protection de la morale, au détriment de celle des droits d'autrui, mettant conséquemment en difficulté l'État irlandais qui finit par être condamné.

[443] CEDH, *Ernst et autres c/Belgique*, 15 juin 2003, requête n° 33400/96, précité, §§ 108 et 112.

vigoureux à ce niveau. La protection du droit au respect du domicile des personnes morales est une exigence pour la Cour européenne des droits de l'homme, si elle veut remplir son obligation de faire aboutir dans l'espace européen le rayonnement d'une « *société démocratique* ». Ainsi, toute intervention des pouvoirs publics s'analysant à une violation du domicile d'un groupement doit être scrutée avec minutie par les organes conventionnels. Cette intervention de l'autorité publique doit pouvoir répondre à la nécessité de sauvegarder, au moins, un but légitime tel que le second alinéa de l'article 8 de la convention le décrit. Dans son contrôle de la nécessité de l'ingérence, la Cour de Strasbourg souligne que la notion de nécessité implique une ingérence fondée sur un besoin social impérieux et notamment proportionnée au but légitime recherché[444]. Lorsqu'une clause de restriction à l'exercice d'un droit garanti existe, l'appréciation prétorienne de la nécessité se durcit. Le qualificatif « *nécessaire* » est moins flexible que des adjectifs comme « *utile* » ou « *opportun* »[445]. L'appréhension de la notion de « *société démocratique* » dont « *le pluralisme, la tolérance et l'esprit d'ouverture* » sont les principes propres [446], d'où l'exigence que l'ingérence réponde à un « *besoin social impérieux* » et reste proportionné au but légitime poursuivi[447]. Les autorités étatiques définissent la finalité pour laquelle elles entreprennent telle ou telle intervention dans le domicile des personnes morales. L'instrument européen de sauvegarde des droits fondamentaux leur concède une marge de manœuvre.

B/ UNE CERTAINE MARGE D'APPRECIATION LAISSEE AUX ETATS

La Cour européenne des droits de l'homme reste constante vis-à-vis de sa jurisprudence en matière de droit au respect du domicile et de la correspondance de la personne morale selon laquelle les États contractants jouissent d'une certaine marge d'appréciation pour juger de la nécessité d'une ingérence, mais celle-ci va de pair avec un contrôle européen[448]. Les organes de surveillance de la Convention tiennent compte variablement de cette marge d'appréciation laissée aux États contractants. Tantôt cette marge est restreinte, ce qui entraîne une protection accrue de la personne morale (1), tantôt elle revêt un caractère plus ample. Dans ce dernier cas, l'ingérence des pouvoirs publics est considérée comme nécessaire dans la société démocratique (2).

---

[444] CEDH, *Banco De finanzas E Inversiones SA c/ Espagne*, 27 avril 1999, requête n° 36876/97, décision de la Commission, précité.

[445] Revoir CEDH, *Sunday Times c/ Royaume-Uni*, 26 avril 1979, Série A, n° 30, §§ 63-65.

[446] CEDH, *Handyside c/ Royaume-Uni*, 7 décembre 1976, Cour plénière, Série A, n° 24, § 49.

[447] CEDH, *Sunday Times c/ Royaume-Uni*, 26 avril 1979, Série A, n° 30, §§ 63-65, précité.

[448] CEDH, *Ernst et autres c/Belgique*, 15 juin 2003, requête n° 33400/96, précité, § 113.

1- *Une marge restreinte*

Le contrôle de la juridiction européenne est axé sur l'inviolabilité du domicile des personnes morales et la défense du secret professionnel. La marge d'appréciation accordée aux États contractants est soumise au respect de certaines garanties visant le domicile et les documents des groupements. Le contrôle rigoureux du juge conventionnel restreint effectivement cette marge de manœuvre.

La marge des pouvoirs publics n'est pas aussi large comme l'on pourrait s'y attendre. L'irruption de l'administration dans le domicile des personnes morales doit obéir à certaines règles posées par le texte européen et ses organes de surveillance. L'État partie ne saurait agir de façon discrétionnaire, encore moins en dehors de toute décision de justice. Clairement, est censurée par le juge européen la procédure nationale consistant pour les agents enquêteurs de l'administration à pénétrer sans autorisation judiciaire dans les sièges ou agences de sociétés pour y obtenir et saisir des documents permettant d'établir la preuve des ententes illicites. Les trois sociétés françaises qui ont subi de telles interventions des enquêteurs de l'administration les ont dénoncées, car, selon elles, ces ingérences ont constitué des violations de leurs domiciles, en dehors de tout contrôle ou de toute restriction[449]. Les opérations ordonnées par l'administration, chargée de la concurrence en l'espèce, étaient dirigées simultanément aux sièges et agences des groupements requérants figurant sur une « *liste des entreprises à visiter* ». Elles avaient pour finalité d'éviter la disparition, la dissimulation des éléments de preuve de pratiques anticoncurrentielles. Ces ingérences dans le domicile des sociétés requérantes étaient donc justifiées au regard des buts énoncés au paragraphe 2 de l'article 8 de la convention. Ces interventions étatiques rentrent en effet dans la marge d'appréciation dont jouissent États contractants en la matière ; elles doivent cependant être proportionnées aux buts légitimes. Les exceptions que ménage cette disposition appellent du juge conventionnel une interprétation étroite[450]. Ainsi le juge européen pousse son contrôle à l'observation de la législation et de la pratique interne. Il s'assure que ces dernières offrent en la matière des garanties adéquates et suffisantes contre les abus[451]. En l'espèce, l'administration disposait, à l'époque des faits, de pouvoirs très larges qui lui permettaient d'apprécier seule l'opportunité, le nombre, la durée et l'ampleur des opérations litigieuses. Les opérations litigieuses s''étaient de surcroît effectuées sans mandat préalable du juge judiciaire et hors la présence d'un officier de

---

[449] CEDH, *société Colas Est et autres c/ France*, 16 avril 2002, requête n°37971/97, maintes fois citée.

[450] Voir également CEDH, *Klass et autres c/ Allemagne*, 6 septembre 1978, Série A, n° 28, p. 21, § 42.

[451] Voir également CEDH, *Funke, Crémieux et Miailhe c/ France* (n° 1), 25 février 1993, Série A, n° 2566-A, B C, respectivement p. 24, § 55, p. 62, § 38, et p. 89, § 36).

police judiciaire. La législation française et la pratique en matière de perquisition ne présentaient ainsi pas de garanties quant à l'inviolabilité du domicile des personnes morales requérantes notamment nonobstant la possibilité accordée aux autorités nationales d'*aller plus loin* dans leur droit d'ingérence s'agissant de locaux commerciaux[452]. La Cour européenne conclut que les opérations litigieuses menées dans le domaine de la concurrence et selon les modalités telles que décrites ne sauraient passer comme étroitement proportionnées aux buts légitimes recherchés.

Concernant la saisie de documents, les autorités publiques sont également limitées dans leur action. Le souci de préserver l'intimité de la correspondance, ou simplement les documents, de la personne morale gagne les organes conventionnels. Le juge européen regarde si les visites domiciliaires de l'administration comportent ou non un risque d'atteinte au secret professionnel[453]. Le juge des droits de l'homme accorde un poids particulier à ce risque, car il peut avoir des répercussions sur la bonne administration de la justice[454]. La protection européenne du secret professionnel vaut autant pour le professionnel et que pour son client. Quelle que soit la place de la personne morale, celle-ci est légitime à défendre l'intimité de ses documents[455]. En outre, la juridiction européenne observe les conditions dans lesquelles la saisie de documents a eu lieu. Elle ne fait aucune distinction entre les différentes formes de documents des groupements dans les opérations de saisie. Dans l'affaire du commerce illégal de médicaments[456], la Cour de Strasbourg a condamné le non-respect des garanties s'agissant des données électroniques[457], même si les garanties censées prévenir l'abus et l'arbitraire et assurer le secret professionnel ont été pleinement respectées pour la saisie de documents. Toutes les formes de documents de la personne morale sont donc incluses dans l'examen de la

---

[452] Revoir le paragraphe 31 de l'arrêt CEDH, *Niemietz c/ Allemagne*, 18 décembre 1992, Série A, n°251-B, p. 34.
[453] CEDH, *Wieser et Bicos Beteiligungen GmbH c/ Autriche*, 16 décembre 2007, précité, § 65 : la Cour européenne estime que la manière dont la perquisition a été effectuée comportait un risque d'atteinte au secret professionnel.
[454] CEDH, *Niemietz c/ Allemagne*, 18 décembre 1992, précité, p. 36, § 37.
[455] CEDH, *Wieser et Bicos Beteiligungen GmbH c/ Autriche*, 16 décembre 2007, précité, § 67 : « *La Cour observe en outre que le secret professionnel auquel est tenu un avocat sert aussi à protéger son client. Ayant constaté ci-dessus que le premier requérant représentait des sociétés dont la seconde requérante était actionnaire et que les données saisies renfermaient des informations couvertes par le secret professionnel, la Cour n'aperçoit aucun motif de conclure différemment pour ce qui est de la seconde requérante* ».
[456] Voir *supra*.
[457] CEDH, *Wieser et Bicos Beteiligungen GmbH c/ Autriche*, 16 décembre 2007, précité, §§ 62-63. Cette différence de traitement appliquée aux documents de la société requérante notamment est *ce qui frappe en l'espèce*.

nécessité dans une société démocratique de la saisie opérée par l'administration. Les États adhérents doivent mettre en œuvre les garanties de procédure nécessaires aux fins de conforter le droit au respect du secret de la correspondance dont disposent les groupements au regard de l'article 8 de la convention.

La rigueur du contrôle de la Cour européenne des droits de l'homme, sous l'angle de cet article 8, ne joue pas permanemment en faveur des groupements. Le rôle et l'action des pouvoirs publics priment dans certaines circonstances.

2- *Une marge persistante*

Les organes de surveillance de la Convention tiennent compte dans leur contrôle de la marge d'appréciation laissée aux États contractants. Toutefois, ils ne se bornent pas à se demander si l'État défendeur a usé de son pouvoir d'appréciation de bonne foi, avec soin et de manière sensée. Il lui faut plutôt déterminer si les motifs invoqués à l'appui des ingérences en cause sont pertinents et suffisants[458]. Cette détermination est illustrée dans une affaire de fraude fiscale impliquant une société anonyme bancaire. Cette dernière estime que la perquisition qu'elle a subie à cet effet va à l'encontre de son droit garanti à l'article 8 de la convention. Pour contrôler la nécessité de la perquisition, le juge européen a procédé à l'examen des raisons ayant conduit à cette ingérence. La perquisition au domicile de la société requérante s'imposait pour recueillir des éléments de preuve d'un délit dont cette dernière était soupçonnée. Le juge interne avait justifié la perquisition au motif notamment que, nonobstant les mises en demeure faites à la société requérante par le procureur public, celle-ci n'avait pas apporté la documentation requise ou que lorsqu'elle l'avait remise, la documentation contenait des inexactitudes, empêchant d'éclaircir les faits, objet des enquêtes. Les organes conventionnels ont, par conséquent, estimé que l'autorité judiciaire espagnole, eu égard à sa marge d'appréciation, était fondée à penser que la perquisition était nécessaire à l'établissement de la preuve de l'infraction en cause. Les motifs invoqués à l'appui de la perquisition, à savoir la saisie des livres et documents comptables, sont sans conteste *pertinents et suffisants*[459]. En outre, les circonstances dans lesquelles la perquisition s'est déroulée intéresse également le juge européen. La juridiction européenne souligne que les perquisitions opérées doivent être accompagnées de certaines garanties de procédure[460]. On peut y comprendre la garantie du secret de l'instruction qui protège les personnes morales de toute atteinte à sa réputation ou présomption d'innocence notamment. Dans cette affaire de fraude fiscale, la presse a eu rapidement écho de la délivrance d'un mandat de perquisition à

---

[458] Voir par exemple CEDH, *Olsson c. Suède* (n° 1), 24 mars 1988, série A n° 130, pp. 31-32, §§ 67-68.

[459] CEDH, *Banco De finanzas E Inversiones SA c/ Espagne*, 27 avril 1999, requête n° 36876/97, décision de la Commission, précité.

[460] CEDH, *Ernst et autres c/Belgique*, 15 juin 2003, requête n° 33400/96, précité, § 115.

l'encontre de la société de banque, car elle a délivré des informations très peu de temps après le début de la perquisition. La présence de nombreux représentants de la presse, et la célérité avec laquelle l'information sur la perquisition a été donnée, tranchent avec les règles acceptables d'une perquisition. Cependant, voulant leur contrôle plus poussé, les organes de surveillance ne s'arrêtent pas à cette constatation. Ils vérifient la part de responsabilité des pouvoirs publics dans la présence des médias. En l'espèce, aucun début de preuve ne démontre que l'information relative à la perquisition aurait été facilitée par un membre de la commission judiciaire ou par l'administration judiciaire en général. Les allégations de la société requérante constituent de simples supputations, et il n'est pas avéré que l'autorité judiciaire ait failli à son devoir de discrétion. Le juge conventionnel note à cet égard qu'aucune photographie ou déclaration des membres de la commission judiciaire ayant réalisé la perquisition n'est apparue dans la presse. Il conclut que le seul motif que la presse ait divulgué des informations relatives à la perquisition ne saurait constituer en soi une atteinte au droit invoqué[461].

L'imprécision de cette marge d'appréciation concourt à une protection approximative du droit des personnes morales au respect de leur domicile. La protection des locaux et documents des groupements est assurée selon la marge laissée aux États contractants retenue par le juge européen.

Au-delà de la vie privée des groupements, la vie publique semble attirer les *organisations non gouvernementales*. La scène publique voit évoluer les personnes morales qui exercent des activités appelant à une reconnaissance et une visibilité publiques.

Section II - LE DROIT AU RESPECT DE LA VIE PUBLIQUE DES PERSONNES MORALES

Dans le cadre des missions qu'elle s'est assignées, la personne morale est amenée à accomplir des tâches relevant de la vie publique. Il peut s'agir de la participation à la vie politique de l'État (paragraphe I). La vie publique de tels groupements dans l'arène politique nécessite un certain nombre de garanties de l'instrument européen de sauvegarde des droits de l'homme. Le texte européen et ses Protocoles n'omettent pas d'en faire référence. Et face au monde d'extérieur, le groupement doit pouvoir jouir de certains droits. La personne morale doit pouvoir mener paisiblement ses activités (paragraphe II). Le texte européen de 1950 lui propose une kyrielle de droits garantis. D'où l'entreprise

[461] CEDH, *Banco De finanzas E Inversiones SA c/ Espagne*, 27 avril 1999, requête n° 36876/97, décision de la Commission, maintes fois citée.

de prolongement des droits fondamentaux aux personnes morales dont le juge européen est le maître d'œuvre.

Paragraphe I - LA PRESERVATION DE LA MISSION ELECTORALE DE LA PERSONNE MORALE

Les personnes morales mènent des activités de divers ordres suivant la finalité qu'elles se sont librement assignées. Certaines d'entre elles ont investi le milieu de la politique. Ces groupements promeuvent les idées politiques qui sont les siens, avec en ligne de mire la conquête du pouvoir à l'échelon national ou local. A l'occasion des compétitions électorales, ils peuvent subir des mesures abusives ou arbitraires, contraires au jeu de la démocratie. La garantie qui résulte de l'article 3 du Protocole additionnel à la Conventionnelle européenne n°1, par ces principes[462], veille à préserver les personnes morales engagées en politique de l'arbitraire. La jurisprudence européenne, découlant de cette disposition, pose un certain nombre de restrictions au droit garanti, donnant l'impression d'une protection moindre de la personne morale à but politique (A). Le juge européen tient néanmoins à maintenir une certaine protection des activités politiques des groupements (B).

A/ UNE SAUVEGARDE CONTENUE

L'article 3 du Protocole de 1952 entend globalement garantir le droit de participer aux élections générales organisées par l'État. Les rédacteurs de la Convention européenne, à travers ce Protocole, ont voulu prêter attention à un enjeu déterminant dans la démocratie tant prisée par les États adhérents. Les garanties que la disposition ci-dessus citée renferme, et leur invocabilité, ont été initialement déniées aux personnes morales, pourtant actrices privilégiées dans la bataille électorale (1). Cet état de fait n'a pas empêché le juge européen à émousser l'élan des garanties de l'article 3 du Protocole n° 1 au détriment de ces personnes morales (2).

1- Un droit difficilement reconnu aux personnes morales

La reconnaissance du droit garanti à l'article 3 du premier Protocole de la Convention européenne aux personnes morales a été, faut-il le souligner, en

[462] CEDH, *Zdanoka c/ Lettonie*, 16 mars 2006, Grande Chambre, Recueil des arrêts et des décisions 2006-IV, § 102 : « L'article 3 du Protocole n° 1 diffère des autres dispositions de la Convention et de ses Protocoles garantissant des droits en ce qu'il énonce l'obligation pour les Hautes Parties contractantes d'organiser des élections dans des conditions qui assurent la libre expression de l'opinion du peuple et non un droit ou une liberté en particulier. Toutefois, eu égard aux travaux préparatoires de l'article 3 du Protocole n° 1 et à l'interprétation qui est donnée de cette clause dans le cadre de la Convention dans son ensemble, la Cour a établi que cet article implique également des droits subjectifs, dont le droit de vote et celui de se porter candidat à des élections ».

souffrance devant les instances européennes. La problématique de l'invocation de cette disposition se posait de façon récurrente. La juridiction européenne est longtemps restée indécise sur la question. Elle doutait de ce qu'une *organisation non gouvernementale* puisse se prétendre victime d'une violation de l'article 3 du Protocole n° 1. C'est ce qui ressort d'une décision au début des années 1980 rendue suite à la requête du Parti libéral de Royaume-Uni et d'Irlande du Nord se disant lésé (avec d'autres) du système électoral britannique[463]. Les organes conventionnels observent que, si l'article 3 du Protocole additionnel garantit en principe le droit de vote et le droit de se porter candidat aux élections législatives, cette stipulation ne peut être invoquée que par un individu dans une requête introduite en vertu de l'article 25 (34 nouveau) de la Convention[464]. La question de savoir, en l'espèce, si le Parti libéral est lui-même protégé quant à ses droits à l'égard de cet article 3 (et des autres droits invoqués par le biais des droits reconnus à ses membres, *peut demeurer indécise*[465], puisque les griefs en substance, également formulés par les autres personnes physiques requérantes, pour lesquels la question ci-dessus ne se pose pas[466]. Est donc restée sans réponse la question de savoir si un parti politique en tant que tel peut dénoncer une atteinte aux garanties de l'article 3 du Protocole n° 1 à son nom et pour son compte. Il n'existe aujourd'hui nul doute de la recevabilité d'une requête individuelle enclenchée par une personne morale portant sur un grief relatif à cet article 3. Celui-ci s'apparente à d'autres dispositions de la Convention protégeant divers droits civiques et politiques reconnus aux personnes morales. C'est le cas des articles 10 (le droit à la liberté d'expression) et 11 (le droit à la liberté d'association). Ce dernier comprend le droit de chacun à la liberté d'association politique avec d'autres personnes au sein d'un parti. *Il existe indéniablement un lien entre toutes ces dispositions, à savoir la nécessité de garantir le respect du pluralisme d'opinions dans une société démocratique par l'exercice des libertés civiques et politiques* dont disposent les *organisations non gouvernementales*[467]. La question n'est même plus soulevée devant l'instance européenne ; la participation importante des personnes morales à but politique dans le jeu démocratique des élections est

---

[463] CEDH, *Parti libéral, R. et P. c/ Royaume-Uni*, 18 décembre 1980, requête n° 8765/79, décision de la Commission plénière, D. et R. 21, p. 226.

[464] CEDH, *X c/ Pays-Bas*, 19 décembre 1974, requête n° 6573/74, décision de la Commission plénière, D. et R. 1, p. 87.

[465] Voir à cet égard CEDH, X et *Scientology Church c/ Suède*, 5 mai 1979, requête n° 7374/76, décision de la Commission plénière, requête n° D. et R. 16, p. 75 ; CEDH, *X c/ Danemark*, 8 mars 1973, requête n° 7374/76, décision de la Commission plénière, D. et R. 5, p. 159.

[466] CEDH, *Parti libéral, R. et P. c/ Royaume-Uni*, 18 décembre 1980, requête n° 8765/79, décision de la Commission plénière, D. et R. 21, p. 211.

[467] CEDH, *Zdanoka c/ Lettonie*, 16 mars 2006, Grande Chambre, Recueil des arrêts et des décisions 2006-IV, § 115.

telle que la prise en compte de ses activités électorale par les garanties extraites de ladite disposition est indéniable.

En outre, le troisième article du premier Protocole additionnel à la Convention se trouve absorbé par d'autres dispositions ayant des visées communes. Son application est souvent battue en brèche au profit de l'article 11 de la convention notamment. Cette dernière disposition, que nous avons estimée essentielle à l'existence et à l'action des *organisations non gouvernementales*, présente l'avantage incontestable de toucher à la substance même de la personne morale. Une jurisprudence plus audacieuse et plus soucieuse de l'intérêt des groupements a ainsi été bâtie par la juridiction conventionnelle[468]. De ce fait, elle leur est favorable dans nombre de circonstances telles que les effets nés d'une éventuelle violation de l'article 3 du Protocole n° 1 de paraissent accessoires aux yeux du juge européen. Celui-ci ne trouve aucune raison d'examiner séparément les griefs tirés des articles 11 du texte européen et 3 de son premier Protocole. Par conséquent, dans une espèce, les mesures de l'État turc dont se plaint le Parti socialiste notamment ont constitué des *effets accessoires* de la dissolution du parti, constitutive de la violation de l'article 11 constatée par la Cour européenne[469]. La Cour de Strasbourg estime *secondaires* les conséquences d'une atteinte au droit à participer aux élections des groupements politiques face à leur droit d'association[470]. En somme, le juge conventionnel préfère à l'application de l'article 3 du Protocole n° 1 celle de l'article 11 de la convention jugé plus protecteur des intérêts des personnes morales.

Les groupements politiques peuvent se prévaloir des garanties de la troisième disposition de premier Protocole, nonobstant leurs limites telles que soulignées par les organes conventionnels.

2- Un droit non absolu des personnes morales

Le texte du Protocole ne le dit nullement, mais la juridiction européenne le proclame usuellement : le droit dégagé de l'article 3 du Protocole n° 1 n'est pas absolu. Il est vrai que comme la plupart des droits garantis par la Convention et ses Protocoles, cet article 3 n'accorde aucun droit illimité aux personnes[471]. Toutefois, la mise permanemment en exergue du juge européen de ce que, le droit à des élections libres est non absolu, témoigne de sa volonté de raccourcir

[468] Voir le chapitre premier de la première partie.

[469] CEDH, *SP (parti socialiste), Perinçek et Kirit c/ Turquie*, 25 mai 1998, requête n° 21237/93, Grande Chambre, Recueil des arrêts et des décisions 1998-III, §§ 56-57.

[470] CEDH, *Refah Partisi (Parti de la prospérité) et autres c/ Turquie*, 13 février 2003, Grande Chambre, Recueil des arrêts et des décisions 2003-II, §§ 138-139.

[471] Marcus-Helmons Silvio, Article 3, *in* L.-E. Pettiti, E. Décaux et P.-H. Imbert, *La Convention européenne des droits de l'homme – commentaire article par article*, Economica, 2ème édition, 1999, p. 1018.

l'élan de cet article. La Cour de Strasbourg réitère dans maints arrêts[472] que, *pour importants qu'ils soient, les droits reconnus à l'article 3 du Protocole n° 1 ne sont pas absolus*[473]. Le droit est contenu, son rayonnement étriqué. Les personnes morales d'ordre politique qui ont besoin d'une plus importante garantie de ce droit se trouvent contrariées. D'autant plus que le juge conventionnel déploie une certaine ardeur dans l'optique d'amenuiser le droit garanti. Il déduit de cet article 3 des restrictions tacites : *comme l'article 3 les reconnaît sans les énoncer en termes exprès ni moins encore les définir, il y a place pour des « limitations implicites »*[474]. Ces restrictions vont constituer un frein au prolongement de ce droit fondamental à l'élection aux groupements. La notion de *limitations implicites* qui se dégage de l'article 3 du Protocole n° 1 signifie que le juge européen n'applique pas les critères traditionnels de « *nécessité* » ou de « *besoin social impérieux* » qui sont utilisés dans le cadre des articles 8 à 11 de la convention et définis favorablement aux personnes morales[475]. Confrontée à une question de conformité d'une restriction à la clause politique du texte européen, la juridiction de Strasbourg s'attache essentiellement à deux critères : elle recherche d'une part s'il y a eu arbitraire ou manque de proportionnalité et, d'autre part si la restriction a porté atteinte à la libre expression de l'opinion du peuple[476].

Aussi, l'approche de la jurisprudence de la clause politique de l'instrument européen de défense des droits de l'homme s'avère-t-elle favorable aux États adhérents. La Cour européenne reconnaît en effet que, dans leurs ordres juridiques respectifs, les États contractants entourent les droits de vote et d'éligibilité de conditions auxquelles l'article 3 ne fait, en principe, pas obstacle. A cet effet, les autorités publiques jouissent d'une large marge d'appréciation[477]. La Cour de Strasbourg justifie cette importante marge laissée aux pouvoirs publics par la singularité des États. Elle souligne la nécessité

---

[472] Voir notamment ces deux arrêts « lettons » CEDH, *Partija « Jaunie Democrati » et Partija « Musu Zeme » c/ Lettonie*, 29 novembre 2007, requêtes n° 10547/07 et 34049/07, décisions de la Commission ; CEDH, *Zdanoka c/ Lettonie*, 16 mars 2006, Grande Chambre, Recueil des arrêts et des décisions 2006-IV, § 103.

[473] CEDH, *Etxeberria et autres (plusieurs groupements politiques) c/ Espagne*, 30 juin 2009, requêtes n° 35579/03, 35613/03, 35626/03 et 35634/03, § 48.

[474] Notamment CEDH, *Gitonas et autres c/ Grèce*, 1er juillet 1997, Recueil des arrêts et des décisions 1997-IV, § 39.

[475] CEDH, *Etxeberria et autres (plusieurs groupements politiques) c/ Espagne*, 30 juin 2009, précité, § 49.

[476] CEDH, *Zdanoka c/ Lettonie*, 16 mars 2006, Grande Chambre, Recueil des arrêts et des décisions 2006-IV, § 115.

[477] CEDH, *Etxeberria et autres (plusieurs groupements politiques) c/ Espagne*, 30 juin 2009, précité ; CEDH, *Mathieu-Mohin et Clerfayt c/ Belgique*, 2 mars 1987, Série A, n° 113, § 63 ; CEDH, *Podkolzina c/ Lettonie*, 9 avril 2002, requête n° 46726/99, Recueil des arrêts et des décisions 2002-II, § 33.

d'apprécier toute législation électorale à la lumière de l'évolution politique du pays concerné, ce qui implique des caractéristiques inacceptables, dans le cadre d'un système, pouvant se justifier dans le contexte d'un autre[478]. Les particularités des régimes politiques, électoraux en l'occurrence, sont prises en considération par le juge européen. C'est l'exemple, suivant la position des organes de surveillance, de ne point considérer comme discriminatoire le fait que, dans un État monarchique, les fils du Roi, ou à défaut les princes royaux appelés à régner, soient sénateurs de droit dès l'âge de 18 ans[479]. Le juge conventionnel, faut-il l'avouer, s'est montré indulgent à l'égard des restrictions imposées par les États parties. Il n'a pas sanctionné par exemple, l'absence de droit de vote lors de l'élection du Parlement de Westminster des habitants de Jersey qui auraient pu former un ou plusieurs partis politiques à cet égard[480]. Par ailleurs, les États contractants disposent d'une grande latitude pour établir, dans leur ordre constitutionnel, des règles relatives au statut de parlementaire, dont les critères d'inéligibilité[481]. Ils ont la liberté du mode de scrutin. Ce qui ne saurait convenir aux organisations politiques, surtout celles de petite taille, qui ne pourront aucunement s'appuyer sur le droit à l'élection de l'article 3 du Protocole n° 1 pour y remédier. Le juge européen a exprimé l'avis selon lequel l'article 3 du Protocole ne peut être interprété comme un article imposant un type particulier de système électoral qui garantirait que le nombre total de suffrages exprimés pour chaque candidat ou groupe de candidats se reflète dans la composition de l'assemblée législative. Le système de la majorité simple comme le système de la représentation proportionnelle sont donc l'un et l'autre compatibles avec cet article[482]. Cette position du juge européen pose même une question existentielle vis-à-vis de ces personnes morales.

Indistinctement, la Cour européenne justifie la marge ample des États parties en matière de droit aux élections par l'obligation leur incombant de mettre en œuvre une société démocratique stable. L'État peut ainsi être amené à prendre des mesures concrètes pour se protéger afin d'assurer la stabilité et l'effectivité d'un régime démocratique. Clairement, le pluralisme et la démocratie se fondent sur un compromis exigeant des concessions diverses de la part des individus et qui devaient parfois accepter de limiter certaines des libertés dont

---

478 CEDH, *Mathieu-Mohin et Clerfayt c/ Belgique*, 2 mars 1987, Série A, n° 113, § 63, précité.

479 CEDH, *W, X, Y et Z c/ Belgique*, 30 mai 1975, requête n° 6745/74, D. et R. 2, p. 110.

480 CEDH, *X c/ Royaume-Uni*, 13 mai 1982, requête n° 8873/80, décision de la Commission plénière, D. et R. 28, p. 106. Le juge européen estime que, nonobstant les compétences législatives de ce parlement sur cette île, le choix étatique litigieux reposait sur un régime constitutionnel vieux de plusieurs siècles.

481 CEDH, *Parti conservateur russe des entrepreneurs c/ Russie*, 11 janvier 2007, requêtes n° 55066/00 et 55638/00, § 49.

482 CEDH, *Parti libéral, R. et P. c/ Royaume-Uni*, 18 décembre 1980, requête n° 8765/79, décision de la Commission plénière, D. et R. 21, p. 226, précité.

ils jouissent afin de garantir une plus grande stabilité du pays dans son ensemble[483]. Le problème qui se pose alors est celui d'une juste conciliation entre les impératifs de la défense de la société démocratique d'un côté, et ceux de la sauvegarde des droits individuels de l'autre[484]. Chaque fois que l'Etat entend se prévaloir du principe d'une « *démocratie apte à se défendre* »[485] afin de justifier une ingérence dans les droits individuels, il doit donc évaluer avec soin la portée et les conséquences de la mesure envisagée, pour que l'équilibre susvisé soit respecté. Le concept de la démocratie apte à se défendre explique la marge de manœuvre des États adhérents dans le droit à l'élection des personnes morales[486]. Le *contexte politique* en Espagne a nettement justifié la décision de non-violation de l'article 3 du Protocole n° 1, le juge européen a rejeté la revendication des groupements électoraux requérants[487]. L'application de mesures ayant pour but la défense des valeurs démocratiques peuvent affecter les prétentions des organisations politiques.

Quoique la jurisprudence européenne relative à l'article 3 du premier Protocole additionnel à la Convention, et les principes qu'elle en dégage, présentent un net désavantage pour les personnes morales, le juge européen concède une certaine protection à ces groupements à but politique.

B/ UNE PROTECTION MAINTENUE

Le droit de vote et de présenter des candidats n'est pas dépourvu de protection. La troisième disposition de ce Protocole, et les organes chargés de veiller à son application, tendent à protéger les groupements dont l'objet vise à

---

[483] CEDH, *Refah Partisi (Parti de la prospérité) et autres c/ Turquie*, 13 février 2003, Grande Chambre, Recueil des arrêts et des décisions 2003-II, § 99.

[484] CEDH, *Parti communiste unifié et autres c/ Turquie*, 30 janvier 1998, Recueil des arrêts et décisions 1998-I, § 32.

[485] La Cour européenne a légitimé le concept d'une « démocratie apte à se défendre ». CEDH, *Vogt c/ Allemagne*, 26 septembre 1995, Série A, n° 323, Grande Chambre, §§ 51-59.

[486] CEDH, *Refah Partisi (Parti de la prospérité) et autres c/ Turquie*, 13 février 2003, Grande Chambre, précité, § 102 : « La Cour considère (...) qu'on ne saurait exiger de l'Etat d'attendre, avant d'intervenir, qu'un parti politique se soit approprié le pouvoir et ait commencé à mettre en œuvre un projet politique incompatible avec les normes de la Convention et de la démocratie, en adoptant des mesures concrètes visant à réaliser ce projet, même si le danger de ce dernier pour la démocratie est suffisamment démontré et imminent. La Cour accepte que lorsque la présence d'un tel danger est établie par les juridictions nationales, à l'issue d'un examen minutieux soumis à un contrôle européen rigoureux, un Etat doit pouvoir « raisonnablement empêcher la réalisation d'un projet politique incompatible avec les normes de la Convention, avant qu'il ne soit mis en pratique par des actes concrets risquant de compromettre la paix civile et le régime démocratique dans le pays ».

[487] CEDH, *Etxeberria et autres (plusieurs groupements politiques) c/ Espagne*, 30 juin 2009, requêtes n° 35579/03, 35613/03, 35626/03 et 35634/03, §§ 51-56.

peser sur la vie politique par le biais de leurs idées et convictions et la prise du pouvoir. L'objet de l'article 3 du Protocole n° 1 est pour la société démocratique indispensable (1), sa protection au profit d'acteurs incontournables de la scène publique, les personnes morales en l'occurrence, paraît conséquemment imparable (2).

1- Le rôle important du droit aux élections dans la société démocratique

Le droit de vote et celui de se porter candidat sont incontestablement et intimement attachés à la démocratie. Autrement dit, la société démocratique, chère à la Convention européenne, ne peut prospérer sans l'organisation régulière d'élections générales. *Il ne fait aucun doute que pour le juge européen que la société démocratique repose avant tout sur la démocratie « politique » ou « élective »*[488]. La participation aux élections de toutes sortes se présente ainsi comme un enjeu crucial pour les personnes morales investies dans le monde de la politique.

L'article 3 du Protocole n° 1 consacre un principe fondamental dans un régime politique véritablement démocratique et revêt donc dans le système de la Convention une importance capitale[489]. Par plusieurs arrêts, la juridiction européenne a affirmé que la démocratie représente un élément fondamental de « *l'ordre public européen* »[490]. La Convention européenne des droits de l'homme est d'ailleurs l'instrument de cet ordre[491]. Le préambule au texte européen initial met en évidence *un lien très clair entre la Convention et la démocratie en déclarant que la sauvegarde et le développement des droits de l'homme et des libertés fondamentales reposent sur un régime politique véritablement démocratique, d'une part, et sur une conception et un respect communs des droits de l'homme, d'autre part.*[492] Le régime démocratique souligné n'est pas une vue de l'esprit, il doit être effectif. Le même préambule rappelle *les États européens ont en commun un patrimoine d'idéaux et de traditions politiques, de respect de la liberté et de prééminence du droit. Ce patrimoine commun est constitué par les valeurs sous-jacentes à la Convention ; la Cour a ainsi rappelé à plusieurs reprises que la Convention était effectivement destinée à sauvegarder et promouvoir les idéaux et valeurs*

---

488 Lécuyer Yannick, *Les droits politiques dans la jurisprudence de la Cour européenne des droits de l'homme*, Dalloz, 2009, p. 356.

489 CEDH, *Etxeberria et autres (plusieurs groupements politiques) c/ Espagne*, 30 juin 2009, précité, § 47.

490 CEDH, *Zdanoka c/ Lettonie*, 16 mars 2006, Grande Chambre, Recueil des arrêts et des décisions 2006-IV, § 98.

491 CEDH, *Loizidou c/ Turquie*, 23 mars 1995, Grande Chambre, Série A, n° 310, § 75.

492 CEDH, *Parti communiste unifié et autres c/ Turquie*, 30 janvier 1998, Recueil des arrêts et décisions 1998-I, précité, § 45.

d'une société démocratique[493]. *En d'autres termes, la démocratie est l'unique modèle politique envisagé par la Convention et, partant, le seul qui soit compatible avec elle*[494]. Ceci dit, nul argumentaire de mise à l'écart de personnes morales politiques ne saurait être couronné de succès. Les partis politiques ou groupements électoraux sont en effet un maillon essentiel dans le rouage électoral d'un État. Leurs activités participent de l'exercice collectif de la liberté d'expression ; à ce titre les partis politiques peuvent prétendre à la protection érigée à l'article 3 du Protocole n° 1. Le droit de présenter un candidat qui y est notamment inclus ne saurait être à l'exclusive des personnes physiques. La pratique électorale montre indéniablement que les groupements politiques sont généralement les pourvoyeurs de candidats aux différentes élections. La réalité impose de reconnaître la participation totale et incontournable des partis politiques notamment aux élections générales organisées dans les États adhérents, ou ailleurs d'ailleurs. Une éventuelle exclusion de la protection des droits et libertés liés aux élections de la personne morale à but politique apparaîtrait absurde en raison de son objet consistant à juste titre à concourir à la conquête du pouvoir étatique, ou à un niveau local. Or il convient de souligner que l'objet et le but du texte européen commandent une interprétation et une application de ses dispositions d'une manière qui en rende les exigences non pas théoriques ou illusoires, mais concrètes et effectives[495]. *Le droit de se porter candidat aux élections, garanti par l'article 3 du Protocole n° 1 et inhérent à la notion de régime véritablement démocratique, ne serait qu'illusoire si l'intéressé pouvait à tout moment en être arbitrairement privé. Par conséquent, s'il est vrai que les États disposent d'une grande marge d'appréciation pour établir des conditions d'éligibilité in abstracto, le principe d'effectivité des droits exige que les décisions constatant le non-respect de ces conditions dans le cas de tel ou tel candidat soient conformes à un certain nombre de critères permettant d'éviter l'arbitraire*[496]. C'est dans la recherche de cette conformité des mesures limitant les organisations politiques dans

---

[493] CEDH, *Kjelden, Busk Madsen et Pedersen c/ Danemark*, 7 décembre 1976, Série A, n° 23, p. 27, § 53.

[494] CEDH, *Zdanoka c/ Lettonie*, 16 mars 2006, Grande Chambre, Recueil des arrêts et des décisions 2006-IV, § 98 ; CEDH, *Refah Partisi (Parti de la prospérité) et autres c/ Turquie*, 13 février 2003, Grande Chambre, précité, § 98, précité, § 86 ; CEDH, *Parti communiste unifié et autres c/ Turquie*, 30 janvier 1998, Recueil des arrêts et décisions 1998-I, § 45, précité.

[495] CEDH, *Parti conservateur russe des entrepreneurs c/ Russie*, 11 janvier 2007, requêtes n° 55066/00 et 55638/00, § 50 ; CEDH, *Parti communiste unifié et autres c/ Turquie*, 30 janvier 1998, précité, § 33.

[496] CEDH, *Parti conservateur russe des entrepreneurs c/ Russie*, 11 janvier 2007, § 50, précité ; CEDH, *Podkolzina c/ Lettonie*, 9 avril 2002, requête n° 46726/99, Recueil des arrêts et des décisions 2002-II, § 35.

l'exercice de leur droit de participation aux élections que le contrôle européen intervient.

2- *Le contrôle des restrictions du droit aux élections des groupements politiques*

La marge importante d'appréciation dont disposent les États contractants n'empêche guère un contrôle européen des mesures qu'ils prennent dans le domaine électoral[497]. Il revient aux organes de surveillance de statuer en dernier ressort sur l'observation des exigences du Protocole n° 1. Ils doivent s'assurer que lesdites conditions ne réduisent pas les droits de participation aux élections des personnes morales de sorte à les atteindre dans leur substance même et à priver ces droits de leur effectivité, qu'elles poursuivent un but légitime et que les moyens employés ne se révèlent pas disproportionnés[498]. La juridiction conventionnelle réaffirme la base légale nécessaire pour la mise en œuvre de toute mesure restrictive des droits garantis par cette disposition[499]. Autant dire que le contrôle en matière électorale est pareil à celui des autres dispositions déjà étudiées. Force est de constater le contraire. Le contrôle que le juge européen exerce a ceci de particulier qu'il tranche en intensité avec celui des mesures visant d'autres dispositions. La Cour de Strasbourg reconnaît que *lorsqu'une atteinte à l'article 3 du Protocole n° 1 est en cause, elle ne doit pas automatiquement avoir recours aux mêmes critères que ceux qui sont appliqués pour les ingérences autorisées par le paragraphe 2 des articles 8 à 11 de la Convention, ni ne doit systématiquement fonder ses conclusions au regard de l'article 3 du Protocole n° 1 sur les principes découlant de l'application des articles 8 à 11 de la Convention.* Malgré son contenu crucial pour la démocratie et le système institutionnel de l'État, cette disposition est rédigée en des termes très différents de ceux des articles 8 à 11 de la Convention. La juridiction européenne estime que les normes à appliquer pour établir la conformité à l'article 3 du Protocole n° 1 doivent donc être considérées comme moins strictes que celles qui sont appliquées sur le terrain des articles 8 à 11 de la convention, car cet article est énoncé en des termes *collectifs et généraux*[500]. Ce qui n'empêche pas le juge européen de procéder à un contrôle davantage concret des limitations apportées aux droits des personnes morales engagées en politique. L'affaire du Parti conservateur russe des entrepreneurs illustre bien

---

[497] CEDH, *Etxeberria et autres (plusieurs groupements politiques) c/ Espagne*, 30 juin 2009, § 48, précité.

[498] CEDH, *Mathews c/ Royaume-Uni*, 18 février 1999, requête n° 24833/94, Recueil des arrêts et des décisions 1991-I, § 63 ; CEDH, *Zdanoka c/ Lettonie*, 16 mars 2006, précité, § 115.

[499] CEDH, *Etxeberria et autres (plusieurs groupements politiques) c/ Espagne*, 30 juin 2009, précité, § 48.

[500] Maintes fois cité l'arrêt CEDH, *Zdanoka c/ Lettonie*, 16 mars 2006, Grande Chambre, Recueil des arrêts et des décisions 2006-IV, § 115.

cette démarche de la juridiction européenne. La participation de ce parti politique d'envergure nationale légalement constitué à l'élection à la Douma d'État de l'Assemblée fédérale de la Fédération de Russie, la chambre basse du parlement bicaméral russe a été écartée. Les autorités publiques justifient l'exclusion de ce parti et l'un de ses membres par le non-respect de conditions d'éligibilité. Le candidat numéro deux de la liste du parti requérant avait été retiré en raison des fausses déclarations qu'il avait faites relativement à sa situation financière. Pourtant le groupement à but politique, à l'origine de la requête (encore moins un candidat figurant à titre individuel sur la liste de ce parti) n'a été déclaré coupable d'une quelconque irrégularité au regard des lois électorales. Le candidat disqualifié n'a été reconnu fautif que pour ses propres turpitudes, indépendantes de la formation politique. Le juge conventionnel précise que, *en droit interne, ni les blocs électoraux ni les candidats figurant sur leurs listes n'étaient tenus de vérifier la véracité des déclarations financières qui n'étaient pas les leurs. Il s'ensuit que le parti requérant (et le deuxième requérant) ont été sanctionnés pour des faits qui n'étaient pas liés à leur propre conduite, respectueuse de la loi, et qui échappaient aussi à leur contrôle. Nonobstant la marge considérable laissée aux Etats pour établir les critères d'inéligibilité, la Cour considère que la mesure écartant le parti requérant et le deuxième requérant des élections pour les raisons précitées était disproportionnée aux buts légitimes poursuivis, à savoir garantir que les candidats divulguent le véritable état de leur situation financière et contribuer à la probité des unions et des blocs électoraux*[501]. Les restrictions prises par les pouvoirs publics à propos de l'engagement électoral des personnes morales ne doivent pas porter une atteinte intolérable aux droits subjectifs que celles-ci tirent de l'article 3 du Protocole additionnel n° 1. De plus, les élections offrent l'occasion de procédures juridictionnelles dans lesquelles les mesures de limitations du droit de participation aux opérations électorales sont contestées, notamment par les personnes morales. Les organes de surveillance de la Convention sont d'avis que *l'article 3 du Protocole n° 1 comporte également un aspect procédural, le principe d'effectivité des droits exigeant que les décisions en matière électorale soient conformes à un certain nombre de critères permettant d'éviter l'arbitraire*[502]. Ils scrutent tous les mouvements procéduraux liés au scrutin ; et ont conclu à la violation de l'article 3 du Protocole n° 1 dans une affaire où le mode de détermination des conditions que devait remplir la requérante pour pouvoir être candidate aux élections n'avait pas satisfait aux exigences de l'équité procédurale et de la sécurité juridique[503].

---

[501] CEDH, *Parti conservateur russe des entrepreneurs c/ Russie*, 11 janvier 2007, requêtes n° 55066/00 et 55638/00, §§ 64-65.

[502] CEDH, *Partija « Jaunie Democrati » et Partija « Musu Zeme » c/ Lettonie*, 29 novembre 2007, requêtes n° 10547/07 et 34049/07, décisions de la Commission.

[503] CEDH, *Podkolzina c/ Lettonie*, 9 avril 2002, requête n° 46726/99, Recueil des arrêts et des décisions 2002-II, § 37.

Dans l'affaire du parti russe (Parti conservateur russe des entrepreneurs), la juridiction européenne a mis en exergue l'absence de sécurité juridique qui pourrait entacher l'exercice du droit aux élections des personnes morales. La démarche du procureur général adjoint, représentant de l'État qui n'était pas partie à la procédure, consistant à obtenir l'annulation d'une décision, pourtant définitive et exécutoire, permettant au parti de se présenter aux élections est considérée comme une atteinte au principe de sécurité juridique[504], et sans le mentionner nettement, aux garanties de l'article 3 sus indiqué.

Dans le domaine électoral, les personnes morales bénéficient de droits garantis leur permettant de mener les activités politiques qui caractérisent leur raison d'être. Toutefois, elles ont moins de succès dans la défense de ces garanties du fait du pouvoir d'appréciation assez important dont disposent les États adhérents. Soit, c'est un élargissement de droits fondamentaux dans le champ des *organisations non gouvernementales* dans ce domaine, et dans bien d'autres. L'assurance de l'accomplissement de leurs missions dans la vie publique s'en trouve de toute évidence renforcée.

Paragraphe II - L'EXTENSION DE GARANTIES AUX MISSIONS DE LA PERSONNE MORALE

La juridiction européenne continue son œuvre de prolongement des droits fondamentaux des personnes morales, convaincue qu'elle est de l'importance de ces personnes dans la vie publique dans la démocratie. Elle est consciente des difficultés que ces groupements rencontrent dans la conduite de leurs affaires. Les personnes morales peuvent, en effet, être frappées de mesures étatiques apparaissant discriminatoires. Si les rédacteurs du texte européen ont voulu prévenir cette forme d'arbitraire par l'écriture de l'article 14 de la convention, les organes de surveillance de ce texte ont prolongé les vertus de cette disposition aux groupements dans le cadre de leurs activités (A). La logique d'intégration des personnes morales dans le dispositif européen de défense des droits de l'homme peut susciter une levée de bouclier sur l'étendue de certains droits garantis. Ceux-ci pourraient profiter peu ou prou aux *organisations non gouvernementales* (B).

A/ L'INTERDICTION DE LA DISCRIMINATION DES PERSONNES MORALES

L'intervention des États contractants dans la vie des personnes morales peut compromettre les missions de celles-ci, voire obstruer leur existence. La discrimination qui peut résulter d'une telle intervention est dénoncée par le juge

[504] CEDH, *Parti conservateur russe des entrepreneurs c/ Russie*, 11 janvier 2007, précité, §§ 58-60.

européen, soutenu par son homologue communautaire[505]. Le principe de non-discrimination tel qu'il est proclamé dans la Convention européenne sert de bouclier contre les velléités d'atteintes aux droits et libertés des personnes morales (1). Les exigences inhérentes au principe de non-discrimination vont par conséquent s'imposer dans les affaires impliquant les personnes morales portées devant l'instance européenne (2).

1- L'existence du principe de non-discrimination des personnes morales

L'article 14 de la convention réprouve toute distinction arbitraire dans les mesures ou le comportement des pouvoirs publics vis-à-vis des sujets de droit. Son libellé, assez détaillé, rend bien compte de la volonté des rédacteurs de la Convention européenne de n'exclure aucun domaine susceptible de subir l'arbitraire des États contractants. Nombre de compartiments auxquels la disposition sus mentionnée entend assurer une protection intéressent les personnes morales. L'article 14 de la convention évoque le traitement sans discrimination relatif aux opinions politiques. Ces opinions sont défendues et promues par des *organisations non gouvernementales* créées à cet effet. A l'occasion de la promotion de ses opinions politiques (ou toute autre opinion), une personne morale pourrait être confrontée aux abus des autorités publiques. Dans l'espace public, les personnes morales à but confessionnel sont appelées à partager leurs convictions religieuses (ou philosophiques). Elles peuvent faire l'objet de traitement injustement différencié dans l'accomplissement de leurs tâches. Une communauté religieuse installée depuis longtemps en Autriche dénonçait le statut de communauté religieuse à laquelle elle a été enregistrée. Le statut en question était inférieur à celle d'une société religieuse selon le groupe religieux, et entravait sa mission. L'organisation confessionnelle y voyait une discrimination interdite par la Convention européenne[506]. Il est bien entendu que la référence à « *toute autre situation* » de l'article 14 *in fine* renforce l'idée d'ouverture du texte européen dans son combat contre les discriminations à toutes les circonstances et à toutes les composantes de la vie publique de l'État. Cette porte ouverte permet aux personnes morales de dénoncer un panel large de pratiques étatiques. Deux associations en donnent une illustration en estimant que le privilège de juridiction et ses effets constituent une discrimination entre les victimes. Il s'agissait, en effet, de la différence de traitement existant entre les personnes lésées suite à une infraction commise par un magistrat. Si les délits imputés à des particuliers peuvent mettre l'action publique en mouvement

---

[505] Voir les démonstrations des similitudes de jurisprudences de ces deux juges régionaux dans l'article de Martin Denis, *Strasbourg, Luxembourg et la discrimination : Influences croisées ou jurisprudences sous influence ?*, Revue trimestrielle de droits de l'homme RTDH, n° 69, janvier 2007, pp. 107 et suivants.

[506] CEDH, *Religionsgemeinschaft Der Zeugen Jehovas et autres c/ Autriche*, 31 juillet 2008, requête n° 40825/98.

par une constitution de partie civile, ce droit est en revanche refusé aux victimes de délits imputés aux magistrats, personnes bénéficiant du privilège de juridiction[507]. Cette circonstance, textuellement ignorée, a suscité le recours à l'instance européenne de deux associations.

La jurisprudence européenne est pleinement favorable à une reconnaissance indubitable aux personnes morales d'un droit fondamental à la non-discrimination. Les organes de contrôle de la Convention n'hésitent point à mentionner le terme de « *groupes* » pour définir les contours de l'article 14 du texte européen. Dans l'affaire de l'enregistrement du groupement religieux évoquée plus haut, le juge européen assure que cet article 14 *n'interdit pas l'État membre de traiter des groupes de manière différenciée...*[508]. La juridiction européenne ne cache pas sa volonté à faire bénéficier aux groupements de sa jurisprudence relative au principe de non-discrimination.

L'existence d'un droit fondamental à la non-discrimination reconnu aux groupes ne fait nul doute dans l'instance européenne. Les exigences relatives à la protection de ce droit garanti tendent à conforter les groupements dans la réalisation des objectifs qu'ils se sont librement fixés.

2- Les exigences du principe de non-discrimination des personnes morales

Les organes de surveillance de la Convention veillent au respect des exigences nées de l'interdiction de discrimination que pourrait subir une personne morale. La portée du texte européen tend clairement à la sauvegarde des intérêts des groupements de toutes formes. *La clause de non-discrimination n'a pas d'existence indépendante, puisqu'elle vaut uniquement pour les droits et libertés garantis par la Convention : l'article 14 n'ajoute pas à la liste des droits garantis mais renforce leur protection*[509]. Il revient au juge européen la mise en œuvre de conditions favorables à une protection davantage efficiente des groupements et de leurs activités en dépit du défaut d'indépendance de la disposition déterminée[510]. D'ailleurs *le contrôle des mesures de différentiation*

---

[507] CEDH, *Ernst et autres c/Belgique*, 15 juin 2003, requête n° 33400/96.

[508] CEDH, *Religionsgemeinschaft Der Zeugen Jehovas et autres c/ Autriche*, 31 juillet 2008, requête n° 40825/98.

[509] Sudre Frédéric, *Droit européen et international des droits de l'homme*, PUF, 9ème édition, 2008, p. 270.

[510] « *D'après la jurisprudence constante de la Cour, l'article 14 de la Convention complète les autres clauses normatives de la Convention et de ses Protocoles. Il n'a pas d'existence indépendante, puisqu'il vaut uniquement pour « la jouissance des droits et libertés » qu'elles garantissent. Certes, il peut entrer en jeu même sans un manquement à leurs exigences et, dans cette mesure, il possède une portée autonome, mais il ne saurait trouver à s'appliquer si les faits du litige ne tombent pas sous l'emprise de l'une au moins desdites clauses* » CEDH, *Ernst et autres c/Belgique*, 15 juin 2003, requête n° 33400/96, précité.

de traitement incombe à la Cour européenne des droits de l'homme. Pour ce faire elle dispose tout à la fois déjà de ses propres techniques de contrôle marge d'appréciation et contrôle de proportionnalité et des expériences extérieures (textes internationaux tant universels que régionaux, jurisprudence étrangère et jurisprudence communautaire) qui peuvent lui servir de sources d'inspiration[511]. La Cour européenne continue son contrôle nonobstant

Dans son contrôle des mesures, censées être discriminatoires, prises par les États adhérents à l'encontre des personnes morales, la Cour de Strasbourg indique les paramètres censés séparer de la discrimination réprouvée la distinction approuvée. Distinguer n'est pas forcément discriminer[512]. Le juge européen précise que l'article 14 de la convention n'interdit pas à un État membre de traiter des groupes de manière différenciée pour corriger des « *inégalités factuelles* » entre eux dans certaines circonstances. Un échec dans la correction d'une inégalité de traitement peut en soi donner lieu à une violation de l'article 14[513]. La juridiction européenne accorde subséquemment certaines latitudes aux États contractants qui disposent *d'une marge d'appréciation pour déterminer si et dans quelle mesure des différences dans des situations autres égards analogues justifient un traitement différent.*[514] Elle admet ainsi que l'action étatique peut conduire à une discrimination parmi les organisations, valable en droit européen des droits de l'homme. Encore est-il nécessaire que la mesure prise ou l'action opérée par les pouvoirs publics à l'endroit des groupements satisfassent à un certain nombre de conditions. Le juge européen s'empresse de souligner que *la différence de traitement est cependant discriminatoire si elle n'a pas de justification objective et raisonnable; en d'autres termes, si elle ne poursuit pas un but légitime ou s'il n'y a pas un rapport raisonnable de proportionnalité entre les moyens employés*

---

[511] Andriantsimbazovina Joël, « *Le droit à la non-discrimination appliqué aux groupes (1) – brèves remarques sur la reconnaissance progressive d'un droit des groupes par la Cour européenne des droits de l'homme* », *in* F. Sudre et H. Surrel (dir.), *Le droit à la non-discrimination au sens de la Convention européenne des droits de l'homme*, Actes du colloque des 9 et 10 novembre 2007, Bruylant, Extrait, 2008, § 56, p. 220.

[512] CEDH, *Association of General c/ Danemark*, 12 juillet 1989, requête n° 12947/87, décision de la Commission, D et R, n°62, p.237 : « *toute distinction n'est pas une discrimination* ».

[513] Voir notamment au fond CEDH, *Affaire relative à certains aspects de la législation sur l'utilisation des langues dans l'enseignement en Belgique*, 23 juillet 1968, Série A, n° 6, § 10 ; CEDH, *Thlimmenos c/ Grèce*, 6 avril 2000, Grande Chambre, Recueil des arrêts et des décisions 2000-IV, § 44.

[514] CEDH, *Religionsgemeinschaft Der Zeugen Jehovas et autres c/ Autriche*, 31 juillet 2008, requête n° 40825/98 ; CEDH, *97 membres de la Congrégation des Témoins de Jéhovah de Gldani et autres c/ Géorgie*, 3 mai 2007, requête n ° 71156/01.

et le but visé réalisé[515]. C'est uniquement à la satisfaction de cette conditionnalité que l'ingérence des autorités publiques pourra être qualifiée de distinction et non de discrimination intolérable. Ainsi, une section de la Fédération syndicale du personnel du service public a estimé que la communication du dispositif d'une décision de justice du Tribunal cantonal à une agence de presse constitue une discrimination réprouvée par la Convention européenne. La Cour de Strasbourg conclut qu'un tel argumentaire ne saurait prospérer en raison de l'absence d'un service de presse propre à l'administration. Celle-ci se voit contrainte de passer par une agence de presse importante, en prenant des précautions afin que l'information parvienne dans les mêmes conditions à tous les intéressés. L'action de l'autorité administrative, *à supposer même qu'il y ait eu différence de traitement*, n'est pas déraisonnable, encore moins disproportionnée, d'où l'irrecevabilité de la requête de la personne morale syndicaliste[516]. Aussi, dans l'affaire du privilège de juridiction accordé aux magistrats dans l'État belge, la Cour européenne relève-t-elle que la mesure litigieuse poursuit un but légitime, *à savoir mettre les magistrats à l'abri de poursuites inconsidérées et leur permettre d'exercer la fonction juridictionnelle en toute quiétude et indépendance*, et lui reste proportionnelle, car les associations requérantes et leurs particuliers associés à la requête, indépendamment de l'attitude du ministère public, *ont conservé le droit d'introduire une action en responsabilité civile contre l'Etat belge*. Aucune violation de l'article 14 de la convention (combiné ici avec le premier paragraphe de l'article 6 de la convention) ne pouvait être soulevée face à la mesure étatique pourvue de justification objective et raisonnable[517]. Les différences objectives ne peuvent donc donner lieu à des violations de l'article 14 de la convention[518]. L'arbitraire, imprégnant l'action des autorités publiques dans le traitement des *organisations non gouvernementales* exerçant sous leur juridiction, est sanctionné par l'instrument européen de sauvegarde des droits fondamentaux. Par exemple, le délai d'attente en vue de l'obtention du statut de société religieuse, plus protecteur en droit autrichien, ne saurait être justifié vis-à-vis de groupes religieux établis de longue date au niveau international et dans le pays, et donc bien connue des autorités compétentes, comme c'est le cas du groupement des Témoins de Jéhovah requérant. Le délai devrait être beaucoup plus court, autant qu'il a été pour une autre communauté religieuse citée devant l'instance européenne. L'État autrichien a manifestement traité différemment des personnes morales se trouvant pourtant dans une situation identique. Le

[515] CEDH, *Religionsgemeinschaft Der Zeugen Jehovas et autres c/ Autriche*, 31 juillet 2008, requête n° 40825/98, précité ; CEDH, *Van Raalte c/ Pays-Bas*, 21 février 1997, Recueil des arrêts et des décisions 1997-I, § 39.
[516] CEDH, *X et Association S c/ Suisse*, 4 octobre 1982, D et R, n° 31, p.194.
[517] CEDH, *Ernst et autres c/Belgique*, 15 juin 2003, requête n° 33400/96, précité.
[518] CEDH, *Predil Anstalt S.A. c/ Italie*, 8 juin 1999, requête n° 31993/96, décision de la Commission.

juge européen conclut que cette différence de traitement n'était pas fondée sur aucune « *justification objective et raisonnable* ». En conséquence, il y a eu une violation de l'article 14 de la convention combiné avec l'article 9 du même texte en rapport avec la liberté de religion[519]. L'aptitude du juge conventionnel à sanctionner les abus des autorités étatiques au titre de la garantie de non-discrimination des groupements est manifeste. Quoique la Cour européenne n'ait constaté aucune violation de l'article 11 de la convention, elle n'écarte en revanche pas de rechercher si les différences de traitement dont se plaint un syndicat requérant méconnaissent les articles 11 et 14 de la convention[520]. Aussi la protection des personnes morales s'est-elle accrue eu égard à la prise en considération d'un effet horizontal de l'article 14 sus indiqué. Ainsi si l'État partie n'a pas mené les opérations nécessaires à la prévention ou à la répression des discriminations notamment des particuliers à l'encontre d'une organisation confessionnelle, cet État est jugé par la juridiction conventionnelle responsable de l'atteinte portée au principe de non-discrimination des personnes morales[521]. C'est une garantie supplémentaire accordée à ces personnes dans l'accomplissement paisible de leurs missions sur la scène publique.

L'extension aux personnes morales de la garantie inscrite à l'article 14 de la convention n'a suscité d'obstacle majeur, il n'en est moins de même pour celle d'autres dispositions du texte européen. Des interrogations quant à la réalisation d'éventuelles extensions demeurent.

B/ L'EXTENSION CONTINGENTE DE DROITS AUX PERSONNES MORALES

Les organes de la Convention ont reconnu aux personnes morales des droits fondamentaux s'analysant en des garanties complémentaires dues au particularisme de ces personnes et des missions qui sont les leurs. Cette entreprise, jusque-là réussie, va connaître des atermoiements, au demeurant des épreuves vont jalonner la marche vers un régime continûment protecteur des *organisations non gouvernementales*. Autant de contingences dans la jurisprudence européenne quant à l'applicabilité de certaines dispositions aux personnes morales, suscitant des interrogations. Deux dispositions produisent, semble-t-il, un impact important corrélativement au degré de protection de ces sujets de droit. D'abord, l'article 17 de la convention peut apparaître comme une opportunité laissée aux personnes morales aux fins de dénoncer les dérives des États contractants entravant le libre exercice de leurs activités (1). Le

---

[519] CEDH, *Religionsgemeinschaft Der Zeugen Jehovas et autres c/ Autriche*, 31 juillet 2008, requête n° 40825/98, précité, §§ 83-99.

[520] CEDH, *Syndicat national de la police belge c/ Belgique*, 27 octobre 1975, Cour plénière, Série A, n° 19, § 39.

[521] CEDH, *97 membres de la Congrégation des Témoins de Jéhovah de Gldani et autres c/ Géorgie*, 3 mai 2007, requête n ° 71156/01, précité.

recours à cette disposition par les groupements se justifie par l'importance de son contenu. Ensuite, un nouveau compartiment de protection au titre de l'article 8 de la convention a été ouvert par les organes conventionnels. Le juge européen s'y fonde pour ériger une protection relative au nom. Pareille sauvegarde pourrait être admise au profit des groupements sans en affecter le sens ou la trajectoire (2). Une voie de réflexion est ainsi ouverte en vue de hausser le niveau de protection des personnes morales dans l'instance européenne.

1- *L'invocation de l'article 17 de la convention par la personne morale*

Il n'est pas courant de trouver la mention de personnes morales, plus précisément les notions partageant un sens identique, dans les dispositions de la Convention européenne. Cette rareté impose de marquer un arrêt. La lettre de l'article 17 de la convention évoque clairement le terme de *groupement* afin de mettre en exergue l'intérêt qu'il peut avoir pour les personnes morales. Cette disposition met en garde toute *organisation non gouvernementale* d'utiliser le texte européen dans le but de réduire la force de ses garanties. Cet article 17 est une disposition importante à bien d'égards. La juridiction conventionnelle l'a en effet qualifiée de *disposition fondamentale de la Convention*[522] européenne. Cet article 17 poursuit l'objectif de la sauvegarde des droits garantis par la défense du libre fonctionnement des institutions démocratiques[523]. Il touche ainsi à la raison d'être du système européen des droits de l'homme : la promotion d'une société démocratique. Alors que les objectifs de certaines personnes morales et les activités menées par celles-ci pour y aboutir peuvent constituer justement une menace pour la stabilité de la démocratie des États adhérents. *On ne saurait exclure qu'une personne ou un groupe de personnes invoquent les droits consacrés par la Convention ou par ses Protocoles pour en tirer le droit de se livrer à des activités visant effectivement à la destruction des droits ou libertés reconnus dans la Convention ; or pareille destruction mettrait fin à la démocratie*[524]. La démarche de la Cour amène naturellement à rejeter toute utilisation par une personne morale, notamment un parti politique, des dispositions de la Convention pour affaiblir les idéaux et valeurs d'une société démocratique[525]. L'article 17 de la convention semble *a priori* être conçu pour

---

[522] CEDH, *Parti communiste d'Allemagne c/ Allemagne*, 20 juillet 1957, requête n° 250/57, décision de la Commission.

[523] Voir Travaux préparatoires, comptes rendus de l'Assemblée consultative, 1949, 1ère section, p. 1235, 1237 et 1239 : « *il s'agit d'empêcher que des courants totalitaires puissent exploiter en la faveur les principes posés par la Convention, c'est-à-dire invoquer les droits et libertés pour supprimer les droits de l'homme* ».

[524] CEDH, *Zdanoka c/ Lettonie*, 16 mars 2006, Grande Chambre, Recueil des arrêts et des décisions 2006-IV, précité, § 99.

[525] CEDH, *Refah Partisi (Parti de la prospérité) et autres c/ Turquie*, 13 février 2003, Grande Chambre, Recueil des arrêts et des décisions 2003-II, § 99, précité.

parer à tout abus émanant des personnes physiques et morales. Il est souvent complété, devant l'instance européenne, par l'article 18 de la convention qui prohibe les limitations étatiques aux droits fondamentaux paraissant disproportionnées à leur finalité[526]. Ces deux dispositions jouent pour la stabilité des États contractants démocratiques.

Toutefois, l'article 17 de la convention peut être compris autrement. Il sert notamment à la défense des intérêts des groupements dans certaines circonstances. Les groupements pourraient ainsi se fonder sur cette disposition en vue de circonscrire les limitations que les autres articles de la Convention autoriseraient les États parties à apporter à leurs droits fondamentaux. Les personnes morales, associées à une requête individuelle, ont vu, à travers les méthodes d'indemnisation, que la nationalisation dont elles faisaient l'objet affaiblissait leurs droits garantis[527]. L'article 17 de la convention constitue également une réserve d'interprétation quant aux restrictions des pouvoirs publics apportées aux droits et libertés des personnes morales. Lorsqu'un syndicat dénonce sa mise à l'écart par les autorités publiques dans les négociations collectives, en d'autres termes leur reprochant de ne pas le reconnaître comme une organisation représentative que le ministre de l'Intérieur doit consulter selon certaines modalités, ce syndicat prend appui sur l'article 17 de la convention pour invoquer une violation des articles 11 et 14 du même texte[528]. Les organes conventionnels ont illustré le rôle de critère ou de réserve d'interprétation de cet article 17 dès le passage de ladite affaire devant la Commission[529]. Cette stipulation peut alors être utilisée en vue de mettre un terme aux restrictions des États adhérents à l'encontre des intérêts des groupements.

La tendance actuelle, faut-il le souligner, est à la résorption de l'invocation de l'article 17 de la convention dans l'instance en raison de l'exclusion systématique du moyen soulevé par les organes de contrôle de la Convention[530]. Cette disposition peut néanmoins s'avérer déterminante dans l'optimisation de

---

[526] L'article 18 de la convention : « *Les restrictions qui, aux termes de la présente Convention, sont apportées auxdits droits et libertés ne peuvent être appliquées que dans le but pour lequel elles ont été prévues* ».

[527] CEDH *Lithgow et autres c/ Royaume-Uni*, 8 juillet 1986, Série A, n° 102. Le grief soulevé devant la Commission européenne n'a pas été examiné par la Cour de Strasbourg du fait qu'aucune violation des autres dispositions évoquées n'a été constatée par la Commission elle-même.

[528] CEDH, *Syndicat national de la police belge c/ Belgique*, 27 octobre 1975, Cour plénière, Série A, n° 19.

[529] Voir les échanges devant la Commission de l'affaire *Syndicat national de la police belge c/ Belgique*, B, vol. 17, p. 235 et p. 250.

[530] P. Lemire, « Article 17 », *in* L.-E. Pettiti, E. Décaux et P.-H. Imbert, *La Convention européenne des droits de l'homme – commentaire article par article*, Economica, 2ème édition, 1999, p. 521.

la protection des droits fondamentaux des personnes morales, dans la même logique que le droit au nom.

2- La protection admissible de la dénomination de la personne morale

Outre la question, étudiée *supra*, relative au traitement des données relatives à la vie de la personne morale, effectué par exemple à des fins fiscales, ou dans le cadre de la lutte contre la criminalité financière[531], la problématique de la sauvegarde de certains compartiments de la vie de cette personne dans ses rapports avec l'extérieur demeure. C'est le cas du droit au respect du nom[532]. Il est vrai qu'une telle sauvegarde n'existe nullement dans le texte européen et ses satellites (Protocoles). C'est la jurisprudence européenne qui a donné naissance à ce droit au nom, le considérant comme un dérivé du droit au respect de la vie privée[533] : *« En tant que moyen d'identification personnelle et de rattachement à une famille, le nom d'une personne [concerne] la vie privée et familiale de celle-ci. Que l'Etat et la société ait intérêt à en réglementer l'usage n'y met obstacle, car ces aspects du droit public se concilient avec la vie privée conçue comme englobant, dans une certaine mesure, le droit pour un individu de nouer et développer des relations avec ses semblables, y compris dans le domaine professionnel ou commercial »*[534]. L'éventualité d'une protection du droit au respect de son nom apporterait nombre d'avantages à la personne morale. En raison notamment du risque réel de confusion que sa dénomination entraînerait avec celle d'une société concurrente, une entreprise pourrait ainsi se fonder sur les garanties énoncées à l'article 8 pour réclamer une protection de son nom. Au-delà même de celui-ci, c'est en réalité la réputation de la personne morale qui est en jeu. L'enjeu d'une prise de conscience prétorienne de ce qui constituerait une faiblesse du groupement ou la vulnérabilité de sa notoriété, est incontournable face à une scène publique où tous les coups sont permis. Il incomberait au juge européen de mettre en place un véritable régime censé

---

531 CEDH, *Rotaru c/ Roumanie*, 4 mai 2000, requête n° 28341/95, Séria A, n°280-B, § 24, obs. De Schutter Olivier, « *vie privée et protection de l'individu vis-à-vis des traitements de données à caractère personnel* », Revue trimestrielle des droits de l'homme, 2001, p. 148. L'article 3, al. 2, de la convention (Strasbourg, 28 janvier 1981, S.T.E. n°108) prévoit que les États parties peuvent déclarer que la convention étend sa protection aux personnes morales, qu'elles soient dotées ou non de la personnalité juridique. C'est dire que dans l'esprit des auteurs de la convention, la protection vis-à-vis des traitements de données à caractère personnel ne bénéficie pas normalement à la personne morale.

532 De Schutter Olivier, « *L'accès des personnes morales à la Cour européenne des droits de l'homme* », *in Avancées et confins actuels des droits de l'homme aux niveaux international, européen et national*, Mélanges offerts à S. Marcus Helmons, Bruylant, Bruxelles, 2003, p. 95 et suivants.

533 CEDH, 25 novembre 1994, *Stjerna c/ Finlande*, Série A, n°299-B ; CEDH, 24 octobre 1996, *guilot (fleur de Marie) c/ France*, GACEDH, 2ème édition, p. 378.

534 CEDH, *Burghartz c/ Suisse*, 22 février 1994, Série A, n° 280-B, § 24.

éluder toute atteinte au droit au respect de la réputation dont pourraient jouir les groupements[535]. Ceux-ci peuvent subir un préjudice fort important si, par exemple, de fausses informations sont diffusées à propos de la viabilité financière d'une personne morale ou de la qualité des produits dont elle est le fabricant. Dans une analyse *a contrario*, la Cour de Strasbourg fait implicitement référence, en parlant de « *droits d'autrui* », à la protection de la réputation comme étant un but légitime de restrictions de la liberté d'expression[536]. Le nom d'une personne morale, notamment une société contre laquelle une campagne de dénigrement de ses activités a été menée, peut s'en trouver affecté. Le juge européen tient compte du préjudice, d'ordre moral, ressenti par le groupement : « ... *Parmi ces éléments* (du préjudice moral), *il faut reconnaître la* réputation *de l'entreprise...* »[537]. La réparation de l'atteinte à la réputation s'effectuera dans les conditions identiques à celle de la compensation du préjudice qu'aurait souffert un individu[538]. Le principe de réparation ne souffre donc d'aucune difficulté de mise en œuvre.

Il appartient au juge conventionnel européen de prendre en compte des considérations en amont qui porteront sur l'opportunité des personnes morales de se fonder sur l'article 8 de la convention en vue de protéger le choix notamment de leur propre dénomination.

CONCLUSION

Toutes les lignes de ce chapitre ont mis davantage en lumière la détermination sans conteste des organes de surveillance de la Convention européenne à prolonger les effets des droits fondamentaux au profit des missions et des objectifs des personnes morales. Le rôle de ces *organisations non gouvernementales* dans la vie des États contractants est manifestement utile et important. Les ignorer dans la défense des droits et libertés serait d'une absurdité. Le texte initial (notamment en son article 8) et ses Protocoles dont le premier, tous, concourent à faciliter l'accomplissement des diverses et variées

---

[535] Un droit déjà reconnu aux personnes physiques. Voir CEDH, *Fayed c/ Royaume-Uni*, 15 mai 1992, requête. n°17101/90, décision de la Commission.

[536] CEDH, *Hertel c/ Suisse*, 25 août 1998, Recueil des arrêts et des décisions 1998-IV ; D, 1999, somm. 239, obs. M.-L. Niboyet : « *tout en aboutissant à un constat de violation de la liberté d'expression, la Cour a admis que pouvait constituer un but légitime de restriction de la liberté d'expression, le souci mis en avant de l'Etat défendeur de préserver les « droits d'autrui » ; en l'occurrence, ceux des producteurs de four à micro-ondes, dont la réputation des produits risquait de souffrir des thèses défendues par le requérant, selon qui la préparation d'aliments par fours à micro-ondes pouvait avoir des effets cancérigènes* ».

[537] CEDH, *Comingersoll S. A c/ Portugal*, 6 avril 2000, requête n° 35382/97, Grande Chambre, § 35.

[538] Voir chapitre suivant.

missions des groupements. Le juge européen ne ménage aucun effort pour permettre l'intégration des personnes morales dans la construction de sa jurisprudence protectrice des droits fondamentaux. Tout autour de l'instance européenne, ces personnes morales vont bénéficier d'un traitement particulier en vue de faire rayonner leurs droits et libertés réels et concrets et non illusoires. La quête d'un droit à la réparation n'en est pas écartée.

Chapitre II
LE TRAITEMENT PARTICULIER DE LA REQUETE DE LA PERSONNE MORALE

La proclamation de droits et libertés reconnus aux personnes morales dans la Convention européenne des droits de l'homme est une avancée incontestable dans la quête d'une société démocratique. La reconnaissance par le texte européen et les organes en charge de son respect de droits fondamentaux à ces groupes et associations marque la prise en considération de ceux-ci comme étant des actrices majeures du développement d'une telle société. Cette étape franchie, il ne reste plus que pour les groupements l'assurance de la défense de leurs droits garantis devant le juge européen, devant l'instance européenne.

Les personnes morales ont la possibilité, aux fins de faire valoir leurs droits reconnus et malmenés le cas échéant par les autorités publiques, de saisir la juridiction européenne. Autrement dit, elles dressent une requête individuelle à l'adresse des organes conventionnels en vue de redresser le tort que les pouvoirs publics leur auraient causé. L'article 34 de la convention offre effectivement l'occasion aux *organisations non gouvernementales* de contester les ingérences des États contractants dans l'exercice des droits et libertés de celles-ci. La requête formulée à cet effet est soumise au respect de plusieurs exigences que le texte européen émet. Du fait du particularisme de ces sujets de droit, le traitement de la requête des personnes morales revêt quelque originalité. C'est dire que la juridiction européenne entend adapter sa jurisprudence spécifique à la recevabilité des requêtes individuelles à ces personnes non humaines et aux recours de celles-ci. De cette volonté d'ajustement s'opérera une redéfinition de certaines conditions textuelles de recevabilité au profit d'une incorporation plus importante des préoccupations des personnes morales. En clair, les exigences de l'article 35 de la convention notamment ne serviront point de prétexte d'obstacles insurmontables que pourraient opposer les États adhérents.

Toutefois, il impose de souligner un autre aspect de la présence de la personne morale dans l'instance européenne. Les relations entre les personnes morales et les organes de la Convention n'évoluent pas uniquement dans le cadre de la requête individuelle. Dans le but de participer à l'œuvre de justice, de promotion des droits fondamentaux, les groupements peuvent avoir la qualité d'*amici curiae* à l'occasion de la procédure de « *tierce intervention* ». L'expression *amici curiae*, signifie littéralement « *amis de la Cour* » et désigne la personnalité que la juridiction civile peut entendre sans formalités dans le but de rechercher des éléments propres à faciliter son information. En d'autres termes, il s'agit d'une personne qui, bien que n'étant pas partie à une cause, se porte volontaire pour aider la cour à trancher une matière. La Convention européenne admet la possibilité pour les organisations non gouvernementales *de demander à être autorisées à présenter des observations d'amici curiae devant la Cour européenne des droits de l'homme*[539]. C'est le deuxième paragraphe de l'article 36 de la convention qui prévoit cette intervention de la personne morale[540] ; l'article 44, alinéa 3 du Règlement de la Cour européenne en précise les grands traits[541]. Les groupements peuvent contribuer, au titre *d'amici curiae*, aux procédures devant le juge européen impliquant les personnes aussi bien physiques[542] que morales[543] par leur expertise notamment. Le juge peut refuser,

---

[539] De Schutter Olivier, « *L'accès des personnes morales à la Cour européenne des droits de l'homme* », *in Avancées et confins actuels des droits de l'homme aux niveaux international, européen et national*, Mélanges offerts à S. Marcus Helmons, Bruylant, Bruxelles, 2003, p. 86.

[540] Article 36 paragraphe 2 de la convention : « 1- *Dans toute affaire devant une chambre ou la Grande Chambre, une Haute Partie contractante dont une ressortissant est requérant a le droit de présenter des observations écrites et de prendre part aux audiences.* 2- *Dans l'intérêt d'une bonne administration de la justice, le président de la Cour peut inviter toute autre Haute Partie contractante qui n'est pas partie à l'instance ou toute personne intéressée autre que le requérant à présenter des observations écrites et de prendre part aux audiences.* 3- *Dans toute affaire devant une chambre ou la Grande Chambre, le Commissaire aux droits de l'homme du Conseil de l'Europe peut présenter des observations écrites et de prendre part aux audiences* ».

[541] Article 44 paragraphe 3 du Règlement de la Cour européenne : « *a- Une fois la requête portée à la connaissance de la Partie contractante défenderesse en vertu des articles 51 paragraphe 1 ou 54 paragraphe 2b) du présent règlement, le président de la chambre peut, dans l'intérêt d'une bonne administration de la justice, comme le prévoit l'article 36 paragraphe 2 de la convention, inviter ou autoriser toute Partie contractante non partie à la procédure, ou toute personne intéressée autre que le requérant, à soumettre des observations écrites ou, dans des circonstances exceptionnelles, à prendre part à l'audience. b- les demandes d'autorisation à cette fin doivent être dûment motivées et soumise par écrit dans l'une des langues officielles, comme l'exige l'article 34 du présent règlement, au plus tard douze semaines après que la requête a été portée à la connaissance de la Partie contractante défenderesse. Le président de la chambre peut, à titre exceptionnel, fixer un autre délai* ».

[542] Voir parmi tant d'autres arrêts CEDH, *Aydin c/ Turquie*, 25 septembre 1997, requête n° 23178/94, Recueil des arrêts et des décisions 1997-VI, § 6 : « *Le 2 septembre 1996, le président de la chambre a autorisé Amnesty International à soumettre des observations écrites sur certains aspects précis de l'affaire (*ancien *article 37 § 2 du règlement A)...* » ; CEDH, Tysiac c/ Pologne, 20 mars 2007, requête n° 5410/03 : *Des observations ont également été reçues du Center for Reproductive Rights, une*

conformément aux textes, tout apport d'une personne morale non partie à l'instance[544]. La participation en tant que *amici curiae* des groupements peut s'avérer décisive dans la solution finale apportée au litige[545], c'est un rôle d'influence dans la jurisprudence de la Cour de Strasbourg[546]. En somme, les organisations contribuent à la bonne administration de la justice grâce à cette possibilité qui leur est offerte[547]. C'est une reconnaissance, s'il en fallait encore une, de leur importance dans la société démocratique.

La principale qualité des personnes morales dans l'instance européenne demeure cependant celle de requérant. Il convient de s'attarder sur le traitement de la requête de ces personnes par les organes de contrôle de la Convention. Le recours des *organisations non gouvernementales* à la Cour européenne bénéficie en réalité d'une jurisprudence souple. La requête formulée par la personne morale est traitée en fonction du dispositif spécialement et progressivement mis en place par le juge conventionnel (section première). Celui-ci conçoit un dispositif tout aussi adéquat s'agissant de la réparation du

---

association de New York, de la fédération polonaise des femmes et du planning familial ainsi que de la branche polonaise de la fondation Helsinki pour les droits de l'homme de Varsovie, du forum des femmes polonaises de Gdańsk et de l'association des familles catholiques de Cracovie, que le Président avait autorisée à intervenir dans la procédure écrite (articles 36 § 2 de la Convention et 44 § 2 du règlement).

543 Voir parmi tant d'autres arrêts CEDH, *Observer et Guardian c/ Royaume-Uni*, 26 novembre 1991, Cour plénière, Série A, n° 216, p. 30, § 6 : le juge européen autorise *"Article 19" (le Centre international contre la censure), en vertu de l'article 37 par. 2* (ancien) *du règlement, à présenter des observations écrites sur un aspect particulier de l'affaire.*

544 CEDH, *McGinley et Egan c/ Royaume-Uni*, 9 juin 1998, requêtes n° 21825/93 et 23414/94, Recueil des arrêts et des décisions 1998-III, § 5 : bien que la Cour européenne ait autorisé *Liberty* et à la *Campaign for Freedom of Information*, deux organisations non gouvernementales œuvrant dans le domaine des droits de l'homme et ayant leur siège à Londres, à soumettre des observations écrites conjointes sur des questions précises soulevées par l'espèce (ancien article 37 § 2 du règlement A), il a par contre refusé, *le même jour*, d'accorder la même autorisation à l'Association des anciens participants aux essais nucléaires néo-zélandais (*New Zealand Nuclear Test Veterans' Association*).

545 Voir l'importante contribution d'une personne morale en tant que amicus curiae dans l'arrêt CEDH, *Observer et Guardian c/ Royaume-Uni*, 26 novembre 1991, Cour plénière, précité, § 60.

546 Hennebel Ludovic, « *Le rôle des amici curiae devant la Cour européenne des droits de l'homme* », Revue trimestrielle de droits de l'homme RTDH, n° 71, juillet 2007, pp. 640 et suivants (surtout p. 656).

547 Pettiti Louis-Edmond et De Schutter Olivier, *Le rôle des associations dans le cadre de la Convention européenne des droits de l'homme*, Journal des tribunaux – Droit européen, 1996, p. 145. ; De Schutter Olivier, *Sur l'émergence de la société civile dans le droit international : le rôle des associations devant la Cour européenne des droits de l'homme*, E.J.I.L. / J.E.D.I., 1996, pp. 372-410.

préjudice (section seconde). La particularité des groupements est *in fine* prise en compte tout au long de l'instance européenne, de la recevabilité de la requête à la quête d'une éventuelle indemnisation en cas de déclaration de violation du droit reconnu à ces groupements.

Section I - LA REQUETE INDIVIDUELLE DE LA PERSONNE MORALE DEVANT L'INSTANCE EUROPEENNE

L'admission des personnes morales à la qualité de requérant à la Cour européenne des droits de l'homme est une question non moins délicate[548]. Plusieurs difficultés sont rencontrées par les *organisations non gouvernementales* dès lors qu'elles sollicitent l'office du juge européen. La représentation de ces sujets de droit dans l'instance européenne laisse apparaître la nécessité d'opérer un traitement particulier à la requête des personnes morales (paragraphe I). Les règles d'admission du recours individuel engagé par ces personnes sont interprétées de sorte à permettre à celles-ci d'avoir un véritable accès à la juridiction européenne (paragraphe II).

Paragraphe I - LA REPRESENTATION DES PERSONNES MORALES DANS L'INSTANCE EUROPEENNE

La présence de la personne morale dans l'instance européenne se matérialise par l'action de son représentant. La représentation de la personne morale ne peut être occultée au regard de son intérêt dans l'instance. La Cour européenne y a consacré des règles appropriées, mettant en lumière le traitement particulier dont bénéficie la requête engagée par les personnes morales (A). La quête d'une plus importante intégration des groupes et associations dans l'appareil juridictionnel de la Convention a somme toute guidé la réflexion vers l'admission de formules inclusives. La représentativité et la requête d'intérêt collectif peuvent en effet faciliter l'accès des groupements à la Cour européenne des droits de l'homme (B).

---

[548] La question des rapports entre les personnes morales et les juridictions a fait l'objet d'études parmi lesquelles : Marcus Helmons Silvio, « *Les personnes morales et le droit international* », *in Les droits de l'homme et les personnes morales*, Centre d'études européennes de l'université catholique de Louvain, Bruxelles, Bruylant, 1970, pp. 35-81 ; « *L'applicabilité de la Convention européenne des droits de l'homme aux personnes morales* », *Journal des tribunaux-Droit européen*, 1996, pp.150 et suivants du même auteur.

A/ LA DEFENSE DANS L'INSTANCE EUROPEENNE DU GROUPEMENT REQUERANT

La qualité de requérant de la personne morale prend forme dans l'instance européenne par la requête de celle-ci déposée par son représentant. L'organisation non gouvernementale donne en effet mandat à une personne physique qui va défendre ses intérêts (ceux du groupement) devant le juge européen en son nom et pour son compte (1). Cette évidence ne saurait occulter la problématique liée aux titulaires des droits ou bénéficiaires des intérêts réellement défendus. La présence de la personne morale devant la Cour de Strasbourg peut mettre en lumière les rapports entre les intérêts des personnes morales et ceux de leurs composantes, et révéler des intérêts jusqu'ici inattendus (2).

1- Par le biais du mandat

L'article 36 du Règlement de la Cour est une mine d'informations s'agissant de la représentation proprement dite dans l'instance[549]. L'entièreté de cet article est une suite de règles régissant le mandat dans la procédure européenne.

Dès l'entame de cette disposition, l'instrument européen de sauvegarde des droits de l'homme reconnaît l'accès à sa juridiction à la personne morale,

---

[549] L'article 36 du Règlement de la Cour : « *1 les personnes physiques, les organisations non gouvernementales et les groupes de particuliers visés à l'article 34 de la convention peuvent initialement soumettre des requêtes en agissant soit par eux-mêmes, soit par l'intermédiaire d'un représentant. 2 Une fois la requête notifiée à la partie contractante défenderesse comme prévu à l'article 52 § 2b du présent règlement, le requérant doit être représenté conformément au paragraphe 4 du présent article, sauf décision contraire du président de la chambre. 3 Le requérant doit être ainsi représenté dans toute l'audience décidée par la chambre, sauf si le président de la chambre autorise exceptionnellement le requérant à présenter sa cause lui-même sous réserve, au besoin, qu'il soit assisté par un conseil ou par un autre représentant agréé. 4 a) le représentant agissant pour le compte du requérant en vertu du paragraphe 2 et 3 du présent article doit être un conseil habilité à exercer dans l'une quelconque des Parties contractantes et résidant sur le territoire de l'une d'elles, ou une autre personne agréée par le président de la chambre. b) dans des situations exceptionnelles ou à tout moment de la procédure, le président de la chambre peut, lorsqu'il considère que les circonstances ou la conduite du conseil ou de l'autre personne désignés conformément à l'alinéa précédent le justifient, décider que ce conseil ou cette personne ne peut plus représenter ou assister le requérant, et que celui-ci doit chercher un autre représentant. 5 a) le conseil ou le représentant agréé du requérant, ou ce dernier s'il demande à pouvoir assumer lui-même la défense de ses intérêts, doivent, même s'ils obtiennent l'autorisation visée à l'alinéa b) ci-dessous, avoir une compréhension suffisante de l'une des langues officielles de la cour. b) s'ils n'ont pas une aisance suffisante pour s'exprimer dans l'une des langues officielles de la cour, le président de la cour peut, en vertu de l'article 34 § 3 du présent règlement, leur accorder l'autorisation d'employer l'une des langues officielles des Partes contractantes* ».

permettant celle-ci de soumettre des requêtes par l'intermédiaire d'un représentant. Ce dernier a le mandat du groupe faisant de lui le porte-parole de celle-ci à l'audience aux fins de défendre ses intérêts. Le groupement requérant a toutefois la possibilité de se passer d'un conseil, ou même de toute personne agréée par les organes de la Convention, et donc défendre seul ses intérêts. Il assure en sorte sa défense comme l'entendent ses organes de direction. Cependant, lorsque les personnes morales décident de se faire représenter, se pose alors la question de savoir qui doit parler en leur nom ou être véritablement le porte-parole de celles-ci. La nature singulière du groupement commande un traitement particulier de sa requête en cours devant la juridiction européenne.

L'article 36 du Règlement de la Cour européenne traite de la représentation dans son sens premier, à savoir le mandat dont peut se revendiquer celui qui enclenche la procédure européenne au nom du requérant nommé dans la requête. La représentation n'a qu'un sens, celui de l'action pour le compte du requérant. Le représentant est présenté comme *un conseil habilité à exercer dans l'une quelconque des Parties contractantes et résidant sur le territoire de l'une d'elles, ou une autre personne agréée par le président de la chambre*. Le juge conventionnel veille à ce que la représentation soit uniquement et strictement menée au bénéfice de la personne morale. Tout au long de la procédure, et même quand des circonstances exceptionnelles se présentent, il garde une ligne favorable aux intérêts du groupement. Le Règlement lui permet de décider que le mandataire commis ou désigné *ne peut plus représenter ou assister le requérant, et que celui-ci doit chercher un autre représentant*[550]. Contrairement à ceux qui y voient des *précisions banales*[551], à ce niveau peuvent surgir des différends. L'illustration est donnée dans une affaire de défense des pratiques et convictions religieuses par une personne morale confessionnelle. Le président de cette association requérante avait indiqué par courrier vouloir se désister purement et simplement de la requête. L'avocat du groupement requérant a cependant contesté la validité de ce désistement en faisant valoir, pièces à l'appui, que le président était démissionnaire de la présidence de l'association huit mois plus tôt, et que pendant cette période était intervenue une nouvelle élection par le conseil d'administration qui avait pourvu à ce poste et été confirmée par une assemblée générale extraordinaire. La juridiction européenne, qui n'analyse pas au fond cette question préliminaire, se borne à juger que, *vu des pièces produites par l'avocat de l'association*

[550] Revoir l'alinéa 4 de l'article 76 du Règlement précité.

[551] De Schutter Olivier, « L'accès des personnes morales à la Cour européenne des droits de l'homme », *in* Avancées *et confins actuels des droits de l'homme aux niveaux international, européen et national*, Mélanges offerts à S. Marcus Helmons, Bruylant-Bruxelles, 2003, p. 89.

requérante, il est *établi que celle-ci entend maintenir sa requête*[552]. Les modalités du mandat évoqué par le Règlement de la Cour viennent régler les conflits de la représentation d'une organisation requérante dans l'instance quand, en l'espèce, la question de la succession à sa tête brouille le maintien ou non de la requête. En outre, les organes de contrôle restent constants sur l'idée selon laquelle la défense des droits et intérêts des personnes morales doit être privilégiée. En d'autres termes, la protection des droits non pas théoriques ou illusoires, mais concrets et effectifs des groupements doit être le seul guide du traitement des recours introduits par ceux-ci. Le juge européen ne s'attarde donc point sur les conditions de la représentation de la personne morale, mais plutôt sur la finalité. Dans une affaire concernant une banque en situation de liquidation, la Cour de Strasbourg observe que la requête a été introduite au nom de la société requérante par le président et le vice-président de son conseil d'administration ainsi que par ses actionnaires, alors que la banque se trouvait en liquidation et qu'elle aurait normalement dû être représentée par ses liquidateurs[553]. Elle ne désavoue par conséquent pas la décision portant sur la recevabilité qui, prenant en considération des circonstances particulières de l'affaire et de la nécessité d'interpréter l'article 34 de la convention conformément au principe selon lequel cette disposition vise à protéger des droits non pas théoriques ou illusoires, mais concrets et effectifs, a admis une saisine régulière des instances européennes par la société bancaire requérante[554]. La requête de la personne morale jouit à n'en point douter d'un traitement spécial de la part du juge européen

La question de la représentation ne se limite pas qu'à la notion de mandat. La problématique de l'identité de titulaires de droits et des bénéficiaires des intérêts en jeu s'impose.

2- Au-delà du mandat

La représentation du groupement dans l'instance européenne suscite des interrogations autres que celles des modalités du mandat. A l'intérieur d'une organisation peuvent s'affronter plusieurs intérêts individuels opposés à ceux du groupe lui-même. La gestion d'un tel imbroglio, né du particularisme de la personne morale, appelle une prudence de la jurisprudence européenne.

L'originalité de la personne morale laisse en effet entrevoir la possibilité d'agir en justice à deux sujets de droit pour son compte. La personne morale *en tant que telle* et ses membres (personnes physiques ou même morales) sont distinctement des sujets de droit capables de défendre leurs intérêts respectifs.

---

[552] CEDH, *Cha'Are Shalom Ve Tsedek c/ France*, 27 juin 2000, requête n° 27417/95, Recueil des arrêts et décisions 2000-VII, §§ 54-57.

[553] CEDH, *Capital Bank AD c/ Bulgarie*, 9 Septembre 2004, requête n° 49429/99, décision de la Commission.

[554] CEDH, *Capital Bank AD c/ Bulgarie*, 24 novembre 2005, requête n° 49429/99, Recueil des arrêts et décisions 2005-XII, § 76.

Ce quoi est perceptible lorsqu'une requête individuelle est introduite dans l'instance européenne par des personnes physiques *bénéficiaires économiques* d'une société, susceptible d'avoir subi un préjudice important à la suite d'un abus de confiance. Ces actionnaires allèguent devant la juridiction européenne être victimes de la méconnaissance du droit à la célérité de la procédure garanti au premier paragraphe de l'article 6 de la convention, alors que l'État contractant défendeur estime que la victime de la violation est la personne morale et non les personnes physiques requérantes, la procédure litigieuse ne concernant que la société[555]. Ainsi peut naître un problème de qualité de requérant devant le juge européen. Il est vrai que la conception d'une personne morale répond à la poursuite de buts communs. Toutefois, des divergences sont susceptibles d'apparaître : les intérêts du groupement, en tant que personne morale individualisée, peuvent s'opposer à ceux des personnes auxquelles il doit son existence. La voix de la personne morale dans les instances nationale ou européenne peut être ici authentique ou détournée. L'objectif social du groupement peut buter sur les fins de ses composantes. Intervient donc la problématique de la levée ou non du voile social. Il s'agit en effet d'autoriser les membres de l'organisation non gouvernementale à assurer la défense des intérêts du groupement en lieu et place des organes représentant celle-ci. L'intérêt de la levée du voile social réside dans la possibilité des composantes de la personne morale de faire valoir leurs propres intérêts. La levée du « *voile social* » doit s'entendre comme la mise à l'écart de la personnalité juridique de la personne morale au profit des membres qui la composent. La Cour européenne des droits de l'homme a été amenée à répondre à la question de la levée ou non du voile social à l'occasion d'une affaire impliquant notamment six groupements, actionnaires d'une société, à propos de la violation par l'État hellénique du droit fondamental au respect de leurs biens tel que défini à l'article premier du premier Protocole additionnel à la Convention[556]. Les requérants, personnes physiques et morales, possédaient ensemble la majorité des actions dans une société anonyme en liquidation. Les autorités publiques prirent des mesures consistant en l'expropriation de la société en difficulté et finirent par dévaloriser les actions détenues par tous les groupements requérants. Ces derniers se plaignaient de la représentation de la société en liquidation dans l'instance, car les liquidateurs n'offraient pas à leurs yeux une défense efficace. Les groupes requérants estimaient avoir intérêt à défendre eux-mêmes leurs intérêts sans l'intermédiaire des liquidateurs pourtant commis à

---

[555] CEDH, *Matthies-Lenzen c/ Luxembourg*, 14 juin 2001, requête n° 45165/99, décision de la Commission. Les organes de la Convention n'ont pas répondu à l'exception d'irrecevabilité soulevée par l'État défendeur. L'arrêt du 5 février 2002 qui suivit n'apportera rien non plus, car suite à un règlement à l'amiable est intervenue la radiation au rôle.

[556] CEDH, *Agrotexim et autres C/ Grèce*, 24 octobre 1995, requête n° 14807/89, Série A, n°330-A.

agir pour le compte de la société en détresse. Dans cette affaire où la question de la levée du voile corporatif était clairement posée[557], la juridiction européenne, quasi unanime (huit voix contre une), recevait favorablement l'exception préliminaire du Gouvernement grec, tiré du défaut de la qualité de « *victime* » des sociétés requérantes. Selon le juge conventionnel, la levée du voile social produirait un obstacle rédhibitoire notamment à la question de la condition de l'épuisement des voies de recours internes. « *Afin de réduire de tels risques et difficultés* », que la Cour européenne *n'estime pas justifié de lever le 'voile social' ou de faire abstraction de la personnalité juridique d'une société que dans des circonstances exceptionnelles, notamment lorsqu'il est clairement établi que celle-ci se trouve dans l'impossibilité de saisir par l'intermédiaire de ses organes statuaires – ou en cas de liquidation – par ses liquidateurs les organes de la convention* ». En l'espèce, les liquidateurs n'ayant pas *failli à leurs devoirs* de défense des intérêts, notamment des biens, de la société en difficulté devant les juridictions nationales, les sociétés requérantes ne pouvaient valablement les écarter et s'ériger en *victimes* d'une violation du droit au respect des biens de ladite société devant la juridiction européenne[558]. Le juge européen des droits de l'homme ne repousse nullement la possibilité de lever le « *voile social* » de la société, il l'admet notamment quand sont constatées de sérieuses insuffisances dans la manière dont les mandataires de la personne morale s'acquittent de leurs missions. La jurisprudence européenne n'admet à l'avenir de lever le voile social de la personne morale que dans des circonstances très limitées[559]. Cette restriction est partagée par la Cour internationale de justice[560]. Cette volonté de sévérité dépasse le cadre du droit des sociétés ; et la solution peut être comprise *a contrario* au sujet de la reconnaissance de la requête d'intérêt collectif, postérieurement étudiée.

La représentation de la personne morale n'est donc pas un sujet simple. Elle n'est pas non plus limitative à la seule fonction de mandataire. Au-delà de la

---

[557] La Cour constate dans l'arrêt susmentionné en effet : « *que les requérantes ne se plaignent pas d'une violation de leurs droits en tant qu'actionnaires de la Brasserie Fix, comme par exemple celui de siéger à l'assemblée générale et de voter. Leur grief se fonde exclusivement sur l'allégation selon laquelle la violation du droit de celle-ci au respect de ses biens aurait porté atteinte à leurs seuls intérêts financiers liés à la baisse de la valeur de leurs actions qui en serait résultée. Assimilant les pertes financières subies par l'entreprise ainsi que les droits de celle-ci aux leurs, elles se prétendent victimes, même indirectes, de la violation alléguée. En somme, elles tentent d'obtenir la levée de la personnalité juridique de celle-ci à leur profit* ». § 62.

[558] CEDH, *Agrotexim et autres C/ Grèce*, 24 octobre 1995, précité, §§ 59-72.

[559] De Schutter Olivier, « *L'accès des personnes morales à la Cour européenne des droits de l'homme* », précité, pp. 89-91.

[560] CIJ, *Barcelona traction, light and power Co. Ltd.*, 5 février 1970, Recueil des arrêts, avis consultatifs et ordonnances, 1970, pp. 39 et 40, §§ 56-58 et 66.

question de porte-parole, la représentation du groupement peut entraîner des situations mettant en cause l'application de certaines règles de la convention. Il appartient au juge conventionnel de créer les conditions d'une plus large participation des personnes morales à sa juridiction. Ce qui singulariserait davantage le traitement du recours engagé par les groupements.

B/ LA JURISPRUDENCE INNOVANTE DE LA QUALITE DE REQUERANT DU GROUPEMENT

La recherche d'une plus grande efficacité de la protection des personnes morales est en réalité l'objectif à atteindre que se sont fixés la Convention et ses organes de veille. Ouvrir grand les portes de la Cour européenne des droits de l'homme aux personnes morales est l'intérêt de cette partie de l'étude. La jurisprudence conventionnelle est imparable quant à la problématique de la recevabilité de la requête introduite par un groupement, nonobstant un défaut de personnalité juridique dans le droit interne. C'est une démarche favorisant l'accueil des recours de ces personnes atypiques (1). Aussi plusieurs pistes de réflexion ont-elles appelé le juge strasbourgeois à une lecture davantage plus ouverte de la prise en charge des personnes morales dans l'instance européenne. La représentativité et la requête d'intérêt collectif pourraient faciliter les accès des personnes morales à la juridiction européenne, et renforcer à la fois l'efficacité et l'effectivité du système européen des droits de l'homme (2).

1- L'option pour l'indifférence de la perte de la personnalité juridique des groupements

Toujours constants dans leur volonté d'établir un mécanisme fort inclusif des personnes morales dans l'instance européenne, les organes de contrôle de la Convention rendent flexibles les conditions de recevabilité de la requête individuelle, se débarrassant par la même occasion de tout obstacle émanant du droit national des États contractants. Autrement dit, ils donnent toute chance aux recours des *organisations non gouvernementales* de prospérer dans ladite instance, d'où le traitement particulier des requêtes de ces sujets de droits.

La problématique visée ici est celle de la perte, en droit interne, de la personnalité juridique d'une personne morale qui a introduit un recours alléguant une violation de ses droits garantis par la Convention européenne. Dans l'affaire de la banque en liquidation susmentionnée, la juridiction européenne avait retenu régulière sa saisine en dépit d'une représentation inadéquate de cette personne morale, et au nom de l'effectivité des droits et libertés qui lui sont reconnus par le texte de 1950 du Conseil de l'Europe[561]. L'État défendeur arguait de la perte de la personnalité juridique de la banque requérante pour demander que l'affaire présentée à la Cour de Strasbourg soit rayée du rôle. La juridiction européenne a pourtant tenu à poursuivre son

[561] Voir *supra*.

examen, conformément au texte européen. Selon elle, les différentes allégations de violation des articles 6 paragraphe premier et 13 de la convention et de l'article 1 du premier Protocole additionnel formulés par la société requérante se rapportent à la procédure ayant conduit au retrait de l'agrément dont l'intéressée bénéficiait, à la liquidation de celle-ci et, en définitive, à sa disparition en tant que personne morale. Partant, *rayer la requête du rôle dans de telles circonstances saperait la substance même du droit de recours individuel des personnes morales, dans la mesure où cela serait de nature à encourager les gouvernements à dépouiller de leur personnalité juridique celles qui auraient déposé une requête devant la Cour* européenne[562]. La radiation du rôle dans ces circonstances entraînerait un contre-sens de la position adoptée par les organes de contrôle jusqu'ici, c'est-à-dire rendre effectifs et concrets les droits et libertés de la Convention. En clair, vu *la question soulevée* en l'espèce *par la cause dépassant la personne et les intérêts de la* personne morale *requérante, il y a lieu pour la Cour* européenne *de rejeter la demande de radiation du rôle formulée par* les autorités publiques[563]. La privation ou le retrait de l'onction juridique d'un groupe ou une organisation, pour des motifs avoués ou non, ne saurait freiner la requête de celle-ci dans l'instance européenne.

De plus, l'État partie à la Convention pourrait mettre en oeuvre des mesures légales en vue de faire perdre la qualité de requérant à une organisation non gouvernementale. Ces artifices juridiques visent en effet l'anéantissement de la personnalité juridique des groupements. Ils empêchent par conséquent ceux-ci de jouir des droits et libertés de la Convention européenne, en vain. Par le jeu de l'autonomie des notions est garanti un accès plus important des personnes morales aux organes conventionnels[564]. La requête de ces organisations est traitée par la juridiction européenne dans l'optique d'une intégration plus accrue.

La détermination du juge conventionnel à faire prospérer les requêtes des personnes morales dans l'instance européenne est avérée, ce à travers toutes ces ouvertures et opportunités qu'il offre auxdites requêtes. Néanmoins des lacunes restent à combler. Pour une prise en compte optimale des recours individuels introduits par les personnes morales, d'autres voies peuvent être envisagées et dégagées.

---

[562] Comme évoqué dans la décision CEDH, *Stankov et Organisation macédonienne unie Ilinden c/ Bulgarie*, 29 juin 1998, requête n°s 29221/95 et 29225/95, décision de la Commission.

[563] CEDH, *Capital Bank AD c/ Bulgarie*, 24 novembre 2005, requête n° 49429/99, Recueil des arrêts et décisions 2005-XII, §§ 74-80.

[564] Voir par exemple CEDH, *Parti communiste unifié et autres c/ Turquie*, 30 janvier 1998, Recueil des arrêts et des décisions 1998-I, pp. 18-19, § 33 ; CEDH, *Chassagnou c/ France*, 29 avril 1999, GACEDH, 5ème édition, n° 67. Ou *supra* chapitre I du titre I de la première partie.

2- L'adoption de nouveaux canons d'accès à la juridiction européenne des groupements

Il convient de proposons la représentativité et la généralisation de la requête dite d'intérêt collectif. Le premier aurait pu être un élément militant en faveur de l'insertion des organisations dans le mécanisme européen de défense des droits fondamentaux, le second pourrait favoriser davantage d'engouement à la saisine de la Cour européenne par ces personnes morales.

Dans un premier temps, la représentativité apparaît comme un critère potentiel d'admission des personnes morales devant la juridiction européenne. La notion de représentativité évoque la qualité d'un groupement dont l'audience dans la population est telle qu'il peut s'exprimer légitimement en son nom[565]. Fort de cette qualité, le groupement est légitime dans ses actions de défense des intérêts des personnes qui se réclament de lui. Les ordres juridiques des États parties à la Convention admettent la représentativité comme un critère permettant aux associations, aux syndicats ou autres groupements d'ester en justice. C'est dire que le seul fait d'être un groupement représentatif d'intérêts ou d'un secteur d'activité donne droit à agir. La représentativité pourrait résoudre les difficultés liées à la qualité de requérant des organisations non gouvernementales, notamment la condition de victime de l'article 34 de la convention. Elle ne sera point dépourvue d'exigences. La permanence dans le temps de ses activités, les fins qu'il poursuit et la poursuite effective de l'objet social affiché dans les statuts paraissent des conditions additionnelles à la représentativité comme le souligne la doctrine[566]. L'onction de la représentativité est à ce prix. Le bénéfice est en conséquence important. Plus besoin de remplir la condition de victime liée (uniquement) à la personne morale. Est ainsi admise la possibilité d'intenter une action en alléguant qu'une Haute Partie contractante a manqué à ses engagements conventionnels, quelles qu'en soient la nature du manquement et la situation qui en sont directement les victimes. L'enjeu est d'ouvrir effectivement la protection européenne des droits de l'homme et des libertés fondamentales aux groupements dotés de la personnalité morale. Cette ouverture permettra un engouement encore plus poussé des groupements à saisir la Cour européenne des droits de l'homme. Et la représentativité joue en faveur de l'admission de la requête dite d'intérêt collectif, autre lacune de la Convention européenne à combler.

---

565 Dictionnaire Le Petit Larousse, compact, 2004. Ou encore la représentativité est le caractère d'une personne qui a qualité pour parler ou agir au nom d'une autre. Voir *Le Petit Robert*, Dictionnaire Le Robert, Paris, 2003.

566 Revoir De Schutter Olivier, « *L'accès des personnes morales à la cour européenne des droits de l'homme* », *in Avancées et confins actuels des droits de l'homme aux niveaux international, européen et national*, Mélanges offerts à S. Marcus Helmons, Bruylant-Bruxelles, 2003, précité, p. 108.

Dans un second temps, la requête d'intérêt collectif, dont l'objet tient à la défense de l'intérêt collectif, n'est pas une nouveauté dans le dispositif de protection des droits de l'homme tel que conçu par le Conseil de l'Europe. Il est vrai que dans des cas exceptionnels la requête d'intérêt collectif est admise. C'est le cas lorsqu'est en cause la liberté d'association et de réunion pacifique de la personne morale[567], ou encore son droit fondamental à manifester ses convictions religieuses ou philosophiques[568]. Il s'agit de droits et libertés qui sont intimement liés à la nature de la personne morale. Et pour cette raison un traitement particulier des requêtes des groupements est admis à leur avantage. Ces droits fondamentaux sont imprégnés d'un caractère fort collectif qu'ils rendent indifférent que leur invocation soit le fait des organisations ou des membres. Dans le cadre du droit au respect des convictions religieuses des groupements, les organes de contrôle retiennent dorénavant[569] que la distinction entre l'Eglise et ses membres peut être considérée comme *essentiellement artificielle* en ce qui concerne la liberté de manifester sa religion, et un organe ecclésial est dès lors capable de posséder et d'exercer, à titre personnel, en tant que représentant des fidèles, les droits énoncés à l'article 9 de la convention[570]. Seuls les articles 9 et 11 de la convention qui garantissent respectivement la liberté de manifestation religieuse et celle d'association permettent aux groupements d'agir dans l'intérêt de leurs adeptes ou adhérents en raison du caractère nécessairement collectif que présente l'exercice de ces libertés[571]. Cette accointance entre l'objet du droit garanti et l'auteur potentiel du recours n'est pas toujours mise en avant. C'est la raison pour laquelle la requête d'intérêt collectif fait largement défaut, en réalité, dans le système de la convention. Pour preuve, le refus du juge européen d'admettre la défense de la vie privée qu'une personne morale d'ordre confessionnel entendait opérer au profit de ses ouailles[572]. La requête d'intérêt collectif est exclue en raison de l'article 34 de la convention[573] qui exige que la personne morale, auteur d'un

---

567 Voir *supra* (chapitre I du titre I de la première partie).

568 Voir *supra* (chapitre II du titre I de la première partie).

569 Pour rappel CEDH, *Église de X c/ Royaume-Uni*, 17 décembre 1968, requête n° 3798/68, Recueil de décisions n° 29, Avis Commission, p. 70. Le juge européen estimait que le droit à la liberté religieuse était personnel aux adeptes et non au groupement religieux.

570 CEDH, *Pasteur X et Church of Scientology c/ Suède*, 5 mai 1979, requête n° 7805/77, décision de la Commission, D. et R. n° 16, p. 68.

571 De Schutter Olivier, « *L'accès des personnes morales à la cour européenne des droits de l'homme* », précité, pp. 100-101.

572 CEDH, *Eglise de scientologie de Paris c/ France*, 9 janvier 1995, requête n° 19509/92, décision de la Commission.

573 Pour rappel. Article 34 de la convention : « *la Cour peut être saisie d'une requête par toute personne physique, toute organisation non gouvernementale ou tout groupe de particuliers qui se prétend victime d'une violation par l'une des Hautes Parties*

recours devant la Cour de Strasbourg, ait la qualité de *victime* de violation d'un de ses droits fondamentaux garantis par le texte européen[574]. Une personne morale à but non lucratif, dont l'objet statutaire est « *la protection de l'environnement, de la qualité de la vie, du caractère esthétique de (ces) deux communes* » s'est vue opposer une incompatibilité *ratione personae* de son recours avec les dispositions de la Convention (conformément à l'article 35 §§ 3 et 4 de la convention). Elle ne pouvait satisfaire aux conditions posées par l'article 34 de la convention, car *tout requérant doit notamment être en mesure de démontrer qu'il est concerné directement par la ou les violations de la Convention qu'il allègue*[575]. De même qu'une organisation de défense des droits de l'homme ne saurait prétendre recourir à la juridiction européenne en son nom propre alors que la violation alléguée ne visait directement que les intérêts de particuliers déterminés[576]. Ces groupements cités auraient été mieux à même de défendre les intérêts de leurs membres. C'est dans une logique de subsidiarité que les organes de surveillance pourraient admettre de tels recours introduits par des organisations qui disposent (certainement) de moyens plus importants. *La recevabilité de la requête d'intérêt collectif pourrait* donc *être subordonnée à une condition de subsidiarité*[577]. Il incomberait ainsi à la personne morale, celle par exemple qui a pour fin sociale la promotion des droits de la convention européenne des droits de l'homme, d'avoir accès à la juridiction européenne. L'organisation non gouvernementale le pourrait, à la condition de l'impossibilité pratique des victimes directes à agir ou du fait que, bien qu'ayant la possibilité de s'exprimer, ces victimes directes ne se sont pas opposées à l'initiative de l'association, du syndicat… de la personne morale en somme. Seul compte l'intérêt collectif, la finalité que poursuit la personne morale. « *Dans les cas où il s'agit de la protection des droits essentiels de l'individu, il y a lieu de reconnaître de manière fort large aux personnes morales qualité pour ester en justice au profit des personnes physiques* »[578]. La crainte de voir s'ériger une forme ministère public exercée par les personnes morales ne saurait justifier la mise à l'écart de cette alternative de l'intégration de ces personnes

---

contractantes des droits reconnus dans la Convention ou ses protocoles. Les Hautes Parties contractantes s'engagent à n'entraver par aucune mesure l'exercice efficace de ce droit ».

[574] Voir *infra* un développement plus important.

[575] CEDH, *Association des amis de Saint-Raphaël et de Fréjus et autres c/ France*, 29 février 2000, requête n° 45053/98, décision de la Commission.

[576] CEDH, *Conka et autre dont Ligue des droits de l'homme c/ Belgique*, 13 mars 2001, requête n° 51564/99, décision de la Commission.

[577] De Schutter Olivier, « *L'accès des personnes morales à la Cour européenne des droits de l'homme* », précité, pp. 108.

[578] M. Hubertlant, intervention au premier colloque du département des droits de l'homme, 24 octobre 1969, *Les droits de l'homme et les personnes morales*, Bruylant-Bruxelles, 1970, p. 86.

dans l'ordre juridique européen. C'est dans cette optique qu'on peut relever l'admission par juge conventionnel de la recevabilité de la requête d'une association de protection de l'environnement dont l'objet n'était pas de défendre des victimes particulières mais, principalement, l'intérêt général[579]. Cette solution de revirement[580] est novatrice[581] et annonciatrice de lendemains meilleurs pour la requête d'intérêt collectif.

La représentation des groupements dans l'instance européenne n'est évidemment pas si simple. D'ailleurs elle peut conduire à des obstacles encore plus importants, notamment à la problématique de l'épuisement des voies de recours internes, condition nécessaire à l'admission de la requête de la personne morale alléguant une violation de ces droits fondamentaux.

Paragraphe II - L'ADMISSION DU RECOURS DES PERSONNES MORALES DANS L'INSTANCE EUROPEENNE

Les normes conventionnelles, appuyées par les solutions des organes de contrôle des droits de l'homme en Europe, donnent un régime propre à la requête individuelle. Il existe des règles communes aux requêtes formulées soit par les personnes physiques, soit par les personnes morales. La requête étatique, précédemment étudiée, a son régime juridique distinct[582]. Le non-cumul des recours, au fondement de la requête, à l'épuisement des recours… sont autant d'exigences retenues par la Convention européenne. L'analyse de ces règles spécifiques au recours à la Cour européenne des groupements (A) ne saurait dissimuler la difficulté à laquelle sont confrontées ces personnes morales quant au respect de la condition de l'épuisement des voies de recours internes (B).

A/ LES REGLES SPECIFIQUES LIEES AUX REQUETES DES GROUPEMENTS

Les recours individuels constituent le lot habituel des recours devant la Cour européenne. Ces requêtes, en l'occurrence celles qui sont introduites par les personnes morales, doivent satisfaire à des conditions inscrites aux différents paragraphes de l'article 35 de la convention[583]. Cette disposition prescrit le

---

579 CEDH, *Collectif national d'information et d'opposition à l'usine MELOX, collectif stop MELOX et MOX c/ France*, 26 mars 2006, requête n° 75218/01, décision de la Commission.

580 Par rapport notamment à la décision *Association des amis de Saint-Raphaël et de Fréjus et autres c/ France* du 29 février 2000, précitée.

581 Marguénaud Jean-Pierre, *La Cour européenne des droits de l'homme*, Dalloz, collection Connaissance du droit, 2008, 4ème édition, p. 19.

582 Voir *supra*, Introduction générale.

583 L'article 35 de la convention : « *La Cour ne peut être saisie qu'après l'épuisement des voies de recours internes, tel qu'il est entendu selon les principes de droit*

fondement de la requête de l'organisation non gouvernementale (1) et son conditionnement (2).

1- *Le fondement de la requête*

C'est le troisième paragraphe de l'article 35 de la convention qui dresse un encadrement de la requête engagée par les organisations. D'abord le recours ne doit pas être « *mal fondé* ». Aussi, si la requête ne doit-elle pas être « *incompatible* » avec les termes de la convention, elle ne doit non plus pas être « *abusive* ».

Le défaut manifeste de fondement est considéré comme une cause d'irrecevabilité. La Cour européenne des droits de l'homme procède, dès l'examen de la recevabilité, à un contrôle préliminaire du bien-fondé de la requête individuelle[584]. La juridiction européenne recherche si les faits allégués révèlent, *primo facie*, une apparence (non un simulacre) de violation. Il appartiendra à l'instance au fond de déterminer s'il y a réellement violation ou non. Ainsi, en cas d'absence de commencement de preuves à l'appui des faits allégués[585], d'absence évidente de violation de la convention du Conseil de l'Europe d'après les faits allégués ou d'absence de violation après exercice d'un contrôle au fond[586], la déclaration d'irrecevabilité est inévitable. Le cas d'une personne morale de droit français qui saisit la Cour de Strasbourg pour une question procédurale et patrimoniale en fournit une illustration. Cette société requérante s'est plaint notamment d'une dénaturation des termes du litige par le Conseil d'État, qui aurait opéré une substitution de motifs sans débat préalable et en inversant la charge de la preuve, et n'aurait en outre pas pris en compte les résultats d'une expertise ordonnée dans le cadre de l'instance civile et dont le résultat était déterminant pour l'issue du litige. Rappelant qu'il ne leur

---

international généralement reconnus, et dans un délai de six mois à partir de la date de la décision interne définitive.
La Cour ne retient aucune requête individuelle introduite en application de l'article 34, lorsque: elle est anonyme; ou elle est essentiellement la même qu'une requête précédemment examinée par la Cour ou déjà soumise à une autre instance internationale d'enquête ou de règlement, et si elle ne contient pas de faits nouveaux.
La Cour déclare irrecevable toute requête individuelle introduite en application de l'article 34, lorsqu'elle estime la requête incompatible avec les dispositions de la Convention ou de ses protocoles, manifestement mal fondée ou abusive. La Cour rejette toute requête qu'elle considère comme irrecevable par application du présent article. Elle peut procéder ainsi à tout stade de la procédure ».

[584] A la différence de la requête individuelle, la requête étatique, qui est objective, n'a pas besoin de cet examen préliminaire concernant son bien-fondé.

[585] Voir par exemple CEDH, *Societa Edilizia Subalpina Srl c/ Italie*, 7 septembre 2010, requête n° 18661/05, décision de la Commission, 3).

[586] Voir parmi tant d'autres CEDH, *SC EDF ASRO SLR c/ Roumanie*, 9 mai 2010, requête n° 2488/03, décision de la Commission ; CEDH, *Broadhurst Investments Limited c/ Roumaine*, 15 juin 2010, requête n° 34868/03, décision de la Commission.

appartient pas de connaître des erreurs de faits ou de droit commises par une juridiction interne, sauf si et dans la mesure où elles pourraient avoir porté atteinte aux droits et libertés sauvegardés par la Convention qui d'ailleurs ne réglemente pas le régime des preuves en tant que tel, les organes conventionnels ne relèvent aucune apparence de violation des droits et libertés garantis par la Convention ou ses Protocoles[587]. La requête est irrecevable parce que mal fondée.

La requête formulée par un groupement doit avoir pour objet de faire respecter une disposition de la convention de 1950. Il doit s'agir d'un droit garanti par ce texte qui serait violé par une Haute Partie contractante. Le recours doit ainsi rentrer dans le champ de compétence de la Cour de Strasbourg[588]. La requête introduite par une personne morale peut également être qualifiée d'abusive lorsqu'elle poursuit un but autre que celui de la Convention européenne ou qui témoigne d'une utilisation fantaisiste du droit de recours. Ce caractère abusif de la requérant pourrait aussi tenir au comportement du groupement requérant[589]. Ce sera le cas d'un recours soumis aux organes de contrôle introduit par personne morale, dans le but d'échapper aux conséquences d'une condamnation.

Outre le caractère fondé ou non de la requête engagée par les personnes morales, celle-ci est soumise à des exigences de procédure.

2- Le conditionnement de la requête

La recevabilité du recours enclenché par les personnes morales est conditionnée au respect des règles de formes. Il convient de s'intéresser à deux d'entre elles.

L'article 35 de la convention évoque un délai des six mois à partir de la date de la décision interne définitive que les organisations doivent respecter. Le point du départ du délai de six mois est la décision de justice ayant épuisé les voies de recours offertes dans l'ordre juridique interne. Cette disposition est précise à ce sujet, il parle de *décision interne définitive*. Il s'agit de la décision de la plus haute instance juridictionnelle compétente pour connaître l'objet du

---

587 CEDH, *société Top SA c/ France*, 19 octobre 2010, requête n° 45033/08, décision de la Commission.

588 Voir par exemple CEDH, *Filippou Domika Erga A.E. c/ Grèce*, 11 mars 2010, requête n° 45064/07, décision de la Commission.

589 On pourrait citer cette décision d'irrecevabilité CEDH, *ITER Scarl c/ Italie*, 7 septembre 2010, requête n° 18665/05, décision de la Commission. Les organes de contrôle font le constat que les griefs du groupement requérant, introduits après la communication de la requête au gouvernement défendeur, ne constituent pas des aspects des griefs sur lesquels les parties ont échangé des observations, d'où le non-lieu à examen. Voir aussi CEDH, *Magnetti Srl c/ Italie*, 7 septembre 2010, requête n° 18629/05, décision de la Commission.

recours déterminé, et par conséquent n'est plus susceptible d'appel[590]. Les recours internes doivent être efficaces et effectifs et non dissuasifs. Le délai court dès que l'acte ou la décision qui font grief ont pris effet[591]. Il ne saurait commencer à courir qu'à partir du moment où l'intéressée (la personne morale) a une connaissance effective et suffisante de la *décision interne définitive*[592]. La règle du délai de six mois suppose que la violation alléguée soit intervenue *a posteriori* de la date d'entrée en vigueur de la convention à l'égard de l'Etat mis en cause. Néanmoins, la Cour de Strasbourg a admis des requêtes traitant de faits antérieurs à cette date, à la condition que ces faits soient susceptibles d'entraîner une violation continue de la convention après cette date[593]. L'écoulement du délai de six mois peut être interrompu ou suspendu par l'existence de circonstances spéciales ; et au demeurant le délai ne peut commencer à courir qu'à partir du moment où la personne morale intéressée a connaissance de l'acte ou de la décision de l'autorité publique lui faisant grief[594].

En outre la requête individuelle doit également faire face à la règle du non-cumul des recours. Cette exigence est en fait l'application du principe *non bis in idem* qui interdit la victime de présenter une requête ayant le même objet à deux juridictions distinctes. Selon le paragraphe 2b de l'article 35 de la convention, la requête ne doit pas être « *essentiellement la même* » qu'une requête déjà soumise à la Cour de Strasbourg ou être identique, quant aux faits et à la violation alléguée, à une autre juridiction[595]. La personne morale, auteur d'un recours devant le juge européen des droits fondamentaux, ne peut saisir le comité des droits de l'homme des Nations Unies. Le protocole facultatif du pacte international relatif aux droits civils et politiques, signé le 16 décembre 1966 à New York, institue ce comité de droits de l'homme qui peut accueillir des communications étatiques ou individuelles s'agissant de violations

---

[590] CEDH, *X c/ Royaume-Uni*, 10 juillet 1981, requête n° 8206/78, décision de la Commission, D et R, n° 25, p. 152.

[591] CEDH, *Hilton c/ Royaume-Uni*, 6 juillet 1988, requête n° 12015/86, décision de la Commission, D et R, n° 57, p. 120.

[592] CEDH, *Baghli c/ France* 4 mars 1998, requête n° 34374/97, décision de la Commission ; CEDH, *Yarrow PLC, M et G Securities Ltd et autre c/ Royaume-Uni*, 28 janvier 1983, requête n° 9266/81…, décision de la Commission, D et R, n° 30, p. 190.

[593] CEDH, *Yarrow PLC, M et G Securities Ltd et autre c/ Royaume-Uni*, 28 janvier 1983, requête n° 9266/81…, décision de la Commission, précité ; CEDH, *De Becker c/ Belgique*, 9 juin 1958, requête n° 214/56, décision de la Commission, Annuaire II, pp. 214-243.

[594] Voir CEDH, *Bozano c/ Italie*, 12 juillet 1984, requête n° 9991/82, décision de la Commission, D et R, n° 39, p. 147 ; CEDH, *Hilton c/ Royaume-Uni*, 6 juillet 1988, précité.

[595] Sudre Frédéric, *La Convention européenne des droits de l'homme*, PUF, collection *Que sais-je ?*, 6ème édition, 2004, p.58.

alléguées. Ce pacte consacre des droits à peu près comparables à ceux qui sont garantis par la convention européenne de sauvegarde des droits de l'homme et des libertés fondamentales. Le comité des droits de l'homme est un appareil de contrôle supranational qui ne conclut que par de simples observations à l'Etat soupçonné de violer le pacte. Il apparaît ici moins protecteur, moins efficace que la Cour européenne des droits de l'homme. N'empêche que le comité onusien peut être saisi d'une requête qui ne peut simultanément être introduite auprès du juge européen. La règle de *non bis in idem* de l'article 35 alinéa 2b de la convention s'imposant. Cet article a toutefois été longtemps resté lettre morte, car il n'existait pas d'autre instance internationale d'enquête et de règlement en matière de droits de l'homme. Désormais, il prend tout son sens avec la création du comité des droits de l'homme. Par contre, le protocole facultatif du pacte onusien autorise la démarche suivant laquelle : à la fin de la procédure engagée devant les organes de Strasbourg, le groupement qui se prétend victime d'une violation des droits de l'homme peut saisir le comité de New York. La Cour européenne ne veut nullement être prise pour une instance de réexamen des observations du comité.

Cette règle du non-cumul des recours évite qu'une même requête fasse l'objet d'examen de plusieurs juridictions d'ordre international. Cette requête doit aussi répondre à un certain nombre de caractéristiques tenant à son fondement.

Enfin on pourrait citer la règle de l'épuisement des voies de recours internes. Mais le respect de cette exigence peut engendrer des difficultés dues à la singularité de la nature des groupements. Ce qui nécessite un traitement particulier des requêtes formulées par ceux-ci.

B/ LA REGLE PROBLEMATIQUE DE L'EPUISEMENT DES RECOURS INTERNES

Cette condition évoquée au premier paragraphe de l'article 35 de la convention, *a priori* dépourvue de difficultés, peut constituer un véritable problème dans le traitement de la requête des personnes morales dans l'instance européenne. Préalablement à une saisine du juge international de Strasbourg, toute organisation non gouvernementale, prétendant une violation de ses droits fondamentaux, doit avoir épuisé toutes les voies de recours rendus disponibles par l'État défendeur. Toutefois, l'application de cette règle peut conduire notamment à une disharmonie entre les ordres juridiques interne et européen (1). Des tempéraments sont apportés à ces anomalies constatées (2).

1- Les incidents rencontrés par les groupements

Il est nombre de situations dans lesquelles les groupes et organisations arrivent difficilement, ou pas du tout, à obtenir l'office du juge conventionnel.

Dans certaines circonstances, la règle de l'épuisement des voies de recours internes s'avère problématique pour les personnes morales. C'est le cas notamment lorsque la personne morale a épuisé les voies de recours internes alors que son représentant ne l'a pas fait[596]. Plus inquiétant encore l'exemple des groupes et organisations agissant dans l'ordre interne pour autrui par une action dans l'intérêt collectif rendue possible dans le droit national des États contractants mais impossible devant les organes de surveillance de la Convention[597]. Ces derniers ont pris conscience de cette difficulté[598] qui se manifeste à travers la question de la levée ou non du voile social d'une entreprise afin que, le cas échéant, les actionnaires de celle-ci, se substituant aux organes normalement habilités à le faire, puissent agir en justice contre une violation des droits reconnus à cette entreprise.

L'application de la condition de l'épuisement des recours internes, préalable à la saisine du juge conventionnel, aux groupements peut entamer la cohérence entre l'objet que poursuit l'introduction de l'action en justice et l'intérêt requis dans le chef de celui qui introduit l'action. Le problème nait du fait qu'un système juridique national, français notamment, permet à une organisation d'agir pour le compte de ses membres, victimes directes d'une violation d'un droit de l'homme. Alors qu'une telle action est interdite par les organes de contrôle de la convention européenne des droits de l'homme[599]. Un groupement peut avoir agi devant le juge national en alléguant une violation des droits d'autrui sans succès mais ne peut saisir le juge européen[600]. La personne morale

---

[596] Andriantsimbazovina Joël, « *Les recours des personnes morales devant la Cour européenne des droits de l'homme* », *in La personnalité morale*, Journées nationales de l'Association Henri Capitant, tome XII, La Rochelle, Dalloz, 2010, p. 107.

[597] C'est l'exemple de l'ordre juridique belge. La juridiction constitutionnelle de ce royaume estime notamment que *lorsqu'un recours en annulation est introduit par une personne morale qui n'invoque pas son intérêt personnel, plusieurs conditions doivent être remplies pour qu'elle admette l'intérêt à agir du requérant*. Heraut Aurélie, « *Jurisprudence constitutionnelle 2007-2008 : Belgique* », Revue Européenne de Droit Public (REDP), Esperie Publications Ltd, Vol 21_3/2009, Automne 2009, pp. 1333-1334.

[598] CEDH, *Agrotexim et autres C/ Grèce*, 24 octobre 1995, requête n° 14807/89, Série A, n°330-A, § 65 : « *On peut estimer que dans la plupart des droits nationaux les actionnaires n'ont pas en principe la possibilité d'intenter une action en réparation en cas d'action ou d'omission dommageable à l'égard de 'leur' société anonyme, de sorte qu'il ne serait pas raisonnable d'exiger qu'ils le fassent avant de se plaindre d'une telle action ou omission devant les organes de la convention. Inversement, on ne saurait non plus obliger la société anonyme à épuiser elle-même les voies de recours internes puisque les actionnaires n'ont bien sûr pas compétence pour les exercer au nom de 'leur' société* ».

[599] La personne morale doit agir en son nom et pour son compte ; c'est elle qui se prétend victime d'une violation de ses droits fondamentaux reconnus par la Convention européenne des droits fondamentaux.

[600] Voir la décision de recevabilité partielle CEDH, *Conka et autres dont la ligue des droits de l'homme c/ Belgique*, 13 mars 2001, précitée.

ne sera pas considérée comme victime suivant l'application de l'article 34 de la convention. Les motifs justifiant un tel système de droit interne qui autorise à un groupement à agir pour autrui pourraient être admis au profit de la procédure devant la Cour de Strasbourg. La doctrine s'y interroge : « *Si devant les juridictions étatiques, un syndicat peut agir en son nom et pour le compte de ses adhérents, non seulement pour revendiquer le bénéfice de la liberté d'association mais encore, pour le respect de leur vie privée ou de leur liberté d'association, n'est-ce pas trop exiger de ces membres que, devant le juge international, ils prennent le relais du syndicat et se plaignent à leur tour d'une violation que, devant le juge étatique, le syndicat a dénoncée sans succès?* »[601]. Cette restriction au niveau européen crée une dissonance dans la protection des droits fondamentaux entre différents ordres. Le nœud du problème est là : les voies de recours internes ayant été épuisées par l'action du groupement, l'action des membres de ce dernier est conséquemment déclarée irrecevable par le juge européen. C'est ce qu'il affirme, en réponse à une observation (exception préliminaire) d'une Haute Partie défenderesse alléguant d'un non-respect de cet article 34, en retenant l'exception d'irrecevabilité : « *seule l'association requérante a engagé un recours en annulation contre les arrêtés du secrétaire d'Etat et (...) ses soixante-trois adhérents ne sont pas intervenus dans la procédure devant le Conseil d'État. En conséquence, ces derniers n'ont pas épuisé (...) les voies de recours internes qui leur étaient ouvertes en droit luxembourgeois* »[602]. Les membres du groupement ne peuvent non plus reprendre toute la procédure dans l'ordre interne avec une nouvelle requête ayant le même objet que celle déjà jugée, la règle *non bis in idem* s'impose[603]. La « *double requête* » ne peut prospérer dans un tel contexte ; c'est la défense des droits fondamentaux qui en sort affaiblie. L'irrecevabilité de principe qui est opposée à la requête introduite dans l'intérêt collectif dans le système de la convention européenne des droits de l'homme qui, au demeurant suscite des interrogations[604], le rend *in fine* inefficace. La juridiction européenne devrait

---

[601] De Schutter Olivier, « *L'accès des personnes morales à la Cour européenne des droits de l'homme* », maintes fois cité, p. 104.

[602] CEDH, *Procola et autres c/ Luxembourg*, 1er juillet 1993, requête n° 14570/89, Décision de la Commission, D et R, n° 75, p. 5.

[603] La règle *« non bis in idem »* (ou *« ne bis in idem »*) est un principe classique de la procédure pénale, déjà connu du droit romain, d'après lequel *« nul ne peut être poursuivi ou puni pénalement à raison des mêmes faits »*. Voir développement sur les droits de procédure garantis de nature pénal avec le Protocole additionnel n° 7 à la Convention européenne de sauvegarde des droits de l'homme et des libertés fondamentales.

[604] H. G. Schermers, *Adaptation of the 11th Protocol to the European Convention on Human Rights*, ELR, vol. 20, n°6, 1995, p. 559-570. Voir aussi De Schutter Olivier, « *La réforme des mécanismes de contrôle de la convention européenne des droits de*

rechercher une certaine cohérence entre les ordres juridiques national et conventionnel sur la question de l'épuisement des voies de recours internes en joignant à l'objet que poursuit la requête de la personne morale l'intérêt de cet auteur du recours.

Ces incidents dans le traitement de la requête individuelle des personnes morales peuvent cependant être relativisés.

2- *Les agencements apportés*

Des tempéraments à cette anomalie dans l'application de la condition de l'épuisement des voies de recours internes aux groupements peuvent être présentés, ce qui tendrait à relativiser le problème que nous avons qualifié de la « *double requête* ».

Dans un premier temps, rien ne fait obstacle à ce que les membres d'une organisation non gouvernementale se joignent à l'action engagée par cette organisation. Les individus que la violation dénoncée affecte directement peuvent s'associer à la requête introduite devant les juridictions nationales par la personne morale agissant dans un intérêt collectif. Ce regroupement a le mérite d'effacer le problème, en dépit de ce qu'il n'est pas toujours possible dans les ordres juridiques nationaux des États adhérents. Il peut s'avérer contre-productif pour chacun des requérants. Les organes de contrôle de la Convention européenne considèrent que, dans la situation où un groupement a dénoncé une atteinte au droit à « *un procès dans une durée raisonnable* » du premier alinéa de l'article 6 de la convention, les individus qui se sont joints au recours initial (du groupement) *ne sont pas affectés par la durée de la procédure à partir du moment où leur action a été jointe à celle du groupement, et non à partir de l'introduction initiale par celui-ci de l'action dans l'intérêt collectif*[605]. L'exemple de la requête d'une association à laquelle s'étaient associés une dizaine de ses membres montre bien la démarche du juge européen d'encadrer solidement sa jurisprudence en matière de durée raisonnable. Ce dernier convient que « *pour chaque membre de l'association, la question de la responsabilité dépendant (...) de certains facteurs individuels tels que le moment où ils avaient été contaminés... Le simple fait que les requérants appartenaient à une catégorie de membres au nom desquels l'association a agi [initialement] n'autorise pas à conclure qu'ils ont été touchés par la durée de*

---

l'homme. Etat des lieux et perspective d'avenir », C.H. du CRISP, 1996, n°1512-1513, ici pp. 36-37.

[605] De Schutter Olivier, « *L'accès des personnes morales à la Cour européenne des droits de l'homme* », *in* Avancées *et confins actuels des droits de l'homme aux niveaux international, européen et national*, Mélanges offerts à S. Marcus Helmons, Bruylant-Bruxelles, 2003, précité, pp. 105-106.

la procédure à partir de cette date [initiale d'introduction de l'instance par l'association] »[606].

Dans un second temps, le juge de Strasbourg estime probable que des requérants individuels soient exemptés de remplir la condition de l'épuisement des voies de recours internes de cet article 35 de la convention lorsque l'action de la personne morale dans l'intérêt collectif a subi un échec, et dans la mesure où on ne peut reprocher à des individus de n'avoir pas utilisé des voies de recours qui n'ont aucune chance d'aboutir[607]. Il est donc envisageable qu'une requête engagée par des individus, alléguant une violation que le groupement n'est pas arrivé à faire constater par les juridictions étatiques, puisse être recevable devant la Cour européenne des droits de l'homme en dépit du non-respect de l'obligation d'épuiser les voies de recours internes. Cette exemption est possible si le recours des individus n'avait aucune perspective de réussite dans l'ordre national. C'est le cas de l'existence d'une jurisprudence bien établie d'une juridiction supérieure dans l'ordre interne (par exemple, le conseil constitutionnel) qui priverait de succès toute requête, des groupements notamment. Considérant le rang et l'autorité de cette juridiction, les motifs soulevés dans l'instance sont voués à l'échec[608]. Même si les juridictions inférieures ne sont formellement pas tenues, elles y ont plutôt tendance.

C'est une conception plus adéquate (au regard du particularisme des personnes morales) de l'obligation d'épuiser les voies de recours internes, qui *in fine* milite en faveur de la reconnaissance de la requête introduite dans l'intérêt collectif auprès des organes européens de contrôle. Il s'agit de donner à cette requête formulée par les groupements un traitement aussi bien identique dans l'ordre interne que dans l'ordre international. La protection des personnes morales est par conséquent plus effective dans l'instance, ce qui ouvrira les perspectives de réparation du tort qu'elles auraient subi.

Section II - LA QUETE DE REPARATION DE LA PERSONNE MORALE DEVANT L'INSTANCE EUROPEENNE

L'intérêt croissant porté par les opérateurs économiques, en l'occurrence les personnes morales économiques, à la Convention européenne se double d'une

[606] CEDH, *A et autres c/ Danemark*, 8 février 1996, requête n° 20826/92, Recueil des arrêts et des décisions 1996-I, § 64.
[607] CEDH, *Open Door et Dublin Well Woman c/ Irlande*, 29 octobre 1992, Série A, n°246, § 50.
[608] CEDH, *Pressos Compania Naviera S.A. et autres c /Belgique*, 20 décembre 1995, Série A n°332, § 27.

recherche à faire respecter leurs droits fondamentaux et également de la *préoccupation d'obtenir une « satisfaction équitable » prenant la forme de compensations financières*[609]. La quête d'une réparation paraît guider les groupements quant à la saisine des instances européennes qui semblent jouer le jeu à travers une jurisprudence de plus en plus souple. Cet environnement facilite le parcours de la requête des *organisations non gouvernementales*, surtout pendant l'examen de la condition de victime valant déclaration de violation de droits garantis. La condition de victime (paragraphe I) que doit remplir la personne morale est nécessaire à l'obtention d'une réparation (paragraphe II). La quête de cette dernière annonce une jurisprudence appropriée aux groupements au regard de leur nature propre.

Paragraphe I - LA CONDITION DE VICTIME IMPOSEE A LA PERSONNE MORALE

L'étude de la procédure européenne laisse découvrir l'accueil singulier de la requête des personnes morales offert par la Cour de Strasbourg à celles-ci. Ce traitement distinctif répond à l'objectif de l'effectivité réelle des droits et libertés garantis en dépit de la nature du sujet de droit. Le rayonnement des droits fondamentaux dans la sphère européenne doit ainsi se manifester nonobstant la particularité des personnes juridiques. Le respect impératif de la condition de victime énoncée à l'article 34 de la convention (A) et la portée de l'interprétation prétorienne de cette condition (B) achèvent de convaincre de la volonté d'intégration des organisations et groupes dans le système européen des droits de l'homme.

A/ LA NECESSITE DU GROUPEMENT DE SE PRETENDRE VICTIME

C'est une exigence incontournable de l'article 34 de la convention. L'approche de la notion de victime par les organes de contrôle de Strasbourg est indépendante de celle des États adhérents. « *La notion de victime doit être interprétée de façon autonome et indépendante de notions internes telles que celles concernant l'intérêt ou la qualité pour agir* »[610]. La nature de la personne morale, son originalité, peut faire douter de son statut de victime de violation de droits et libertés fondamentaux. La qualification de victime pose un certain nombre de difficultés aux groupes et organisations (1), elle n'est admise que dans le respect de certaines conditions. L'adaptation de la jurisprudence européenne s'impose en la matière (2). Les contours de cette condition de

---

[609] Flauss Jean-François, *La Convention européenne des droits de l'homme : nouvelle interlocutrice pour le juriste d'affaires*, RJDA, 6, 1995, p. 543.

[610] CEDH, *Association X et autres c/ France*, 4 juillet 1983, requête n° 9939/82, décision de la Commission, D et R, n° 34, p. 213 ; CEDH, *Tauira et autres c/ France*, 4 décembre 1995, requête n° 28204/95, D et R, n° 83-A.

victime de violation des droits reconnus aux groupements seront analysés à la lumière de la jurisprudence européenne.

1- *Les tourments des personnes morales*

La Convention européenne entend protéger les personnes physiques et morales des actions (ou omissions) des États contractants qui porteraient atteinte aux droits fondamentaux. Cela implique naturellement que les personnes qui ont recours à la Cour de Strasbourg aient été victimes des manquements étatiques. C'est dans ce sens que tout requérant, indépendamment de sa nature, doit démontrer un *intérêt à agir* par l'allégation d'une violation dont l'État se serait rendu coupable. L'*actio popularis* qui permet à toute personne de dénoncer toute violation du texte européen par une autorité publique quelconque, sans avoir été directement victime, n'est pas accepté par la juridiction du Conseil de l'Europe[611]. C'est dire que l'auteur de la requête individuelle, fût-ce une association de défense des droits de l'homme, ne peut prétendre défendre l'intérêt général ; le groupement ne peut ainsi se plaindre au nom des ressortissants d'un État[612], ni introduire une requête en alléguant une violation des droits d'autrui[613]. Ainsi, la personne morale ne saurait engager une requête dans un intérêt collectif comme précédemment évoqué. L'intérêt à agir, celui d'invoquer judiciairement sa situation de victime, est nécessaire aussi bien à l'examen de la recevabilité qu'à l'examen au fond. Dès le contrôle de la recevabilité, le juge européen recherche s'il est plausible que le requérant ait pu être personnellement victime de la violation qu'il dénonce ; les allégations de l'auteur de la requête étant alors établies. C'est uniquement à l'examen au fond qu'est déterminé si la personne morale est ou n'est pas réellement victime de la violation alléguée[614]. L'article 34 de la convention indique bien qu'il suffit de « *se prétendre être victime* » d'une violation, il n'exige donc pas que le requérant soit « *matériellement* » victime. Ainsi, l'issue de l'instance par l'établissement des faits et leur qualification juridique au regard de la

---

611 CEDH, *X c/ Italie*, 12 décembre 1973, requête n° 6481/74, décision de la Commission, D et R, n° 1, p. 79. Voir aussi CEDH, *Alliance des Belges de la communauté européenne c/ Belgique*, 10 mai 1979, requête n°8612/79, décision de la Commission (plénière), D et R, n° 15, p. 259.

612 CEDH, *Alliance des Belges de la communauté européenne c/ Belgique*, 10 mai 1979, décision de la Commission (plénière), précité.

613 CEDH, *Association '21 décembre 1989' et autres c/ Roumanie*, 24 mai 2011, requêtes n° 33810/07 et 18817/08, § 183 : « *Une association ne saurait se prétendre elle-même victime de mesures qui auraient porté atteinte aux droits que la Convention reconnaît à ses membres* ». Voir aussi CEDH, Association *des amis de Saint-Raphaël et de Fréjus et autres c/ France*, 29 février 2000, décision de la Commission, requête n° 45053/98, § 18.

614 Voir par exemple CEDH, *Marckx c/ Belgique*, 13 juin 1979, Cour plénière, Série A, n° 31, § 27.

Convention et des canons des organes de contrôle de celle-ci, révèlera si l'auteur de la requête peut se prévaloir de la qualité de victime.

Aussi l'obstacle dressé sur la route de la requête de la personne morale tient-il de l'exigence d'un lien direct entre le manquement et l'auteur du recours. Le juge conventionnel accorde une certaine importance à l'adverbe *directement* lorsqu'il examine le statut de victime d'une personne morale. Confronté à la requête d'une association qui alléguait de la violation de son droit au respect de sa propriété, le juge européen fait une lecture stricte de l'article 34 de la convention qui impose la nécessité de se prétendre victime. Il en résulte que pour satisfaire aux conditions posées par cette disposition, tout requérant doit être en mesure de démontrer qu'il est concerné directement par la ou les violations de la Convention qu'il allègue. Ce qui ne fut pas le cas de l'association requérante dont le droit au respect des biens de l'association requérante n'était pas en cause. L'incompatibilité *ratione personae* avec les dispositions de la Convention est prononcée et la (partie de) la requête de ce groupe est rejetée conformément au troisième paragraphe de l'article 35 de la convention[615].

Il est à préciser que la charge de la preuve de la violation des droits garantis, qui n'est pas forcément spécifique aux personnes morales, peut engendrer néanmoins une difficulté à celle-ci à cause de sa constitution. Dans l'instance européenne, la charge probatoire incombe à la personne morale. Il appartient au requérant de rapporter la preuve qu'il a été personnellement affecté par la mesure qu'il conteste[616]. Ce qui peut ne pas être évident[617]. C'est alors que se manifeste la volonté du juge européen d'approprier sa jurisprudence à la personne morale requérante.

2- *Les ajustements aux personnes morales*

La juridiction européenne veut assouplir sa position quant à l'attribution du statut de victime aux personnes morales. « *Si, d'après l'article 34 de la convention, l'existence d'une ''victime d'une violation'' est indispensable pour que soit enclenché le mécanisme de protection prévu par la Convention, ce critère ne saurait être appliqué de façon rigide, mécanique et inflexible tout au long de la procédure* »[618]. Cette ouverture est faite à une jurisprudence plus adaptée aux réalités des personnes morales.

---

[615] CEDH, *Maupas et autres c/ France*, 19 septembre 2006, requête n° 13844/02, § 14.

[616] CEDH, *X c/ Autriche*, 10 décembre 1976, requête n° 7045/75, décision de la Commission (plénière), D et R, n° 7, p. 89.

[617] Voir *infra* les développements sur le dommage moral.

[618] CEDH, *Capital Bank AD c/ Bulgarie*, 24 novembre 2005, requête n° 49429/99, Recueil des arrêts et décisions 2005-XII, § 78.

La Cour européenne multiplie les catégories de « *victime* » susceptible de rentrer dans son office[619]. Pour rappel, les organes de surveillance estimaient que le terme de victime de cet article 34 vise la personne directement concernée par l'acte incriminé ou l'omission litigieuse[620]. La personne morale, auteur de la requête, devra se prétendre victime *en tant que telle* de la violation qu'elle allègue ; elle doit être la « *victime directe* » pour que son recours soit admis *ratione personae.* Le rôle des personnes morales dans la vie des États parties s'étant accru, ces groupements sont de plus en plus exposés à la législation, à des mesures étatiques pouvant les affecter. Toutefois, en raison de leur nature particulière les personnes morales sont souvent touchées indirectement. Le manquement étatique peut bien viser un membre du groupe, mais les dégâts portés au droit fondamental par manquement peuvent *accessoirement* affecter le groupe lui-même. La qualité de « *victime indirecte* » a, semble-t-il, une réalité juridique dans le contrôle des organes européens. La victime indirecte est « *celle qui peut démontrer qu'il existe un lien particulier et personnel entre elle-même et la victime directe, et que la violation de la convention lui a causé un préjudice ou qu'elle un intérêt personnel à ce qu'il soit mis fin à la violation* »[621]. Cette caractéristique du statut de victime joue au profit de la personne physique, ce qui n'exclut aucunement la personne morale qui peut se retrouver légitimement dans cette situation de « *victime indirecte* ». La Cour de Strasbourg admet dans de nombreuses circonstances cette catégorie de victime. Il n'exige en principe qu'un lien suffisamment direct entre le requérant et le préjudice qu'il estime avoir subi du fait de la violation soulevée[622]. Par exemple, une personne morale constituée pour la gestion de la garde d'orphelins, en cas de violation affectant ces derniers, peut être considérée comme étant une victime indirecte[623].

Aussi, une autre catégorie de victime a-t-elle été admise par la Cour européenne aux fins d'assurer à l'ordre conventionnel un caractère préventif : la victime potentielle. Autrement dit, la violation n'a pas (encore) eu lieu, mais la situation matérielle et juridique de la personne morale est telle que la violation peut l'atteindre à tout moment. Le juge conventionnel travaille à accroître son

---

619 Marguénaud Jean-Pierre, « *La qualité de victime (art. 34)* », *in* GACEDH, PUF, 2009, 5ème édition, p. 755-765.

620 CEDH, *Groppera Radio AG et autres c/ Suisse*, 28 mars 1990, Cour Plénière, Série A, n° 173, p. 20, § 47 ; CEDH, *Prager et Oberschlick c/ Autriche*, 26 avril 1995, série A, n° 313, § 26.

621 Delvaux, « *Le particulier, victime d'une violation de l convention* », *in Actes du cinquième colloque international sur la convention européenne des droits de l'homme*, Pédone, Paris, 1982, p. 63.

622 CEDH, *Becker c/ Danemark*, 3 octobre 1975, requête n° 7011/75, décision de la Commission (plénière), D et R, n° 4, p. 236.

623 CEDH, Association X et autres c/ France, 4 juillet 1983, requête n° 9939/82, décision de la Commission, D et R, n° 34, p. 213.

champ d'action, en conjuguant répression et prévention. La jurisprudence sur le concept de victime potentielle a ainsi vu le jour, mettant l'accent sur la possibilité d'être *une victime avant l'heure*[624]. Dans une décision d'espèce, les requérants déclarent, d'une part, qu'ils peuvent être, ou ont pu être, soumis à une surveillance secrète, par exemple lorsqu'ils représentaient des clients qui faisaient eux-mêmes l'objet d'une surveillance et, d'autre part, que les personnes qui ont fait l'objet d'une surveillance secrète ne sont pas toujours avisées ultérieurement des mesures prises à leur encontre. En raison de cet aspect particulier de la présente affaire, les requérants doivent être considérés comme des victimes, au sens de l'article 25 (34 nouveau) de la convention. La victime sera dite potentielle puisqu'elle ne peut en fait se plaindre d'une atteinte directe à un droit garanti mais qui se trouve dans une situation telle qu'elle ne peut se prévaloir du libre exercice de ce droit. En d'autres termes, c'est la privation du libre exercice d'un droit qui donne à la « *victime* » son caractère potentiel. La Cour de Strasbourg a réitéré la position de la Commission européenne dans son arrêt quant au fond[625]. En outre, le risque de violation future, dans des situations exceptionnelles, peut conférer à l'auteur d'une requête la qualité de victime. Il appartient au requérant de démontrer par le biais d'indices raisonnables et convaincants la probabilité de la réalisation d'une violation en ce qui le concerne personnellement. Les suspicions et autres conjectures ne sont pas suffisantes pour faire de la personne morale une victime potentielle[626]. En somme, la jurisprudence européenne accorde cette qualité de victime aux groupements exposés à une violation potentielle d'un droit garanti par la Convention.

Enfin, s'agissant de la preuve de la qualité de victime à rapporter, des aménagements sont prévus dans certaines conditions. C'est le cas notamment d'une personne morale qui peut se prétendre victime d'une violation par des mesures tenues au secret ou d'une législation permettant de telles mesures sans avancer qu'on les lui ait réellement appliquées[627]. Sa requête sera déclarée

---

[624] CEDH, *Klass et autres c/ Allemagne*, 18 décembre 1974, requête n° 5029/71, décision de la Commission (plénière), D et R, n° 1, p. 30 ; JDI 1982, p. 183-187, obs. Rolland.

[625] CEDH, *Klass et autres c/ RFA*, 6 septembre 1978, requête n° 5029/71, Série A, n° 24, § 34 et 38 ; Berger, n°1004-1011 ; AFDI 1979, p. 338-348, obs. Pelloux ; JDI 1980, p.463-468, obs. Rolland ; cah. dr. eur. 1979, p. 474-484, obs. Cohen-Jonathan.

[626] Revoir CEDH, *Tauira et autres c/ France*, 4 décembre 1995, requête n° 28204/95, D et R, n° 83-A.

CEDH, *Open Door et Dublin Well Woman c/ Irlande*, 29 octobre 1992, Série A, n° 246, §§ 41-44.

[627] CEDH, *Callaghan et autres c/ Royaume-Uni*, 9 mai 1989, requête n° 14739/89, décision de la Commission (plénière), D et R, n° 60, p. 303. Cet arrêt implique des personnes physiques, mais sa portée est susceptible de toucher les intérêts des personnes morales.

recevable nonobstant l'absence de preuve qui est ici difficile, voire impossible à obtenir.

Toute cette jurisprudence de la juridiction conventionnelle en matière de la qualité de victime a le mérite d'augmenter les possibilités de saisine au profit des personnes morales. Cependant elle ne peut échapper à la critique de sa portée qui montre ses insuffisances.

B/ LA PORTEE DE LA QUALITE DE GROUPEMENT VICTIME

Les reproches faits au mécanisme européen actuel de garantie des droits fondamentaux tiennent en effet à l'exigence d'*intérêt à agir*. La personne morale doit en effet prétendre être victime d'une violation de ses droits fondamentaux proclamés par la Convention. La recevabilité de la requête des *organisations non gouvernementales* peut être traitée avec davantage de souplesse en creusant dans l'approche de l'intérêt à agir du juge européen (1) grâce à une extension du statut de victime de ces groupes et associations (2).

1- Une jurisprudence à approfondir

L'introduction d'une requête auprès de la Cour de Strasbourg commande à la personne morale qui prend cette initiative un intérêt à agir. L'action est ouverte à tous ceux qui ont un intérêt légitime au succès ou au rejet d'une prétention[628]. L'intérêt donne la qualité à agir. Le principe est donc que le droit d'agir appartient à celui qui trouve intérêt à la solution du litige, soit au succès soit au rejet d'une prétention)[629]. L'organisation doit démontrer qu'elle a subi un préjudice du fait d'un manquement de l'Etat partie d'un de ses engagements internationaux. Il est légitime d'envisager qu'un groupement, par l'exercice de son pouvoir d'ester en justice, puisse agir pour le compte et au nom de la légalité (conventionnelle). Le texte de 1950 du Conseil de l'Europe veut effectivement être un cadre de préservation d'un certain *ordre public européen*[630]. La Convention européenne doit également se lire en fonction de son caractère spécifique des traités de garantie collective des droits de l'homme et des libertés fondamentales[631]. Par conséquent, l'admission d'une requête individuelle introduite par une association ou un syndicat, tendant justement à faire respecter cette légalité, pourrait se passer de l'obligation d'un intérêt à agir. Un tel recours pourrait s'accommoder au régime du recours pour excès de

---

[628] Extraits de l'article 31 du Code de procédure civile.

[629] Bandrac Monique, « *Vérification de l'intérêt à agir* », *in Droit et pratique de la procédure civile*, S. Guinchard (dir.), Dalloz, 2009/2010, 101.05, p 3.

[630] CEDH, *Bosphorus Hava Yollari Turïzm Ve Ticaret Anonim Sirketi c/ Irlande*, 30 juin 2005, requête n° 45036/98, Grande Chambre, Recueil des arrêts et des décisions 2005-VI, § 156 ; CEDH, *Loizidou c/ Turquie*, 23 mars 1995, Série A, n° 310, pp. 27-28, § 75.

[631] CEDH, *Soering c/ Royaume-Uni*, 7 juillet 1989, requête n° 14038/88, Cour plénière, Série A, n° 161, §§ 87-88.

pouvoir en droit interne[632]. Ces deux recours n'obéissent guère aux mêmes règles alors que leur finalité (protection de la légalité) est quasiment pareille. Le recours pour excès de pouvoir est largement ouvert à l'action des groupements qui peuvent saisir le juge administratif pour protéger leurs intérêts liés étroitement à leur statut de personnes morales et les intérêts collectifs dont ils ont la charge. Il est vrai que ce recours est fondamentalement objectif, le triomphe de la légalité y est au cœur ; tandis que le recours individuel en droit européen des droits de l'homme est exclusivement lié à la réparation d'un dommage résultant de la violation de droits subjectifs[633]. Il n'empêche que la spécificité de la Convention et l'exigence de son respect peuvent amener à une nouvelle ouverture de la procédure de saisine de ses organes de surveillance. Par exemple, l'irrecevabilité est prononcée à l'encontre d'une requête d'une personne morale qui dénonce l'obligation de résidence imposée à ses membres au nom du principe du libre choix de résidence (de l'article 2 du Protocole n° 4). Le groupe ne est pas considéré comme victime dans l'instance européenne, la mesure étatique ne s'adressant pas à lui personnellement (en tant que personne morale)[634]. Alors qu'en droit interne, le groupement pourra engager un recours pour excès de pouvoir contre une telle réglementation. On est en confronté à une liberté dont la protection est à géométrie variable. La Cour européenne des droits de l'homme pourrait revoir sa jurisprudence et rendre facultative la condition de l'intérêt à agir imposée à l'article 34 de la convention. C'est dire que le recours individuel participera de la protection de la légalité d'une part, et d'autre part ce serait un approfondissement, un plus de la jurisprudence européenne dans son traitement original de la requête de la personne morale.

Outre cet affinement de la jurisprudence relative à la recevabilité des requêtes des personnes morales, une extension est pareillement envisagée aux fins d'une meilleure intégration de ces sujets de droit dans l'instance européenne.

2- Une jurisprudence à élargir

L'exigence de la qualité de « *victime* » est une difficulté sérieuse pour les groupements lorsqu'ils introduisent une requête devant le juge conventionnel.

---

[632] « *Le recours pour excès de pouvoir est ouvert même sans texte contre tout acte administratif et a pour effet d'assurer, conformément aux principes généraux du droit, le respect de la légalité* » : CE, *Dame Lamotte*, 17 février 1950, arrêt d'Assemblée, p. 110, RDP, 1951, p. 478, conclusion J. Delvolvé, note M. Waline.

[633] Un tel recours devant la Cour européenne des droits de l'homme est le pendant en droit administratif français du contentieux de pleine juridiction. Voir sur ce contentieux de droit administratif R. Chapus, *Droit du contentieux administratif*, Montchrestien, Domat droit public, 13ème édition, 2008, pp. 233 et suivants.

[634] CEDH, *syndicat X c/ France*, 4 mai 1983, requête n° 9900/82, décision de la Commission, D et R, n° 32, p. 261.

L'hypothèse de l'acceptation de la possibilité d'être une victime « *à titre subsidiaire* » dans l'instance européenne peut être posée. Ce qui soulagerait les personnes morales en bute sur cette exigence. Cette possibilité n'est toutefois pas admise dans le régime juridique européen des recours individuels. A travers elle, il s'agirait de permettre à la personne morale de dénoncer une violation dont ses adhérents, ou une partie d'entre eux ou même un seul, auraient souffert. Il est vrai que cette dénégation entame plus ou moins la raison d'être des groupements qui est la protection de ses membres notamment. Ces derniers gagnent indubitablement du terrain, au détriment souvent des institutions officielles, dans la représentation des individus. Leurs objectifs répondent à des besoins sociaux de tous ordres. L'émergence de ces groupes se traduit également par un rôle de plus en plus croissant dans les procédures juridictionnelles internes[635]. Et ce rôle est possible, parce que ces groupements peuvent se substituer à leurs membres, personnellement et directement victimes de l'action des autorités publiques. Dans ces conditions, l'admission d'un tel élargissement du statut de victime au profit des organisations serait incontestablement salutaire dans la promotion des droits de l'homme. Le juge européen accorde à la personne morale la qualité de se prétendre victime, au moins *à titre subsidiaire*, lorsque les victimes directes se trouvent dans l'incapacité d'agir[636]. Ce pourrait être la même solution si la personne morale est la mieux placée pour engager une procédure devant les instances européennes dénonçant la violation alléguée. Le principe de subsidiarité, qui est une tendance juridique répandue dans nombre d'ordres juridiques, pourrait trouver un nouveau terreau en droit européen des droits de l'homme. Ce sera une nouvelle alternative dans la procédure européenne, c'est-à-dire la possibilité d'introduire un recours contre un Etat indépendamment de la situation des personnes qui sont directement victimes de la violation dénoncée. Et la personne morale pourrait ainsi mieux remplir la mission qu'elle s'est librement assignée.

La requête des organisations non gouvernementales parcourt chacune des étapes de la procédure européenne avec succès grâce à la prise en considération de leur nature singulière. La recevabilité de la requête étant acquise et la qualité de victime étant admise, les personnes morales cherchent subséquemment à obtenir réparation des souffrances endurées en raison de la violation de leurs droits fondamentaux reconnus par la Convention européenne des droits de l'homme.

---

[635] Boré Louis, *la défense des intérêts collectifs par les associations devant les juridictions administratives et judiciaires*, Paris, LGDJ, 1997.
[636] De Schutter Olivier, « *L'accès des personnes morales à la Cour européenne des droits de l'homme* », précité, pp. 108.

Paragraphe II - L'OBTENTION DE LA REPARATION PAR LA PERSONNE MORALE

La personne morale a un droit fondamental à la réparation. Le caractère fondamental tient de ce que ce droit est *important, prééminent ou essentiel*[637]. Autrement dit, le droit à la réparation tire sa fondamentalité dans son rapport naturel et de sa prépondérance dans tout le processus de défense des droits de l'homme. Lorsque la juridiction européenne des droits de l'homme déclare en effet qu'une organisation non gouvernementale requérante a été victime d'une entorse faite à un des droits fondamentaux par un État contractant, elle se penche, immédiatement ou non[638], sur la réparation du tort subi. Cette réparation est tributaire des caractéristiques du dommage enduré du fait de l'ingérence intolérable des pouvoirs publics dans l'exercice de droits et libertés garanti du groupement. La forme du préjudice et la force de son impact quant aux finalités et activités des personnes morales vont définir les canons censés situer les prétentions de celles-ci (A). A l'aune de la configuration que revêt le préjudice reconnu, la Cour de Strasbourg consentira une indemnisation aux groupements victimes (B).

A/ LE PREJUDICE SUBI PAR LA PERSONNE MORALE

« *Si la notion de préjudice a toujours été incontournable dans les contentieux indemnitaires – on rappelle qu'une victime, afin de se faire indemniser doit toujours démontrer tout à fait classiquement en ligne de principe une faute, un préjudice et un lien de causalité – la jurisprudence a souvent fait du préjudice un concept scientifique assez pauvre, sans dégager une théorie juridique d'ensemble* »[639]. Le préjudice est ce dommage, cette atteinte portée à un intérêt patrimonial (ou extrapatrimonial, voir *infra*) d'une

---

[637] Les propriétés d'un droit fondamental selon Picard Etienne, « *L'émergence des droits fondamentaux en France* », AJDA, 1998, numéro spécial, p. 9. Voir introduction générale.

[638] En raison de circonstances exceptionnelles, de la complexité des conditions d'indemnisation notamment, la Cour européenne peut renvoyer, à court, moyen ou long terme, la question de l'indemnisation. C'est l'éventualité d'un accord entre les personnes morales requérantes et les autorités publiques qui a amené la juridiction européenne à renvoyer ultérieurement la compensation dans l'affaire CEDH, *les saints monastères c/ Grèce*, 9 décembre 1994, Série A, n° 301-A, § 100 : « *Dans les circonstances de la cause, la Cour estime que la question de l'application de l'article 50 (art. 50) ne se trouve pas en état pour le dommage matériel, de sorte qu'il échet de la réserver en tenant compte de l'éventualité d'un accord entre l'Etat défendeur et les intéressés (Article 54 §§ 1 et 4 du règlement A* ». Voir également CEDH, *Anonymous Touristiki E. X. K. c/ Grèce*, 21 février 2008, requête n° 35332/05.

[639] Pradel Xavier, *Le préjudice dans le droit civil de la responsabilité*, L.G.D.J., E.J.A., 2004, p. 1.

personne dénommée de suite victime. La violation d'un droit reconnu aux personnes morales produit généralement des effets néfastes sur la raison d'être de ces personnes et sur les activités qu'elles entendent mener. Cette nocivité touche concrètement aussi bien les moyens d'existence que les biens matériels des groupements. Le dommage subi conduit à la détermination des prétentions des *organisations non gouvernementales* (1). Outre le préjudice physique, la problématique d'une reconnaissance de la souffrance morale des groupements se pose, s'impose. La Cour européenne saisit l'occasion pour consacrer la possibilité pour la personne morale d'invoquer un dommage moral né de la violation de son droit fondamental (2). Le dommage corporel est évidemment exclu du fait de la constitution de la personne morale.

1- Les prétentions des personnes morales

La jurisprudence européenne nous donne à voir une pléthore d'exemples de prétentions que les personnes morales soumettent au juge conventionnel. Les demandes posées sont relatives aux dommages que les organisations estiment avoir endurés à cause de la violation de leur droit reconnu.

Les ingérences des pouvoirs publics dans les droits fondamentaux des personnes morales conduisent à des dommages matériels notamment. Le préjudice matériel est un dommage causé aux biens, comme par exemple des dégâts, des dégradations matérielles, la perte de revenu ou d'un élément du patrimoine. Le dommage matériel constitue un frein à la réalisation des objectifs que les groupements se sont assignés. Un tel préjudice supporté par les personnes morales semble-t-il ne point susciter de difficultés. L'on pourrait néanmoins s'interroger sur l'admission d'un dommage de cette nature pour un groupement qui ne poursuivrait guère un but de lucre. La Cour européenne, en formation plénière, a considéré que *même une association sans but lucratif, telle la requérante, peut subir un dommage matériel appelant une compensation*[640]. Quoique le profit ne soit pas la boussole de leurs activités, les groupements à but non lucratif peuvent posséder des biens matériels ou immatériels[641]. Ils sont en droit de réclamer réparation quand ces biens ont subi un dommage du fait de la violation du texte européen par les autorités publiques. Les organisations déterminent leurs prétentions en fonction du dommage. A cette étape de la quête de réparation, le moindre effet négatif de l'ingérence étatique dans le droit garanti de la personne morale est signalé. Lorsque la violation constatée, dans une affaire afférent au droit fondamental de propriété d'une personne morale, a consisté donc en une violation de l'article 1 du Protocole n° 1, *dans la mesure où les procédures existantes compliquent plus que de raison la possibilité pour les propriétaires affectés par des mesures d'expropriation de revendiquer une indemnité appropriée*, la personne morale lésée traduisait avec minutie devant

---

[640] CEDH, *Open Door et Dublin Well Woman c/ Irlande*, 22 octobre 1992, Cour plénière, Série A, n° 246-A, § 87.

[641] Voir *supra* (le deuxième chapitre du titre I de la première partie).

le juge conventionnel la perte qu'elles on enregistrée. Dans cette espèce, au titre du dommage matériel pour les 590,21 mètres carrés non indemnisés, la société requérante réclamait le montant fixé au titre de l'indemnité définitive par la cour d'appel de Salonique (4 500 drachmes au mètre carré) et la majoration de celui-ci, soit au total 14 377,95 euros (EUR) ou, alternativement, 13 208 euros[642]. Les prétentions des groupements sont ainsi soumises à la juridiction européenne dans le détail de la lésion matérielle donc ils ont été victimes. Il ne s'agit nullement uniquement de dédommagement relatif à la méconnaissance des États parties du droit des groupements au respect de leurs biens. La violation des droits fondamentaux, considérés par notre étude comme primaires ou complémentaires, de la personne morale lésée produit un préjudice, se traduisant en des prétentions formulées par la personne morale devant la Cour de Strasbourg. C'est l'exemple d'une association qui a vu l'exercice de son droit à l'expression altéré par les autorités publiques. L'association requérante a estimé que « *l'ensemble du préjudice matériel résultant de l'interdiction totale de la vente de l'ouvrage sur le territoire français doit être réparé. En effet, il est incontestable que, neuf années après son interdiction, le livre n'étant plus d'actualité, il a perdu en grande partie son intérêt. Or, selon la requérante, les perspectives de vente en France de l'ouvrage interdit étaient les suivantes : 4 000 exemplaires en langue française, 1 000 exemplaires en langue basque, 250 exemplaires en langue espagnole et 100 exemplaires en langue anglaise. Le prix de vente unitaire étant de 90 francs français (FRF), le montant total est de 481 500 FRF* »[643]. L'association requérante dont le but est l'information autour du combat pour l'identité culturelle notamment des Basques est empêchée dans son rôle. Elle fournit son manque à gagner dans la vente du livre au juge européen. Aussi une autre illustration est-elle donnée par la reconnaissance par le juge européen d'une violation du droit fondamental d'une société anonyme à une procédure équitable tenue dans un délai raisonnable[644]. La société requérante relève son préjudice matériel en se fondant sur l'hypothèse que la procédure n'aurait pas dû dépasser trois ans. Le dommage matériel qui en est résulté aurait, selon elle, « *une double origine : celui résultant de l'écart entre les intérêts moratoires qu'elle a reçus et les intérêts qu'elle a dû verser pour ses emprunts bancaires et celui résultant de la prolongation injustifiée d'un différend avec la banque centrale. En ce qui concerne le premier, qu'elle évalue à 11 900 000 GRD, elle prétend que les intérêts moratoires qu'elle a reçus ne suffisent pas à couvrir la privation de son capital pour une période aussi longue, car lorsqu'elle contractait des emprunts, elle payait des intérêts à un*

---

[642] CEDH, *Organochimika Lipasmata Makedonias A.E. c/ Grèce*, 18 janvier 2005, requête n° 73836/01.

[643] CEDH, *Association Ekin c/ France*, 17 juillet 2001, requête n° 39288/98, Recueil des arrêtes et des décisions 2001-VIII, § 78.

[644] CEDH, *LSI Information technologies c/ Grèce*, 20 décembre 2001, requête n° 46380/99, § 37.

taux largement supérieur à celui des intérêts moratoires. Quant au second, la requérante précise que sa réputation d'avoir mal exécuté ses obligations contractuelles, l'aurait privé de nouveaux contrats et que la prolongation injustifiée de la procédure lui aurait beaucoup coûté en termes de perte d'heures de travail ; elle estime ce préjudice à 3 500 000 GRD ». Dans cet aspect de la prétention, la société anonyme requérante montre que la violation de la règle de célérité de la procédure a eu un effet inacceptable sur sa mission consistant notamment en la livraison de matériel. Les personnes morales relèvent ainsi tous les impacts portés sur leurs activités par la méconnaissance de la Convention par les États contractants.

Outre la demande de compensation due au dommage matériel, la restitution des frais de procédure qu'auraient engagés les personnes morales est incluse dans les prétentions de celles-ci. En cas uniquement de violation d'un droit garanti par l'État contractant, celui-ci est condamné aux frais et dépens. A l'instar des particuliers, les groupements établissent une liste des différents frais ayant permis, en interne comme devant l'instance européenne[645], la défense de leurs droits fondamentaux. Là également, les organisations non gouvernementales établissent de façon pointilleuse les frais qu'elles engagées. La réparation du préjudice dans sa globalité est réclamée par ces groupies et organisations. Toutefois, force est imposée de remarquer que toutes les affaires sanctionnées par une déclaration de violation ne sont pas systématiquement suivies de demande d'indemnisation de la part de la personne morale requérante. Celle-ci peut laisser à la Cour de Strasbourg l'appréciation de son préjudice[646] ou se taire simplement[647]. Les raisons du silence du groupement victime restent un mystère ; tout autre commentaire sera clairement subjectif. Par contre, il convient de révéler la *petite mais fort significative révolution* de la jurisprudence du juge européen à propos de la reconnaissance d'une souffrance morale à la personne morale. C'est un autre obstacle aplani sur la route d'une intégration totale de ces personnes morales dans le dispositif européen de sauvegarde des droits de l'homme.

2- La question du préjudice moral

Cette interrogation est tout aussi essentielle dans cette étude des droits fondamentaux des personnes morales dans la Convention européenne des droits

---

645 CEDH, *Observer et Guardian c/ Royaume-Uni*, 26 novembre 1991, Cour plénière, Série A, n° 216, p. 30 : Dans cet arrêt, la Cour européenne établit précisément et séparément (selon les juridictions) les différents frais occasionnés par les procédures enclenchées par les personnes morales requérantes.

646 CEDH, *Inexco c/ Grèce*, 27 avril 2006, requête n° 11720/03 : dans cet exemple, il s'agissait du dommage moral qui était laissé à l'appréciation du juge européen.

647 Voir notamment CEDH, *Nouhaud et autres dont une association c/ France*, 9 juillet 2002, requête n° 33424/96 ; CEGH, *Interoliva AEBE c/ Grèce*, 10 juillet 2002, requête n° 58642/00.

de l'homme. Elle met en effet en relief un aspect du préjudice *a priori* inconcevable vis-à-vis des groupes et organisations.

Le préjudice moral touche la personne victime d'une lésion de ses droits ou intérêts dans son affection, dans son honneur ou dans sa réputation. Le dommage affecte un intérêt extrapatrimonial. La doctrine avait déjà considéré qu'un groupe ou une association pouvait « *avoir, comme une personne physique, son honneur à défendre, et on ne saurait lui refuser le droit d'ester en justice dans ce but. Cet honneur collectif ne se confond point avec l'honneur individuel des membres du groupe, honneur qui peut n'être nullement touché par les allégations injurieuses et diffamatoires dirigées contre ce groupe* »[648]. La juridiction européenne a été, à son tour, appelée à décider si une personne non humaine, la personne morale, peut ressentir les souffrances *morales* que peut endurer une personne humaine. L'enjeu de la solution attendue est l'indemnisation d'un tel préjudice au profit des groupements. Et la solution claire et définitive a été rendue à l'occasion d'une affaire impliquant une société anonyme de droit portugais qui dénonçait la durée d'une procédure interne d'exécution en vue du recouvrement de ses créances[649]. Auparavant la Cour européenne avait déjà eu à admettre un préjudice moral d'une association lésée dans ses droits fondamentaux énoncés aux articles 10 et 13 de la convention[650]. Elle estimait que la reconnaissance du préjudice moral des personnes morales devait se faire selon les circonstances. Le juge européen avait ainsi admis le tort moral d'un parti politique pour le sentiment de frustration éprouvé par ses membres et fondateurs en raison de la violation de l'article 11 de la Convention[651]. Cependant une affaire intervenue à la fin des années 1990 a quelque peu rendu trouble la jurisprudence en la matière. La Grande Chambre de la Cour européenne n'avait pas jugé nécessaire de se pencher sur la question de savoir si une personne morale, en l'occurrence une société commerciale qui dénonçait une violation de l'article 6 de la convention et l'article premier du Protocole n° 1, pouvait alléguer avoir subi un préjudice moral résultant d'un quelconque sentiment d'angoisse[652]. Certains y avaient vu un bémol à la position jusque-là tenue par les organes de la Convention européenne. L'affaire

---

[648] Michoud Léon, *La théorie de la personnalité morale : son application au droit français*, LDGJ, tome 2, 3ème édition, La vie des personnes morales, leur supression et ses conséquences, 1932, n° 215, p. 88.

[649] CEDH, 6 avril 2000, *Comingersoll S. A c/ Portugal*, requête n° 35382/97, Recueil des arrêts et des décisions 2000-IV.

[650] CEDH, *Vereinigung Democratisher Öterreichs et autres c/ Autriche*, 19 décembre 1994, requête n° 15153/89, Série A, n° 302, § 62.

[651] CEDH, P*arti de la liberté et de la démocratie (ÖZDEP) c/ Turquie*, 8 décembre 1999, requête n° 23885/94, Grande Chambre, Recueil des arrêts et des décisions 1999-VIII, § 57.

[652] CEDH, *Immobiliare Saffi c/ Italie*, 28 juillet 1999, requête n° 22774/93, Grande Chambre, Recueil des arrêts et des décisions 1999-V, § 79 *in fine*.

de la société anonyme portugaise vient dissiper toute ambiguïté. La société requérante réclamait qu'une indemnisation lui soit accordée dans le but de compenser le dommage subi du fait du dépassement du délai raisonnable dans ladite procédure. Les autorités portugaises contestaient la demande, car dans un cas pareil de violation il s'agissait d'un *dommage moral* qui ne vise qu'à « *compenser l'angoisse, l'attente psychologique quant au sort de la cause ou l'incertitude* ». Or, selon l'État défendeur, *de tels sentiments sont propres aux seuls individus et ne peuvent aucunement faire l'objet d'une réparation s'agissant d'une personne morale.* Face à de tels arguments, le juge européen des droits de l'homme opte pour une position plutôt favorable aux personnes morales. Elle étaie le préjudice moral de sorte à parvenir à une prise en considération du particularisme des organisations non gouvernementales. Suivant la démarche de la Cour de Strasbourg, le préjudice moral peut « *comporter, pour une (...) société, des éléments plus ou moins 'objectifs' et 'subjectifs'. Parmi ces éléments, il faut reconnaître la* réputation *de l'entreprise, mais aussi l'incertitude dans la planification des décisions à prendre, des troubles causés à la gestion de l'entreprise elle-même, dont les conséquences ne se prêtent pas à un calcul exact, et enfin, quoique dans une moindre mesure, l'angoisse et les désagréments soufferts par les membres des organes de direction de la société* »[653]. La prise en compte de tous ces facteurs conduit à admettre une souffrance autre que matérielle pouvant être éprouvée par les personnes morales. En outre, si l'on convient d'une protection de la réputation d'une personne morale notamment sur le fondement de l'article 8 de la convention, il apparaîtrait absurde de ne l'en sortir d'aucune sanction tendant à l'indemnisation du groupement victime. L'atteinte à la réputation peut uniquement, en tout état de cause, affecter l'honneur de la personne morale visée. La demande de réparation se baserait inéluctablement sur la notoriété entachée de l'organisation. Il est difficile de nier aux personnes morales la souffrance d'un préjudice moral. Aussi les personnes morales se voient-elles reconnaître dans la jurisprudence de la Cour de cassation *une capacité de souffrir d'atteinte à leur honneur*[654]. Elles peuvent même invoquer la dénonciation calomnieuse[655]. Les organes de la Convention sont convaincus de l'existence d'un tort moral que la violation d'un droit garanti pourrait avoir sur un groupement. La Commission européenne fait de surcroît valoir qu'une réparation pour dommage moral peut simplement *se justifier vu l'extrême longueur de la procédure dont la société requérante avait été et a continué à*

---

[653] CEDH, 6 avril 2000, *Comingersoll S. A c/ Portugal*, requête n° 35382/97, Recueil des arrêts et des décisions 2000-IV, § 35.

[654] V. Wester-Ouisse, *La jurisprudence et les personnes morales*, JCP, édition générale, I, 121, n° 10-11, 4 mars 2009, p. 18.

[655] Cass. Crim., 22 juin 1999, n° 98-80.593, 96-86.525 : JurisData n° 1999-002987 ; D. 2000, somm. P. 35, obs. Y Mayaud.

être l'objet[656]. La reconnaissance du principe selon lequel une organisation non gouvernementale peut souffrir d'un préjudice moral est acquise. Ce qui marque davantage et sans conteste le caractère singulier du traitement de la personne morale dans l'instance européenne.

En somme les préjudices matériel et moral, bien distingués, de la personne morale sont admis dans l'instance européenne. En revanche, là où les divers éléments constituant le préjudice ne se prêtent pas à un calcul exact ou là où la distinction entre dommage matériel et dommage moral se révèle difficile, la Cour européenne entend procéder à leur examen de façon globale[657]. Maintenant que le préjudice éprouvé est approuvé dans son entièreté par la Cour de Strasbourg, il revient à cette dernière de trouver les voies et les moyens pour obtenir le redressement du tort fait à la personne morale. La réparation est concédée au groupement victime par la prise en compte de paramètres propres à la jurisprudence européenne.

B/ L'INDEMNISATION CONSENTIE A LA PERSONNE MORALE

La violation d'un droit garanti entraîne réparation. L'article 41, naguère 50, de la convention traite de la question du dédommagement des personnes physique et morale lésées par l'ingérence des autorités publiques dans leurs droits fondamentaux[658]. Les termes de cette disposition visent essentiellement l'indemnisation de la personne morale victime par la satisfaction équitable. « *Les États contractants parties à une affaire sont en principe libres de choisir les moyens dont ils useront pour se conformer à un arrêt constatant une violation. Ce pouvoir d'appréciation quant aux modalités d'exécution d'un arrêt traduit la liberté de choix dont est assortie l'obligation primordiale imposée par la Convention aux Etats contractants : assurer le respect des droits et libertés garantis. Si la nature de la violation permet une restitutio in integrum, il incombe à l'État défendeur de la réaliser, la Cour n'ayant ni la compétence ni la possibilité pratique de l'accomplir elle-même. Si, en revanche, le droit national ne permet pas ou ne permet qu'imparfaitement d'effacer les conséquences de la violation, l'article 41 habilite la Cour à accorder, s'il y a*

---

656 CEDH, *Garyfallou AEBE c/ Grèce*, 24 septembre 1997, requête n° 18996/91, Recueil des arrêts et des décisions 1997-V, § 48.

657 CEDH, *Dombo Beheer B.V. c/ Pays-Bas*, 27 octobre 1993, Série A, n° 274, pp. 20-21, §. 40

658 Article 41 de la convention : « *Si la décision de la Cour déclare qu'une décision prise ou une mesure ordonnée par une autorité judiciaire ou toute autre autorité d'une Partie contractante se trouve entièrement ou partiellement en opposition avec les obligations découlant de la présente Convention, et si le droit interne de ladite Partie ne permet qu'imparfaitement d'effacer les conséquences de cette décision ou de cette mesure, la décision de la Cour accorde, s'il y a lieu, à la partie lésée une satisfaction équitable* ».

lieu, à la partie lésée la satisfaction qui lui semble appropriée »[659]. En d'autres termes, cette disposition *ne trouve qu'à s'appliquer que si seule une réparation partielle ou, a fortiori, si aucune réparation ne peut être obtenue en droit interne*[660]. Et bien entendu à condition qu'un règlement à l'amiable ne soit pas intervenu entre temps[661]. Ce règlement à l'amiable doit avoir pour finalité de mettre fin au litige, revêtir un caractère équitable[662] et s'inspirer du respect des droits de l'homme tels que les reconnaissent la Convention et ses Protocoles[663]. Lorsque ces conditions sont remplies, la Cour européenne prend acte et raye l'affaire du rôle[664]. Ce qui arrive également à l'issue d'un désistement de la personne morale requérante[665]. Hormis ces cas de radiation du rôle, l'instrument européen de sauvegarde des droits de l'homme offre deux volets de réparation due à la méconnaissance d'un droit fondamental d'une personne morale : la réparation de tout son préjudice (1) et la restitution des frais de procédure qu'elle a engagés (2).

---

[659] CEDH, *Assymomitis et autres dont une société anonyme c/ Grèce*, 14 octobre 2004, requête n° 67629/01, § 73.

[660] J. L. Sharpe, « *Article 50* », *in* L.-E. Pettiti, E. Decaux et P.-H. Imbert (dir.), *La convention européenne des droits de l'homme*, Economica, 2ème édition 1999, p. 809.

[661] Voir parmi de multiples arrêts CEDH, *Syndicat des transporteurs suédois c/ Suède*, 18 juillet 2006, requête n° 53507/99 ; CEDH, *Ardex S.A. c/ France*, 6 avril 2004, requête n° 53951/00.

[662] Au sens de l'article 75 paragraphe 4 du règlement : « ... *Si la Cour reçoit communication d'un accord intervenu entre la partie lésée et la Partie contractante responsable, elle vérifie qu'il est équitable et, si elle le juge tel, raye l'affaire du rôle conformément à l'article 43 § 3 du présent règlement* ».

[663] Au sens d'un double fondement textuel : d'abord l'article 37 paragraphe premier (*in fine*) de la convention : « *A tout moment de la procédure, la Cour peut décider de rayer une requête du rôle lorsque les circonstances permettent de conclure a) que le requérant n'entend plus la maintenir ; ou b) que le litige a été résolu ; ou c) que, pour tout autre motif dont la Cour constate l'existence, il ne se justifie plus de poursuivre l'examen de la requête. Toutefois, la Cour poursuit l'examen de la requête si le respect des droits de l'homme garantis par la Convention et ses Protocoles l'exige. 2. La Cour peut décider la réinscription au rôle d'une requête lorsqu'elle estime que les circonstances le justifient* ». Ensuite l'article 62 troisième paragraphe du règlement : « *Si la chambre apprend par le greffier que les parties acceptent un règlement amiable, et après s'être assurée que ledit règlement s'inspire du respect des droits de l'homme tels que les reconnaissent la Convention et ses Protocoles, elle raye l'affaire du rôle conformément à l'article 43 § 3 du présent règlement* ».

[664] CEDH, *Institution ecclésiastique saint-marinaise Benefico Cappela Paolini c/ Saint Marin*, 3 mai 2007, requête n° 40786/98, § 5, CEDH, *Longotrans – Transportes Internacionais Lda c/ Portugal*, 3 octobre 2002, requêtes n° 51194/99 notamment.

[665] Par exemple CEDH, *Owner's Services Ltd c/ Italie*, 28 juin 1991, requête n° 12144/86, Série A, n° 208-A ; CEDH, *Fazilet Partisi et Kutan c/ Turquie*, 27 avril 2006, requête n° 1444/02.

1- *L'originalité de la réparation du préjudice de la personne morale*

L'article 41 de la convention commande « *une obligation principale de réparation adéquate par les autorités nationales et prévoit l'octroi, à titre subsidiaire, d'une réparation pécuniaire* »[666] à la personne morale dont le droit garanti a été bafoué par ces mêmes autorités.

D'emblée, la Cour européenne des droits de l'homme n'accorde une satisfaction équitable que *s'il y a lieu*, elle n'est point liée en la matière par une norme juridique nationale[667]. Elle attribue volontairement et selon ses propres règles cette satisfaction équitable. La réparation est ainsi octroyée conformément à ces règles de forme[668] suivant lesquelles les prétentions de la personne morale rendue victime par l'ingérence intolérable des pouvoirs publics sont acceptées ou rejetées. La juridiction européenne soutient d'abord que les réclamations doivent être justifiées[669]. Les demandes de satisfaction équitable doivent en principe s'appuyer sur des *preuves indépendantes*[670]. Lorsque les personnes morales ne fournissent aucune preuve du dommage matériel prétendument subi, le juge conventionnel se refuse alors de leur allouer une quelconque indemnisation[671]. Les prétentions doivent ainsi entretenir un lien de causalité entre le dommage et le préjudice[672]. La Cour européenne refuse de spéculer à ce propos[673]. C'est le cas de deux personnes morales unies dans une même requête affirmant qu'elles *n'auraient pas manqué d'obtenir les licences sollicitées si la législation autrichienne avait respecté l'article 10* de la

---

[666] Sudre Frédéric, note sous CEDH, *Papamichalopoulos c/ Grèce*, 31 octobre 1995, GACEDH, 2009, n° 73, *in* F. Sudre, J.-P. Marguénaud, J. Andriantsimbazovina, A. Gouttenoire et M. Levinet, *Les grands arrêts de la Cour européenne des Droits de l'Homme*, PUF, 2009, 5ème édition, p. 795.

[667] CEDH, *Raffineries grecques Stran et Stratis Andreadis c/ Grèce,* 9 décembre 1994, Série A, n° 301-B, § 80 ; CEDH, *Sunday Times c/ Royaume-Uni* (n° 1), 6 novembre 1980, Série A, n° 38, p. 9, § 15.

[668] La condition de fond étant la qualité de victime étudiée plus haut.

[669] Voir *a contrario* CEDH, *News Verlags Gmbh et Co.KG c/ Autriche*, 11 janvier 2000, requête n° 31457/96, Recueil des arrêts et des décisions 2000-I, § 66.

[670] CEDH, *Wilson, Nation Union of Journalists et autres c/ Royaume-Uni*, 2 juillet 2002, Recueil des arrêts et des décisions 2002-V, § 60.

[671] Voir par exemple CEDH, *l'association C.C.I.L. et autre c/ Italie*, 24 février 2009, requête n° 46967/07.

[672] Voir parmi de nombreux arrêts CEDH, *Tre Träktorer Aktiebolag c/ Suède*, 7 juillet 1989, Série A, n° 159, § 66 ; CEDH, *Éditions Périscope c/ France*, 26 mars 1992, requête n° 11760/85, Série A, n° 234-B, §§ 46-47.

[673] CEDH, *Association Ekin c/ France*, 17 juillet 2001, requête n° 39288/98, Recueil des arrêtes et des décisions 2001-VIII, précité, § 80 : « *La Cour ne saurait spéculer sur les perspectives de vente de l'ouvrage publié par la requérante* ».

convention. Le juge conventionnel y voit de la spéculation[674]. Par contre le refus de spéculer de la Cour de Strasbourg n'empêche nullement celle-ci de consacrer l'indemnisation d'une *perte réelle de chance.* Dans une espèce, la Cour européenne relève que la seule base à retenir pour l'octroi d'une satisfaction équitable réside dans le fait que la communauté religieuse requérante n'avait pas bénéficié d'un accès à un tribunal pour faire valoir son droit d'usage de l'édifice de culte et dans le fait que le refus des autorités judiciaires de trancher l'affaire s'était avéré discriminatoire. Face à une telle constatation, le juge européen ne peut certes spéculer sur ce qu'aurait été l'issue du procès dans le cas contraire, mais n'estime pas déraisonnable de penser que l'intéressée a subi une perte de chance réelle appelant une indemnisation[675]. Ensuite les prétentions des personnes morales doivent également être étayées[676]. Dans un arrêt opposant une société de transport international et l'État grec à propos du délai raisonnable dans l'instance nationale, le juge conventionnel a sanctionné le non-respect de la condition de la précision des prétentions. Il a ainsi estimé que cette personne morale requérante n'a pas cherché à étayer ses demandes en indemnisation du dommage allégué. Selon le juge de Strasbourg, aucun préjudice n'a donc été établi, d'où il y a lieu d'écarter ces prétentions[677]. Il incombe à l'organisation non gouvernementale de soutenir ses demandes à l'appui de justificatifs.

La juridiction européenne entretient une forte volonté de parvenir à la réparation du tort imposé au groupement faut-il le signaler. Elle indemnise le tort moral bien que celui n'ait pas été évoqué par le groupement requérant. Un parti politique et deux de ses membres ont réussi à faire condamner les autorités helléniques qui n'avaient pas respecté notamment leur droit fondamental à la liberté d'association. Bien que le juge européen reconnût que les requérants n'avaient aucunement étayé leurs prétentions au titre du dommage matériel, il a toutefois retenu qu'ils *ont souffert un certain préjudice à ce titre.*[678] L'entorse à une condition d'octroi d'une indemnité ne se justifie que par ce souci de réparer toute atteinte portée à un droit reconnu aux personnes morales. La Cour européenne assouplit davantage sa position en accueillant les prétentions d'une

---

[674] CEDH, *Informationsverein Lentia et autres c/ Autriche*, 24 novembre 1993, Série A, n° 276, p. 15, § 46.

[675] CEDH, *Paroisse gréco catholique Sâmbata Bihor c/ Roumanie*, 10 janvier 2010, requête n° 48107/99, § 91.

[676] Voir *a contrario* CEDH, *Garyfallou AEBE c/ Grèce*, 24 septembre 1997, requête n° 18996/91, Recueil des arrêts et des décisions 1997-V, § 49.

[677] Revoir CEDH, *Garyfallou AEBE c/ Grèce*, 24 septembre 1997, requête n° 18996/91, Recueil des arrêts et des décisions 1997-V, § 49.

[678] CEDH, *Ouranio Toxo c/ Grèce*, 20 octobre 2005, requête n° 74989/01, Recueil des arrêts et des décisions 2005-X (extraits), §§ 46-48.

personne morale présentées selon une procédure antérieure et dépassée[679]. Et elle n'hésite point à répondre favorablement à l'appel d'une société qui se remet à sa *sagesse* pour définir l'ampleur de son préjudice moral. La Cour de Strasbourg lui reconnaît en l'espèce un *tort moral certain* et lui alloue en conséquence une indemnité.

Toutefois, les organes conventionnels retouchent leur jurisprudence, généreuse en matière d'indemnisation, quand ils sont confrontés aux prétentions excessives de certaines organisations[680]. L'indice de la démesure dans les demandes des personnes morales peut se percevoir à travers notamment la marge entre la prétention et le préjudice soulevé, ou l'indemnité qui est finalement consentie[681]. La juridiction européenne décide souverainement[682] de l'allocation à accorder au groupement victime lorsque le dommage matériel subi ne peut se prêter à une évaluation précise[683] ou lorsqu'elle considère que le montant qu'il réclame n'est pas en lien avec la violation alléguée[684]. Il lui arrive même de déclarer que le constat de violation d'un droit fondamental fournit en soi une satisfaction équitable suffisante[685].

Il existe davantage d'originalités dans le droit à la réparation dont disposent les personnes morales reconnues victimes d'une méconnaissance de leurs droits garantis. Les sommes allouées au titre de la satisfaction équitable ne sont pas

---

679 CEDH, *Stankov et Association macédonienne Uni Ilinden c/ Bulgarie*, 2 octobre 2001, requête n° 29221/95 et 29225/95, Recueil des arrêts et des décisions 2001-IX, §§ 120-121.

680 Voir CEDH, *Forum Maritime S.A. c/ Roumanie*, 4 octobre 2007, requêtes jointes n° 63610/00 et 38692/05 : la société commerciale requérante estimait son préjudice matériel à 291.751.562 euros et 10.000.000 euros de préjudice moral. Elle n'obtint finalement que 3500 euros uniquement au titre de dommage moral.

681 Par exemple CEDH, *SCM Scanner de l'ouest lyonnais et autres c/ France*, 21 juin 2007, requête n° 12106/03 : la société civile de moyen réclamait plus d'un million d'euros mais n'obtint que 7000 euros ; CEDH, *SAPL c/ France*, 18 décembre 2001, requête n° 37565/97 : cette société d'aménagement prétendait à plus de quatre-vingt-huit millions d'euros au titre de son préjudice mais ne reçut que 6000 euros de la Cour européenne.

682 La Cour européenne est absolument libre d'octroyer une satisfaction équitable. Dans l'arrêt CEDH, *Wilson, Nation Union of Journalists et autres c/ Royaume-Uni*, 2 juillet 2002, Recueil des arrêts et des décisions 2002-V, §§ 62-64 : elle dit ne pas être convaincue des prétentions de la personne morale, et les rejette par conséquent.

683 CEDH, *Union Alimentaria Sanders SA c/ Espagne*, 7 juillet 1989, requête n° 11681/85, Série A, n° 157, § 45.

684 Voir par exemple CEDH, *Société au service du développement c/ France*, 11 avril 2006, requête n° 40391/02, § 39.

685 Parmi de multiples arrêts CEDH, *Manifattura FL c/ Italie*, 27 février 1992, Série A, n° 230-B, § 22.

négligeables[686], bien au contraire[687]. Elles peuvent amener à comprendre la propension des personnes morales à recourir au juge conventionnel. Aussi pouvons-nous relever une ambiguïté dans la fixation de l'indemnisation de la personne morale dans certains cas[688]. Dans quatre décisions intervenues le même jour pour des allégations analogues (le non-respect du principe de célérité de la procédure nationale) d'une société requérante, il est difficile de cerner le choix du juge conventionnel d'accorder une indemnité différente à ladite requérante[689]. La Cour de Strasbourg a fixé une allocation identique dans trois arrêts mais doublé le montant dans un quatrième alors que ces affaires ont évolué dans les mêmes circonstances[690]. Par ailleurs, une requête peut associer à la fois des personnes de nature différente. Dans la mesure où plusieurs personnes physiques et morales sont associées dans une requête individuelle, elles reçoivent séparément, individuellement leur indemnisation[691]. Le montant peut néanmoins différer selon l'importance du préjudice subi par chacun des requérants[692]. En outre, nous pouvons dégager une autre problématique afférent à une éventuelle répartition du bénéfice de l'indemnisation entre la personne morale et ses membres. De plus, le groupement lésé est indemnisé et non ses membres, confirmant par ailleurs qu'il est une personne juridique à part entière[693]. C'est en son nom et pour son compte que l'action a été engagée. Enfin si la détermination du juge européen d'indemniser la personne morale est indéniable, le montant de l'indemnité peut marquer une certaine distance avec

---

686 J.-F. Flauss, *La Convention européenne des droits de l'homme : nouvelle interlocutrice pour le juriste d'affaires*, RJDA, 6, 1995, p. 543, précité.

687 Par exemple, un million de francs ont été accordé dans l'arrêt CEDH, *Raffineries grecques Stran et Stratis Andreadis c/ Grèce,* 9 décembre 1994, Série A, n° 301-B, précité ; onze millions dans l'affaire Pine Valley Development Ltd du 9 février 1993 (précité).

688 Dans d'autres, et la plupart des cas, le juge européen reste constant dans son raisonnement d'octroi d'indemnités à une personne morale multi-requérante quand les circonstances des requêtes sont similaires. Voir par exemple CEDH, *GB-UNIC (n° 1 et 2) c/ Belgique*, 29 juillet 2004, requêtes n° 52303/99 et 52304/99.

689 CEDH, *Il Messagero S.A.S. (n° 2, 3, 4 et 5) c/ Italie*, 16 novembre 2000, requêtes n° 46516/99, 46517/99, 46518/99 et 46519/99.

690 La société italienne reçut en compensation de la violation de son droit fondamental à un procès tenu dans un délai raisonnable 5.000.000 lires italiennes au titre de trois requêtes et 10.000.000 lires italiennes alors que la durée excessive dans chacune des procédures internes avoisinait les six années.

691 Par exemple CEDH, *Wilson, Nation Union of Journalists et autres c/ Royaume-Uni*, 2 juillet 2002, précité.

692 CEDH, *Costa et autres, Affaire « réforme agraire » c/ Portugal*, 15 janvier 2008, requête n° 44311/04 : la Cour européenne dresse la liste des différentes sociétés et personnes physiques accompagnées distinctement de leur indemnisation.

693 CEDH, *Kanakis et autres dont cinq associations c/ Grèce*, 23 octobre 2003, requête n° 59142/00, § 40.

celui qui est octroyé aux personnes physiques. Cette hypothèse est rendue compte par l'observation de plusieurs situations se rejoignant quant à la violation constatée mais s'éloignant au niveau de la réparation. En guise d'illustrations, lorsqu'un particulier est déclaré victime de la violation de son droit à une procédure nationale tenue dans un délai raisonnable, la Cour européenne se montre (très) généreuse en lui allouant plus qu'il demande[694]. En revanche, dans une décision rendue le même jour, elle revoit très largement à la baisse les prétentions d'une personne morale victime de la même violation par le même État contractant[695]. C'est autant d'originalités dans le droit à réparation des personnes morales qui est donné de constater.

L'autre volet du droit à réparation reconnu aux personnes morales a trait au remboursement des frais de procédure engendrés par l'action de ces personnes.

2- La singularité de la restitution des frais de la personne morale

La personne morale reconnue victime d'une violation de ses droits fondamentaux est en droit de recevoir une indemnité au titre des frais et dépens. Toutes les dépenses que les groupements ont consenties dans la quête de protection de leurs droits fondamentaux garantis par la Convention européenne aussi bien dans la procédure nationale que celle devant la juridiction de Strasbourg sont concernées dans cette réparation. lorsqu'elle constate en effet une violation de la Convention, le juge européen peut accorder à un groupement requérant le paiement non seulement de ses frais et dépens devant les organes de la Convention, mais aussi de ceux qu'il a engagés devant les juridictions nationales pour prévenir ou faire corriger par celles-ci ladite violation[696]. Ce qui rassure les organisations non gouvernementales et traite celles-ci ainsi au même titre que les personnes physiques mais avec quelques spécificités.

Si la Cour européenne des droits de l'homme a établi certaines conditions, ces dernières ne sont guère de nature à inquiéter les personnes morales quant à la restitution des frais qu'elles ont exposés. Conformément à sa jurisprudence, l'allocation de frais et dépens au titre de l'article 41 de la convention présuppose que « *se trouvent établis leur réalité, leur nécessité et, de plus, le caractère raisonnable de leur taux*[697]. Les frais engagés doivent être soumis par le

---

694 CEDH, *Cantacessi c/ Italie*, 14 décembre 1999, requête n° 40959/98, §§ 14-15 : le requérant réclame au moins 5.000.000 lires italiennes, la deuxième section de la Cour européenne lui accorde 12.000.000 lires italiennes.

695 CEDH, *Ediltes SNC c/ Italie*, 14 décembre 1999, requête n° 40953/98, §§ 11-12 : la société requérante réclame 500.000.000 lires italiennes au titre du préjudice matériel et moral mais reçut que 16.000.000 lires italiennes.

696 CEDH, *Varnima Corporation International SA c/ Grèce*, 28 mai 2009, requête n° 48906/06, § 44.

697 CEDH, *Giannetaki E. et S. Metaforiki Ltd et Giannetakis c/ Grèce*, 6 décembre 2007, requête n° 29829/05, § 44 ; CEDH, *SCM Scanner de l'ouest lyonnais et autres c/ France*, 21 juin 2007, requête n° 12106/03, précité, § 41.

groupement à la juridiction conventionnelle et accompagnés de preuves. *Faute pour d'avoir fourni des renseignements ou des pièces justificatives à ce sujet et d'avoir précisé la part de la somme globale afférente à sa propre représentation devant la Cour européenne* », une personne morale requérante n'a point été accueillie dans sa demande de restitution des frais[698]. En l'espèce, la société anonyme requérante, la seule à pouvoir prétendre à cette indemnité parmi de nombreuses personnes unies dans la même requête, n'a pas justifié les frais exposés d'où le rejet des organes conventionnels. Alors qu'une seule facture suffit pour éviter de voir écarter sa demande[699]. Un groupement peut être doublement sanctionné s'il ne justifie pas, ni ne détaille les faits qu'il a engagés devant les procédures interne et européenne[700]. *A contrario*, si la personne morale remplit les conditions sus évoquées, elle recevra une double restitution des frais liés à son action en justice[701]. L'octroi d'un remboursement au groupement dépend strictement du respect de ces conditions[702]. Ces règles sont d'une évidence. La triple conditionnalité est également assortie d'un certain nombre d'exigences qui paraissent elles aussi raisonnables. Lorsque la Cour de Strasbourg constate une violation de la Convention, « *elle peut accorder le remboursement des frais et dépens exposés devant les juridictions internes, mais uniquement lorsqu'ils ont été engagés pour prévenir ou faire corriger par celles-ci (*cette*) violation* »[703]. En clair, les frais exposés devant les juridictions nationales ne peuvent être pris en compte que s'ils ont été engagés par les groupements requérants pour faire redresser la violation de la Convention constatée[704]. A défaut de lien entre la procédure interne et un droit garanti par la

[698] CEDH, *Pressos Compania Naviera SA et autres c/ Belgique*, 3 juillet 1997, requête n° 17849/91, arrêt de satisfaction équitable, Recueil des arrêts et des décisions 1997-IV, § 24.

[699] CEDH, *SCM Scanner de l'ouest lyonnais et autres c/ France*, 21 juin 2007, requête n° 12106/03, § 41, précité.

[700] CEDH, *Moschopoulos-Veïnoglou et autres c/ Grèce*, 18 octobre 2007, requête n° 32636/05, § 49 précité : « *la Cour estime que les frais réclamés au titre de la procédure nationale sont, dans leur majorité, non justifiés et que les frais de l'expert ne se rapportaient pas à la violation constatée (...). En ce qui concerne par ailleurs les frais et dépens encourus devant elle, la Cour observe que les prétentions des requérants ne sont ni détaillées ni accompagnées des justificatifs nécessaires permettant de les calculer de manière précise. Il convient donc d'écarter cette demande* ».

[701] CEDH, *News Verlags Gmbh et Co.KG c/ Autriche*, 11 janvier 2000, requête n° 31457/96, Recueil des arrêts et des décisions 2000-I, précité, § 69.

[702] Voir notamment CEDH, *SC Plastik ABC SA c/ Roumanie*, 7 février 2008, requête n° 32299/03, § 31.

[703] CEDH, *Forum Maritime S.A. c/ Roumanie*, 4 octobre 2007, requêtes jointes n° 63610/00 et 38692/05, précité, § 180.

[704] CEDH, *Nouhaud et autres dont une association c/ France*, 9 juillet 2002, requête n° 33424/96, § 55 ; CEDH, *Lilly France c/ France*, 14 octobre 2003, requête n° 53892/00.

Convention, la demande de l'organisation est rejetée[705]. En somme, les organes conventionnels vont rechercher si les frais et dépens ont été réellement et nécessairement encourus par la personne morale afin de prévenir ou redresser le fait jugé constitutif d'une violation de la Convention, et s'ils étaient raisonnables quant à leur taux[706]. Quoique la réalité de nombre de décisions d'allocation d'indemnité de frais de procédure puisse montrer un survol du juge européen en la matière[707], il n'en demeure pas moins que le juge procède à un examen approfondi de la question. Il regarde la conformité des demandes de remboursement des frais aux canons qu'il a lui-même dressés[708]. Ajoutons que lors de son contrôle, le juge européen tient compte d'un certain nombre de facteurs. La complexité de l'affaire, par exemple, peut mener à une procédure plus longue et plus importante en termes d'apport d'expertise notamment. Il appert au demeurant que les frais de l'expertise doivent impérativement se rapporter à la violation constatée[709]. Quand le juge conventionnel apprécie les éléments en sa possession, au regard des critères susmentionnés et du degré relativement réduit de complexité de la présente affaire, il écarte l'indemnisation revendiquée par la personne morale au titre des frais et dépens. La juridiction européenne a ainsi divisé par trente la somme réclamée par une société commerciale par actions déclarée victime d'une méconnaissance de ses droits garantis aux articles 6 paragraphe premier de la convention et premier du Protocole n° 1[710]. Outre les critères indiqués ci-dessus et les éléments en sa possession, la juridiction européenne peut aussi prendre en considération la nature des griefs en cause soulevés par l'organisation pour juger de l'exactitude des frais et dépens encourus devant elle[711]. La position du juge conventionnel permet de prendre en charge les conséquences de la violation d'un droit fondamental du groupe. Ici était donc visé le non-respect du délai raisonnable qui conduit à l'allongement de la procédure nationale, synonyme de frais

---

705 CEDH, *Giannetaki E. et S. Metaforiki Ltd et Giannetakis c/ Grèce*, 6 décembre 2007, précité, § 45.

706 CEDH, *Bladet Tromso et Stensaas c/ Norvège*, 20 mai 1999, requête n° 21980/93, Recueil des arrêts et des décisions 1999-III, § 80.

707 Voir parmi tant d'arrêts CEDH, *Textile Traders, limited c/ Portugal*, 27 février 2003, requête n° 52657/99, §§ 34-36.

708 Une belle illustration est fournie à l'arrêt consacré uniquement à la satisfaction équitable CEDH, *Sunday Times c/ Royaume-Uni*, 6 novembre 1980, requête n° 6538/74, Cour plénière, Série A, n° 38. Voir aussi CEDH, *Observer et Guardian c/ Royaume-Uni*, 26 novembre 1991, Cour plénière, Série A, n° 216, p. 30, §§ 78-84.

709 CEDH, *Moschopoulos-Veïnoglou et autres c/ Grèce*, 18 octobre 2007, requête n° 32636/05, § 49, précité.

710 CEDH, *SC Plastik ABC SA c/ Roumanie*, 7 février 2008, requête n° 32299/03, précité, § 31.

711 CEDH, *Forum Maritime S.A. c/ Roumanie*, 4 octobre 2007, précité, § 181.

supplémentaires[712]. La Cour entend indemniser les groupements ayant subi ce préjudice, ou laisse les juridictions nationales procéder à la restitution des frais et dépens quand la procédure reste en cours[713].

La Cour européenne des droits de l'homme met, semble-t-il, une limite à sa jurisprudence, au demeurant pour ce qui est des frais et dépens afférents à la procédure devant elle. Les organes de la Convention accordent une indemnité à ce titre nonobstant le fait que le groupement requérant n'a pas précisé le montant ni n'a produit aucun justificatif à l'appui de sa demande. Ils estiment, en effet, l'évidence que ce requérant a encouru des frais et dépens à cet égard[714]. Cette inclinaison de la jurisprudence européenne est similaire à celle en matière de réparation des dommages matériel et moral, et en général au traitement de la requête individuelle enclenchée par les organisations devant l'instance européenne. La détermination du juge conventionnel à accorder un traitement particulier à la personne morale dans l'instance européenne est encore réitérée.

CONCLUSION

Devant l'instance européenne, la requête des personnes morales suit un parcours singulier. De la phase de recevabilité à celle de l'octroi d'indemnité, la jurisprudence européenne se montre conciliante avec les groupes. Elle prend en effet en considération la nature particulière de la personne morale et toutes ses caractéristiques à chacune étape de la procédure européenne permettant à la requête de cette personne d'y prospérer. L'exigence de la qualité de victime qui apparaît *a priori* comme un obstacle difficile à surmonter pour les groupements a été progressivement amoindri. La réparation apportée à la personne morale victime d'une violation de ses droits fondamentaux par les pouvoirs publics est façonnée dans l'intérêt de ladite victime. Quoique la Cour de Strasbourg n'ait pas le pouvoir de faire des injonctions aux États adhérents[715], elle se l'accorde

---

[712] « Les affaires de durée de procédure le prolongement de l'examen d'une cause au-delà du « délai raisonnable » entraîne une augmentation des frais à la charge du groupement requérant » CEDH, *Forum Maritime S.A. c/ Roumanie*, 4 octobre 2007, précité, § 181.

[713] Dans ce dernier cas, voir CEHD, *SC Concept Ltd Srl et Manole c/ Roumanie*, 22 novembre 2007, requête n° 42907/02, § 69 : les procédures de faillite étant toujours pendantes, la société requérante a donc la possibilité de récupérer ses frais devant les juridictions selon la Cour européenne.

[714] CEDH, *Stratégies et Communication et Dumoulin c/ Belgique*, 15 juillet 2002, requête n° 37370/97, § 66. Voir aussi CEDH, *Société Comabat c/ France*, 26 mars 2002, requête n° 51818/99, § 21 ; CEDH, *A/S Diena et Ozolins c/ Lettonie*, 12 juillet 2007, requête n° 16657/03, § 98.

[715] CEDH, *Manifattura FL c/ Italie*, 27 février 1992, Série A, n° 230-B, § 22, précité : « *la Convention ne lui attribue pas compétence pour adresser une (telle) injonction à un État contractant* ». Voir aussi CEDH, *Idrocalce S.R.L. c/ Italie*, 27 février 1992, requête n° 12088/86, Série A, n° 229-F, § 26.

de façon ponctuelle[716] (pour des questions de réparation d'un dommage lié à la privation de propriété[717] ou à la défaillance de l'État au regard de la nature de la violation[718]), construisant ainsi une jurisprudence conséquente en matière de l'indemnisation des personnes morales. Tout est mis en œuvre au profit d'un traitement particulier à la personne morale dans l'instance européenne.

---

[716] Sudre Frédéric, *Droit international et européen des droits de l'homme*, PUF, collection droit fondamental, 2011, 10ème édition, pp. 804-805.

[717] Le juge conventionnel enjoignit à l'État grec de verser à des requérants, pour dommage et perte de jouissance depuis que les autorités helléniques avaient pris possession de leurs terrains, la valeur (actuelle) de terrains augmentée de la plus value apportée par l'existence de certains bâtiments qui avaient été édifiés depuis l'occupation. CEDH, *Papamichalopoulos et autres c/ Grèce* (satisfaction équitable), du 31 octobre 1995, Série A, n° 330-B, p. 59, §§ 36 et 39) ; CEDH, *Ex-Roi de Grèce et autres c/ Grèce* (satisfaction équitable), 28 novembre 2002, Grande Chambre, requête n° 25701/94, Recueil des arrêts et décisions 2002, § 75. Pour une application aux personnes morales, voir CEDH, Belvedere Alberghiera S.R.L. c/ Italie, 30 octobre 2003, (satisfaction équitable), requête n° 25701/94.

[718] Voir par exemple CEDH, Assanidzé c/ Georgie, 8 avril 2004, Grande Chambre, requête n° 71503/01, Recueil des arrêts et des décisions 2004-II, § 203 : « *Dans ces conditions, eu égard aux circonstances particulières de l'affaire et au besoin urgent de mettre fin à la violation des articles 5 § 1 et 6 § 1 de la Convention (...), la Cour estime qu'il incombe à l'Etat défendeur d'assurer la remise en liberté du requérant dans les plus brefs délais* ». Pour une application aux personnes morales, voir CEDH, *Verein Gegen Tierfabriken Schweiz (VgT) c/ Suisse*, 30 juin 2009, requête n° 32772/02, §§ 83 et suivants.

CONCLUSION DU TITRE SECOND

Les organisations non gouvernementales se voient attribuer des droits et libertés autres que ceux qui leur sont naturellement garantis. Ces *nouveaux* droits fondamentaux viennent compléter la protection légitime dont ces organisations bénéficient dans la Convention européenne de 1950. Ce complément, œuvre essentiellement bâtie par les organes de surveillance, rend fidèlement compte de l'intégration nécessaire de ces sujets de droit à constitution particulière dans le système européen de défense des droits de l'homme. Consacrer un droit à la vie privée à des personnes agissant sur la scène publique est sans conteste un progrès dans la construction et la promotion de la société démocratique, chère au Conseil de l'Europe. L'assurance d'un recours, et partant d'une sanction, en cas de violation de l'un des ses droits fondamentaux procure à la personne morale la « *sensation* » de faire partie intégrante de l'évolution de la démocratie sur la scène européenne. L'applicabilité de certaines dispositions conventionnelles aux groupements certifie, faut-il le rappeler, la volonté de la juridiction européenne de mettre en œuvre un dispositif efficace contre les atteintes que pourraient subir ces groupements.

CONCLUSION DE LA SECONDE PARTIE

L'opportunité a été donnée de mettre à nu la tendance de la Cour européenne à accorder le maximum de droits fondamentaux aux personnes morales. La juridiction de Strasbourg ne se borne pas qu'à la proclamation de droits fondamentaux dont la jouissance par les groupements ne fait l'ombre d'aucun doute. Elle va plus loin. L'interprétation de certaines dispositions du texte européen conduit à l'invocabilité de leurs garanties par les personnes morales. Courageuse et audacieuse, la juridiction conventionnelle livre une véritable bataille à la conquête d'une protection optimale des droits et libertés des organisations non gouvernementales. La quête d'une société démocratique ne va sans inclure l'un des acteurs primordiaux. La requête de la personne morale vaut une attention particulière la Cour européenne. La dynamique est lancée. Ainsi, en dépit des droits fondamentaux explicitement reconnus aux personnes morales, le juge européen engage au profit de ces personnes une démarche d'approfondissement de ces droits. C'est le cas des droits de procédure qui appellent et exigent une justice rendue de façon satisfaisante et équitable par les autorités publiques. Les droits fondamentaux de nature procédurale sont alors interprétés de manière à permettre leur invocabilité pleine et entière par les personnes morales. Aucune matière relevant du contentieux de l'ordre juridique interne des États adhérents n'échappe à l'influence des garanties conventionnelles. Aussi l'ensemble des juridictions administratives et judiciaires nationales est-il soumis au respect des différents principes du droit à un procès équitable. Par conséquent, les organisations non gouvernementales sont légitimes à réclamer une administration de la justice irréprochable.

Hormis l'insuffisance d'étroitesse des liens existentiels entre l'objet et le sujet de droit, les droits fondamentaux des personnes morales qu'on a qualifiés de complémentaires ne le sont finalement pas dans la jurisprudence européenne. C'est avec la même ardeur que la Cour européenne entend les défendre, au même titre que les droits dits élémentaires. Encore une preuve de l'intégration des groupements dans l'ordre juridique conventionnel.

CONCLUSION GENERALE

Nous avons enfoncé une porte paraissant mener à des incertitudes, voire des absurdités. La découverte qui s'en est suivie est immense et riche. L'approche des droits fondamentaux des personnes morales dans la Convention européenne des droits fondamentaux a finalement porté plus de fruits escomptés. Le système européen de protection des droits de l'homme en sort plus efficace, plus efficient.

L'appareil de protection des droits de l'homme, tel que conçu par le Conseil de l'Europe, a une vertu inclusive. La recherche d'une prise en considération de tous les acteurs dans la vie des États démocratiques constitue la boussole dans l'office de la Cour européenne. L'invocabilité de nombre de droits fondamentaux, inattendue ou non, par les personnes morales sonne comme la reconnaissance de l'importance de celles-ci dans la société démocratique. Cette réalité confirme que les organisations et les groupes bénéficient de l'attention particulière des organes de surveillance de la Convention européenne. Les perspectives de jouissance des droits et libertés garantis par le texte de 1950 s'avèrent davantage favorables aux personnes morales. Le contexte de la quête de l'effectivité de la protection dans lequel évolue la jurisprudence européenne explique nettement sa propension à donner une place de plus en plus grande aux groupements dans l'instance européenne. La juridiction européenne fait, en définitive, des personnes morales un sujet de droit européen des droits de l'homme à part entière, au même titre que les individus, initialement ciblés.

La réflexion sur les droits fondamentaux de la personne morale permet en outre de saisir, de manière plus efficace, le poids du texte européen et de ses organes de surveillance. Autrement dit, une approche sélective, au niveau des sujets de droit notamment, est susceptible d'apporter un éclairage plus important sur le mécanisme européen de protection des droits de l'homme. Même si le risque d'une banalisation découlant d'une assimilation inopportune des atteintes aux droits fondamentaux des personnes physiques et aux personnes morales n'est pas fortuit[719], n'en demeure pas moins que les garanties conventionnelles restent appelées à progresser, à profiter de façon optimale aux personnes morales. Les craintes d'aboutir à une lésion de la protection des êtres humains, principaux destinataires des droits fondamentaux, à l'avantage des

[719] Renucci Jean-François, *Traité de droit européen des droits de l'homme*, LGDJ, 2007, n° 31, p. 52.

groupements[720] ne sauraient freiner cette évolution paraissant *in fine* salutaire pour l'assise d'une société démocratique.

Il est impératif que celles ou ceux qui entretiennent encore des doutes, voire de l'hostilité à propos de l'existence de droits fondamentaux des personnes morales, et de l'importance d'une telle reconnaissance dans la Convention européenne des droits de l'homme, fassent acte de courage ou même de contrition. *Hic et nunc. J'attends*[721].

---

[720] Guyon Yves, « *Droits fondamentaux et personnes morales de droit privé* », AJDA, numéro spécial, 1998, p. 136 et suivants : « ...à trop vouloir protéger les droits fondamentaux des personnes morales, on risque de moins protéger ceux des personnes physiques... ».

[721] A l'instar de la dernière phrase de la célèbre lettre ouverte à propos de « *l'affaire Dreyfus* », de la plume de l'écrivain français Émile Zola intitulé « *J'accuse* », publiée à la première page du quotidien parisien « L'aurore » le 13 janvier 1898.

BIBLIOGRAPHIE

DOCTRINE

TRAITES ET MANUELS

Aubert Jean-Luc, *Introduction au droit et thèmes fondamentaux du droit civil*, Sirey, université, 2006, 11ème édition, p. 197 et 198-199.

Aubry Charles et Rau Charles Frédéric, *Cours de droit civil français*, tome I, 5ème édition, § 54, p. 268.

Bouloc Bernard, *Droit pénal général*, Précis, Dalloz, 20ème édition, 2007, p. 102.

Carbonnier Jean, *Droit civil : les personnes*, PUF, collection Thémis, Droit privé, 21ème édition, 2000, n° 199.

Cozian Maurice, Viandier Alain et Deboissy Florence, *Droit des sociétés*, Litec, Manuel, 23ème édition, 2010, n° 161, p. 91.

Favoreu Louis, Gaïa Patrick, Ghevontian Richard, *Mélin-Soucramanien* Ferdinand, *Pena*-Soler Annabelle, Pfersmann Otto, Pini Joseph, Roux André, Scoffoni Guy et Tremeau Jérôme, *Droit des libertés fondamentales*, Dalloz, collection Précis, 5ème édition, 2009, pp. 15, 111, 112 et 387.

Grewe Constance et Ruiz Fabri Hélène, *Droits constitutionnels européens*, PUF, Droit fondamental, 1995, p. 163.

Hauriou Maurice, *Précis de droit administratif*, Dalloz, 5ème édition, p. 91, note 1.

Latour Xavier et Pauvert Bertrand, *Libertés Publiques et droits fondamentaux*, Studyrama, Coll. Panorama du droit, 2006, p. 233.

Laurent François, *Principes de droit civil*, Bruxelles, Bruylant, tome I, 5ème édition, 1893, note 28.

Lebreton Gilles, *Libertés et droits de l'homme*, Armand Colin, édition n° 7, 2005, p. 481.

Leclercq Claude, *Libertés publiques*, Litec, Juris-classeur, Manuels, 5ème édition, 2003, p. 305.

Marguénaud Jean-Pierre, *La Cour européenne des droits de l'homme*, Dalloz, collection Connaissance du droit, Dalloz, collection connaissance du droit, 2008, 4ème édition, pp. 58 et 124 ; 2010, 5ème édition, pp. 102 124, 134 et 139.

Mayaud Yves, *Droit pénal Général*, PUF, 2007, n°355 et 356.

Mémeteau Gérard, *Droit des biens*, Manuel, éditions Paradigme, 2005, p. 170.

Morange Jean, *Manuel des droits de l'homme et libertés publiques*, PUF, 2007, p. 25.

Oberdoff Henri, *Droits de l'homme et libertés fondamentales*, LGDJ, 2008, pp. 449, 450 et 453.

Pontier Jean-Marie, *Droits fondamentaux et libertés publiques*, Hachette, Supérieur, 3ème édition, p. 116.

Planiol Marcel, *Droit civil*, tome I, 1ère édition, n° 675 ; 8ème édition, n° 3008 et 3017.

Planiol Marcel, *Traité élémentaire de droit civil*, LGDJ, 1906, 4ème édition, n° 3005 et suivants.

Rassat Michèle-Laure, *Droit pénal spécial : Infractions des et contre les particuliers*, Précis, Dalloz, 5ème édition, 2006 pp. 43 et suivants.

Renucci Jean François, *Droit européen des droits de l'homme*, LGDJ, Paris, 3ème édition, pp. 131 et 173, Lextenso éditions, 2010, 4ème édition, Manuel, pp. 11, 13, 102, 126, 220, 408, 411.

Renucci Jean-François, *Introduction à la Convention européenne des droits de l'homme : les droits garantis et le mécanisme de protection*, Édition du Conseil de l'Europe, 2005, p. 57.

Renucci Jean-François, *Traité de droit européen des droits de l'homme*, LGDJ, 2007, n° 31, pp. 51 et 52.

Rivero Jean et Waline Jean, *Droit administratif*, Dalloz, 2006, 21ème édition, p. 559.

Rolland Louis, *Précis de Droit administratif*, Dalloz, 1947, p. 32.

Savigny Friedrich Karl Von, *Traité de droit romain*, traduction Guenoux, tome II, pp. 223 et suivants.

Sériaux Alain, Sermet Laurent et Viriot-Barrial Dominique, *Droits et libertés fondamentaux*, Ellipses, 1998, n° 68.

Sudre Frédéric, *Droit européen et international des droits de l'homme*, PUF, 10ème édition, 2011, pp. 11, 261, 509, 528, 530, 535, 549, 552, 557, 559, 595, 608, 643 et 804-805.

Sudre Frédéric, *La Convention européenne des droits de l'homme*, PUF, coll. Que sais-je?, 6ème édition, 2004.

Terré François, *Introduction générale au droit*, Dalloz, Précis, 2009, 8ème édition, p. 191.

Terré François et Fenouillet Dominique, *Droit civil : les personnes, la famille, les incapacités*, Dalloz, coll. Précis, 6ème édition.

Terré François et Simler Philippe, *Droit civil : Les biens*, Dalloz, Précis, 2006, 7ème édition, p 33.

Vasak Karel, *La Convention européenne des droits de l'homme*, Pichon et Durant-Auzias, Paris, 1964, p. 77.

Vedel Georges, *Droit administratif*, PUF, 5ème édition, p. 600.

Viney Geneviève, *Traité de droit civil*, LGDJ, Paris, 1988, pp. 341 et suivants.

Waline Marcel, *Traité de Droit administratif*, Sirey, 8ème édition, 1959, pp. 248 et suivants.

Waschmann Patrick, *Personne publique et droits fondamentaux : la personne publique*, Litec, 2007, p. 145.

Weil Alex et Terré François, *Droit civil : les personnes*, Dalloz, 4ème édition, 1978.

Zoller Elisabeth, *La liberté d'expression aux États-Unis et en Europe*, Dalloz, 2008.

OUVRAGES GENERAUX ET MONOGRAPHIES

Badinter Robert, *Présentation du projet du nouveau Code pénal*, Dalloz 1988, p. 16.

Charrier Jean-Loup, *Code de la Convention européenne des droits de l'homme*, Litec, juris code, 2005, pp. 18 et 265.

De Tocqueville Alexis, *De la démocratie en Amérique*, GF Flammarion, 1981, p. 167.

De Vareilles-Sommières Gabriel La Broüe, *Les personnes morales*, Paris, LGDJ, 1919, note 15.

Desportes Frédéric et Le Guhenec Francis, *Le nouveau code pénal*, Droit pénal général, Economica, coll. Corpus droit privé, Paris, 2000, T 1, p. 449.

Domat Jean, *Du louage*, titre IV, section X, p. 73.

Escribano F. de Borja López-Jurado, *La autonomía de las Universidades como derecho fundamental. La construcción del Tribunal Constitucional*, (L'autonomie des universités comme un droit fondamental. La construction du Tribunal constitutionnel), Madrid, *Civitas*, col. « Cuadernos », 1991.

Flores-Lonjou Magalie et Messner Francis, *Les lieux de culte en France et en Europe : Statuts, Pratiques, Fonctions*, Uitgeverij Peteers, 2007, Leuven-Paris-Dudley, p. 5.

Gény François, *Science et technique en droit privé positif*, Sirey, tome III, 1925, p. 219.

Gonzalez Gérard, *La Convention européenne des droits de l'homme et la liberté des religions*, Economica, 1997, p. 81.

Hauriou Maurice, *Leçons sur le mouvement social*, 2ème Append., p. 161.

Jhering Rudolf Von, *Esprit du droit romain dans les diverses phases de son développement*, Traduction Meulenaere, tome IV, p. 430.

Keppel Gilles, *La revanche de Dieu – Chrétiens, juifs et musulmans à la reconquête du monde*, Seuil, Paris, 1991.

Levinet Michel, *Théorie générale des droits et libertés*, Bruylant, 2ème édition, 2008, p. 176.

Malaurie Philippe, *Les personnes, les incapacités*, Defrénois, 3ème édition, 2007, n° 442.

Mathias Éric, *La responsabilité pénale*, Gualino, EJA, Paris, 2005, p. 195.

Ortolan, *Élément de droit pénal*, Paris, 1855.

Poisson Jean-Marc, *Les droits de l'homme et les libertés fondamentales à l'épreuve de la dualité de juridictions*, Logiques juridiques, L'Harmattan, 2003, p. 13.

Rigaux François, *La protection de la vie privée et des autres biens de la personnalité*, Bruxelles-Paris, Bruylant-LGDJ, 1990, n° 423 et 430

Rippert George, *Aspects juridiques du capitalisme moderne*, LGDJ, 2ème édition, 1951, n° 46, p. 110.

Rosanvallon Pierre, *La nouvelle question sociale. Repenser l'État-providence*, Le Seuil, 1995, p. 134-135.

Saleilles Raymond, *De la personnalité juridique : Histoire et théories*, Librairie nouvelle de droit et de jurisprudence, 1910 ; Rousseau, 2ème édition, 1922, p. 647.

Sermet Laurent, *Convention européenne des droits de l'homme et contentieux administratif français*, Paris, Economica, 1996, p. 25.

Simonart Valérie, *La personnalité morale en droit privé comparé*, Bruxelles, Bruylant, collection de la faculté de droit, Université libre de Bruxelles, 1995, p. 1, n° 1.

Torrelli Maurice, *L'individu et le droit de la CEE*, Presses de l'Université de Montréal, 1970, pp. 28-29.

Velu Jacques et Ergec Rusen, *La Convention européenne des droits de l'homme*, Bruylant, Bruxelles, 1990, n° 87.

OUVRAGES COLLECTIFS

Guinchard Serge (Dir.), *Droit et pratique de la procédure civile*, Dalloz Action, 1998, n° 2108 ; Dalloz, 2009/2010, 101.05, p 3.

Marguénaud Jean-Pierre (Dir), *CEDH et droit privé : l'influence de la jurisprudence de la Cour européenne des droits de l'homme sur le droit privé français*, La Documentation française, 2001, 77.

Pettiti Louis-Edmond, Decaux Emmanuel et Imbert Pierre-Henri (Dir.), *La convention européenne des droits de l'homme : commentaire article par article*, Economica, 2ème édition, 1999.

DICTIONNAIRES

Andriantsimbazovina Joël, Gaudin Hélène, Marguénaud Jean-Pierre, Rials Stéphane et Sudre Frédéric (Dir), *Dictionnaire des droits de l'homme*, PUF, 2008.

Arnaud André-Jean (Dir.), *Dictionnaire encyclopédie de théorie et de sociologie du droit*, Paris, LGDJ, 2ème édition, 1993, p. 435.

Chagnollaud Dominique et Drago Guillaume (Dir.), *Dictionnaire des droits fondamentaux*, Dalloz, 2010, p. 564 et suivants.

Cornu Gérard, *Vocabulaire juridique*, PUF, Quadrige, 8ème édition, 2007, pp. 417 et 679.

RECUEILS

Andriantsimbazovina Joël, Marguénaud Jean-Pierre, Gouttenoire Adeline, Levinet Michel et Sudre Frédéric (Dir), *Les grands arrêts de la jurisprudence européenne des droits de l'homme*, PUF, 5ème édition, 2009.

Favoreu Louis et Philip Loïc, *Les grandes décisions du Conseil constitutionnel*, Sirey, 4ème édition, p. 546.

RAPPORTS

Boistel, *Conception des personnes morales*, Rapport présenté au Congrès international de philosophie tenu à Genèvre du 4 au 8 septembre 1904, p. 5.

Cruz Villalon Pedro, « *Les bénéficiaires ou les titulaires des droits fondamentaux* », rapport espagnol *in* Annuaire international de justice constitutionnelle (VII), 1991, pp. 227.

Dittmann Armin, « *Les bénéficiaires ou les titulaires des droits fondamentaux* », rapport allemand *in* Annuaire international de justice constitutionnelle (VII), 1991, pp. 175 et suivants, 183 et 185.

Lyon-Caen Gérard, *Les libertés publiques et l'emploi*, Paris, La Documentation française, Rapport, 1992, n° 70.

Roux Jean-André, *Rapport au Congrès de l'assemblée internationale de droit pénal*, Bucarest, 1928, RID pénal, 1929, p. 239.

Sermet Laurent, *La CEDH et le droit de propriété*, Dossier sur les droits de l'homme, Conseil de l'Europe, Strasbourg, 1991, p. 12-16.

THESES

Andriantsimbazovina Joël, *L'autorité des décisions de justice constitutionnelle et européenne sur le juge administratif français*, Paris, LGDJ, 1998, p. 385.

Baruchel Nathalie, *La personnalité morale en droit privé, Éléments pour une théorie*, LGDJ, 2004, n° 34, p. 22.

Boré Louis, *La défense des intérêts collectifs par les associations devant les juridictions administratives et judiciaires*, LGDJ, Paris, 1997.

Cassia Paul, *L'accès des personnes physiques ou morales au juge de la légalité des actes communautaires*, Dalloz, Nouvelle bibliothèque de thèses, janvier 2002.

Flores-Lonjou Magalie, *Les lieux de cultes en France*, Les Éditions du CERF, Paris, 2001.

Guibal Michel, *L'ordre professionnel*, thèse, Montpellier, 1970, p. 6.

Leclere Cathy, *La Convention européenne des droits de l'homme et le droit des affaires*, Thèse, Nice, 2000.

Lécuyer Yannick, *Les droits politiques dans la jurisprudence de la Cour européenne des droits de l'homme*, Dalloz, 2009, p. 356.

Leroyer Anne-Marie, *Les fictions juridiques*, Thèse, Paris II, 1995, n° 436.

Mestre Achille, *Les personnes morales et le problème de leur responsabilité pénale*, Thèse, Paris, 1899.

Michoud Léon, *La théorie de la personnalité morale : son application au droit français*, LDGJ, tome I, 1924, pp. 26, 27, 64, tome II, 3ème édition.

Milano Laure, *Le droit à un tribunal au sens de la Convention européenne des droits de l'homme*, Montpellier I, 2004 (dir. F. Sudre). Dalloz, Nouvelle bibliothèque des thèses, 2006, vol.57, 674 p. Préface F. Sudre.

Pierre Romuald, *Les droits fondamentaux des personnes morales de droit privé*, thèse, Limoges, 22 novembre 2010, pp. 183 et 228.

Pradel Xavier, *Le préjudice dans le droit civil de la responsabilité*, L.G.D.J., E.J.A., 2004, p. 1.

Taxil Bérangère, *Recherches sur la personnalité juridique internationale : L'individu, entre ordre interne et ordre international*, Thèse pour le Doctorat de l'Université de Paris I, droit international public, 2005, pp. 20 et 21.

ARTICLES DE LA DOCTRINE

Abraham Ronny, « *Article 25* », *in* Pettiti, Decaux et Imbert, *La convention européenne des droits de l'homme*, Economica, 1999, p. 308, p. 585.

Adam Stanislas, « *Le droit européen et la responsabilité pénale des personnes morales* », Journal des Tribunaux. Droit Européen, 2006, liv. 7, pp. 200 – 204.

Aldjima Namountougou Matthieu, « *La saisine du juge international africain des droits de l'homme* », RTDH, n° 86, 1er avril 2011, p. 281.

Andriantsimbazovina Joël, « *Délai raisonnable du procès, recours effectif ou déni de justice ?* », RFDA, 2003, 85.

Andriantsimbazovina Joël, « *Le droit à la non-discrimination appliqué aux groupes (1) – brèves remarques sur la reconnaissance progressive d'un droit des groupes par la Cour européenne des droits de l'homme* », *in* F. Sudre et H. Surrel (dir.), *Le droit à la non-discrimination au sens de la Convention européenne des droits de l'homme*, Actes du colloque des 9 et 10 novembre 2007, Bruylant, Extrait, 2008, § 56, p. 220.

Andriantsimbazovina Joël, « *Les droits politiques selon la Cour européenne des droits de l'homme* », *in* Gautron Jean-Claude, *Les dynamiques du droit européen en début de siècle*, Mélanges, Pédone, 2004, pp. 11 et12.

Andriantsimbazovina Joël, « *Les recours des personnes morales devant la Cour européenne des droits de l'homme* », *in La personnalité morale*, Journées nationales de l'Association Henri Capitant, tome XII, La Rochelle, Dalloz, 2010, pp. 101, 104, 105, 107 *in fine* et 108.

Bandrac Monique, « *Vérification de l'intérêt à agir* », *in Droit et pratique de la procédure civile*, S. Guinchard (dir.), Dalloz, 2009/2010, 101.05, p 3

Belda Béatrice, « *Condamnation de l'interdiction de porter des tenues religieuses dans les lieux publics* », JCP G, 2010, 326, n° 12, 22 mars 2010, p. 601.

Benillouche Mickaël, « *La poursuite de la personne morale* », *in* Daury-Fauveau Morgane et Benillouche Mickaël (dir.), *Dépénalisation de la vie des affaires et responsabilité pénale des personnes morales*, PUF, coll. Ceprisca, pp. 17-35

Blet Raymond, « *La promotion des partis non démocratiques et les médias* », *in* Lambert Pierre (Dir.), *Les partis liberticides et la Convention européenne des droits de l'homme*, Bruylant, Droit et justice, 2005, p. 28.

Bourbon Marie-Laure, *Les personnes publiques ont-elles des droits fondamentaux ?*, Exposé sur le site internet : http://dpa.u-paris2.fr/IMG/pdf/Administratif_-_expose_Bourbon.pdf.

Breillat Dominique, « *La hiérarchie des droits de l'homme* », Mél. Pierre Ardant, *Droit et politique à la croisée des cultures,* LGDJ 1999, p. 353.

Bros Sarah, « *La quasi-personnalité morale* », *in La personnalité morale*, Journées nationales de l'Association Henri Capitant, tome XII, La Rochelle, Dalloz, 2010, p. 49.

Cahier Philippe, *Changements et continuité du droit international. Cours général de droit international public*, R.C.A.D.I., 1985-6, vol. 195, pp. 140-147.

Champeil-Desplats Véronique, « *Des ''libertés publiques'' aux ''droits fondamentaux'' : effets et enjeux d'un changement de dénomination Tribunal constitutionnel espagnol* », Revue internationale de droit politique, rubrique n° 5, 17 décembre 2010.

Champeil-Desplats Véronique, « *L'affirmation des droits fondamentaux : quelles significations ? Quelles conséqueces ?* », Cahiers français, n° 354, février 2010, p. 21.

Champeil-Desplats Véronique, « *La liberté d'entreprendre au pays des droits fondamentaux* », *Revue de droit du travail,* 2007, n° 1, p. 19

Chassin Catherine-Amélie, « *La protection juridictionnelle des droits fondamentaux à travers le recours d'amparo constitutionnel en Espagne* », C. R. D. F., n° 1 /2002, p. 35.

Cohen-Jonathan Gérard, « *Article 10* », *in* L.-E. Pettiti, E. Decaux et P.-H. Imbert, *La Convention européenne des droits de l'homme : commentaire article par article*, Economica, 2ème édition, 1999, p. 367.

Cohen-Jonathan Gérard, « *Aspects européens des droits fondamentaux* », Ann. Fr. Dr. Int., 1987, p. 116.

Cohen-Jonathan Gérard, « *Aspects européens des droits fondamentaux* », *in Libertés et droits fondamentaux*, Monchrestien, 3ème édition, p. 100.

Cohen-Jonathan Gérard, « *Le droit au juge* », *in Gouverner, administrer, juger*, Liber amicorium Jean Waline, Dalloz, 2002, p. 476.

Cohen-Jonathan Gérard, *Liberté d'expression et message publicitaire*, Revue Trimestrielle des Droits de l'Homme, 1993, 92.

Condorelli Luigi, « *Premier Protocole additionnel, Article* 1 », *in* Pettiti Louis-Edmond, Decaux Emmanuel et Imbert Pierre-Henri (dir.), *La Convention européenne des droits de l'homme*, Economica, Paris, 2ème édition 1999, pp. 972 et 979.

Coulon Jean-Marie et Frisson-Roche Marie-Anne, « *Le droit d'accès à la justice* », *in* R. Cabrillac, M.-A. Frisson-Roche, T. Revet (dir.), *Liberté et Droits fondamentaux*, Dalloz, 2000, n° 551, p. 385.

Coussirat-Coustère Vincent, « *Article 8 paragraphe 2* », *in* L.-E. Pettiti, E. Décaux et P.-H. Imbert, *La Convention européenne des droits de l'homme – commentaire article par article*, Economica, 2ème édition, 1999, p. 336.

Creux-Thomas Florence, « *Miviludes, vigilance et lutte contre les dérives sectaires* », JCP G, 2010, 403, n° 15, 12 avril 2010, p. 749.

Cruz Villalon Pedro, « *Dos cuestiones de titularidad de derechos : los extranjeros y las personas juridicas* » (Deux questions de propriété des droits: les personnes morales étrangères), *Revista espaiiola de derecho constitucional* », (Revue espagnole de droit constitutionnel), pp. 68-83, p. 72.

Dauses, « *La protection des droits fondamentaux dans l'ordre juridique des communautés européennes, Position du problème, état actuel et tendance* », Revue des affaires européennes, 1992, n° 4, p. 9 et suivants.

De Bruyn Donatienne, « *Le droit à un recours effectif* », *in* P. Lambert, *Les droits de l'homme au seuil du troisième millénaire*, Mélanges, Bruxelles-Bruylant, 2000, p. 185 et suivants.

De Schutter Olivier, *Discriminations et marché du travail. Liberté et égalité dans les rapports d'emploi*, Bruxelles-Bern-Oxford-Wien, P.I.E. Peter Lang, 2001, pp. 71-77.

De Schutter Olivier, « *L'accès des personnes morales à la Cour européenne des droits de l'homme* », *in Avancées et confins actuels des droits de l'homme aux niveaux international, européen et national*, Mélanges, Bruylant, Bruxelles, 2003, pp. 84, 86, 88, 92, 93, 96, 99, 100-101 et 108.

De Schutter Olivier, « *La réforme des mécanismes de contrôle de la convention européenne des droits de l'homme. Etat des lieux et perspective d'avenir* », C.H. du CRISP, 1996, n°1512-1513, ici pp. 36-37.

De Schutter Olivier, *Sur l'émergence de la société civile dans le droit international : le rôle des associations devant la Cour européenne des droits de l'homme*, E.J.I.L. / J.E.D.I., 1996, pp. 372-410.

De Schutter Olivier, « *Vie privée et protection de l'individu vis-à-vis des traitements de données à caractère personnel* », Revue trimestrielle des droits de l'homme, 2001, p. 148.

De Visscher Paul, « *La protection diplomatique des personnes morales* », R.C.A.D.I., 1961, p. 408.

Decaux Emmanuel, « *Chronique d'une jurisprudence annoncée : laïcité à la française et liberté religieuse devant la Cour européenne des droits de l'homme* », Revue trimestrielle des droits de l'homme, Bruylant, 1er avril 2010, p. 252.

Delmas-Marty Mireille (dir.), « *Procès pénal et droit de l'homme, Vers une conscience européenne* », *in Les voies du droit*, PUF, 1992, p. 15.

Dord Olivier, « *Droits fondamentaux (notion et théorie)* », *in* Andriantsimbazovina Joël, Gaudin Hélène, Marguénaud Jean-Pierre, Rials Stéphane et Sudre Frédéric (Dir.), *Dictionnaire des droits de l'homme*, PUF, 2008, compact, p. 332.

Drago Rolland, « *Droits fondamentaux et personnes publiques* », AJDA, 1998, numéro spécial, p. 130.

Dreyer Emmanuel, « *Du caractère fondamental de certains droits* », RRJ, 2006, n° 2, pp. 6, 18 et 24.

Drzemczewski Andrew et Giakoumopoulos Christos, « *Article 13* », *in* Pettiti Louis-Edmond, Decaux Emmanuel et Imbert Pierre-Henri (Dir.), *La Convention européenne des droits de l'homme* : commentaire article par article, Economica, 1999, p. 455.

Ducouloux-Favard Claude, « *Les autorités administratives indépendantes et l'article 6 de la convention européenne des droits de l'homme* », Les Petites Affiches, 15 octobre 1999, n° 206, p. 4 et suivants.

Dumoulin Lisa, « *Les droits de la personnalité des personnes morales* », Revue des sociétés, 2006, I.

Durand Paul, « *L'évolution de la condition juridique des personnes morales de droit privé* », *in Le droit privé français au milieu du XXème siècle*, Études offertes à Georges Ripert, LDGJ, tome I, 1950, p. 138.

Entine L. M., « *Les droits de l'homme dans le système juridique de Russie* », in *Avancées et confins actuels des droits de l'homme aux niveaux international, européen et national*, Mélanges, Bruylant, Bruxelles, 2003, p 109.

Flauss Jean-François, « *Actualité de* La *Convention européenne des droits de l'homme* », AJDA, 1994, p. 37-39.

Flauss Jean-François, « *La Convention européenne des droits de l'homme : nouvelle interlocutrice pour le juriste d'affaires* », RJDA, 6, 1995, p. 525.

Flauss Jean-François, « *Le droit à un recours effectif au secours du délai raisonnable : un revirement de jurisprudence historique* », RTDH (49), 2002, pp. 182 et 185.

Flauss Jean-François, Lambert Elisabeth et Sciotti Claudia, « *Les droits de l'homme dans l'Union européenne* », LPA, 26 juillet 1999, n° 147, p. 5 et suivants.

Faure Bertrand, « *La collaboration du publiciste et du privatiste au sujet des droits fondamentaux des personnes morales* », *in La personnalité morale*, Journées nationales de l'Association Henri Capitant, tome XII, La Rochelle, Dalloz, 2010, p. 93.

Faure Bertrand, *Les droits fondamentaux des personnes morales*, R.D.P., n° 1-2008, pp. 241, 244, 245 et 246.

Freyria Charles, « *La personnalité morale à la dérive* », *in* Mélanges en hommage à Breton André et Derrida Fernand, Dalloz, 1991, p. 123.

Fricéro Nathalie, « *Nouvelles applications de la Convention européenne des droits de l'homme aux procédures adaptées aux affaires* », *in* Dossier *La Convention européenne des droits de l'homme et le droit des affaires*, Droit & Patrimoine, septembre 1999, p. 63 et suivants.

Garay Alain, « *Liberté religieuse et prosélytisme : l'expérience européenne* », Revue trimestrielle des droits de l'homme, 2004, p. 7.

Gomez Montoro A.J., « *La titularidad de derechos fundamentales por personas juridicas: analisis de la jurisprudencia dei Tribunal constitucional espaiiol* », (La titularité des droits fondamentaux des personnes morales: analyse de la jurisprudence du Tribunal constitutionnel espagnol), Cuestiones constitucionales, Revista mexicana de derecho constitucional, (Questions constitutionnelles, revue de droit constitutionnel), n° 2, janvier-juin 2000, pp. 1 1-26.

Gonzalez Gérard, « *L'inconventionnalité des sanctions pour port de tenues à caractère religieux dans les lieux publics ouverts à tous* », JCP G, 2010, 514, n° 1, 3 mai 2010, p. 952.

Gonzalez Gérard, « *Liberté de pensée, de conscience et de religion* », *in Dictionnaire des droits de l'homme*, J. Andriantsimbazovina, H. Gaudin, J.-P. Marguénaud, S. Rials et F. Sudre (Dir), PUF, 2008, pp. 636 et 638.

Gonzalez Gérard, « *Quelle liberté de religion pour l'Église de scientologie ? - Cour européenne des droits de l'homme (1ère section), Église moscovite de scientologie c. Russie, 5 avril 2007* », Revue trimestrielle de droits de l'homme RTDH, n° 72, octobre 2007, pp. 1137 et suivants.

Goy Raymond, « *La garantie européenne de la liberté de religion* », Revue de droit public, 1991, pp. 5-59.

Guyon Yves, « *Droits fondamentaux et personnes morales de droit privé* », AJDA, numéro spécial, 1998, pp. 136, 138 et 137.

Hennebel Ludovic, « *Le rôle des amici curiae devant la Cour européenne des droits de l'homme* », Revue trimestrielle de droits de l'homme RTDH, n° 71, juillet 2007, pp. 640 et suivants (surtout p. 656).

Heraut Aurélie, « *Jurisprudence constitutionnelle 2007-2008 : Belgique* », Revue Européenne de Droit Public (REDP), Esperie Publications Ltd, Vol 21_3/2009, Automne 2009, pp. 1333-1334.

Kissangoula Justin, « *Le droit des étrangers au RMI : entre nationalisme et universalisme (à propos de l'arrêt du CE 8 juillet 1998)* », Revue de droit sanitaire et social (RDSS), n° 1, 2000, p. 265 (*in fine*) - 266.

Kissangoula Justin, « *Remarques sur une jurisprudence controversée : l'application de l'article 6, paragraphe 1 de la Convention européenne des droits de l'homme au contentieux de la fonction publique* », RFDA, 2000, n° 6, 2000, p. 1268.

Koenig Matthias, « *Mondialisation des droits de l'homme et transformation de l'État-nation. Une analyse néo-institutionnaliste* », Droit et Société, 67, 2007, p. 685.

Koering-Joulin Renée, « *Introduction générale* », *in Les nouveaux développements du procès équitable au sens de la Convention européenne des droits de l'homme*, Bruylant, 1996, p. 9.

Koubi Geneviève, « *La laïcité : un principe juridique…* », *in La laïcité, histoires nationales – perspectives européennes*, Actes du colloque de Valence, ARIES, GREPH et Jacques André éditions, 2002, p. 100.

Labayle Henri, « *Article 24* », *in* L.-E. Pettiti, E. Decaux et P.-H. Imbert, *La convention européenne des droits de l'homme*, Economica, 1995, 2ème édition, p. 572. pp. 573-575.

Labrusse-Riou Catherine, « *Droit des personnes et droit de la famille* », *in Libertés et droits fondamentaux*, Seuil-Point essais, 2ème édition, 2002, p. 329.

Lachaume Jean-François, « *Droits fondamentaux et droit administratif* », AJDA, édition spéciale, 1998, p. 99.

Lachaume Jean-François et Pauliat Hélène, « *Le droit de propriété est-il encore un droit fondamental?* », Mél. Pierre Ardant, *Droit et politique à la croisée des cultures,* LGDJ 1999, p. 373 et suivants.

Larralde Jean-Manuel, « *L'article 10 de la Convention européenne des droits de l'homme et la liberté de la presse (1)* », Revue trimestrielle de droits de l'homme RTDH, n° 69, janvier 2007, p. 39.

Latournerie Marie-Aimée, « *Le libre exercice du culte* », *in La liberté religieuse et la Convention européenne des droits de l'homme,* T. Massis et C. Pettiti (éd.), Bruylant-Bruxelles, 2004, p. 134.

Lemire P., « *Article 17* », *in* L.-E. Pettiti, E. Décaux et P.-H. Imbert, *La Convention européenne des droits de l'homme – commentaire article par article*, Economica, 2ème édition, 1999, p. 521.

Loucaides L. G., « *Freedom of expression and right of reputation* », *in* Avancées et confins actuels des droits de l'homme aux niveaux international, européen et national, Mélanges, Bruylant, Bruxelles, 2003, p. 197.

Malaurie Philippe, « *Nature juridique de la personnalité morale* », Defrénois 1990, art. 34848, p. 5.

Marcus-Helmons Silvio, « *Article 3* », *in* L.-E. Pettiti, E. Décaux et P.-H. Imbert, *La Convention européenne des droits de l'homme – commentaire article par article*, Economica, 2ème édition, 1999, p. 1018.

Marcus Helmons Silvio, « *L'applicabilité de la convention européenne des droits de l'homme aux personnes morales* », *Journal des tribunaux-Droit européen*, 1996, pp.150 et suivants.

Marcus Helmons Silvio, « *La quatrième génération des droits de l'homme* », Mél. Lambert Pierre, Bruylant Bruxelles, 2000, p. 649 et suivants.

Marcus Helmons Silvio, « *Les personnes morales et le droit international* », *in Les droits de l'homme et les personnes morales*, Centre d'études européennes de l'université catholique de Louvain, Bruxelles, Bruylant, 1970, pp. 35-81.

Maréchal Jean-Yves, « *Plaidoyer pour une responsabilité pénale directe des personnes* », JCP G, 2009, n° 38, 249.

Marie Catherine, « *La responsabilité pénale des personnes morales* », *in La personnalité morale*, Journées nationales de l'Association Henri Capitant, tome XII, La Rochelle, Dalloz, 2010, p. 75.

Martin Denis, *Strasbourg, Luxembourg et la discrimination : Influences croisées ou jurisprudences sous influence ?*, Revue trimestrielle de droits de l'homme RTDH, n° 69, janvier 2007, pp. 107 et suivants.

Mathey Nicolas, « *Les droits et libertés fondamentaux des personnes morales de droit privé* », RTD civ. éditions Dalloz, 2008, pp. 205, 206, 207.

Maubernard Christophe, « *Transparence, Procès équitable et Union de droit* », Revue du marché commun et de l'Union européenne (RMCUE), Les Éditions Techniques et Économiques, n° 551, septembre 2011, p. 503.

Mayaud Yves, « *Accusation en matière pénale* », *in* Andriantsimbazovina Joël, Gaudin Hélène, Marguénaud Jean-Pierre, Rials Stéphane et Sudre Frédéric (Dir.), *Dictionnaire des droits de l'homme*, PUF, 2008, p. 10.

McBride J., « *NGO's rights and their protection under international human rights law* » (Les Organisations non gouvernementales et leur protection en droit international des droits de l'homme), in Cohen-Jonathan Gérard et Flauss Jean-François (dir), *Les Organisations non gouvernementales et le droit international des droits de l'homme*, Bruylant, 2005, p. 157, précisement pp. 218 et suivants.

Mehdi Rostane, « *L'Union européenne et le fait religieux. Éléments du débat constitutionnel* », RFDC, 2003, 227.

Meisse Éric, « *CJCE et Cour EDH : entente cordiale ou paix armée ?* », Europe, décembre 2002, comm. 404.

Milano Laure, « *Le droit à la présomption d'innocence dans l'interprétation de la législation communautaire* », RTDH, n° 83, juillet 2010, chronique, p. 643.

Minnerath P., « *Les relations Église-État et la liberté de conscience, La position de l'Église catholique* », Conscience et liberté, 1990, n° 39, p. 116.

Mortier Renaud, « *L'instrumentalisation de la personne morale* », *in La personnalité morale*, Journées nationales de l'Association Henri Capitant, tome XII, La Rochelle, Dalloz, 2010, pp. 24, 31 et 33.

Mouly Jean, « *La responsabilité pénale des personnes morales et le droit du travail* », LPA 1993, n° 120, 33.

Niboyet Marie-Laure, « *Convention européenne des droits de l'homme et activité des entreprises* », RTD com. 1999, 351.

Pena Annabelle, *« Personnalité (droits de)* », in Chagnollaud Dominique et Drago Guillaume (Dir.), *Dictionnaire des droits fondamentaux*, Dalloz, 2010, p. 564 et suivants.

Pettiti Louis-Edmond, *Liberté de religion*, Mélange Vélu, Bruylant, 1992, p. 1835.

Pettiti Louis-Edmond et De Schutter Olivier, *Le rôle des associations dans le cadre de la Convention européenne des droits de l'homme*, Journal des tribunaux – Droit européen, 1996, p. 145.

Picard Etienne, « *L'émergence des droits fondamentaux en France* », AJDA, 1998, numéro spécial, p. 9.

Pierre-Caps Stéphane, « *Les 'nouveaux cultes' et le droit public* », Revue de Droit Public, 1990, 4, pp. 1073-1119.

Renoux Thierry-Serge et Senatore Audrey, « *Droit créance* », *in* J. Andriantsimbazovina, H. Gaudin, J.-P. Marguénaud, S. Rials et F. Sudre (Dir.), *Dictionnaire des droits de l'homme*, PUF, 2008, p. 306.

Renucci Jean-François (Dir), « *La Convention européenne des droits de l'homme et le droit des affaires* », *in* Dossier *La Convention européenne des droits de l'homme et le droit des affaires*, Droit & Patrimoine, septembre 1999, p. 63 et suivants.

Reuter Paul, « *Quelques remarques sur la situation des particuliers en droit international public* », in *Techniques et principes du droit public,* Mélanges G. Scelle, Paris, LGDJ, 1950, p. 550.

Rivero Jean, « *Perspectives canadiennes et européennes des droits de la personne* », Ouvrage collectif, Blais, Québec, 1986, p. 251.

Robert Jacques, « *La liberté religieuse et l'État* », *in Droit, Liberté et Foi*, Paris, Cujas-Mame, 1993, pp. 55-71.

Rolland Patrice, « *Ordre public et pratiques religieuse* », *in La protection internationale de la liberté religieuse*, J.-F. Flauss (dir.), Bruylant-Bruxelles, 2002, pp. 243 et suivants.

Van Lang Agathe, « *La distinction personne morale de droit privé-personne morale de droit public* », *in La personnalité morale*, Journées nationales de l'association Henri Capitant, tome XII, La Rochelle, Dalloz, 2010, p. 3.

Savy Robert, « *La constitution des juges* », Dalloz, 1983, chronique, p. 109.

Schermers H. G., *Adaptation of the 11th Protocol to the European Convention on Human Rights*, ELR, vol. 20, n°6, 1995, p. 559-570.

Sermet Laurent, « *La Convention européenne des droits de l'homme et le droit de propriété* », Dossier sur les droits de l'homme, Conseil de l'Europe, Strasbourg, 1991.

Seve René, « *Les droits de l'homme sont-ils fondamentaux ?* », *in Éthique et droits fondamentaux*, Ottawa, 1989, pp. 16 et suivants.

Sharpe J. L., « *Article 50* », *in* L.-E. Pettiti, E. Decaux et P.-H. Imbert (dir.), *La Convention européenne des droits de l'homme*, Economica, 2ème édition 1999, p. 809.

Sicilianos Linos-Alexander, « *La liberté de diffusion des convictions religieuses* », *in La protection internationale de la liberté religieuse*, J.-F. Flauss (dir.), Bruylant-Bruxelles, 2002, p. 205.

Soyer Jean-Claude et De Salvia Michel, « *Article 6* », *in* L.-E. Pettiti, E. Decaux et P.-H. Imbert (Dir.), *La Convention européenne des droits de l'homme : commentaire article par article*, Economica, 1999, p. 240.

Spielmann Dean, « *Drittwirkung* », *in* J. Andriantsimbazovina Joël, Gaudin Hélène, Marguénaud Jean-Pierre, Rials Stéphane et Sudre Frédéric (Dir.), *Dictionnaire des droits de l'homme*, PUF, 2008, pp. 301-303.

Sudre Frédéric, « *Droit de la Convention européenne des droits de l'homme* », JCP G, 2010, 70, n° 3, chronique, p. 65.

Sudre Frédéric, *La protection du droit de propriété par la Cour européenne des droits de l'homme*, Dalloz 1988, Chron. p. 71 et suivants, 75 et 78.

Sudre Frédéric, « *Le recours aux "notions autonomes"* », *in* F. Sudre (dir.), *l'interprétation de la convention européenne des droits de l'homme*, Bruxelles Bruylant, 1998, p. 93.

Tavernier Paul, « *Faut-il réviser l'article 6 de la CEDH ?* », *in* Mélanges Pettiti, Bruylant, 1998, pp. 707-720

Vernette Jean, *L'Église de France : les sectes, défi et chances pour l'Église*, La documentation catholique, 3 novembre 1991, n° 2037, pp. 957-959.

Waschmann Patrick, « *Les normes régissant le comportement de l'administration selon la jurisprudence de la Cour européenne des droits de l'homme* », AJDA n° 38/2010, novembre 2010, p. 2138.

Waschmann Patrick, « *Pluralisme* », *in Dictionnaire des droits de l'homme*, Andriantsimbazovina Joël, Gaudin Hélène, Marguénaud Jean-Pierre, Rials Stéphane et Sudre Frédéric (Dir), PUF, 2008, p. 769.

Wachsman Patrick, « *Vers un affaiblissement de la protection de la liberté d'expression par la Cour européenne des droits de l'homme* », Revue trimestrielle des droits de l'homme, Bruylant, 2009, n° 78, p. 491 et suivants.

Waquet Philippe, « *L'entreprise et les convictions religieuses* », *in La liberté religieuse et la Convention européenne des droits de l'homme*, T. Massis et C. Pettiti (éd.), Bruylant-Bruxelles, 2004, p. 69.

Wester-Ouisse Véronique, « *Dérives anthropomorphiques de la personnalité morale : ascendances et influences* », JCP, édition générale, I, 137, n° 16-17, pp. 13 et suivants.

Wester-Ouisse Véronique, « *La jurisprudence et les personnes morales : Du propre de l'homme aux droits de l'homme* », JCP, édition générale, I, 121, n° 10-11, 4 mars 2009, pp. 15 et 19.

Wester-Ouisse Véronique, « *La responsabilité pénale des personnes morales et dérives anthropomorphiques* », Revue pénitentiaire et de droit pénal, 2009, n° 1.

NOTES ET OBSERVATIONS

Andriantsimbazovina Joël, chronique sous CEDH, *Tre Träktorer Aktiebolag c/ Suède*, 7 juillet 1989, CDE, 1997, 689 ; étude sous CEDH, *Bosphorus Hava Yollari Turizm Ve Ticaret Anonim Şirketi c/ Irlande*, 30 juin 2005, RFDA, 2006, 566 et GACEDH, 5ème édition, n° 69 ; observation sous CEDH, *Kudla c/ Pologne*, 26 octobre 2000, RFDA, 2993-1, p85 et suivants, note sous CEDH, *Ezelin c/ France, 26 avril 1991*, *Les Grands arrêts de la Cour européenne des Droits de l'Homme*, PUF, 2009, 5ème édition, p. 648.

Beignier B., note sous CEDH *Colombani et le journal Le Monde c/ France*, 25 juin 2002, Dalloz, 2003, 715.

Benoît-Rohmer Florence, étude sous CEDH, *Bosphorus Hava Yollari Turizm Ve Ticaret Anonim Şirketi c/ Irlande*, 30 juin 2005, RTDH (64), 2005, 827.

Bouloc Bernard, note sous Cass. Crim., *Société Extraco Amstalt*, 12 novembre 1990, Dalloz, 1992, J, 29.

Ciampi Annalisa, étude sous CEDH, *Bosphorus Hava Yollari Turizm Ve Ticaret Anonim Şirketi c/ Irlande*, RGDIP, 2006, 85.

Cohen-Jonathan Gérard, observation sous CEDH, *Feldbrugge c/ Pays-Bas*, 26 mai 1986, CDE, 1988, 452, observation sous CEDH, *Klass c/ Allemagne*, 6 septembre 1978, cah. dr. eur. 1979, p. 474-484.

Coussirat-Coustère Vincent, chronique sous CEDH, *Tre Träktorer Aktiebolag c/ Suède*, 7 juillet 1989, AFDI, 1991, 586, 589 ; chronique sous CEDH, *Müller et autres c/ Suisse*, 24 mai 1988, AFDI, 1989, 549 ; chronique sous CEDH, *Vogt c/ Allemagne*, 26 septembre 1995, Grand Chambre, AFDI, 1995, 498 ; observation sous CEDH, *Editions Périscope c/ France*, 26 mars 1992, AFDI, 1992, 642 ; observation sous CEDH, *Feldbrugge c/ Pyas-Bas*, 26 mai 1986, AFDI, 1987, 239 ; observation sous CEDH, *Malone c/ Royaume-Uni*, 2 août 1984, AFDI, 1985, p. 393 ; observation sous CEDH, *Mellacher et autres c/ Autriche*, 19 décembre 1989, AFDI, 1991, 610.

Decaux Emmanuel, chronique sous CEDH, *Vogt c/ Allemagne*, 26 septembre 1995, Grand Chambre, JDI, 1996, 242.

Favoreu Louis, note sous Conseil Constitutionnel, 22 octobre 1982, décision n° 82-144 DC, RDP, 1983, p. 333 ; note sous Conseil constitutionnel, décision n° 86-210 DC, du 29 juillet 1986, RDP, 1989, p. 399.

Flauss Jean-François, chronique sous CEDH, *Refah Partisi et autres c/ Turquie*, 13 février 2003, AJDA, 1994, 31 ; chronique sous CEDH, *Bosphorus Hava Yollari Turizm Ve Ticaret Anonim Şirketi c/ Irlande*, AJDA, 2005, 1886.

Fricero Nathalie, observation sous CEDH, *Immobiliare Saffi c/ Italie*, 28 juillet 1999, Dalloz, 2000, Somm. Comm., 187 ; observation sous CEDH, *Goodwin c/ Royaume-Uni*, 27 mars 1996, Dalloz, 1997, sommaire com. p. 211.

Gonzalez Gérard, note sous CEDH, *Église de scientologie de Moscou c/ Russie*, 5 avril 2007, RTDH, 2007, 1137.

Gouttenoire Adeline, note sous CEDH, *Niderhöst-Huber c/ Suisse*, 18 février 1997, *in Les grands arrêts de la jurisprudence européenne des droits de l'homme*, 5ème édition, 2009, p. 325 ; note sous CEDH, *Allenet de Ribemont c/ France*, 10 février 1995, *in Les grands arrêts de la jurisprudence d'Européenne des droits de l'homme*, PUF, 5ème édition, 2009, p. 375..

Jacqué Jean-Paul, note sous CEDH, *Bosphorus Hava Yollari Turizm Ve Ticaret Anonim Şirketi c/ Irlande*, 30 juin 2005, RTD eur., 2005, 749.

Jeantet F C, note sous CEDH, *Lithgow et autres c/ Royaume-Uni*, 8 juillet 1986, JCP 1987, II, n° 20733.

Kauff-Gazin Fabienne, étude sous CEDH, *Bosphorus Hava Yollari Turizm Ve Ticaret Anonim Şirketi c/ Irlande*, 30 juin 2005, L'Europe des Libertés, n°17, sept. 2005.

Lamy B., note sous CEDH *Colombani et le journal Le Monde c/ France*, 25 juin 2002, Dalloz, 2003, 715.

Levinet Michel, chronique sous CEDH, *Vogt c/ Allemagne*, 26 septembre 1995, Grande Chambre, RUDH, 1996, 24 ; note sous CEDH, *Refah Partisi et autres c/ Turquie*, 13 février 2003, RFCD, 2004, 207 et GACEDH, 5ème édition, n° 55.

Marguénaud Jean-Pierre, note sous CEDH, *Dupuis et autres c/ France*, 7 juin 2007, requête n° 1914/02, Dalloz, 2007, 2506 ; CEDH, *Unison c/ Royaume-Uni*, 10 janvier 2002, requête n° 53574/99, Décision Commission, Dalloz, 2003, 939 ; observation sous CEDH, *Scollo c/ Italie*, 28 septembre 1995, RTD civ. 1996, 1021 ; note sous CEDH, *Sorensen et Rasmussen c/ Danemark*, 11 janvier 2006, Grande chambre, *in Les grands arrêts de la Cour européenne des droits de l'homme*, PUF, p. 674 ; note sous CEDH, *Dupuis et autres c/ France*, 7 juin 2007, Dalloz, 2007, 2506, observation sous CEDH, *Niderhöst-Huber c/ Suisse*, 18 février 1997, RTD civ. 1997, 1006 ; note sous CEDH, *Sporrong et Lönnroth c/ Suède*, 23 septembre 1982, GACEDH, 2009, n° 65.

Mouly Jean, note sous CEDH, *Unison c/ Royaume-Uni*, 10 janvier 2002, requête n° 53574/99, Décision Commission, Dalloz, 2003, 939.

Niboyet Marie-Laure, observation sous CEDH, *Hertel c/ Suisse*, 25 août 1998, Dalloz, 1999, somm. 239.

Pelloux Robert, chronique sous CEDH, *Airey c/ Irlande*, 9 octobre 1979, AFDI, 1980, 323 ; note sous CEDH, *Golder c/ Royaume-Uni*, 21 février 1975, AFDI, 1975, 330 observation sous CEDH, *Klass c/ Allemagne*, 6 septembre 1978, AFDI 1979, p. 338-348.

Rolland Patrice, chronique sous CEDH, *Airey c/ Irlande*, 9 octobre 1979, JDI, 1982, 187 ; observation sous CEDH, *Klass c/ Allemagne*, 6 septembre 1978, JDI 1980, p.463-468 ; observation sous CEDH, *Mellacher et autres c/ Autriche*, 19 décembre 1989, JDI, 1990, 742 ; observation sous CEDH, *Müller et autres c/ Suisse*, 24 mai 1988, JDI, 1989, 812 ; note sous CEDH, *Lithgow et autres c/ Royaume-Uni*, 8 juillet 1986, journ. dr. Int. 1987 ; note sous CEDH *Sporrong et Lönnroth c/ Suède*, 23 septembre 1982, *journ. dr. Int. 1985*, chron. P. 209.

Savy Raymond, chronique sous décision du Conseil constitutionnel, 16 janvier 1982, *La constitution des juges,* Dalloz, 1983, Chron., p. 105.

Sudre Frédéric, chronique sous CEDH, *Immobiliare Saffi c/ Italie*, 28 juillet 1999, JCP G, 2000, I, 203, n° 33 ; chronique sous CEDH, *Stambuk c/ Allemagne*, 17 octobre 2002, JCP G, 2003, I, 109, n° 20 ; chronique sous CEDH, *Refah Partisi et autres c/ Turquie*, JCP G, 2003, I, 160, n° 15 ; chronique sous CEDH, *Buffalo S.l.r. En liquidation c/ Italie,* 3 juillet 2003, JCP G, 2004, I, 107, n° 21 ; chronique sous CEDH, *Cissé c/ France*, JCP, 2002, I, 157, n° 18 ; observation sous CEDH, *Les Saints Monastères c/ Grèce*, 9 décembre 1994, JCP G, 1995, I, 3823 ; note sous CEDH, *Vogt c/ Allemagne*, 26 septembre 1995, Grand Chambre, RTDH, 1996, 405 ; observation sous CEDH, *National et Provincial Building Society c/ Royaume-Uni*, 23 octobre 1997, JCP, 1998, I, 107, n° 30 ; observation sous CEDH, *Wilson et Union nationale des journalistes et autres c/ Royaume-Uni*, 2 juillet 2002, JCP G, 2003, I, 109, n° 21 ; observation sous CEDH, *Bosphorus Hava Yollari Turizm Ve Ticaret Anonim Şirketi c/ Irlande*, 30 juin 2005, JCP G, 2005, I-10128 ; note sous CEDH, Engel et autres c/ Pays-Bas, 8 juin 1976, *Les Grands arrêts de la Cour européenne des Droits de l'Homme*, PUF, 2009, 5ème édition, pp. 41-42 ; note sous CEDH, *Papamichalopoulos c/ Grèce*, 31 octobre 1995, GACEDH, 2009, n° 73.

Szynczack David, observation sous CEDH, *Bosphorus Hava Yollari Turizm Ve Ticaret Anonim Şirketi c/ Irlande*, 30 juin 2005, JCP A, 2005, n° 37, 1367.

Tavernier Paul, observation sous CEDH, *Tre Träktorer Aktiebolag c/ Suède*, 7 juillet 1989, JDI, 1990, 732 ; observation sous CEDH, *Feldbrugge c/ Pyas-Bas*, 26 mai 1986, JDI, 1987, 778 ; observation sous CEDH, *Mellacher et autres c/ Autriche*, 19 décembre 1989, JDI, 1990, 742 ; note sous CEDH, *Lithgow et autres c/ Royaume-Uni*, 8 juillet 1986, journ. dr. Int. 1987 ; chronique sous CEDH *Sporrong et Lönnroth c/ Suède*, 23 septembre 1982, *journ. dr. Int. 1985*, chron. P. 209.

Zollinger Alexandre, note sous CEDH, *Ulusoy et autres c/ Turquie*, 3 mai 2007, Légipresse, octobre 2007, 205.

Autres

Colloque du département des droits de l'homme portant sur *Les droits de l'homme et les personnes morales*, Actes du Colloque du département des droits de l'homme, 24 octobre 1969, Bruylant-Bruxelles, 1970, avec les interventions de Marcus-Helmo J. Dabin pp. 145-146 ; H. Golsong, p. 17 ; M. Velu, M. Hubertlant, p. 86 ; Marcus-Helmons Sylvio, p. 36 et 37 ; Velu, pp. 88 et 89.

Conclusions du Commissaire du Gouvernement Michel sur l'arrêt Conseil d'État, Benjamin, 19 mai 1933, Sirey, 1934, III, 1.

Opinion dissidente du juge Demeyer adjointe à l'arrêt CEDH, *Boyle et Rice c/ Royaume-Uni*, 27 avril 1988, Cour plénière, requête n° 9659/82 et 9658/82, Série A, n° 131.

Recueil des Travaux Préparatoires de la Convention européenne des droits de l'homme, vol. I, p. 65, 77, 89, 92, 104 ; vol. II, pp. 117-119 et 362, 371, 377 ; et vol. V, p. 1069.

JURISPRUDENCE

ARRÊTS DE LA COUR EUROPEENNE

Affaires impliquant au moins une personne morale

1957

20 décembre, *Association W c/ Allemagne (RFA)*, requête n° 245/57, Annuaire de la Convention européenne des droits de l'homme, I, 1955-1956-1957.

1975

27 octobre, *Syndicat national de la police belge c/ Belgique*, Cour plénière, Série A, n° 19, § 39.

1976

6 février, *Syndicat suédois des conducteurs de locomotives c/ Suède*, Série A, n° 20.

1979

26 avril, *Sunday Times c/ Royaume-Uni*, Cour Plénière, Série A, n° 30, §§ 49 et 63-65.

1986

8 juillet, *Lithgow et autres c/ Royaume-Uni*, Série A, n° 102, §§ 201 et 202.

24 octobre, *Agosi c/ Royaume-Uni*, Série A, n° 108.

1988

21 juin 1988, *Plattform 'Artze für das leben' c/ Autriche*, Série A, n° 139.

1989

7 juillet, *Tre Träktorer Aktiebolag c/ Suède*, Série A, n° 159, § 37.

7 juillet, *Union Alimentaria Sanders S.A. c/ Espagne*, Séria A, n° 157, §§ 35 et 38.

30 novembre, *Markt Inter Verlag GmbH et Klaus Beermann c/ Allemagne*, Cour Plénière, Série A, n° 165.

1990

28 mars, *Groppera AG et autres c/ Suisse*, Cour Plénière, Série A, n° 173, §§ 47, 68.

22 mai, *Autronic AG c/ Suisse*, Cour Plénière, Série A, n° 178.

27 septembre, *Cossey c. Royaume-Uni*, Série A, n° 184, p. 14.

1991

28 juin, *Owner's Services Ltd c/ Italie*, requête n° 12144/86, Série A, n° 208-A.

26 novembre, *Observer et Guardian c/ Royaume-Uni*, Cour plénière, Série A, n° 216, p. 30, §§ 6 et 60.

26 novembre, *Sunday Times c/ Royaume-Uni* (n° 2), requête n°13166/87, Série A, n° 217, pp. 30-31.

29 novembre, *Pine Valley developments Ltd c/ Irlande*, Série A, n° 222.

1992

27 février, *Caffè Roversi S.p.a. c/ Italie*, requête n° 12825/87, § 18.

27 février, *Cooperativa Parco Cuma c/ Italie*, Série A, n° 231-E.

27 février, *Idrocalce S.R.L. c/ Italie*, requête n° 12088/86, Série A, n° 229-F.

27 février, *Manifattura FL c/ Italie*, Série A, n° 230-B.

26 mars, *Editions Périscope c/ France*, Série A, n° 234-B, §§ 34-41.

22 octobre, *Open Door et Dublin Well Woman c/ Irlande*, Cour plénière, Série A, n° 246-A, §§ 41-44, 63, 73-77 et 87.

1993

21 septembre, *Zumtobel c/ Autriche*, requête n° 12235/86, Série A, n° 268-A.

27 octobre, *Dombo Beheer B.V. c/ Pays-Bas*, Série A, n° 274, p. 19, § 33.

24 novembre, *Informationsverein Lentia et autres c/ Autriche*, Série A, n° 276, p. 15.

1994

20 septembre, *Otto-Preminger-Institut c/ Autriche*, Série A, n° 295-A, §§ 46-47.

9 décembre, *Les Saints Monastères c/ Grèce*, Série A, n° 301-A, §§ 48-49,100.

9 décembre, *Raffineries grecques Stran et Stratis Andreadis c/ Grèce*, Série A, n° 301-B, §§ 42, 46 et 49.

19 décembre, *Vereinigung Democratisher Soldaten Österreichs et autre c/ Autriche*, requête n° 15153/89, Série A, n° 302, §§ 40-53, 55 et § 62.

1995

9 février, *Vereniging Weekblad Bluf! c/ Pays-Bas*, Série A, n° 306-A, requête n° 16616/90.

23 février, *Gasus Dosier und Fördertechnik GmbH c/ Pays-Bas*, Série A, n° 306-B.

5 mai, *Air canada c/ Royaume-Uni*, Série A, n° 316-A.

28 septembre, *Procola c/ Luxembourg*, Série A, n° 326, § 45.

24 octobre, *Agrotexim et autres C/ Grèce*, requête n° 14807/89, Série A, n°330-A, §§ 59-72.

20 novembre, *British-American tobacco Company LTD c/ Pays-Bas*, Série A, n° 331, § 77.

20 novembre, *Pressos Compania Naviera SA et autre c/ Belgique*, Série A n° 332, p.23.

1996

17 février, *Terra Woningen B.V. C/ Pays-Bas*, requête n° 20641/92, Recueil des arrêts et des décisions 1996-VI, §§ 53-55 ; JCP G, 1997, I, 4000, obs. F. Sudre.

16 septembre, *Matose E Silva, LDA. Et autres c/ Portugal*, requête n° 15777/89, Recueil des arrêts et décisions 1996-V, §§ 68-69.

15 novembre, *Katikaridis et autres (maison d'édition et imprimerie) c/ Grèce*, requête n° 19385/92, Recueil des arrêts et des décisions1998-II, §§ 33 et 41-43.

1997

9 juin, *Télésystem Tirol Kabeltelevision c/ Autriche*, Recueil d'arrêts et des décisions 1997-III.

1er juillet, *Oberschlick c/ Autriche*, Recueil des arrêts et des décisions 1997-IV.

3 juillet, *Pressos Compania Naviera SA et autres c/ Belgique*, requête n° 17849/91, Arrêt de satisfaction équitable, Recueil des arrêts et des décisions 1997-IV.

24 septembre, *Garyfalou AEBE c/ Grèce*, au Recueil des arrêts et décisions 1997-V, p. 1830, §§ 32, 33 et 38.

20 octobre, *Radio ABC c/ Autriche*, requête n° 19736/92, Recueil des arrêts et des décisions 1997-VI.

23 octobre, *National et Provincial Building Society c/ Royaume-Uni*, Recueil des arrêts et des décisions 1997-VII, §§ 93-99.

16 décembre, *Église catholique de La Canée c/ Grèce*, Recueil des arrêts et des décisions 1997-VIII, p. 2857, § 33, et p. 2859, §§ 40-41.

1998

30 janvier, *Parti communiste unifié et autres c/ Turquie*, Recueil des arrêts et décisions 1998-I, §§ 32, 33, 45 et 57.

19 février, *Edificaciones March Gallego S.A. c/ Espagne*, Recueil des arrêts et des décisions 1998-I, p. 290, § 33.

25 mai, *SP (parti socialiste), Perinçek et Kirit c/ Turquie*, requête n° 21237/93, Grande Chambre, Recueil des arrêts et des décisions 1998-III, §§ 56-57.

10 juillet, *Tinnelly et Sons Ltd et autres et McElduff et autres c/ Royaume-Uni*, requête n° 62/1997/846/1052-1053, Recueil des arrêts et des décisions 1998-IV, §§ 72 et 77.

30 juillet, *Clube de Futebol Uniao de Coimbra c/ Portugal*, Recueil des arrêts et des décisions 1998-V.

1999

20 avril, Société Hoerner Bank GbmH c/ Allemagne, requête n° 33099/96.

20 mai, Bladet Tromso et Stensaas c/ Norvège, requête n° 21980/93, Recueil des arrêts et des décisions 1999-III.

28 juillet, Immobiliare Saffi c/ Italie, Grande Chambre, Recueil des arrêts et des décisions 1999-V, §§ 66 et 69.

20 novembre, Verlag GmbH et Klaus Beermann c/ Allemagne, Série A, n° 165, pp. 18-19, § 30.

8 décembre, Parti de la liberté et de la démocratie (ÖZDEP) c/ Turquie, Grande Chambre, requête n° 23885/94.

14 décembre, Ediltes SNC c/ Italie, requête n° 40953/98.

2000

11 janvier, *News Verlags GmbH et autres c/ Autriche*, requête n° 31457/96, Recueil des arrêts et des décisions 2000-I.

16 mars, *Ozgür Gundem c/ Turquie*, Recueil des arrêts et des décisions 2000-III, requête n° 23144/93.

6 avril, *Comingersoll c/ Portugal*, requête n° 35382/97, Grande Chambre, Recueil des arrêts et des décisions 2000-IV, §§ 20 et 35.

27 avril, *S. A. GE. MA SNC c/ Italie*, requête n° 40184/98.

2 mai, *Bergens Tridente et autres c/ Norvège*, requête n° 26132/95, Recueil des arrêts et décisions 2000-IV.

30 mai, *Belvedere Alberghiera S.l.r. c/ Italie*, requête n° 31524/96.

27 juin, *Cha'Are Shalom Ve Tsedek c/ France*, requête n° 27417/95, Recueil des arrêts et décisions 2000-VII, §§ 13-19, 54-55, 72 et 84.

21 septembre, *Tele I Privatfernseh GmbH c/ Autriche*, requête n° 32240/96.

5 octobre, *Apeh Üldozötteinck Szövetsege et autres c/ Hongrie*, requête n° 32367/96, Recueil d'arrêts et des décisions 2000-X, §§ 36 et 39.

17 octobre, *Studio Tecnico Amu S.A.S. c/ Italie*, requête n° 45056/98.

7 novembre, *AR. GE. A. SNC c/ Italie*, requête n° 45881/99.

7 novembre, *Il Messagero SAS c/ Italie*, requête n° 45876/99.

9 novembre, Tor Di Valle Construzioni S.P.A. c/ Italie, requête n° 45862/99.

16 novembre, *Il Messagero SAS c/ Italie*, requête n° 46516/99, n° 46517/99, n°46518/99, n° 46519/99.

16 novembre, *SA Sotiris et Nikos Koutra Attee c/ Grèce*, requête n° 39442/98, § 17.

14 décembre, *Institut des prêtres français et autres c/ Turquie*, requête n° 26308/95.

2001

28 juin, *Verein Gegen Tierfabriken c/ Suisse*, Recueil des arrêts et des décisions 2001-VI, requête n° 24699/94.

17 juillet, *Association Ekin c/ France*, requête n° 39288/98, Recueil des arrêts et décisions 2001-VIII, § 78.

02 août, *Cooperativa la Laurentina c/ Italie*, requête n° 23529/94.

02 août, *ELIA S.r.l. C/ Italie*, requête n° 37710/97, Recueil des arrêts et des décisions 2001-IX.

2 août, *Grande oriente d'Italia di palazzo Giustiniani c/ Italie*, requête n° 35972/97 ; Europe 2001, n° 345, obs. N. Deffains ; JCP 2002-I-105, n° 17, obs. F. Sudre.

2 octobre, *Stankov et Association macédonienne Uni Ilinden c/ Bulgarie*, requête n° 29221/95 et 29225/95, Recueil des arrêts et des décisions 2001-IX, §§ 84 et 89.

25 octobre, *Condominio Città Di Prato c/ Italie*, requête n° 44460/98.

25 octobre, *Il Messagero SAS c/ Italie*, requête n° 44501/98, n° 44508/98, § 10.

11 décembre, *Sordelli et C. SNC c/ Italie*, requête n° 51670/99.

13 décembre, *Église métropolitaine de Bessarabie et autres c/ Moldova*, requête n° 45701/99, Recueil des arrêts et des décisions 2001-XII, §§ 101, 113, 114, 115-116, 117, 118, 119 et 136.

18 décembre, *SAPL c/ France*, requête n° 37565/97.

20 décembre, *LSI Information technologies c/ Grèce*, requête n° 46380/99, § 37.

2002

12 février, *GE. IM. A. SAS c/ Italie*, requête n° 52984/99.

26 février, *Krone Verlag GmbH et autres c/ Autriche*, requête n° 34315/93.

26 février, *Unabhängige Initiative Informationsvielfalt c/ Autriche*, requête n° 28525/95.

16 avril, *Colas Est et autres c/ France*, requête n° 37971/97, Recueil des arrêts et des décisions 2002-III, §§ 40-42 et 43.

16 avril, *SA Dangeville c/ France*, requête n° 36677/97.

21 mars, *APBP c/ France*, requête n° 38436/97, §§ 23, 31 et 32.

26 mars, *Société Comabat c/ France*, requête n° 51818/99.

9 avril, *Yazar et autres (Parti du Travail du Peuple notamment, c/ Turquie*, Recueil des arrêts et des décisions 2002-II, §§ 63-67.

11 avril, *AEPI SA c/ Grèce*, requête n° 48679/99, §§ 27 et 28.

25 juin, *Colombani et le journal Le Monde c/ France*, requête n° 51279/99, Recueil d'arrêts et des décisions 2002-V.

2 juillet, *Wilson et Union nationale des journalistes et autres c/ Royaume-Uni*, Recueil des arrêts et décisions 2002-IV.

9 juillet, *Nouhaud et autres dont une association c/ France*, requête n° 33424/96.

15 juillet, *Stratégies et communication et Dumoulin c/ Belgique*, requête n° 37370/97, §§ 39, 48-56.

23 juillet, *Västberga Taxi Aktiebolag et Vulic c/ Suède*, requête n° 36985/97, §§ 108-122.

25 juillet, *Sovtransavto Holding c/ Ukraine*, requête n° 48553/99.

3 octobre, *Longotrans – Transportes Internacionais Lda c/ Portugal*, requêtes n° 51194/99 notamment.

17 octobre, *Terazzi S.r.r. C/ Italie*, requête n° 27265/95.

5 novembre, *Wynen et centre hospitalier interrégional Edith-Cavell (*association à but non lucratif*) c/ Belgique*, requête n° 32576/96.

15 novembre, *SA Sitram c/ Belgique*, requête n° 49495/99, § 22.

10 décembre, *Parti de la démocratie (affaire Dicle) c/ Turquie*, requête n° 25141/94, §§ 68-71.

2003

13 février, *Refah Partisi et autres c/ Turquie*, Grande Chambre, Recueil des arrêts et des décisions 2003-II, §§ 91, 98, 99, 102, 135 et 138-139.

27 février, *Textile Traders LTD c/ Portugal*, requête n° 52657/99, § 26.

4 mars, *CSY (maison d'édition) c/ Turquie*, requête n° 27214/95.

6 mai, *Appleby et autres c/ Royaume-Uni*, requête n° 44306/98, Recueil des arrêts et des décisions 2003-VI.

17 juin, *SCI Boumois c/ France*, requête n° 55007/00, §§ 19-22 et 23-26.

3 juillet, *Buffalo S.l.r. En liquidation c/ Italie,* requête n° 38746/97.

10 juillet, *Interoliva Abee c/ Grèce*, requête n° 58642/00.

15 juillet, *Ernst et autres (deux associations) c/ Belgique*, requête n° 33400/93, §§ 60, 65, 69, 108, 112, 113 et 115.

22 juillet, *SA Cabinet DIOT et SA Gras Savoye c/ France*, requête n° 49217/99 et 49218/99.

9 octobre, *Biozokat A.E. c/ Grèce*, requête n° 61582/00.

14 octobre, *Lilly France c/ France*, requête n° 53892/00.

21 octobre, *Crédit industriel c/ République Tchèque*, requête n° 29010/95. Recueil des arrêts et des décisions 2003-XI (extraits), § 73.

23 octobre, *Kanakis et autres (cinq associations) c/ Grèce*, requête n° 5942/00.

28 octobre, *Stone Short Shipping Company S.A. c/ Espagne*, requête n° 55524/00.

23 septembre, *Radio France et autres c/ France*, Recueil des arrêts et des décisions 2003-X.

12 novembre, *Parti socialiste de Turquie (STP) et autres c/ Turquie*, requête n° 26482/95, Recueil des arrêts et des décisions 1998-III.

11 décembre, *Krone Verlag GmbH et autres c/ Autriche* (n° 3), requête n° 39069/97, Recueil des arrêts et des décisions 2003-XII.

2004

24 février, *Vodarenska Akciova Spolecnost c/ République Tchèque*, requête n° 73577/01, § 36.

30 mars, *Radio France et autres c/ France*, requête n° 53984/00, Recueil des arrêts et décisions 2004-II, §§ 17-20 et 24.

6 avril, *Ardex S.A. c/ France*, requête n° 53951/00.

27 avril, *Gorraiz Lizarraga et autre (association) c/ Espagne*, Recueil des arrêts et décisions 2004-III.

18 mai, *Édition Plon c/ France*, requête n° 58148/00, Recueil des arrêts et décisions 2004-IV.

27 mai, *OGIS-Institut Stanislas, OGEC St Pie X et Blanche de Castille et autres c/ France*, requête n° 42219/98 et 54563/00, § 11.

27 mai, *Vides Aizsardzibas Klubs c/ Lettonie*, requête n° 57829/00.

8 juin, *Clinique Mozart SARL c/ France*, requête n° 46098/99, § 35.

22 juin, *Pabla Ky c/ Finlande*, requête n° 47122/98, Recueil des arrêts et des décisions 2004-V, § 26.

29 juin 2004, *Chauvy et autres (maison d'édition) c/ France*, requête n° 64915/01, Recueil des arrêts et des décisions 2004-VI.

1er juillet, *Entreprise Robert Delbrassine SA c/ Belgique*, requête n° 49204/99, §§ 27 et 30.

13 juillet, *Benefico Cappella Paolini c/ Saint-Marin*, requête n° 40786/98, Recueil des arrêts et décisions 2004-VIII.

13 juillet, *Zarakolu et Belge Uluslararasi Yayincilik c/ Turquie*, requêtes n° 26971/95 et 37933/97, §§ 40-43.

29 juillet, *GB-UNIC (n° 1 et 2) c/ Belgique*, requêtes n° 52303/99 et 52304/99.

29 juillet, *San Leonard Band Club c/ Malte*, requête n° 77562/01, § 40.

21 septembre, *Zwiazek Nauczycielstwa Polskiego c/ Pologne*, requête n° 42049/98.

5 octobre, *Parti présidentiel de Mordovie c/ Russie*, requête n° 65659/01.

7 octobre, *Kartal Makina Sanayi Ve Ticaret Koll. Şti* (n°1 et n° 2) c/ Turquie, requête n° 49698/99 et requête 50011/99.

14 octobre, *Assymomitis et autres dont une société anonyme c/ Grèce*, requête n° 67629/01.

14 octobre, *Nordica Leasing S.P.A. c/ Italie*, requête n° 51739/99.

26 octobre, *Ab Kurt Kellermann c/ Suède*, requête n° 41579/98.

16 novembre, *Karhuvaara et Iltalehti (maison d'édition) c/ Finlande*, requête n° 53678/00, Recueil des arrêts et décisions 2004-X.

4 décembre, *Özgür Radyo-SES Radyo Televyzion Yayin Yapim Ve Tanitim A.S. c/ Turquie* (n° 2), requête n° 11369/03.

16 décembre, *Haut Conseil spirituel de la communauté musulmane c/ Bulgarie*, requête n° 390/2397, § 93.

22 décembre, *Stoeterij Zangersheide N.V. Et autres c/ Belgique*, requête n° 47295/99, §§ 33-40.

2005

18 janvier, *Organochimika Lipasmata Makedonias A.E. c/ Grèce*, requête n° 73836/01.

1er février, *SCP Hugo, Lapage et associés, conseil c/ France*, requête n° 59477/00.

3 février, *Partidul Comunistilor (Nepeceriste) et Ungareanu c/ Roumanie*, requête n° 46626/99, Recueil des arrêts et décisions 2005-I.

24 février, *Budmet SP ZO. O. c/ Pologne*, requête n° 31445/96.

29 mars, *Ukrainian Media Group c/ Ukraine*, requête n° 72713/01.

26 avril, *Parti pour la démocratie et l'évolution et autres contre c/ Turquie*, requête n° 39210/98 et 39974/98.

24 mai, *Rimskokatolicka Farnost Obristvi* (une organisation relevant de l'Église Catholique romaine) c/ *République Tchèque*, requête n° 65196/01.

31 mai, *Emek Partisi et Senol c/ Turquie*, requête n°39434/99.

16 juin, CEDH, *Independent News et Media et Independent Newspaper Ireland Limited c/ Irlande*, requête n° 55120/00, Recueil des arrêts et des décisions 2005-V (extraits), §§ 109 et suivants.

30 juin, *Bosphorus Hava Yollari Turizm Ve Ticaret Anonim Şirketi c/ Irlande*, Grande Chambre, Recueil des arrêts et décisions 2005-VI, § 156.

12 juillet, *Güneri et autres (dont un parti politique)* c/ Turquie, Requêtes n° 42853/98, 43609/98 et 44291/98.

27 septembre, *Sarl Amat-G et Mébaghichvili c/ Géorgie*, requête n° 2507/03, §§ 61 et 69.

4 octobre, *Maisons Traditionnelles (société unipersonnelle à responsabilité limitée) c/ France*, requête n° 68397/01.

20 octobre, *Ouranio Toxo c/ Grèce*, requête n° 74989/01.

25 octobre, *IPSD et autres c/ Turquie*, requête n° 35832/97.

8 novembre, *Sinirli Sorumlu Özulas Yapi Kooperatifi c/ Turquie*, requête n° 42913/98.

17 novembre, *Istituto Diocesano per il Sostentamento Del Clero c/ Italie*, requête n° 62876/00.

24 novembre, *Capital Bank AD c/ Bulgarie*, requête n° 49429/99, Recueil des arrêts et décisions 2005-XII, §§ 74-80.

1er décembre, *SC Masinexportimport Industrial Group SA c/ Roumanie*, requête n° 22687/03.

20 décembre, *Relais du Min SARL c/ France*, requête n° 77655/01.

2006

14 février, *Parti populaire démocrate-chrétien c/ Moldavie*, requête n° 28793/02, Recueil des arrêts et des décisions 2006-II.

21 février, *Tüm Haber Sen et Cinar c/ Turquie*, requête n° 28602/95, Recueil des arrêts et décisions 2006-II.

23 février, *Immobiliare Cerro S.A.S c/ Italie*, requête n° 35638/03.

2 mars, *Izmir Savas Karsitlari Dernegi et autres c/ Turquie*, requête n° 46257/99.

9 mars, *Eko-Elda Avee c/ Grèce*, requête n° 41246/98.

9 mars, *Eucone D.O.O c/ Slovénie*, requête n° 49019/99, § 62.

11 avril, *Mehmet Emin Yildiz et autres c/ Turquie*, requête n° 60608/00, §§ 22-25.

11 avril, *Société au service du développement c/ France*, requête n° 40391/02.

25 avril, *Roux et autres* (dont une société civile immobilière 'la Châtaigneraie') *c/ France*, requête n° 16022/02.

27 avril, *Fazilet Partisi et Kutan c/ Turquie*, requête n° 1444/02.

27 avril, *Inexco c/ Grèce*, requête n° 11720/03, §§ 24 et 25.

4 mai, *Filipos Mavropoulos – PAM. Zisis O.E. c/ Grèce*, requête n° 27906/04, § 18.

30 mai, *Sarl Aborcas c/ France*, requête n° 59423/00, § 32.

15 juin, *Digitel D.O.O. c/ Slovénie*, requête n° 70660/01.

16 juin, *Independent News et Media Independent Newspaper Ireland Ltd c/ Irlande*, , requête n° 55120/00, Recueil des arrêts et des décisions 2005-V.

21 juin, *syndicat national des professionnels des procédures collectives c/ France*, requête n° 70387/01.

22 juin, *Eytisim Ltd STI c/ Turquie*, requête n° 69763/01.

11 juillet, *Association religieuse « témoins de Jéhovah » Roumanie et autres c/ Roumanie*, Décision Cour (3ème section), requête n° 63108/00.

11 juillet, *Sarl du Parc d'activité de Blotzheim c/ France*, requête n° 72377/01.

13 juillet, *Farange SA c/ France*, requête n° 77575/01, §§ 24 et 32.

13 juillet, *SC Magna Holding SRL c/ Roumanie*, requête n° 10055/03.

18 juillet, *Syndicat des transporteurs suédois c/ Suède*, requête n° 53507/99.

27 juillet, *CED Viandes et autres c/ France*, requête n°77240/01.

19 septembre, *Maupas et association de défense et de recours des riverains de l'axe RCEA c/ France*, requête n° 13844/02, § 14.

26 septembre, *Société de gestion du port de Campoloro et Société fermière de Campoloro c/ France*, requête n° 57561/00, §§ 61 et 62.

3 octobre, *Courty et autres c/ France*, requête n° 15114/02.

5 octobre, *Bureau Moscovite de l'Armée du salut c/ Russie*, requête n° 72881/01, §§ 58, 61 et 76.

10 octobre, *Tunceli Kültür Ve Dayanisma Denergi c/ Turquie*, requête n° 61353/00.

26 octobre, *Atut SP.ZO.O. c/ Pologne*, requête n° 71151/01, § 39.

9 novembre, *Sacilor Lomines c/ France*, requête n° 65411/01, §§ 59 et 62.

14 novembre, *Media FM Reha Radyo Ve Iletisim Hizmetleri A.S. c/ Turquie*, décision de recevabilité, requête n° 32842/02.

16 novembre, *Immobiliare Podere Trieste S.R.L. C/ Italie*, requête n° 19041/04.

11 décembre, *Theodoraki et autres (société anonyme 'Limni Makri' SA) c/ Grèce*, requête n° 9368/06.

14 décembre, *N.T. Giannousis et Kliasfas Brothers S.A. c/ Grèce*, requête n° 2898/03, §§ 26 et 28.

14 décembre, *Verlargsgruppe News GmbH c/ Autriche*, requête n° 10520/02.

19 décembre, *Companhia Agricola De Penha Garcia SA et 16 autres affaires « Réforme agraire » c/ Portugal*, requêtes n° 21240/02 et autres.

19 décembre, *Radio Twist A.S. c/ Slovaquie*, requête n° 62202/00.

2007

9 janvier, *Fener Rum Erkek Lisesi Vafki c/ Turquie*, requête n° 34478/97.

9 janvier, *SCI les Rullauds et autres c/ France*, requêtes n° 43972/02.

11 janvier, *Anheuser-Busch Inc c/ Autriche*, requête n° 73049/01.

11 janvier, *Parti conservateur russe des entrepreneurs c/ Russie*, requêtes n° 55066/00 et 55638/00, §§ 49-50, et 64-65.

16 janvier, *Chiesi SA c/ France*, requête n° 954/05.

25 janvier, *AJA International Trade B.V. c/ Grèce*, requête n° 22879/02, §§ 14 et 16-20.

25 janvier, *Aon Conseil et Courtage SA et autres c/ France*, requête n° 70160/01.

25 janvier, *Vereinigung Bildender Künstler c/ Autriche*, requête n° 68354/01.

27 février, *Associated Society of Locomotive Engineers et Firement ASLEF c/ Royaume-Uni*, requête n° 11002/05.

27 février, *Tüketici Bilincini Gelistirme Denergi c/ Turquie*, requête n° 38891/03, § 20.

5 avril, *Église de scientologie de Moscou c/ Russie*, requête n° 18147/02.

12 avril, *Bulinwar OOD et Hrusanov c/ Bulgarie*, requête n° 66455/01.

26 avril, *Colaco Mestre et SIC (sociedade independent de communicacao) S.A. c/ Portugal*, requête n° 1182/03 et 11319/03.

3 mai, *97 membres de la Congrégation des Témoins de Jéhovah de Gldani et autres c/ Géorgie*, 71156/01, §§ 126, 130, 132 et 133.

3 mai, *Baczkowski* et autres dont une fondation c/ Pologne, requête n° 1543/06.

3 mai, *Ern Makina Sanayi Ve Ticaret A.S. c/ Turquie*, requête n° 708301/01.

3 mai, *Institution ecclésiastique saint-marinaise Benefico Cappela Paolini c/ Saint Marin*, requête n° 40786/98.

7 avril, *hyde park et autres c/ Moldavie*, requête n° 18491/07.

7 juin, *Dupuis et autres c/ France*, requête n° 1914/02, §§ 50-51.

7 juin, *Salt Hiper SA c/ Espagne*, requête n° 25779/03.

12 juin, *Collectif national d'information et d'opposition à l'usine MELOX, collectif stop MELOX et MOX c/ France*, requête n° 75218/01, § 15.

14 juin, *Svyato-Mykhaylivska Parafiya (une association de l'Église orthodoxe ukrainienne) c/ Ukraine*, requête n° 77703/01, §§ 72, 114, 116 et 146.

21 juin, *SCM Scanner de l'ouest lyonnais et autres c/ France*, requête n° 12106/03, § 33.

30 juin, *Herri Batasuna et Batasuna (deux partis politiques) c/ Espagne*, requête n° 25803/04 et 25817/04.

10 juillet, *Herdade Da Comporta - Actividades Agro Silvicolas E Turisticas, S.A c/ Portugal*, requête n° 41453/02.

12 juillet, *A/S Diena et Ozolins c/ Lettonie*, requête n° 16657/03.

12 juillet, *SC Ruxanda Trading SRL c/ Roumanie,* requête n° 28333/02, §§ 53, 54 et 60.

31 juillet, *Electro Distribution Luxembourgeoise SA c/ Luxembourg*, requête n° 11282/05, § 60.

30 août, *J. A. Pye Ltd et J. A. Pye (Oxford) Land Ltd c/ Royaume-Uni*, Grande Chambre, requête n° 44302/02, § 60.

27 septembre, *Ergo Abekte c/ Grèce*, requête n° 41558/04.

27 septembre, *Sogia Hellas c/ Grèce*, requête n° 1989/05, §§ 21-23 et 25-30.

4 octobre, *Forum Maritime SA c/ Roumanie*, requête n° 63610/00 et 38692/05, §§ 165-166.

4 octobre, *Piata Bazar Dorobanti SRL c/ Roumanie*, requête n° 37513/03.

4 octobre, *Verein Gegen Tierfabriken Schweiz c/ Suisse* (n° 2), requête n° 32772/02, §§ 23-25 (arrêt renvoyé en Grande Chambre).

11 octobre, *Glas Nadejda EOOD et autres c/ Bulgarie*, requête n° 14134/02, §§ 65 et 69-70.

11 octobre, *Larco et autres dont deux fondations c/ Roumanie*, requête n° 30200/03.

18 octobre, *Moschopoulos-Veïnoglou et autres c/ Grèce*, requête n° 32636/05.

22 novembre, *SC Concept LTD et Manole c/ Roumanie*, requête n° 42907/02, § 49.

22 novembre, *SCI Plelo-Cadiou c/ France*, requête n°12876/04.

27 novembre, *Nur Radyo Ve Televizyon Yayinciligi A.S. c/ Turquie*, requête n° 6587/03.

6 décembre, *Giannetaki E. et S. Metaforiki LTD Giannetakis c/ Grèce*, requête n° 29829/05, §§ 15-19 et 29.

6 décembre, *Z.A.N.T.E. -Marathonisi A.E. C/ Grèce*, requête n° 14216/03

13 décembre, *Compagnie de navigation de la République islamique d'Iran c/ Turquie*, requête n° 40998/98.

13 décembre, *Islamic Republic of Iran Lines c/ Turquie*, requête n° 40998/98.

16 décembre, *Wieser et Bicos Beteiligungen GmbH c/ Autriche*, requête n° 74336/01, §§ 42-45, 53, 62-63, 65 et 67.

2008

15 janvier 2008, *Costa et autres, Affaire « réforme agraire » c/ Portugal*, requête n° 44311/04.

7 février, *SC Plastik ABC SA c/ Roumanie*, requête n° 32299/03.

14 février, *Association Avenir d'Alet c/ France*, requête n° 13324/04, § 31.

14 février, *July et Sarl Libération c/ France*, requête n° 20893/03.

21 février, *Anonymous Touristiki E. X. K. c/ Grèce*, requête n° 35332/05.

CEDH, *Ravon et des personnes morales de droit français c/ France*, 21 février 2008, requête n° 18497/03.

21 février, *SC Marolux SRL et Jacobs c/ Roumanie*, requête n° 29419/02.

27 mars, *Tourkiki Enosi Xanthis et autres c/ Grèce*, requête n° 26698/05.

1er avril, *Gligli Contruzioni S.r.l. C/ Italie*, requête n° 10557/03.

13 mai, *SC Editura Orizonturi SRL c/ Roumanie*, requête n° 15872/03, § 59.

17 juin, *Meltex Ltd et Mesrop Movsesyan c/ Arménie*, requête n° 32283/04.

10 juillet, *Soulas et autres (maison d'édition) c/ France*, requête n° 15948/03.

31 juillet, *Religionsgemeinschaft der Zeugen Jehovas et autres c/ Autriche*, requête n° 40825/98, §§ 61, 83-99.

6 novembre, *Leela Förderkreis E. V. et autres c/ Allemagne*, requête n° 58911/00, § 80.

20 novembre, *Brunet-Lecomte et Sarl Lyon Mag' c/ France*, requête n° 13327/04.

CEDH, *Société IFB c/ France*, 20 novembre 2008, requête n° 2058/04.

11 décembre, *Velted -98 AD c/ Bulgarie*, requête n° 15239/02, §§ 45-49.

2009

15 janvier, *Association de citoyens RADKO et autre c/ Ex République Yougoslave de Macédoine*, requête 74651/01.

15 janvier, *Ligue du monde islamique et organisation islamique mondiale du secours islamique c/ France*, requêtes n° 36497/05 et 37172/05.

15 janvier, *Orban et autres dont société d'édition Plon c/ France*, requête n° 20985/05.

20 janvier, *Sud Fondi S.r.l. c/ Italie*, requête n° 75909/01, §§ 105, 107 et 108.

22 janvier, *Bulves AD c/ Bulgarie*, requête n° 3991/03.

22 janvier, *Saint Synode de l'Église orthodoxe bulgare (Métropolite Innocent) et autres c/ Bulgarie*, requête n° 412/03, 35667/04, § 137.

3 février, *Woman on wave et autres (deux associations) c/ Portugal*, requête n° 31276/05.

24 février, *Association C.C.I.L. et autre c/ Italie*, requête n° 46967/07.

3 mars, *Bacanu et SC « R » SA c/ Roumanie*, requête n° 4411/04, §§ 74, 75 et suivants.

3 mars, *Bozcaada Kimisis Teodoku Rum Ortodoks Kilisesi Varfi c/ Turquie*, requêtes n°s 37639/03, 37655/03, 26736/04 et 42670/04.

5 mars, *Hachette Filipacchi presse automobile et Dupuy c/ France*, requête n° 13353/05.

5 mars, *Société de conception de presse et d'édition et Ponson c/ France*, requête n° 26935/05.

10 mars, *Özgür Radyo-SES Radyo Televyzion Yayin Yapim Ve Tanitim A.S. c/ Turquie* (n° 3), requête n° 10129/03.

31 mars, *Sanoma Uitgevers B.V. c/ Pays-Bas*, requête n° 38224/03.

14 avril, *SC Ghepardul S.L.R. c/ Roumanie*, requête n° 29268/03, § 45.

26 mai, *SC Aledani S.R.L. c/ Roumanie*, requête n° 28874/04.

28 mai, *Varnima Corporation International SA c/ Grèce*, requête n° 48906/06.

11 juin, *Dubus S.A. c/ France*, requête n° 5242/04, § 38.

30 juin, *Etxeberria et autres (dont plusieurs groupements électoraux) c/ Espagne*, requête n° 35579/03, 35613/03, 35626/03 et 35634/03, §§ 47-49, 51-56 et 75-82.

30 juin, *Verein Gegen Tierfabriken c/ Suisse* (n° 2), Grande Chambre, requête n° 32772/02.

23 juillet, *Hachette Filipacchi Associés c/ France*, requête n° 12268/03.

23 juillet, *Hachette Filipacchi associés (« ici Paris ») c/ France*, requête n° 12268/03.

15 septembre, *Mirolubovs et autres c/ Lettonie*, requête n° 798/05, §§ 80 g).

22 septembre, *SC Concordia International S.R.L. Constanta c/ Roumanie*, requête n° 38969/02.

24 septembre, *Agromodel DOO c/ Bulgarie*, requête n° 68334/01.

15 octobre, *Union des cliniques privées de Grèce et autres c/ Grèce*, requête n° 6036/07.

15 décembre, *Financial Times Ltd et autres c/ Royaume-Uni*, requête n° 821/03.

2010

10 janvier, *Paroisse gréco catholique Sâmbata Bihor c/ Roumanie*, requête n° 48107/99, § 87.

2 février, *Nieruchomosci SP. ZO. O c/ Pologne*, requête n° 32740/06, § 31.

18 mai, *Plalam SPA c/ Italie*, requête n° 16021/02, §§ 35-52.

18 novembre, *Tunnel Report Limited c/ France*, requête n° 27940/07.

25 novembre, *Lilly France c/ France (n° 2),* requête n° 20429/07.

7 décembre, *GE. P.AF. S.R.L. et autres c/ Italie*, requête n° 30303/04.

2011

11 janvier, *Sociedade Agricola Do Ameixial c/ Portugal*, requête n° 10143/07.

11 janvier, *Sociedade Agricola Vale De Ouro S.A. c/ Portugal*, requête n° 44051/07.

13 janvier, *Klithropola Ipirou Evva Hellas A.E. c/ Grèce*, requête n° 27620/08, § 20.

13 janvier, *Mouvement raëlien de Suisse c/ Suisse*, requête n° 16354/06, § 58.

27 janvier, Boychev et autres dont l'association de l'Église de l'unification c/ Bulgarie, requête n° 77185/01.

8 février, *Plalam SPA c/ Italie*, requête n° 16021/02, § 17.

10 février, *3A. CZ S.R.O. c/ République Tchèque*, requête n° 21835/06, § 38.

22 mars, *Granitul SA c/ Roumanie*, requête n° 22022/03, § 51.

23 mars, *RTBF c/ Belgique*, requête n° 50084/06, § 103.

3 mai, *Association Paratheristikos Oikodomikos Synetairismos Stegaseos Ypallilon Trapezis Tis Ellados c/ Grèce*, requête n° 2998/08, §§ 31-32.

24 mai, *Association '21 décembre 1989' et autres c/ Roumanie*, requêtes n° 33810/07 et 18817/08, § 183.

Affaires n'impliquant aucune personne morale

1968

27 juin, *Neumeister c/ Autriche*, Série A, n° 8, § 22.

23 juillet, *affaires linguistiques belges c/ Belgique*, Série A, n° 6.

17 décembre, *Church of X c/ Royaume-Uni*, Recueil des décisions, n° 29, p. 75.

1971

18 juin, *De Wilde, Ooms et Versyp c/ Belgique*, Série A, n° 12, p. 46.

1972

4 octobre, *Murphy c/ Royaume-Uni*, requête n° 4681/70, Recueil des arrêts et des décisions n° 43.

1975

21 février, *Golder c/ Royaume-Uni*, Série A, n° 18, §§ 34 et 35.

1976

6 février, *Schmidt et Dahlström c/ Suède*, Série A, n° 21.

8 juin, *Engel et autres c/ Pays-Bas*, Cour plénière, Série A, n° 22,

7 décembre, *Handyside c/ Royaume-Uni*, 7 décembre 1976, Cour plénière, Série A, n° 24, § 49.

7 décembre, *Kjelden, Busk Madsen et Pedersen c/ Danemark*, Série A, n° 23, p. 27.

1978

28 juin, *König c/ Allemagne*, Série A, n° 27, §§ 94 et 95.

6 septembre, *Klass c/ Allemagne*, Série A, n° 28, § 55.

1979

13 juin, *Marckx c/ Belgique*, Série A, n° 31, p. 15.

9 octobre, *Airey c/ Irlande*, 9 octobre 1979, Série A, n° 32 ; JDI, 1982, 187, chron. P. Rolland ; AFDI, 1980, 323, chron. R. Pelloux ; GACEDH, n° 2, p. 18.

1980

13 mai, *Artico c/ Italie*, requête n° 6694/74, Série A, n° 37.

1981

23 juin, Le Compte, Van Leuven et De Meyer c/ Belgique, Série A, n° 43.

1982

25 février, *Campbell et Cosans c/ Royaume-Uni*, Série A, n° 48, p. 16, § 36.

1er octobre, *Piersak c/ Belgique*, Série A, n° 53, § 30.

23 septembre, *Sporrong et Lönnroth c/ Suède*, Série A, n° 52.

1983

25 mars, *Minelli c/ Suisse*, requête n° 8660/79, Série A, n° 62.

25 mars, *Silver et al. c/ Royaume-Uni*, Série A, n° 61, § 113.

23 novembre, *Van Der Mussele c/ Belgique*, Série A, n° 70.

1984

2 août, *Malone c/ Royaume-Uni*, Cour plénière, Série A, n° 82.

1985

12 février, *Colozza c/ Italie*, Série A, n° 89, § 30.

26 mars, *X et Y c/ Pays-Bas*, Série A, n° 91, p. 11, § 23.

1986

21 février, *James et al. c/ Royaume-Uni*, Série A, n° 98.

26 mai, *Feldbrugge c/ Pyas-Bas*, Série A, n° 99, §§ 31-40.

26 juin, *Van Marle et autres c/ Pays-Bas*, Assemblée plénière, Série A, n°101.

8 juillet, *Lingens c/ Autriche*, Cour plénière, Série A, n° 103.

1987

2 mars, *Mathieu-Mohin et Clerfayt c/ Belgique*, Série A, n° 113.

2 mars, *Monnel et Morris c/ Royaume-Uni*, requête n° 9562/81 et 9818/82, Série A, n° 115.

23 avril, *Erkner et hofauer c/ Autriche*, Série A n° 117.

23 avril, *Poiss c/ Autriche*, Série A, n° 117.

30 novembre, *H c/ Belgique*, 30 novembre 1987, Assemblée plénière, Série A, n° 127.

1988

24 mars, *Olsson c/ Suède* (n° 1), série A n° 130, pp. 31-32.

24 mai, *Müller et autres c/ Suisse*, Série A, n° 133.

7 octobre, *Salabiaku c/ France*, requête n° 10519/.83, Série A, n° 141-A.

14 décembre, *Rothenthurm commune c/ Suisse*, requête n° 13253/87, D et R, n° 59, p. 251.

1989

22 février, *Barfod c/ Danemark*, Série A, n° 149, p. 12.

30 mars, *Chappell c/ Royaume-Uni*, Série A, n° 152-A, pp. 12-13.

7 juillet, *Soering c/ Royaume-Uni*, requête n° 14038/88, Cour plénière, Série A, n° 161.

24 octobre, *H. c/ France*, Série A, n° 162-A, § 74.

25 octobre, *Allan Jacobson c/ Suède*, Série A, n° 163.

20 novembre, *Kostovski c/ Pays-Bas*, requête n° 11454/85.

19 décembre, *Mellacher et autres c/ Autriche*, Série A, n° 196.

1990

21 février, *Powell et Rayner c/ Royaume-Uni*, Série A, n°172.

24 avril, *Huvig c/ France*, Série A, n° 176-B, p. 41, § 8 et p. 52.

24 avril, *Kruslin c/ France*, Série A, n° 176-A, p. 20.

19 décembre, *Delta c/ France*, Série A, n° 191-A, p. 15, § 35.

1991

12 février, *Fredin c/ Suède*, requête n° 12033/86, Série A, n° 192.

26 avril, *Ezelin c/ France*, Série A, n° 202.

19 juin, *Zwierzynski c/ Pologne*, requête n° 34049/96.

1992

16 décembre, *Niemietz c/ Allemagne*, Série A, n° 251-B.

1993

25 février, *Funke, Crémieux et Miailhe c/ France* n° 1, Série A, n° 2566-A, B et C.

26 février, *Salesi c/ Italie*, Série A, n° 257-E, § 19.

25 mai, *Kokkinakis c/ Grèce*, Série A, n° 260-A, §§ 31, 33, 40 et 48.

1994

22 février, *Burghartz c/ Suisse*, Série A, n° 280-B.

23 septembre, *Jersild c/ Danemark*, Série A, n° 298, pp. 23-24.

25 novembre, *Stjerna c/ Finlande*, Série A, n°299-B.

9 décembre, *Hiro Balani c/ Espagne*, Série A, n° 303-B, p. 30.

1995

9 février, *Welch c/ Royaume-Uni*, Série A, n° 307-A, p. 13, § 27.

10 février, *Allenet de Ribemont c/ France*, Série A, n° 308.

23 mars, *Loizidou c/ Turquie*, Grande Chambre, Série A, n° 310.

26 avril, *Prager et Oberschlick c/ Autriche*, Série A, n° 313, p. 19.

8 juin, *Jamil c/ France*, 8 juin 1995, Série A, n° 317-B.

28 juin, *Consejo general de Calejos c/ Espagne*, requête n° 26114/95 et 26455/95.

26 septembre, *Vogt c/ Allemagne*, Grand Chambre, Série A, n° 323.

28 septembre, *Scollo c/ Italie*, Série A, n° 315-C, RTD civ. 1996, 1021.

28 septembre, *Spadea et Scalabrino c/ Italie*, Série A, n° 315-B.

31 octobre, *Papamichalopoulos c/ Grèce*, Série A, n° 330-B.

1996

8 février, *A et autres c/ Danemark*, requête n° 20826/92, Recueil des arrêts et des décisions 1996-I.

25 avril, *Gustafsson c/ Suède*, Recueil des arrêts et décisions 1996-II, pp. 652-653.

27 avril, *Goodwin c/ Royaume-Uni*, Grande Chambre, requête n° 17488/90, Recueil des arrêts et décisions 1996-II.

26 septembre, *Manoussakis et autres c/ Grèce*, requête n° 18748/91, Recueil des arrêts et des décisions 1996-IV, §§ 42 et 47.

24 octobre, *Guilot (fleur de Marie) c/ France*, Recueil des arrêts et des décisions 1996-V.

25 novembre, *Wingrove c/ Royaume-Uni*, Recueil des arrêts et des décisions 1996-V.

1997

18 février, *Niderhöst-Huber c/ Suisse*, Recueil des arrêts et décisions 1997-I, p. 107.

21 février, *Van Raalte c/ Pays-Bas*, Recueil des arrêts et des décisions 1997-I.

19 mars, *Hornsby c/ Grèce*, Recueil des arrêts et des décisions, 1997-I-495.

21 avril, *Guillemin c/ France*, Recueil des arrêts et des décisions 1997-I, p. 164.

23 avril, *Van Mechelen et autres c/ Pays-Bas*, Recueil des arrêts et des décisions 1997-III.

1er juillet, *Gitonas et autres c/ Grèce*, Recueil des arrêts et des décisions 1997-IV.

1er juillet, *Kalac c/ Turquie*, Recueil des arrêtes et des décisions 1997-IV, p. 1209, § 27.

, 8 septembre, *Renfe c/ Espagne*, requête n° 35216/97, Commission plénière.

25 septembre, *Aydin c/ Turquie*, requête n° 23178/94.

1998

24 février, *Larissis et autres c/ Grèce*, Recueil des arrêts et des décisions 1998-I, § 59.

9 juin, *McGinley et Egan c/ Royaume-Uni*, requêtes n° 21825/93 et 23414/94, Recueil des arrêts et des décisions 1998-III.

10 juillet, *Sidiropoulos et autres c/ Grèce*, Recueil des arrêts et décisions 1998-IV.

25 août, *Hertel c/ Suisse*, Recueil des arrêts et des décisions 1998-IV.

1999

18 février, *Mathews c/ Royaume-Uni*, requête n° 24833/94, Recueil des arrêts et des décisions 1991-I.

29 avril, *Chassagnou et autres c/ France*, requêtes nos 25088/94, 28331/95 et 28443/95, Recueil des arrêts et des décisions 1999-III.

8 juillet, *Baskaya et Okçuoglu c/ Turquie*, requête n° 23536/94 et 24408/94, Recueil des arrêts et des décisions 1999-IV.

8 juillet, *Gerger c/ Turquie*, requête n° 24919/94.

11 octobre, *Riera Blume et autres c/ Espagne*, requête n° 37680/97, Recueil des arrêts et des décisions 1999-VII.

23 novembre, *section de communes d'Antilly c/ France*, requête n° 45129/98, décision de la Commission ;

14 décembre, *Cantacessi c/ Italie*, requête n° 40959/98.

2000

5 janvier, *Beyeler c/ Italie*, Grande Chambre, requête n° 33202/96.

6 avril, *Thlimmenos c/ Grèce*, Grande Chambre, requête n°, Recueil des arrêts et des décisions 2000-IV, § 44.

4 mai, *Rotaru c/ Roumanie*, requête n° 28341/95, Séria A, n°280-B.

20 octobre, *Hassan et Tchaouch c/ Bulgarie*, 20 octobre 2000, requête n° 30985/96, Recueil des arrêts et des décisions 2000-XI, §§ 62 et 78.

26 octobre, *Kudla c/ Pologne*, Grande Chambre, Recueil des arrêts et des décisions 2000-XI.

14 novembre, *Piron c/ France*, requête n° 36436/97.

2001

11 janvier, *Lunari et Tanganelli c/ Italie*, requête n° 21463/93.

22 mars, *Streletz, Kessler et Krenz c/ Allemagne*, Recueil des arrêts et des décisions 2001-II.

7 juin, *Kress c/ France*, requête n° 39594/98, Grande Chambre, Recueil des arrêts et des décisions 2001-VI.

5 juillet, *Phillips c/ Royaume-Uni*, requête n° 41087/98, Recueil des arrêts et des décisions 2001-VII.

12 juillet, *Prince Hans-Adam II de Liechtenstein c/ Allemagne*, requête n° 42527/98.

2002

26 mars, *Lutz c/ France*, requête n° 48215/99.

9 avril, *Cissé c/ France*, requête n° 51346/99, Recueil des arrêts et des décisions 2001-I.

9 avril, *Podkolzina c/ Lettonie*, requête n° 46726/99, Recueil des arrêts et des décisions 2002-II.

6 juin, *Katsaros c/ Grèce*, requête n° 57473/99.

17 octobre, *Stambuk c/ Allemagne*, requête n° 37928/97.

2003

25 février, *Barankevitch c/ Russie*, requête n°10519/03, § 31.

10 avril, *Konti-Arvanit c/ Grèce*, requête n° 53401/99.

10 juillet, *Efstathiou, Michaïlidis et Motel America c/ Grèce*, requête n° 55794/00.

2004

17 février, *Gorzelik et autres c/ Pologne*, Grande Chambre, requête n° 44158/98, Recueil des arrêts et des décisions 2004-I.

2005

27 septembre, *Petri Sallinen et autres c/ Finlande*, requête n° 50882/99.

6 octobre, *Draon c/ France*, requête n° 1513/03.

22 décembre, *Paturel c/ France*, requête n° 54968/00, §§ 42 et 44.

2006

11 janvier, *Sorensen et Rasmussen c/ Danemark*, 2006, Grande chambre, Recueil des arrêts et des décisions 2006-I.

16 mars, *Zdanoka c/ Lettonie*, Grande Chambre, Recueil des arrêts et des décisions 2006-IV.

13 avril, *Vaturi c/ France*, requête n° 75699/01.

29 juin, *Öllinger c/ Autriche*, requête n° 76900/01.

21 novembre, *Demir et Baykara c/ Turquie*, requête n° 34503/97.

2007

20 mars, Tysiac c/ Pologne, requête n° 5410/03.

3 mai, *Ulusoy et autres c/ Turquie*, requête n° 34797/03.

7 juin, *Danderyds Kummun c/ Suède*, requête n° 52559/99.

18 septembre, *Griechische Kirchengemeinde Münche et autre c/ Allemagne*, requête n° 52366/99.

7 décembre, *Linkov c/ République Tchèque*, requête n° 10504/03.

10 décembre, *Stoll c/ Suisse*, Grande Chambre, requête n° 69698/01, § 104.

2008

21 février, *Kanellopoulos c/ Grèce*, requête n° 11325/06.

2009

6 octobre, *Özbek et autres c/ Turquie*, requête n° 35570/02.

2010

18 février, *Peschlivanidis et autres c/ Grèce*, requête n° 48380/07.

DECISIONS DE LA COMMISSION

1957

20 juillet, *Parti communiste et Reimann et Fisch c/ Allemagne*, Commission plénière, requête n° 250/57, Ann. I, p. 223-225.

1958

9 juin, *De Becker c/ Belgique*, requête n° 214/56, Annuaire II, pp. 214-243.

1962

14 décembre, *Église réformée de X c/ Pays-Bas*, requête n° 1497/62, Ann. V, 1962, p. 286-301.

1968

17 décembre, *Church of X c/ Royaume-Uni*, Recueil des décisions, n° 29.

1971

12 juillet, X et *Association Z c/ Royaume-Uni*, requête n° 4515/70, Annuaire IV, p. 538.

1973

12 décembre, *X c/ Italie*, requête n° 6481/74, D et R, n° 1, p. 79.

1974

19 décembre, *X c/ Pays-Bas*, requête n° 6573/74, Commission plénière, D. et R. 1, p. 87.

1975

21 mars, Times newspaper et the Sunday Times et Evans c/ Royaume-Uni, D et R, n° 2, p. 97.

30 mai, *W, X, Y et Z c/ Belgique*, 30 mai 1975, requête n° 6745/74, D. et R. 2, p. 110.

3 octobre, *Becker c/ Danemark*, requête n° 7011/75, Commission plénière, D et R, n° 4, p. 236.

1976

8 mars, *X c/ Danemark*, requête n° 7374/76, Commission plénière, D et R, n° 5, p. 159.

10 décembre, *X c/ Autriche*, requête n° 7045/75, Commission plénière, D et R, n° 7, p. 89.

1977

4 octobre, *X c/ Royaume-Uni*, D et R, n° 11, p. 56 et suivants.

1978

2 mai, *Bertrand Russel Peace Foundation c/ Royaume-Uni*, D et R, 14, p. 117.

1979

27 février, *Société X c/ Suisse*, Commission plénière, requête n° 7865/77, D et R, n° 16, p. 85.

5 mai, Church of Scientology c/ Suède, D. et R. n° 16, p. 68.

5 mai, *Pasteur X et Church of Scientology c/ Suède*, requête n° 7805/77, D. et R. n° 16. p. 68.

5 mai, *X et Church of Scientology (Église de scientologie) c/ Suède*, requête n° 7805/77, D et R, n° 16, p. 68.

5 mai, *X et Scientology Church c/ Suède*, requête n° 7374/76, Commission plénière, requête n° D. et R. 16, p. 75.

10 mai, *Alliance des Belges de la communauté européenne c/ Belgique*, requête n°8612/79, Commission plénière, D et R, n° 15, p. 259.

10 octobre, *Rassemblement jurassien et Unité jurassienne c/ Suisse*, 10 octobre 1979, D et R, Vol. 17, p. 119.

13 décembre, *X c/ RFA*, D et R, n° 18, p. 18.

1980

14 juillet, *Church of Scientology (Église de scientologie) c/ Suède*, requête n° 8282/78, D et R, n° 21, p. 113.

16 juillet, *Christians against Racism and Fascism (Chrétiens contre le racisme et le fascisme) c/ Royaume-Uni*, requête n° 8440/78, D. et R. Vol. 21, pp. 138 et suivants.

1981

19 mars, *Omkarananda et Divine Light Zentrum c/ Suisse*, requête n° 8118/77, Commission plénière, D et R, n° 25, p. 124.

10 juillet, *X c/ Royaume-Uni*, requête n° 8206/78, D et R, n° 25, p. 152.

1982

1er mars, *Association X c/ Suède*, requête n° 9297/81, D et R, n° 28, p. 208.

7 mai, *X Ltd et Y c/ Royaume-Uni*, D et R 28, p. 84.

13 mai, *X c/ Royaume-Uni*, requête n° 8873/80, Commission plénière, D. et R. 28, p. 106.

4 octobre, *X et Association S c/ Suisse*, D. et R. 31, p.194.

12 octobre, *Bramelid et Malmströme c/ Suède,* requêtes nos 8588/79 et 8589/79, D. et R. n° 29, p. 64.

1983

28 janvier, *Yarrow PLC, M et G Securities Ltd et autre c/ Royaume-Uni*, requête n° 9266/81, D et R, n° 30, p. 190.

9 mars, *Agosi c/ Royaume-Uni*, requête n° 9118/80, D et R, n° 32, p. 167.

4 mai, *syndicat X c/ France*, requête n° 9900/82, D et R, n° 32, p. 261.

4 juillet, Association X et autres c/ France, requête n° 9939/82, D et R, n° 34, p. 213.

14 juillet, *Association A c/ Allemagne*, requête n° 9792/82, D et R, n° 34, pp. 173 et suivants.

1984

15 mars, *Association A et H c/ Autriche*, requête n° 9905/82, DR n° 36, pp. 187 et suivants.

12 juillet, *Bozano c/ Italie*, requête n° 9991/82, D et R, n° 39, p. 147.

1985

CEDH, *Plattform « Ärzte für das Leben » c/ Autriche*, 17 octobre 1985, Décision Commission (plénière), D et R, n° 44, p. 65.

8 mars, *H. Van Der Heijden c/ Pays-Bas*, requête n° 11002/84, D et R, 41, p. 264.

16 octobre, *Verein Alternatives Lokalradio Bern et Verein Radio Dreyeckland Basel c/ Suisse*, D et R, n° 49, pp. 126-131.

17 octobre, *Plattform « Ärzte für das Leben » c/ Autriche*, Commission plénière, D et R, n° 44, p. 65.

18 octobre, Howard c/ Royaume-Uni, D et R, n° 52, p. 214.

2 décembre, *Svenska Managementgruppen AB c/ Suède*, D et R, n° 45, p. 211.

1986

13 mars, *Vereniging Rechtswinkels Utrecht c/ Pays-Bas*, 13 mars 1986, D et R, n° 46, p. 200.

11 décembre, *S et T c/ Suède*, D et R n° 50, p. 156 et suivants.

11 décembre, *Société S. et T. c/ Suède*, D et R, n° 50, pp. 155 et s.

1987

9 mars, Channel four Tv et autres c/ Royaume-Uni, D et R, 51, p. 148.

9 mars, Quatrième chaîne de télévision c/ Royaume-Uni, requête n° 11658/85.

7 mai, Chater c/ Royaume-Uni, D et R, n° 52, p.265.

1988

8 mars, *Karni c/ Suède*, D et R, n° 55, p. 176.

6 juillet, *Hilton c/ Royaume-Uni*, requête n° 12015/86, D et R, n° 57, p. 120.

8 septembre, *Karlssom c/ Suède*, requête n° 12356/86, D et R, n° 57, p. 172.

14 décembre, *Rothenthurm commune c/ Suisse*, 14 décembre 1988, requête n° 13253/87, D et R, n° 59, p. 251.

14 décembre, *Wasa Liv Ömsesidigt, Fösäkringbolaget Pensionsstiftelse et un groupe de 15000 personnes c/ Suède*, requête n° 13013/87, D et R, n° 58, p.163.

18 décembre, *Parti libéral, R. et P. c/ Royaume-Uni*, requête n° 8765/79, Commission plénière, D. et R. 21, p. 226.

1989

6 mars, *G. c/ Allemagne*, D et R, n° 60, p. 256.

9 mai, *Callaghan et autres c/ Royaume-Uni*, requête n° 14739/89, Commission plénière, D et R, n° 60, p. 303.

12 juillet, *Association of General c/ Danemark*, requête n° 12947/87, D. et R. n°62, p. 237.

6 septembre, *Rommelfanger c/ Allemagne*, requête n° 12242/86, D et R, 62, p. 151.

1990

7 mai, *Johansson c/ Suède*, D et R, n° 65, p. 202.

4 octobre, *Smith Kline et french Laboratories Ltd c/ Pays-Bas*, D et R, n° 66, p. 70.

1992

15 mai, *Fayed c/ Royaume-Uni*, requête. n°17101/90.

1993

8 janvier, *Société L. et M. T. c/ France*, requête n° 18572/91.

1er juillet, *Procola et autres c/ Luxembourg*, requête n° 14570/89, D et R, n° 75, p. 5.

1994

12 janvier, *KS et KS AG. c/ Suisse*, requête n° 19117/91, D et R, n° 76-B, p. 70.

8 mars, *Int. Soc. Krishna Cons. c/ Royaume-Uni*, requête n° 20490/92.

6 décembre, *SP (parti socialiste), Perinçek et Kirit c/ Turquie*, requête n° 21237/93, Commission plénière.

1995

9 janvier, *Eglise de scientologie de Paris c/ France*, requête n° 19509/92.

28 juin, *Consejo general de Calejos c/ Espagne*, requête n° 26114/95 et 26455/95.

4 décembre, *Tauira et autres c/ France*, requête n° 28204/95, D et R, n° 83-A.

1996

15 avril, *Kustannus Oy Vapaa Ajattelija AB (Association des libres penseurs) et autres dont Maison d'édition des libres penseurs SARL c/ Finlande*, Commission plénière, requête n° 20471/92, D et R, n° 85-B, p. 29.

1997

7 avril, *Scientology Kirche Deutschland E. v. c/ Allemagne*, Commission plénière, D et R, n° 89-B, p. 163.

3 juillet, *Khristiansko Sdruzhenie « Svideteli Na Iehova » c/ Bulgarie*, requête n° 28626/95, D et R, n° 90-B, p. 77.

8 septembre, *Renfe c/ Espagne*, requête n° 35216/97, Commission plénière.

1998

19 janvier, *Institut des prêtres français c/ Turquie*, requête n° 26308/95, Commission plénière.

4 mars, *Baghli c/ France*, requête n° 34374/97.

29 juin, *Stankov et Organisation macédonienne unie Ilinden c/ Bulgarie*, requête nos 29221/95 et 29225/95.

12 octobre, *Verein Kontakt c/ Autriche*, requête n° 11921/86, D et R, n° 57, p. 91.

1999

27 avril, *Banco De Finanzas E Inversiones S.A. c/ Espagne*, requête n° 36776/97.

8 juin, *Predil Anstalt S.A. c/ Italie*, requête n° 31993/96.

23 novembre, *section de communes d'Antilly c/ France*, requête n° 45129/98.

2000

29 février, *Association des amis de Saint-Raphaël et de Fréjus et autres c/ France*, requête n° 45053/98, § 18.

3 octobre, *Refah Partisi (Parti de la prospérité) et autres c/ Turquie*, requête n° 41340/98, 41342/98, 41343/98 et 41344/98.

2001

1er février, *Ayuntamiento de Mula c/ Espagne*, Recueil des arrêts et des décisions 2001-I.

13 mars, *Conka et autre dont Ligue des droits de l'homme c/ Belgique*, requête n° 51564/99.

14 juin, *José Aluger Fernandez et autre c/ Espagne*, requête n° 53072/99, Recueil des arrêts et des décisions 2001-VI.

14 juin, *Matthies-Lenzen c/ Luxembourg*, 14 juin 2001, requête n° 45165/99.

10 juillet, *Johannische Kirche et Peter (libre Église) c/ Allemagne*, requête n° 41754/98, Recueil des arrêts et des décisions 2001-VIII.

6 novembre, *Fédération chrétienne des Témoins de Jéhovah c/ France*, requête n° 53430/99, Recueil des arrêts et des décisions 2001-XI.

2002

12 janvier, *Unison c/ Royaume-Uni*, 10 janvier 2002, Recueil des arrêtes et décisions 2002-I.

24 avril, *Multigestion c/ France*, 24 avril 2002, requête n° 59381/00, Recueil des arrêts et des décisions 2002-V.

14 mai, *Gipsy Council et autres c/ Royaume*-Uni, requête n° 66336/01.

27 juin, *Fédération des syndicats de travailleurs off-shore FOWTU et autres c/ Suède*, requête n° 38190/97.

2 juillet, *Société anthroposophique en France c/ France*, requête n° 53934/00.

5 décembre, *Islamische Religionsgemeinschaft e. V. c/ Allemagne*, requête n° 53971/00, Recueil des arrêts et décisions 2002-X.

2003

23 septembre, *Chauvy et autres c/ France*, requête n° 64915/01.

23 septembre, *Radio France et autres c/ France*, 23 septembre 2003, Recueil des arrêts et des décisions 2003-X.

2004

25 mai, *Paroisse gréco catholique Sâmbata Bihor c/ Roumanie*, requête n° 48107/99, § 85.

31 août, *Skyradio AG et autres* c/ Suisse, requête n°46841/81.

2 septembre, *P. W. et autres c/ Pologne*, requête n° 42264/98.

9 septembre, *Capital Bank AD c/ Bulgarie*, requête n° 49429/99.

9 septembre, *Eurofinacom c/ France*, requête n° 58753/00, Recueil des arrêts et des décisions 2004-VI.

2006

21 mars, *Valico S. r. l. c/ Italie*, requête n° 70074/01, Recueil des arrêts et des décisions 2006-III.

2007

7 juin, *Danderyds Kummun c/ Suède*, requête n° 52559/99.

29 novembre, *Partija « Jaunie Democrati » et Partija « Musu Zeme » c/ Lettonie*, requêtes n° 10547/07 et 34049/07.

2008

8 février, *S c/ Royaume-Uni*, D et R, n° 13, pp. 226.

2010

11 mars, *Filippou Domika Erga A.E. c/ Grèce*, requête n° 45064/07.

9 mai, *SC EDF ASRO SLR c/ Roumanie*, requête n° 2488/03.

15 juin, *Broadhurst Investments Limited c/ Roumaine*, requête n° 34868/03.

7 septembre, *ITER Scarl c/ Italie*, requête n° 18665/05.

7 septembre, *Magnetti Srl c/ Italie*, 7 septembre 2010, requête n° 18629/05.

7 septembre, *Societa Edilizia Subalpina Srl c/ Italie*, requête n° 18661/05.

19 octobre, *société Top SA c/ France*, requête n° 45033/08.

Affaires interétatiques

CEDH, *Affaire grecque*, Décision Commission, Annuaire, 1968, Vol. XII.

26 mai 1975, Chypre c/ Turquie, requête n° 6780/74 et requête n° 6950/75, D et R, n° 2, p. 138.

4 octobre 1976, *Danemark, Norvège, Pays-Bas et Suède c/ Grèce*, requête n° 4448/70.

18 janvier 1978, *Irlande c/ Royaume-Uni*, Série A, n° 25, 90, § 239.

10 juillet 1978, *Chypre c/ Turquie*, décision de la Commission plénière, D et R, n° 13, p. 156.

6 décembre 1983, *Autriche c/ Italie*, Ann., vol. 4, pp. 139 et suivants, décision de la Commission.

6 décembre 1983, *Danemark, France, Pays-Bas, Suède et Norvège c/ Turquie*, requête n° 9940 (1, 2, 3 et 4) /82, décision de la Commission plénière, D et R, n° 35, p. 170.

30 juin 2009, *Géorgie c/ Russie*, requête n° 13255/07, décision de la Commission

Requêtes de groupes de particuliers

23 juillet 1968, affaire linguistique belge, Série A, n° 6.

14 décembre, Wasa Liv Ömsesidigt, Fösäkringbolaget Pensionsstiftelse et un groupe de 15000 personnes c/ Suède, requête n° 13013/87, décision de la Commission, D et R, n° 58, p.163.

Autres

CEDH, *N. V. Telezier c/ Pays-Bas*, requête n° 2690/65, décision de la Commission, Ann. 9, pp. 513 et suivants.

17 décembre 1968, *Église de X c/ Royaume-Uni*, requête n° 3798/68, Recueil de décisions n° 29, Avis Commission, p. 70.

17 février 1977, *Geillustreerde Pers. N.V. c/ Pays-Bas*, décision du Comité des ministres, Recueil des décisions, n° 44.

23 octobre 1990, *Darby c/ Suède*, série A, n° 187, requête n° 11581/85, Rapport Commission, 9. 5. 89, § 45.

30 mai 1991, *Société Stenuit c/ France*, Rapport Commission, Série A, n° 232-A, p. 15 et suivants.

16 décembre 1997, *Église catholique de La Canée c/ Grèce*, Recueil des arrêts et des décisions 1997-VIII, p. 2857, § 33, et p. 2859, §§ 40-41, et Avis de la Commission, p. 2867, §§ 48-49.

JURIDICTIONS NATIONALES

En France

CA Versailles, Hachette Filipacchi Associés, 9 septembre 2004.

CC, *Liberté d'association*, 16 juillet 1971, Décision n° 71-44 DC.

CC, 22 octobre 1982, décision n° 82-144 DC.

CC, 16 janvier 1982, Dalloz, 1983, chron. p. 105.

CC, 29 juillet 1986 décision n° 86-210 DC.

CC, *Loi d'orientation et de programmation relative à la sécurité*, décision n° 94-352 DC du 18 janvier 1995, RDP, 1995, p. 575.

CCass, *Comité d'établissement de Saint-Chamond*, 28 janvier 1954, JCP, 1954. II. 7958.

CCass, *Société automobile Citroën c/ Société Canal plus*, Bulletin, 2000, A.P. n° 7, p. 10.

CCass, 26 juin 1991, 3ème Chambre civile.

Cass. Com., 15 novembre 1994, Bull. civ. IV, n° 335.

Cass. Crim., *Société Extraco Amstalt*, 12 novembre 1990, Dalloz, 1992, J, 29.

CE, *Amicale des Annamites de Paris*, 11 juillet 1956, Assemblée plénière, requête n° 26638, MM. Jacomet, Lasry, C. du G. M. Mayer.

CE, *Association des résidents des quartiers Portugal-Italie*, 12 février 1988, JCP, 1989, II, 21257.

CE, *Front national et institut de formation des élus locaux*, 19 août 2002, Ord. Référé, requête n° 249666.

CE, *Ministre de l'intérieur c/ Association « Communauté tibétaine en France et ses amis »*, Recueil 417 ; RFDA, 1998, p. 191.

Ailleurs

Cour constitutionnelle fédérale d'Allemagne, *Bundesverfassungsgericht*, Vol. 61, p. 82, 100 et suivants) ; Pieroth/Schlink, *Grundrechte-Staatrecht II* (les droits fondamentaux de droit constitutionnel), 5ème édition, 1989, note 169.

Cour Suprême américaine, *Santa Clara county v. Southern Pacific R. R.* 118 U.S. 394, 1886.

Cour Suprême américaine, United States Jaycees c/ McClure, 709 F.2d (8th Cir. 1983), rev. Sub nom. Et Roberts c/ United States Jaycees, 468 U.S. 609 (1984).

Cour Suprême américaine, *Boy Scouts of America et autres c/ Dale*, 530 U.S. (2000).

Cour Suprême américaine, *First National Bank of Boston c/ Belloti*, 26 avril 1978, référence site internet : http://laws.findlaw.com/us/435/765.html.

STC (le Tribunal constitutionnel espagnol), n° 100/1993 du 22 mars 1993, *BOE* 27 avril 1993.

S.T.C. (le Tribunal constitutionnel espagnol), 26/1987 du 27 février, F.J. 4 a).

JURIDICTION EUROPENNE

CJUE, *Internationale Handelsgesellshaft*, 17 décembre 1970, affaire 11-70, Recueil de la jurisprudence de la Cour, 1970, p. 1125.

CJUE, *Stauder*, 19 novembre 1969 affaire 29-69, Recueil de la jurisprudence de la Cour, 1969, p. 419.

CJUE, *Hoechst AG*, V., 21 septembre 1989, Recueil p. 2859.

CJUE, *Dow Benelux NV c/ Commission des C.E.*, 17 octobre 1989, 85/87, Rec. 3137, points 29-30.

CJUE, *Dow Chemical*, 17 octobre 1989, Recueil, 3137, p. 3165.

CJUE, 15 octobre 1992, D. 1992, IR, p. 267.

CJUE, *Union royale belge des sociétés de football association c/ Bosman et autres*, 15 décembre 1995, Aff. C-145/93, Rec. I, p. 4921, note C. Lenz.

CJUE, *Kremzow*, 29 mai 1997, Recueil I, p. 2629.

CJUE, Commission c/ Belgique, 29 juin 1999, Aff. C-172/98.

CJUE, *Roquette Frères*, 22 octobre 2002, aff. C-94/00, Rec. P.1-9011.

CJUE, *Y. A. Kadi et une fondation internationale*, 3 septembre 2008, aff. jtes C-402 et 415/05 P, point 285.

CJUE, *M. c/ Agence européenne des médicaments*, 17 décembre 2009, aff. C-197/09, RX-II, points 38 et suivants.

CJUE, *Bundesrepublik Deutschland*, 22 décembre 2010, C-279/09.

TPICE, *Tetra Laval c/ Commission*, 25 octobre 2002, aff. T-5/02, point 78.

TPICE, *Hoescht GmbH c/ Commission*, 18 juin 2008, aff. T-410/03, points 170 et suivants.

JURIDICTIONS INTERNATIONALES

CDH, *Auli Kivenmaa c/ Finlande*, 31 mars 1994, n° 412/1990, A/49/40, vol. II, p. 92.

CDH, *Société d'édition c/ Trinité et Tobago*, 14 juillet 1989, deux communications avec le même État partie au n° 360 et 361, 1989, CCPR/D361/1989.

CDH, A/Rés. 36/55, 25 novembre 1981, art. 6, al. d).

CIJ, *Barcelona traction, light and power Co. Ltd.*, 5 février 1970, Recueil des arrêts, avis consultatifs et ordonnances, 1970, pp. 39 et 40, §§ 56-58 et 66.

TEXTES

Charte africaine des droits de l'homme et des peuples du 21 octobre 1986 (Nairobi).

Charte européenne des droits fondamentaux du 7 décembre 2000 (Nice).

Charte du Manden en 1222.

Charte sociale européenne du 18 octobre 1961 (Turin).

Code civil.

Code civil d'Alsace-Moselle,

Code de procédure civile.

Code pénal allemand.

Code pénal français.

Code pénal belge.

Constitution de la République italienne du 27 décembre 1947.

Constitution belge du 7 février 1831 (ou Constitution *coordonnée* du 17 février 1994).

Constitution du Portugal du 2 avril 1976.

Constitution espagnole du 27 décembre 1978.

Constitution américaine du 17 septembre 1887.

Constitution de la République de Côte d'Ivoire du 23 juillet 2000.

Convention des Nations-Unies du 15 novembre 2000 contre la criminalité organisée.

Convention relative à la lutte contre la corruption d'agents publics étrangers dans les transactions commerciales internationales du 21 novembre 1997.

Convention du Conseil de l'Europe sur la Cybercriminalité du 23 novembre 2001 (Budapest).

Convention du Conseil de l'Europe sur la lutte contre la traite des êtres humains 16 mai 2005 (Varsovie).

Convention (inter) américaine des droits de l'homme du 22 novembre 1969 (San José).

Déclaration des droits de l'homme et du citoyen du 26 août 1789.

Déclaration universelle des droits de l'homme du 10 décembre 1948 (Paris).

Décret-loi du 23 octobre 1935, régime préventif à la liberté de réunion pacifique.

Loi de 1790 de l'Assemblée constituante reconnaissait aux citoyens de s'assembler et de former des sociétés libres.

Loi fondamentale de la République fédérale d'Allemagne du 23 mai 1949.

Loi Le Chapelier, juin 1791.

La loi française du 1er juillet 1901, loi sur la liberté association.

Loi du 9 décembre 1905 relative à la séparation des Églises et de l'État.

Loi L. n° 87-571 DU 23 juillet 1987.

Pacte international des droits civils et politiques.

Rapport Marchand, doc. Assemblée nationale, n° 896.

Rapports parlementaires (rapports parlementaires qui ont traité de la question des sectes : le rapport Vivien du 9 avril 1985, le rapport Gest-Guyard du 10 janvier 1996 et le rapport Brard en 1999).

Recommandations de l'Assemblée parlementaire du Conseil de l'Europe : Recommandation 1178 (1992) relative aux sectes et aux nouveaux mouvements religieux, Recommandation 1412 (1999) relatives aux activités illégales des sectes.

Règlement de la Cour européenne.

Résolution A/RES/60/251 de l'Assemblée générale des Nations-Unies du 15 mars 2006 (point 2).

La résolution 70 (17) du comité des ministres du Conseil de l'Europe.

Traité sur Communauté européenne du charbon et de l'acier du 18 avril 1951 (Paris).

Traité de l'Union européenne (traité de Lisbonne) du 1er décembre 2009.

AUTRES

Bible.

Blog de Maître Bénichou, 8 février 2011, site internet avocats.fr.

Dictionnaire, Le Petit Larousse, compact, 2004.

Dictionnaire, *Le Petit Robert*, Le Robert, Paris, 2003.

Émile Zola intitulé « *J'accuse* », publiée à la première page du quotidien parisien « L'aurore » le 13 janvier 1898.

Instruction Dignitas Personae (dignité de la personne humaine) sur certaines questions de bioéthique, 12 décembre 2008, Congrégation pour la doctrine de la foi, Vatican.

Propos attribué notoirement à Houphouët-Boigny.

Réunion du comité des Ministres du Conseil de l'Europe, octobre 1961 (102ème).

Sartre Jean-Paul, *L'Être et le Néant*, édition Gallimard, coll. Tel, 2006.

Site internet du Sénat français.

Sophocle, *Antigone*, vers 332, traduction P. Mazon, édition Belles Lettres.

Travaux préparatoires à la création d'une Cour européenne des droits de l'homme notamment, comptes rendus de l'Assemblée consultative, 1ère section du 10 août au 8 septembre 1949.

Table des matières

QUESTIONS JURIDIQUES AUX ÉDITIONS L'HARMATTAN

Dernières parutions

CONCILIATION ET MÉDIATION PRUD'HOMALES
Collectif GEMME-France
À l'initiative du Groupement européen des magistrats pour la médiation, conseillers prud'hommes, juges départiteurs, magistrats des cours d'appel et de la Cour de cassation ainsi que syndicalistes dressent ici un état des lieux et lancent des pistes de réflexion pour améliorer la qualité et l'efficacité de l'institution prud'homale. La question de la médiation prud'homale y est abordée avec les débats qu'elle suscite.
(12.00 euros, 108 p.)
ISBN : 978-2-343-00955-1, ISBN EBOOK : 978-2-296-53756-9

INTELLIGENCE (L') TERRITORIALE, UNE NÉCESSITÉ
Fath Bernard - Préface de Gérard Marcou
L'enjeu majeur pour les années à venir serait pour les collectivités territoriales de se doter des moyens propres à imaginer leur futur. Cependant l'État retire son ingénierie des territoires et s'ouvre sur les privatisations concurrentielles... Des solutions s'imposent, l'intelligence territoriale apparaît comme une hypothèse nécessaire pour impulser un futur mis en prospective. Le monde local foisonne d'initiatives propres à donner corps à l'intelligence territoriale.
(Coll. Grale, 27.00 euros, 274 p.)
ISBN : 978-2-343-00778-6, ISBN EBOOK : 978-2-296-53772-9

MARCHÉS (LES) PUBLICS À PROCÉDURE ADAPTÉE
Entre liberté et contrainte pour les collectivités territoriales
Ravignot Béatrice
Cette étude met en évidence les limites de la liberté octroyée aux pouvoirs adjudicateurs par le Code des marchés publics, dans le cadre de la conclusion de marchés à procédure adaptée. Du lancement de la procédure jusqu'au choix de l'attributaire et ses conséquences, les collectivités territoriales restent en effet soumises à des contraintes formelles ou procédurales, qui sont souvent identiques ou proches de celles existant dans le cadre des procédures formalisées.
(Coll. Master Collectivités territoriales et politiques publiques, 16.50 euros, 162 p.)
ISBN : 978-2-343-00223-1, ISBN EBOOK : 978-2-296-53768-2

FRANCE INTERCOMMUNALE (LA)
Regards sur la loi de réforme des collectivités territoriales du 16 décembre 2010
Sous la direction de Pierre-Yves Monjal et Vincent Aubelle
Les communautés de communes, d'agglomération et urbaines et autres métropoles, ne vont-elles pas porter un coup définitif à l'organisation décentralisée de la République ? La France n'est-elle pas sur le point de changer de mode de gouvernance locale en recourant à des procédés politiques et juridiques fondés sur les notions de mutualisation, de territoire pertinent, de développement, de communautarisation ?
(Coll. Grale, 39.00 euros, 406 p.)
ISBN : 978-2-336-29370-7, ISBN EBOOK : 978-2-296-53725-5

TRAITEMENT DES RESPONSABILITÉS CIVILE ET PÉNALE
Approche comparée en droit français et iranien
Nory Yoshanloey Jafar
La distinction contemporaine n'a pu empêcher le rapprochement pratique des responsabilités civile et pénale tant en droit français qu'iranien. Il apparaît qu'à la fonction réparatrice de la

responsabilité civile peut s'additionner une fonction punitive qui s'incarnerait dans «la peine privée», et à la fonction répressive de la responsabilité pénale une fonction réparatrice appelée «restitution pénale». Ces deux modes de responsabilité doivent se rejoindre dans une cohérence juridique afin que la justice soit rendue avec une dimension sociale.
(Coll. Sciences criminelles, 35.00 euros, 348 p.)
ISBN : 978-2-336-29122-2, ISBN EBOOK : 978-2-296-53750-7

JACQUES VERGÈS – Un aristocrate de refus
Charvin Robert - Préface de Hervé de Charette
J. Vergès, avocat des causes difficiles, ne laisse personne indifférent. Il est l'ennemi de certains ayant fait son procès dans quelques mauvais livres mais l'ami des simples gens, l'encourageant à combattre encore et toujours les puissants. Sa vie est un roman, mais il n'est pas question de faire un roman de sa vie : il conserve son mystère comme tout homme dans sa complexité. Un avocat qui possède en lui des éléments de dignité, qui a dévoré sa vie avec sincérité.
(13.50 euros, 120 p.)
ISBN : 978-2-343-00533-1, ISBN EBOOK : 978-2-296-53645-6

SANG (LE) ET L'ENCRE – Et si Christian Ranucci était innocent ?
Le Meur Yann
Christian Ranucci, 22 ans, est guillotiné le 28 juillet 1976 à Marseille pour l'enlèvement et le meurtre d'une fillette de 8 ans. De la fin de l'instruction au pied de l'échafaud, où il demande à ses avocats de le réhabiliter, il a toujours clamé son innocence. S'appuyant sur des contre-enquêtes relatives à l'affaire, le dossier pénal et de longues investigations documentaires et de terrain, ce livre aboutit à des conclusions, toutes dans le sens de l'innocence de Ranucci.
(29.50 euros, 302 p.)
ISBN : 978-2-343-00604-8, ISBN EBOOK : 978-2-296-53558-9

IMMIGRÉ (L') ET LA GESTION DU PATRIMOINE
Loubassou Nganga Maixent
Cet ouvrage met à la disposition des personnes qui viennent d'arriver en France et qui ne connaissent pas l'environnement fiscal, juridique, bancaire et financier français, des outils indispensables pour une gestion optimale de leur patrimoine : choisir le meilleur régime matrimonial, organiser ou réorganiser de façon optimale leurs placements, trouver des produits de défiscalisation adaptés, choisir le meilleur placement immobilier.
(Coll. Pour Comprendre, 12.00 euros, 106 p.)
ISBN : 978-2-336-30090-0, ISBN EBOOK : 978-2-296-53639-5

ADMINISTRATION PÉNITENTIAIRE ET JUSTICE
Un siècle de rattachement
Sous la direction de Paul Mbanzoulou et François Dieu
Depuis le décret du 13 mars 1911, l'administration pénitentiaire est rattachée au ministère de la Justice. Au-delà de l'éclairage historique, qui occupe une place notable dans cet ouvrage, les contributions réunies ici examinent le positionnement actuel de l'administration pénitentiaire, ainsi que ses perspectives d'évolution à la lumière de quelques expériences étrangères.
(Coll. Criminologie, 26.00 euros, 256 p.)
ISBN : 978-2-343-00412-9, ISBN EBOOK : 978-2-296-53667-8

DÉMOCRATIE (LA) LOCALE À LA RECHERCHE D'UN NOUVEAU SOUFFLE
Marceau Anne - Préface de Gérard Marcou
Comment peuvent se concilier démocratie représentative et démocratie participative ? La multiplication des procédures de consultation ne nuit-elle pas à leur efficacité ? Quels seront les acteurs de la démocratie locale demain : les élus, les citoyens, les habitants, les usagers ? Les outils de démocratie locale mis en place ces dernières années constituent-ils un véritable renouveau ou apparaissent-ils comme le simple rhabillage de formules anciennes ?
(Coll. Grale, 32.00 euros, 308 p.)
ISBN : 978-2-343-00118-0, ISBN EBOOK : 978-2-296-53527-5

CONSEIL (LE) DES DROITS DE L'HOMME ET SES PRINCIPAUX MÉCANISMES
Bilan et perspectives d'actions pour le Burkina Faso à l'entame de son second mandat de membre
Merindol Ouoba Clarisse
Le Conseil des droits de l'homme a remplacé la Commission des Nations unies aux droits de l'homme. Cet ouvrage contribue à la dynamique de promotion et de protection de ces droits, notamment à travers les actions entreprises par cet important organe du système des Nations unies, dont le Burkina Faso est membre depuis 2008. L'auteur apporte un regard personnel sur les quatre années de présence de ce pays en son sein.
(14.50 euros, 142 p.)
ISBN : 978-2-336-29180-2, ISBN EBOOK : 978-2-296-53513-8

NOUVEAU (LE) DROIT DU PROCÈS ADMINISTRATIF
Les évolutions choisies, les évolutions subies
Sous la direction de Jacques Fialaire et Jerry Kimboo
Plus de 10 ans après l'entrée en vigueur du Code de justice administrative, l'office du juge s'est profondément transformé. Parmi les évolutions subies par le juge administratif figure l'institution du «rapporteur public», mettant en harmonie le contentieux administratif avec le principe d'égalité des armes entre les parties, développé dans la jurisprudence de la Cour EDH. Certaines innovations procédurales destinées à accélérer l'instruction des affaires semblent, quant à elles, davantage choisies.
(Coll. Logiques Juridiques, 22.00 euros, 224 p.)
ISBN : 978-2-343-00571-3, ISBN EBOOK : 978-2-296-53519-0

GOUVERNER, ADMINISTRER RÉVOLUTIONNAIREMENT : LE COMITÉ DE SALUT PUBLIC
(6 avril 1793 - 4 brumaire an IV)
Matta-Duvignau Raphaël - Préface de Vida Azimi
Le comité de salut public se présente comme la commission de la Convention nationale ayant pris en charge, du 6 avril 1793 au 4 brumaire an IV, la surveillance, le contrôle et la direction des fonctions gouvernementales et administratives tout en ayant exercé une dictature soutenue par la Terreur. Cette étude explique comment le Comité, initialement conçu comme simple instrument de la Convention, est devenu le principal sujet actif du Gouvernement révolutionnaire.
(Coll. Logiques Juridiques, 59.00 euros, 732 p.)
ISBN : 978-2-336-29065-2, ISBN EBOOK : 978-2-296-53498-8

CONCLUSION (LA) DES CONTRATS ÉLECTRONIQUES
Étude de droits africains et européens
Kabre Windpagnangde Dominique
Les contrats électroniques se distinguent des contrats formés entre parties présentes ou conclus par les moyens traditionnels de communication à distance. Ces caractéristiques donnent lieu à un mode technique particulier de conclusion des contrats, régi par des règles juridiques qui constituent ce qu'on appelle le «droit spécial des contrats électroniques». L'ouvrage montre que ce droit spécial engendre un processus de formation du contrat différent de celui du droit commun des contrats, tant en droit burkinabé et de la CEDEAO qu'en droit européen, belge et français.
(Coll. Etudes africaines, 52.00 euros, 584 p.)
ISBN : 978-2-336-29211-3, ISBN EBOOK : 978-2-296-53666-1

AGRICULTURE (L') ET LES EXIGENCES DU DÉVELOPPEMENT DURABLE
Agriculture and the requirements of a sustainable development
Die Landwirtschaft und die Anforderungen an deren nachhaltige Entwicklung
Sous la direction de Prof. Dr. Paul Richli - Délégué général au nom du Comité européen de Droit Rural
L'agriculture et les exigences du développement durable, l'affectation et la protection du territoire rural et enfin le développement du droit rural dans l'UE, dans les États et les régions et dans l'OMC : ces trois thèmes autour de l'agriculture et les exigences du développement durable

gagnent en importance, obligeant les politiques publiques à intervenir au moyen d'une série d'instruments juridiques. (Ouvrage en trois langues).
(Coll. Droit et Espace Rural, 51.00 euros, 568 p.)
ISBN : 978-2-343-00584-3, ISBN EBOOK : 978-2-296-53656-2

SÉCURITÉ : VRAIES QUESTIONS ET FAUX DÉBATS
Sous la direction de Roger Vicot
Les questions de sécurité génèrent beaucoup de passions et commentaires. Le bon sens populaire donne libre cours à ses *a priori*, préjugés, solutions toutes prêtes, clichés et autres caricatures. L'objectif de ce livre est de dépassionner le débat et d'analyser sereinement chacune des affirmations. Chercheurs, universitaires, spécialistes, élus : une vingtaine d'entre eux ont accepté de remettre les choses en perspective mais aussi de faire émerger la réalité.
(33.00 euros, 330 p.)
ISBN : 978-2-343-00363-4, ISBN EBOOK : 978-2-296-53314-1

MÉDIATION EFFICACE (LA) – Évolutions juridiques contemporaines et techniques d'influence inédites
Sous la direction de Jacques Fischer-Loukou et Peggy Larrieu
Dirigé conjointement par une juriste et un psychosociologue, voici un état des lieux rigoureux, actualisé et très accessible sur les plus récentes dispositions juridiques se rapportant à la médiation. L'ouvrage traite sans aucun tabou de la notion d'influence, pertinente en psychologie sociale, ainsi que de quelques techniques surprenantes mais efficaces, utilisées par des médiateurs professionnels.
(25.00 euros, 254 p.)
ISBN : 978-2-343-00220-0, ISBN EBOOK : 978-2-296-53421-6

PRINCIPE (LE) DE L'AUTODÉTERMINATION DES PEUPLES – Concept et application concrètes
Huet Véronique
La démocratisation de l'État est un des objectifs prioritaires de l'ONU et d'autres organisations régionales. Les pratiques démocratiques au sein des États peuvent favoriser la paix entre eux et conduire à une culture de paix démocratique, donc de la restauration de l'État de droit. On peut conclure à l'émergence de pratiques démocratiques fondées sur une certaine revalorisation de l'individu au sein de la société étatique, et même internationale, par le prisme de la protection des droits humains et du droit à la dignité.
(23.00 euros, 230 p.)
ISBN : 978-2-343-00274-3, ISBN EBOOK : 978-2-296-53256-4

INTERACTIONS DU DROIT INTERNATIONAL ET DU DROIT DE L'UNION EUROPÉENNE
Un pluralisme juridique rénové en matière de propriété industrielle
Ben Dahmen Khedija
Étudier la protection de la propriété industrielle dans l'optique des rapports de systèmes et en ciblant les interactions du droit international et du droit de l'Union européenne, présente un grand intérêt à plus d'un titre : d'une part parce que cette étude s'attache à explorer l'essence même de la globalisation. D'autre part, à travers le fonctionnement de la globalisation, les rapports de systèmes traduisent la mouvance sociale, économique, culturelle d'une ère qui induit donc un pluralisme juridique rénové.
(Coll. Logiques Juridiques, 56.00 euros, 670 p.)
ISBN : 978-2-296-99771-4, ISBN EBOOK : 978-2-296-53388-2

Achevé d'imprimer par Corlet Numérique - 14110 Condé-sur-Noireau
N° d'Imprimeur : 111112 - Dépôt légal : septembre 2014 - *Imprimé en France*

www.ingramcontent.com/pod-product-compliance
Lightning Source LLC
LaVergne TN
LVHW011307061026
849535LV00005B/1446

* 9 7 8 2 3 3 6 3 0 1 3 0 3 *